Nikola Koritz
Das neue FamFG

Das neue FamFG

von

Dr. Nikola Koritz LL.M.

Rechtsanwältin und Fachanwältin für Familienrecht in Berlin

Verlag C. H. Beck München 2009

Zitierweise: *Koritz,* Das neue FamFG, § … Rdnr. …

Verlag C. H. Beck im Internet:
beck.de

ISBN 978 3 406 58758 0

© 2009 Verlag C. H. Beck oHG
Wilhelmstraße 9, 80801 München
Druck und Bindung: Nomos Verlagsgesellschaft
In den Lissen 12, 76547 Sinzheim

Satz: Druckerei C. H. Beck Nördlingen
(Adresse wie Verlag)

Gedruckt auf säurefreiem, alterungsbeständigem Papier
(hergestellt aus chlorfrei gebleichtem Zellstoff)

Für Adelheid Koritz-Dohrmann

Vorwort

Endlich! Mehr als dreißig Jahre nach Inkrafttreten des Eherechtsreformgesetzes im Jahre 1977 und dem jahrzehntealten Postulat eines großen Familiengerichts wird am 1. 9. 2009 das FamFG in Kraft treten. Der Bundestag hat am 27. 6. 2007 auf der Grundlage der Empfehlung des Rechtsausschusses das FGG-Reformgesetz verabschiedet, dem der Bundesrat am 19. 9. 2008 zugestimmt hat.

Die Umsetzung einer lange geforderten und überfälligen Vereinheitlichung stellt eine Herausforderung für Rechtsprechung und Praxis dar, bietet jedoch auch die Chance der Vereinheitlichung und a là long der besseren Übersichtlichkeit.

Das FamFG hat sich zum Ziel gesetzt, das bisher zersplitterte und in mehreren Verfahrensordnungen verstreute Familienverfahrensrecht in einem Gesetz zusammenzufassen und in eine einheitliche Verfahrensordnung zu überführen. Die Zuständigkeit des Familiengerichts ist erheblich erweitert und soll in Zukunft sicherstellen, dass alle familienrechtlichen Streitigkeiten gegenwärtiger oder ehemaliger Eheleute und Lebenspartner sowie betroffener Kinder durch ein Gericht entschieden werden. Dies gilt auch im Hinblick auf die nunmehr als sonstige Familiensachen in den Zuständigkeitskatalog des §§ 111 FamFG aufgenommenen „normalen" vermögensrechtlichen Streitigkeiten zwischen Eheleuten, Lebenspartnern und Verwandten. Das bisherige Vormundschaftsgericht wird abgeschafft, seine Zuständigkeit geht ebenfalls in der Zuständigkeit des „großen" Familiengerichts auf. Das FamFG führt einen allgemeinen Teil in den §§ 1–110 FamFG ein, der einheitliche Regeln für alle Verfahren, die Instanzenzüge, die Entscheidungsform und den einstweiligen Rechtsschutz vorgibt. Auf diesen allgemeinen Teil ist grundsätzlich zurückzugreifen, es sei denn, die in den §§ 111 ff. FamFG folgenden Spezialregelungen treffen eine abweichende Regelung, die dann insoweit als lex specialis dem allgemeinen Teil vorgeht.

Hervorzuheben ist des Weiteren die veränderte Systematik der Vollstreckung von Umgangsregelungen und die Beschleunigung von Umgangs- und Sorgeverfahren und der neu eingeführte Sanktionscharakter der Ordnungsmittel gem. § 89 Abs.1 FamFG. Inwieweit hier der veränderte gesetzliche Ansatz die Situation der betroffenen Kinder und Eltern verbessert, wird die Zukunft erst noch zeigen müssen, es ist jedoch zu hoffen, dass sich die Durchsetzbarkeit von Umgangsregelungen dadurch erheblich erhöhen wird.

Das vorliegende Buch versteht sich als Hilfe in der Phase des Übergangs, denn von der bislang vertrauten Systematik des bisherigen dualen Systems der ZPO- und FGG-Familiensachen bleibt so gut wie nichts erhalten. Die im Anhang enthaltene Synopse erleichtert den Vergleich zwischen alter und neuer Rechtslage und gibt allen Lesern dieses Buches die Möglichkeit, sich bequem im neuen familienrechtlichen Verfahren orientieren zu können. Gerade die im Anhang befindliche Gegenüberstellung von alter und neuer Rechtslage ermöglicht auch die Feststellung, welche vorliegende Rechtsprechung weiter Anwendung finden kann und wo neue Wege gegangen werden müssen.

Nach der Reform ist jedoch vor der Reform: Gleichzeitig mit dem FamFG wird am 1. 9. 2009 vermutlich ebenfalls das Gesetz zur Strukturreform des Versorgungsausgleichs in Kraft treten, nachdem der Bundesrat am 6. März 2009 der Reform des Versorgungsausgleichs zugestimmt hat. Dies bedeutet, dass die bislang im FamFG enthaltenen Vorschriften ihrerseits wieder reformiert werden. Die ebenfalls in der Anlage enthaltene Synopse zum Versorgungsausgleich stellt die Regelungen des FamFG und des VAStrRefG gegenüber und erleichtert die Einarbeitung in die veränderte Materie des Versorgungsausgleichs.

Berlin/Washington D.C. im März 2009 *Nikola Koritz*

Inhaltsverzeichnis

Literaturverzeichnis

Altrogge, Alexandra, Das Urteil des BVerfG zur zwangsweise Durchsetzung der Umgangspflicht und die Ordnungsmittel des FamFG, FPR 2009, 34.

Balloff, Rainer, Die Rolle des Sachverständigen in Kindschaftssachen nach neuem Recht FPR 2006, 415 ff.

Balloff, Rainer/Koritz, Nikola, Handreichung für Verfahrenspfleger, 2006.

Balloff, Rainer/Walter, Eginhard, Psychologische Sachverständigengutachten im Familienrecht FuR 1991, 334.

Baumbach/Lauterbach/Albers/Hartmann, Zivilprozessordnung, 67. Auflage 2009.

Borth, Helmut, Die Reform des Verfahrens in Familiensachen, FamRZ 2007, 1925.

Borth, Helmut, Das Verfahren zum Entwurf eines Gesetzes zur Klärung der Abstammung unabhängig vom Anfechtungsverfahren gem. § 1598 a BGB-E und dessen Verhältnis zum Abstammungsverfahren nach dem FamFG, FPR 2007, 381.

Brehm, Wolfgang, Der Allgemeine Teil des Referentenentwurfs eines Gesetzes zur Reform des Verfahrens der in Familiensachen und in den Angelegenheiten der freiwilligen Gerichtsbarkeit (FamFG), FPR 2006, 401.

BT-Drucks. 16/6308 (Bundestagsdrucksache)

BT-Drucks. 16/9733 (Bundestagsdrucksache)

Büte, Dieter, Verfahrenskostenhilfe, Anwaltszwang und Ausnahmen, FPR 2009, 14.

Bumiller, Ursula/Winkler, Karl, Freiwillige Gerichtsbarkeit, 8. Auflage 2006

van Els, Hans, Verhältnis von Hauptverfahren zum Eilverfahren, FPR 2008, 406.

FamFG: Gesetz über Verfahren in Familiensachen und in den Angelegenheiten der Freiwilligen Gerichtsbarkeit

FGG: Gesetz über die Angelegenheiten der Freiwilligen Gerichtsbarkeit

Finger, Peter, Grünbuch der Europäischen Kommission über das anzuwendende Recht und die gerichtliche Zuständigkeit in Scheidungssachen, FF 2007, 35 ff.

Fölsch, Peter, Das neue FamFG in Familiensachen, 2009.

Garbe, Roland/Ullrich, Christoph, Prozesse in Familiensachen, 2007

Giers, Michael, Die Vollstreckung nach dem FamFG – Ausblick, FPR 2008, 441.

Gießler, Hans, Das einstweilige Anordnungsverfahren, FPR 2006, 421.

Götz, Isabell/Brudermüller, Gerd, Wohnungszuweisungs- und Hausratssachen – Das neue Verfahren nach §§ 200 ff. FamFG mit Ausblick auf §§ 1568 a, 1568 b BGB. FPR 2009, 38.

Götz, Isabell/Brudermüller, Gerd, Wohnungszuweisung und Hausratsteilung – Aufhebung der HausratsVO und Neuregelung im BGB, NJW 2008, 3025.

Hoppenz, Rainer, Reformbedarf und Reformbestrebungen im Zugewinnausgleich, FamRZ 2008, 1989.

Jacoby, Florian, Der Regierungsentwurf für ein FamFG. FamRZ 2007, 1703.

Jaeger,Wolfgang, Verfahren in Kindschaftssachen, FPR 2006, 410, 411.

Keidel/Kuntze/Winkler-Zimmermann, Freiwillige Gerichtsbarkeit, 15. Auflage, 2003.

Kemper, Rainer, FamFG-FGG-ZPO Kommentierte Synopse, 2009.

Kretzschmar, Sima/Meysen, Thomas, Reform des Familienverfahrensrechts – Reformziele und Regelungsmechanismen: eine Auswahl, FPR 2009, 1 f.

Kroiß, Ludwig/Seiler, Christian, Das neue FamFG Erläuterungen Muster Arbeitshilfen 2009.

Lotz, Markus, Die Vollstreckung in der freiwilligen Gerichtsbarkeit, 2006.

Menne, Martin, Reform des Verfahrenspflegschaftsrechts: Vom Verfahrenspfleger zum Verfahrensbeistand, FPR 2006, 44.

Meyer-Ladewig, Jens, Europäische Menschenrechtskonvention, 2. Auflage, 2006.

Meysen, Thomas, Neuerungen im zivilrechtlichen Kinderschutz, NJW 2008, 2673.

Münch, Christoph, Plädoyer für eine einvernehmliche Scheidung mit Einigung über die Scheidungsfolgen, FamRB 2008, 251.

Münchener Kommentar zum Bürgerlichen Gesetzbuch, Band 2 Schuldrecht Allgemeiner Teil 5. Auflage, Band 7 Familienrecht I, 4. Auflage.

Philippi, Peter, Das Verfahren in Scheidungssachen nach neuem Recht, FPR 2006, 406.

Proksch, Roland, Rechtstatsächliche Untersuchung zur Reform des Kindschaftsrechts, 2002.

Rakete-Dombek, Ingeborg, Das neue Verfahren in Scheidungs- und Folgesachen, FPR 2009, 16.

Rausch, Hans, Familiensachen mit Auslandsbezug vor und nach dem FamFG, FPR 2006, 441.

Salgo, Ludwig, Vormundschaften und Ergänzungspflegschaften mit ihrem rechtlichen und tatsächlichen Bezug auf die Verfahrenspflegschaft – Chancen und Grenzen. KindPrax 2005, 23.

Salzgeber, Josef, Der psychologische Sachverständige im Familiengerichtsverfahren. Rechtliche, ethische und fachpsychologische Rahmenbedingungen sachverständigen Handelns bei familiengerichtlichen Fragestellungen zu Sorge- und Umgangsregelungen, 2. Auflage, 1992.

Schulte-Bunert, Kai, Vollstreckung von familiengerichtlichen Entscheidungen in Angelegenheit der elterlichen Sorge nach § 33 FGG. FPR 2008, 397.

Schwab, Dieter, Neues im Familienrecht – ein Zwischenbericht. FamRZ 2009, 1.

Schwab/Maurer/Both, Handbuch des Scheidungsrechts, 5. Auflage 2004

Stötzel, Manuela, Verfahrensbeistand und Umgangspfleger – Aufgaben und Befugnisse, FPR 2009, 27.

Stötzel, Manuela/Fegert, Jörg, Verfahrenspfleger sind wie Engel – Verfahrenspflegschaft aus der Sicht der Kinder, KindPrax 2005, 53.

Thomas/Putzo/Bearbeiter, Zivilprozessordnung, 29. Auflage, 2008.

Veit, Barbara, Interessenvertreter des Kindes: Verfahrensbeistand und Umgangspfleger nach dem FamFG, FF 2008, 476.

Vorwerk, Volkert, Einstweilige Anordnung, Beschluss, Rechtmittel und Rechtsmittelbelehrung nach dem FGG-RG in FPR 2009, 8.

Warnke/Trott/Remschmidt, Forensische Kinder- und Jugendpsychiatrie. Ein Handbuch für Klinik und Praxis, 1997, S. 20.

Willutzki, Siegfried, Entwicklungen und Tendenzen im Kindschaftsrecht, KindPrax 2005, 197.

Zöller/Bearbeiter, ZPO-Kommentar, 27. Auflage, 2009.

§ 1 Einleitung

Viele von uns erinnern sich an die ZPO-Reform des Jahres 2002, als **1** scheinbar unverrückbare Regeln vom einen Tag zum anderen Makulatur waren und die Rechtspraxis sich erst mühsam an neue Regeln gewöhnen musste. Auch die Reform, die im Familienrecht bevorsteht, stellt einen erheblichen Einschnitt dar. Durch die Reform des Gesetzes über die Angelegenheiten der freiwilligen Gerichtsbarkeit (FGG) wird das gesamte Familienverfahrensrecht – endlich – neu geordnet, denn die Reformnotwendigkeit des FGG ist seit Jahrzehnten unbestritten.

Schon das sog. Weißbuch[1] von 1961 sah eine Reihe von Empfehlungen für **2** eine Reform der freiwilligen Gerichtsbarkeit vor. Die vom Bundesministerium der Justiz dazu eingesetzte Kommission legte dazu einen umfassenden Entwurf einer Verfahrensordnung vor.[2] Der jetzige Entwurf des BMJ lehnt sich weitgehend an die seinerzeitigen Vorschläge an. Die Rechtswirklichkeit hat sich seit 1977 stark gewandelt und dies berücksichtigt der sehr umfangreiche Gesetzentwurf der Bundesregierung.[3] Der Bundestag hat am 27. 6. 2008 das FGG-Reform-Gesetz beschlossen.[4] Der Bundesrat stimmte am 19. 9. 2008 zu und das Gesetz wird am 1. 9. 2009 in Kraft treten.

I. Ziele der Reform

Die gesetzgeberischen Ziele überzeugen, geht es doch darum, endlich eine **3** **einheitliche Verfahrensordnung** für das gesamte Familienrecht einzuführen und das unübersichtliche Nebeneinander verschiedener Verfahrensordnungen zu vermeiden. Verweisungen von der ZPO ins FGG und zurück entfallen künftig, denn **alle familienrechtlichen Regelungen** sind nunmehr in einem Gesetz, dem **Familienverfahrensgesetz** (FamFG), zusammengefasst.

Dies hat u. a. zur Folge, dass alle familienverfahrensrechtlichen Vorschrif- **4** ten aus der ZPO gestrichen werden und die §§ 606 ff. ZPO, bislang die wichtigsten Vorschriften im familiengerichtlichen Verfahren, nur noch rechtsgeschichtliche Bedeutung haben. Die gesetzliche Neufassung belässt jedoch die Grundstruktur des familiengerichtlichen Verfahrens mit dem Verbundprinzip unverändert. Das Verfahren in ZPO-Familiensachen, künftig Familienstreitsachen, richtet sich auch künftig nach den Vorschriften der ZPO, die in das Familienverfahrensrecht überführt worden sind. Gleiches gilt für die HausratsVO, deren Vorschriften sich zukünftig in den §§ 200 bis 209

---

[1] Deutscher Bundesverlag GmbH, 1961, S. 368 ff.
[2] Bericht der Kommission für das Recht der fG, Bundesanzeiger-Verlag GmbH, 1977.
[3] BT-Drucks. 16/6308.
[4] BT-Drucks. 617/08.

FamFG finden. Mit der Zusammenführung der Vorschriften sollen Verfahren in Zukunft schneller und effizienter und für alle Beteiligten übersichtlicher und möglicherweise auch günstiger gestaltet werden. Dies führt für den Praktiker zu der Notwendigkeit sich in der täglichen Praxis auf die neuen Regelungen einzustellen, um sie korrekt anwenden zu können.

II. Dreißig Jahre Familiengericht

5   Vor gut 30 Jahren wurde das Familiengericht im Zuge der Ehe- und Familienrechtsreform des Jahres 1977 eingeführt. Damit wurde der Zustand beendet, dass Ehescheidungen vor dem Landgericht zwischen Bausachen und Mietstreitigkeiten verhandelt wurden. Gerichtlich ausgetragene familiäre Streitigkeiten, Familiensachen, die existenzielle Einschnitte in Lebensbiographien darstellen, sollten angemessen vor einem dafür eigens zuständigen Gericht und dafür geschulten Richtern verhandelt werden.

6   Auch wenn die Reform des Jahres 1977 sicherlich in mancher Hinsicht diese Versprechen nicht eingelöst hat, ist das Familiengericht als eigenständige Abteilung des Amtsgerichts fest etabliert. Die nunmehr bevorstehende Reform setzt diesen Gedanken fort, indem sie fordert „Streit in der Familie", soweit wie möglich, konsensual zu lösen.[5] Dies bedeutet, dass alle Streitgegenstände, die Kinder betreffen, beim Familiengericht zusammengeführt werden, d.h. auch Abstammungs- und Adoptionssachen. Dies bedeutet auch, dass alle Streitgegenstände beim Familiengericht zusammengeführt werden, die die Kernfamilie betreffen, wie z.B. alle vermögensrechtliche Streitigkeiten, deren Ergebnis für eine Unterhalts- und/oder Zugewinnauseinandersetzung von Bedeutung sein kann. Entscheidendes Ordnungskriterium ist dabei allein die Sachnähe des Familiengerichts zum Verfahrensgegenstand, des sozialen Verbandes Ehe und Familie.

7   Es ist damit nicht mehr entscheidend, ob die Streitigkeit vermögensrechtlicher oder nichtvermögensrechtlicher Natur ist. Gerade die Einbeziehung nicht- vermögensrechtlicher Streitigkeiten wie etwa Beleidigungstatbestände oder Auseinandersetzungen über die Herausgabe persönlichen Eigentums, die bislang vor den normalen Amtsgerichten verhandelt wurden, können parallel laufende Familiensache eskalieren lassen. Das Integrieren nach Sachzusammenhang wird daher vermutlich eine deeskalierende Wirkung im Hinblick auf diese Streitigkeiten haben.

8   Weitere „Klassiker" mit erheblichem Streitpotential, wie die Auseinandersetzung hinsichtlich des Miteigentums an Immobilien unter Einbeziehung an der Finanzierung beteiligter Eltern oder Geschwister oder die Aufteilung von Steuerguthaben, werden ebenfalls künftig einbezogen. Damit wird das schon lange geforderte „große Familiengericht" Realität, d.h. sämtliche Streitigkeiten mit Bezug auf Trennung und Scheidung werden künftig vor dem

---

[5] BT-Drucks. 16/6308, 161 ff.

Familiengericht verhandelt, die den Parteien ohnehin kaum vermittelbare Trennung zwischen Familiengericht und Zivilgericht entfällt.

Daneben ist als weiterer zentraler Reformpunkt vorgesehen, dass dringli- **9** che Familiensachen prioritär und beschleunigt in einem festen zeitlichen Rahmen bearbeitet werden müssen. Diese Veränderung ist besonders zu begrüßen, denn gerade das teilweise wochenlange Warten auf einen Anhörungstermin in großen Familiengerichtsbezirken (wie Berlin) stellt für die betroffenen Kinder und Eltern eine teilweise unzumutbare Belastung dar, die sich leider nur zu häufig in Gewalt entlädt. Inwieweit sich die Reformpläne in dieser Hinsicht in der Realität tatsächlich umsetzen lassen, wird die Zukunft noch zeigen müssen.

III. Familienrecht im Wandel

Kaum ein Recht hat sich in den vergangenen Jahrzehnten so verändert wie **10** das Familienrecht und kaum ein Recht wird auch in der Zukunft so unmittelbar dem gesellschaftlichen Wandel Rechnung tragen wie das Familienrecht. Bis zur Mitte des 20. Jahrhunderts war Familienrecht insbesondere Statusrecht, denn die Ehe galt als einzig legitime Lebensgemeinschaft zwischen Mann und Frau. Dieser Status dominierte nicht nur die Beziehung der Geschlechter, sondern auch die Beziehung zwischen Eltern und Kindern. Mit der Abgrenzung zwischen ehelich und nicht ehelich geborenen Kindern wurden außereheliche Beziehungen und dabei insbesondere die Frauen bestraft, denn für Männer zog eine solche Beziehung, wenn überhaupt, nur Unterhaltszahlungen nach sich.

Vieles hat sich seitdem verändert, die Emanzipation der Frauen in Folge **11** der 68er Revolte, der allgemeine Wertewandel in Bezug auf Ehe, Familie und sonstige Lebensgemeinschaften, sowie die Gleichstellung von Frauen und Männern haben zu einer Anpassung des Rechts an die veränderten gesellschaftlichen Lebensformen geführt. Besonders hervorzuheben ist in dieser Entwicklung auch die veränderte Betrachtung von Kindern in familienrechtlichen Verfahren, heraus aus einer reinen Objektstellung hin zu einem Subjekt mit eigenen Rechten und Bedürfnissen und einem eigenen Verfahrensbeistand in seine Rechte betreffenden Verfahren.

Dieses Buch versteht sich nicht als Lehrbuch, sondern soll ein Leitfaden **12** für die praktische Handhabung des neuen Familienverfahrensrechts aus anwaltlicher Sicht sein.

§ 2 Allgemeiner Teil

I. Ziel der Verfahrensvereinheitlichung

1   Der allgemeine Teil des neuen FamFG ist die konkrete Umsetzung des Ziels der Verfahrensvereinheitlichung, denn das bislang zersplitterte und unübersichtliche Familienverfahrensrecht und das Recht der freiwilligen Gerichtsbarkeit sind nunmehr zusammengeführt und bilden den Allgemeinen Teil des Familienverfahrensgesetzes, die §§ 1–110 FamFG. Diese systematische Veränderung, die die Verfahrensregeln voranstellt, dient der besseren Übersichtlichkeit und verringert die Gefahr, dass Regelungen übersehen werden, weil sie in einem anderen Gesetz stehen.

II. Allgemeine Vorschriften

2   Nach den allgemeinen Vorschriften der §§ 1–22 FamFG folgen die Vorschriften zur Regelung des Verfahrens im ersten Rechtszug, §§ 23–37 FamFG, die Vorschriften über den Beschluss, §§ 38–48 FamFG, die einstweilige Anordnung, §§ 49–56 FamFG, die Rechtsmittel, §§ 58–75 FamFG, die Verfahrenskostenhilfe, §§ 76–79 FamFG, Vorschriften über die Kosten, §§ 80–85 FamFG, die Vollstreckung, §§ 86–97 FamFG und Verfahren mit Auslandsbezug, §§ 97–110 FamFG.

3   Die Einführung eines Allgemeinen Teils ist jedoch nicht gleichbedeutend mit der Einführung von Regelungen, die bislang nicht vorhanden gewesen wären. Es bleibt bei der systematischen Gliederung zwischen FGG- und ZPO-Familiensachen. Der Allgemeine Teil ist mehr zu verstehen als Vorabklärung von Fragen, die klassischer Weise immer in Familiensachen problematisch werden und die so einer grundsätzlichen Klärung zugeführt werden sollen und in allen Instanzen problematisch sein können.

1. Zuständigkeit des Familiengerichts

4   Die Zuständigkeit des Familiengerichts als solche ist nicht im neuen FamFG geregelt, sondern ergibt sich weiterhin aus anderen Gesetzen. Die **sachliche Zuständigkeit** ergibt sich nach wie vor aus § 23a GVG, der zukünftig jedoch auf § 111 FamFG Bezug nimmt. Die eigenen Kataloge der § 23b GVG und § 621 ZPO entfallen. Desgleichen wird das Vormundschaftsgericht abgeschafft. Den Familiengerichten sind alle Zuständigkeiten übertragen, die bislang auf die Familien- und Vormundschaftsgerichte entfielen, d.h. die **Familiengerichte** sind **zuständig für alle Streitigkeiten** um elterliche Sorge, Umgang, Kindesherausgabe, sowie zukünftig für Verfahren hin-

sichtlich Vormundschaften, Pflegschaften, Unterbringungen, Jugendgerichts-
hilfe und Adoptionssachen, soweit sie Minderjährige betreffen. Darüber hinaus sind die Familiengerichte in Zukunft auch für alle sonstigen Familiensachen zuständig, die Bezug zu dem familienrechtlichen Rechtsverhältnis
haben, § 111 Nr. 10 FamFG. Der **Begriff der sonstigen Familiensachen** ist
erstmals **definiert in § 266 FamFG** und erfasst alle vermögensrechtlichen
Streitigkeiten, die bislang vor den Prozessabteilungen der Familien- und
Landgerichte verhandelt wurden. Der Zuständigkeitsbereich für die Betreu-
ungsgerichte, die an die Stelle der Vormundschaftsgerichte treten, beschränkt
sich gem. § 23 c GVG ausschließlich auf Betreuungen und Vormundschaften
für Erwachsene. Es bleibt abzuwarten, wie die Familiengerichte den erweiterten Zuständigkeitsbereich bewältigen.

2. Örtliche Zuständigkeit

Der allgemeine Teil enthält **keine allgemeine Zuständigkeitsregelung**, viel-   5
mehr wird die **örtliche Zuständigkeit wie bisher im FGG** für die einzelnen
Verfahren jeweils **gesondert geregelt**.[1] Soweit besondere Vorschriften auf den
Wohnsitz abstellen, bestimmt § 2 Abs. 2 FamFG, dass Deutsche, die das
Recht der Exterritorialität genießen, sowie im Ausland beschäftigte Angehö-
rige des Öffentlichen Dienstes, den letzten inländischen Wohnsitz behalten.
Dies entspricht der bisherigen Regelung in § 3 Abs. 1 FGG. § 2 FamFG
nimmt den Grundsatz der Vorgriffszuständigkeit auf, aus dem sich ergibt,
dass unter mehreren zuständigen Gerichten das Gericht, welches sich mit der
Sache zuerst befasst hat, allein zuständig wird. Zukünftig kommt es allerdings auf die Befassung des Gerichts und nicht auf sein Tätigwerden an, d.h.
es gilt ein anderer Anknüpfungszeitpunkt als bisher.

Gem. § 2 Abs. 1 Satz 2 FamFG bleibt das befasste Gericht auch zuständig,
wenn sich die zuständigkeitsbegründenden Umstände verändern. Der **Grundsatz der perpetuatio fori** war im FGG nicht ausdrücklich geregelt, aber allgemein anerkannt.[2]

3. Verweisung bei Unzuständigkeit

Bei örtlicher oder sachlicher Unzuständigkeit **verweist** das Gericht gem.   6
§ 3 FamFG an das zuständige Gericht, und zwar **durch unanfechtbaren Beschluss**. Dies ist neu gegenüber dem bisherigen Recht, das nur die formlose
Abgabe kannte und vermeidet damit in Zukunft für die Parteien unerfreuli-
che Streitigkeiten hinsichtlich der Zuständigkeit des angerufenen Gerichts

---

[1] § 122 FamFG (Ehesachen), § 152 (Kindschaftssachen),§ 170 FamFG (Abstammungssachen), § 187 FamFG (Adoptionssachen), § 201 FamFG (Wohnungszuweisungs- und
Hausratssachen), § 211 (Gewaltschutzsachen), § 218 (Versorgungsausgleichssachen),
§ 232 FamFG (Unterhaltssachen), § 262 FamFG (Güterrechtssachen), § 267 FamFG (sonstige Familiensachen), § 272 (Betreuungssachen), § 313 FamFG (Unterbringungssachen).
[2] *Brehm* FGG § 6 Rdnr. 12.

und die Frage, ob in solchen Fällen § 17a GVG oder § 281 ZPO entsprechend anzuwenden ist.

7   Die **Abgabe an ein anderes Gericht** ist in § 4 FamFG geregelt und kann erfolgen, wenn ein wichtiger Grund vorliegt und das andere Gericht sich zur Übernahme bereit erklärt hat. Ein kodifizierter wichtiger Grund ist z.B. § 273 FamFG in Betreuungssachen. Eine derartige Vorschrift kannte das FGG nicht, wohl aber die Abgabe als solche in besonderen Verfahren.[3]

4. Gerichtliche Bestimmung der Zuständigkeit

8   Die gerichtliche Bestimmung der Zuständigkeit ist zukünftig in **§ 5 FamFG** geregelt und ersetzt damit den bisherigen § 5 FGG. In der Gesetzesbegründung heißt es dazu lediglich, dass es sich um eine detaillierte Regelung handele.[4] Bei einem Streit der Gerichte über die sachliche und funktionelle Zuständigkeit wurde bislang eine analoge Anwendung des § 5 FGG abgelehnt und stattdessen § 36 Nr. 6 ZPO herangezogen.[5]

9   Die neue Regelung greift aber deutlich weiter. Nr. 1 entspricht inhaltlich dem bisherigen § 5 Abs. 1 Satz 2 FGG. Die Nr. 2–4 ergänzen den bisherigen § 5 Abs. 1 Satz 1 FGG. Nr. 2 benennt nunmehr konkretere Voraussetzungen für das Bestehen einer Ungewissheit über die Zuständigkeit des Gerichts und nimmt insoweit die Formulierung des § 36 Abs. 1 Nr. 2 ZPO auf und erweitert diese Alternative um die Ungewissheit aus sonstigen tatsächlichen Gründen. Hierunter fallen die Fälle, in denen die rechtliche Beurteilung der Zuständigkeitsfrage aus tatsächlichen Gründen unmöglich ist, weil die Umstände unklar und nicht aufklärbar sind.[6] Nr. 3 regelt die gerichtliche Bestimmung im Fall des positiven Kompetenzkonflikts. Dies war bereits nach geltender Rechtslage anerkannt, ist aber nunmehr in Nr. 3 ausdrücklich geregelt. Gleiches gilt gem. Nr. 4 auch für den negativen Kompetenzkonflikt. Nr. 5 entspricht dem bisherigen § 46 Abs. 2 Satz 1 FGG.

5. Richterablehnung

10   Die Richterablehnung ist neu geregelt in **§ 6 FamFG** und verweist ausdrücklich auf die §§ 41 bis 49 ZPO. Gleiches gilt auch für die Anfechtung eines Beschlusses, durch den das Ablehnungsgesuch für unbegründet erklärt wird, denn dieser ist mit der sofortigen Beschwerde entsprechend §§ 567 bis 572 ZPO anfechtbar.

6. Beteiligtenbegriff

11   Das FamFG bringt Klarheit in eine Materie, die bislang ungeregelt war, da das FGG keine Bestimmung zu der Frage enthielt, wer Beteiligter eines Ver-

---

[3] Siehe dazu §§ 46, 65a, 70 Abs. 3 und 75 FGG.
[4] BT-Drucks. 16/6308, 176.
[5] Siehe dazu *Brehm* FPR 2006, 401 f.
[6] *Keidel/Kuntze/Winkler-Sternal*, Freiwillige Gerichtsbarkeit § 5 Rdnr. 27 ff.

fahrens ist. In das FamFG aufgenommen ist nunmehr in § 7 eine gesetzliche Definition des Beteiligtenbegriffs: Es gibt Beteiligte kraft Gesetzes, der Antragsteller nach § 7 Abs. 1 FamFG, Beteiligte kraft Hinzuziehung, § 7 Abs. 2 FamFG, die hinzugezogen werden müssen, sog. Muss-Beteiligte, sowie Beteiligte, die hinzugezogen werden können, § 7 Abs. 3 FamFG, aber nicht hinzugezogen werden müssen. In dieser Differenzierung des Beteiligtenbegriffs liegt das eigentliche Novum des Gesetzes, denn der Beteiligtenbegriff ist nunmehr Anknüpfungspunkt vieler weiterer Regelungen.

a) Antragsteller

Gem. § 7 Abs. 1 FamFG ist in Antragsverfahren der Antragsteller Beteiligter. Wer einen Antrag stellt, wird in den meisten Fällen auch antragsbefugt und durch die ergehende Entscheidung in eigenen materiellen Rechten betroffen sein. Ist dies ausnahmsweise nicht der Fall, muss der Antrag gleichwohl beschieden werden.[7] Schon deshalb ist es erforderlich, dass der Antragsteller in jedem Fall am Verfahren als Beteiligter teilnimmt.[8] Die Beteiligung kraft Gesetzes entspricht dem bisher geltenden materiellen und formellen Beteiligtenbegriff. Da über einen Antrag stets zu entscheiden ist, ist den von Abs. 1 erfassten Personen gemeinsam, dass sie in jedem Fall von der Entscheidung betroffen sein werden.[9] **12**

b) „Muss-Beteiligte"

Aus § 7 Abs. 2 FamFG ergibt sich der Personenkreis, der vom Gericht zu dem Verfahren **hinzugezogen werden muss**. Nach Nr. 1 sind dies diejenigen, deren Rechte durch das Verfahren unmittelbar betroffen werden können, und zwar unabhängig von der Prognose, ob es voraussichtlich zu einem rechtsbeeinträchtigenden Verfahrensausgang kommt.[10] Mit dem Kriterium der Unmittelbarkeit stellt die Regelung klar, dass eine Beteiligung nur dann zu erfolgen hat, wenn subjektive Rechte des Einzelnen betroffen sind.[11] **13**

§ 7 Abs. 2 FamFG nimmt auf Kataloge von Betroffenen Bezug, die das Gericht beteiligen muss. Diese Beteiligungspflicht kann von Amts wegen bestehen. Dies gilt beispielsweise in Abstammungssachen gem. § 169 FamFG für die Mutter und den Vater und gem. § 219 FamFG für den Versorgungsträger in Versorgungsausgleichssachen. Diese Regelungen haben vornehmlich klarstellende Funktion, weil die Betroffenen als materiell-rechtlich Beteiligte zu beteiligen sind.[12] **14**

---

[7] BT-Drucks. 16/6308, 178.
[8] BT-Drucks. 16/6308, 178.
[9] BT-Drucks. 16/6308, 178.
[10] BT-Drucks. 16/6308, 178.
[11] BT-Drucks. 16/6308, 178.
[12] *Jacoby*, Der Regierungsentwurf für ein FamFG, FamRZ 2007, 1703.

c) „Kann-Beteiligte"

§ 7 Abs. 3 bestimmt die Personen, die auf Antrag oder von Amts wegen zu dem Verfahren hinzugezogen werden können. Diese Beteiligten werden nicht durch eine Generalklausel definiert, sondern ausschließlich durch Benennung an anderen Stellen im FamFG oder in anderen Gesetzen. Kann-Beteiligte sind beispielsweise in den §§ 188 Abs. 2 (in Adoptionssachen), 204 Abs. 2 (in Wohnungszuweisungssachen), 212 (in Gewaltschutzsachen), 274 Abs. 6 Nr. 1 (in Betreuungssachen), 315 Abs. 4 Nr. 1 (in Unterbringungssachen) und 345 Abs. 3 (Nachlasssachen) FamFG genannt.

15   Es handelt sich bei dieser Gruppe zum einen um Personen, deren Recht durch das Verfahren unmittelbar betroffen wird, von denen aber erwartet wird, dass sie, nachdem sie von der Einleitung des Verfahrens benachrichtigt worden sind, durch einen Antrag ihren Anspruch auf Verfahrensteilhabe bekunden.[13] Stellen sie diesen Antrag auf Beteiligung, hat das Gericht gem. Abs. 2 Nr. 2 sie als Beteiligte zu dem Verfahren hinzuzuziehen. Falls kein Antrag gestellt wird, kann das Gericht auf der Grundlage von Abs. 3 die Hinzuziehung nach verfahrensökonomischen Gesichtspunkten veranlassen.[14] Nach Abs. 3 können außerdem Personen als Beteiligte hinzugezogen werden, die lediglich ein ideelles Interesse am Ausgang des Verfahrens haben.[15]

7. Unterrichtungspflicht

16   § 7 Abs. 4 FamFG regelt einheitlich die gerichtliche Unterrichtungspflicht über die Verfahrensleitung für alle Gruppen von Beteiligten und dient damit der Gewährleistung des rechtlichen Gehörs.[16] Diejenigen, die auf ihren Antrag als Beteiligte zu dem Verfahren hinzuziehen sind oder hinzugezogen werden können, sind von der Einleitung des Verfahrens zu benachrichtigen, soweit sie dem Gericht bekannt sind und über ihr Antragsrecht zu belehren.

8. Entscheidung über die Hinzuziehung

17   § 7 Abs. 5 FamFG regelt die Form der Hinzuziehungsentscheidung. Grundsätzlich bedarf die Hinzuziehung keines formellen Aktes. Vielmehr kann eine Hinzuziehung auch konkludent, etwa durch Übersenden von Schriftstücken oder die Ladung zu Terminen erfolgen. Eine ausdrückliche Entscheidung in Form eines Beschlusses ist nur dann erforderlich, wenn das Gericht einem Antrag auf Hinzuziehung nach § 7 Abs. 2 oder Abs. 3 FamFG nicht entspricht.

18   Entsprechend § 7 Abs. 5 Satz 2 FamFG ist dieser Beschluss mit einer sofortigen Beschwerde entsprechend den §§ 567–572 ZPO anfechtbar. Ein we-

---

13 BT-Drucks. 16/6308, 179.
14 BT-Drucks. 16/6308, 179.
15 BT-Drucks. 16/6308, 179.
16 BT-Drucks. 16/6308, 179.

sentliches Reformziel des Verfahrensrechts der freiwilligen Gerichtsbarkeit ist es, künftig so früh wie möglich im Verfahren festzustellen, wer am Verfahren zu beteiligen ist.[17] Ebenso können diejenigen, die am Verfahren als Beteiligte teilnehmen möchten, durch ein eigenständiges Beschwerderecht eine Überprüfung der ablehnenden Hinzuziehung des Erstgerichts erzwingen.[18]

Praxistipp:
§ 13 knüpft das Akteneinsichtsrecht an die Beteiligteneigenschaft. Das FamFG kehrt die Gesetzgebungstechnik des FGG um, nach der von der Beschwerdebefugnis auf die Beteiligungsmöglichkeit geschlossen wurde.

9. Verfahrensfähigkeit

Ebenso wie der Beteiligtenbegriff war der **Begriff der Verfahrensfähigkeit** 19 bislang im FGG nicht geregelt. Nunmehr besteht eine Regelung, die sich an die §§ 61, 62 VwGO anlehnt. Während die Beteiligtenfähigkeit der Rechtsfähigkeit entspricht, knüpft die Verfahrensfähigkeit an die Geschäftsfähigkeit an. Beschränkt Geschäftsfähige sind verfahrensfähig, soweit sie nach bürgerlichem Recht für den Verfahrensgegenstand geschäftsfähig sind. § 9 Abs. 2 FamFG regelt in Anlehnung an § 58 Abs. 2 FGO die Vertretung Geschäftsunfähiger. Die Regelung für Vereinigungen sowie für Behörden und deren Vertreter ergibt sich aus § 9 Abs. 3 FamFG. Dies gilt auch für nichtrechtsfähige Vereinigungen i.S.v. § 8 Nr. 2 FamFG und lehnt sich insoweit an § 62 Abs. 3 VwGO an.

10. Vertretung durch Verfahrensbevollmächtigten

Gem. § 10 Abs. 1 FamFG kann sich der Beteiligte durch einen Verfahrens- 20 bevollmächtigten vertreten lassen, eine Verpflichtung dazu besteht grundsätzlich nicht, es sei denn, es handelt sich um eine Ehesache oder eine Folgesache, für die gem. § 114 FamFG eine anwaltliche Vertretung bereits in der ersten Instanz vorgeschrieben ist. Auch in Beschwerdesachen, z.B. gegen Entscheidungen zur elterlichen Sorge oder zum Umgangsrecht, besteht selbst vor dem Oberlandesgericht keine Vertretungsnotwendigkeit durch einen Anwalt, diese ist erst im Rechtsbeschwerdeverfahren vor dem Bundesgerichtshof gegeben, §§ 10 Abs. 4, 114 Abs. 2 FamFG.

11. Akteneinsichtsrecht

§ 13 FamFG ersetzt die Vorschrift des bisherigen § 34 FGG, allerdings 21 wird nunmehr zwischen dem Akteneinsichtsrecht der Beteiligten und einem Akteneinsichtsrecht Dritter differenziert.

---

[17] BT-Drucks. 16/6308, 404.
[18] BT-Drucks. 16/6308, 404.

a) der Beteiligten

22   § 13 FamFG billigt den Beteiligten grundsätzlich ein uneingeschränktes Akteneinsichtsrecht zu; dies bedeutet, dass sich das Recht zur Akteneinsicht auf alle dem Gericht im Zusammenhang mit dem Rechtsstreit vorgelegten oder vom Gericht selbst geführten Akten einschließlich aller beigezogenen Unterlagen bezieht, sofern diese Akten zur Grundlage der Entscheidung gemacht werden sollen oder gemacht worden sind.[19] Eine Ausnahme davon gilt dann, wenn schwerwiegende Interessen anderer Beteiligter entgegenstehen. Hierbei genügt jedoch noch nicht jedes Interesse aus der Privatsphäre oder aus dem Vermögensbereich eines Beteiligten. Vielmehr muss das seitens des anderen Beteiligten bestehende Interesse so schwerwiegend sein, dass das Recht auf vollumfängliche Akteneinsicht im Einzelfall zurückzustehen hat.[20] Dies kann beispielsweise ein psychiatrisches Gutachten betreffen, wenn mit der Akteneinsicht Gefahren für den betroffenen Beteiligten verbunden sind. Dies kann auch in Fällen häuslicher Gewalt einschlägig sein, wenn zur Geheimhaltung des aktuellen Aufenthaltsorts des gewaltbetroffenen Beteiligten eine Akteneinsicht nicht oder nur eingeschränkt zu gewähren ist.

b) Dritter

23   § 13 Abs. 2 FamFG regelt das Akteneinsichtsrecht Dritter. Diese haben ein berechtigtes Interesse glaubhaft zu machen. Dies entspricht der bisherigen Regelung des § 34 Abs. 1 FGG, sowie im Wesentlichen § 299 Abs. 1 ZPO.

24   Das Akteneinsichtsrecht von Rechtsanwälten, Notaren und beteiligten Behörden ergibt sich aus § 13 FamFG. Bei ihnen wird grundsätzlich von einer besonderen Zuverlässigkeit ausgegangen.[21] Ein Recht auf Mitnahme der Akten besteht jedoch nicht. Die entsprechende Entscheidung liegt im pflichtgemäßen Ermessen des Gerichts und ist gem. § 14 Abs. 4 Satz 3 FamFG unanfechtbar.

12. Bekanntgabe; formlose Mitteilung

25   Nach § 15 Abs. 1 FamFG sind Dokumente, deren Inhalt eine Termins- oder Fristbestimmung enthalten oder den Lauf einer Frist auslösen, den Beteiligten bekannt zu geben. Bislang fehlten im FGG Vorschriften zur Bekanntgabe von Schriftstücken.

26   Die Bekanntgabe kann gem. § 15 Abs. 2 Satz 1 FamFG durch Zustellung nach den §§ 166 bis 195 ZPO oder dadurch bewirkt werden, dass das Schriftstück unter der Anschrift des Adressaten zur Post gegeben wird. Soll die Bekanntgabe im Inland bewirkt werden, gilt das Schriftstück drei Tage nach Aufgabe zur Post als bekannt gegeben, wenn nicht der Beteiligte glaubhaft macht, dass ihm das Schriftstück nicht oder erst zu einem späteren Zeitpunkt

---

[19] BT-Drucks. 16/6308, 181.
[20] BT-Drucks. 16/6308, 181.
[21] BT-Drucks. 16/6308, 182.

zugegangen ist, § 15 Abs. 2 Satz 3 FamFG. Die Bekanntgabe durch Aufgabe zur Post ist § 8 Insolvenzordnung nachgebildet. Sie ist eine unbürokratische Bekanntgabeart, die sich gerade in Verfahren mit zahlreichen Beteiligten anbietet. Außerdem vermeidet die formlose Aufgabe zur Post, dass in nicht streitigen Verfahren eine förmliche Zustellung erfolgen muss.[22]

Welche Bekanntgabemöglichkeit gewählt wird, liegt grundsätzlich im **27** pflichtgemäßen Ermessen des Gerichts, soweit nicht die Spezialregelung des § 41 Abs. 1 Satz 2 FamFG eingreift, wonach anfechtbare Beschlüsse demjenigen zuzustellen sind, dessen erklärtem Willen er nicht entspricht.[23] Ist eine Bekanntgabe nicht geboten, können Dokumente gem. § 15 Abs. 3 FamFG den Beteiligten formlos mitgeteilt werden.

13. Fristen

§ 16 Abs. 1 FamFG entspricht den §§ 221 ZPO, 57 Abs. 1 VwGO und re- **28** gelt den Beginn des Fristenlaufs, der mit der Bekanntgabe eintritt. Gem. § 16 Abs. 2 FamFG richten sich die Fristberechnung nach § 222 ZPO, die Fristverkürzung oder Fristverlängerung nach § 224 Abs. 2 und Abs. 3 ZPO und das Verfahren bei Friständerung nach § 225 ZPO.

14. Wiedereinsetzung

Die §§ 17 bis 19 FamFG gestatten die Wiedereinsetzung bei Versäumung **29** einer gesetzlichen Frist. War jemand ohne sein Verschulden verhindert, eine gesetzliche Frist einzuhalten, ist ihm auf Antrag Wiedereinsetzung in den vorigen Stand zu gewähren, § 17 Abs. 1 FamFG.

Ein Fehlen des Verschuldens wird vermutet, wenn eine Rechtsbehelfsbeleh- **30** rung unterblieben oder fehlerhaft ist, § 17 Abs. 2 FamFG. Die unterbliebene oder unrichtige Belehrung hindert den Eintritt der Rechtskraft nicht, es wird jedoch vermutet, dass derjenige Beteiligte, der keine Rechtsmittelbelehrung erhalten hat, ohne Verschulden gehindert war, die Frist zur Einlegung des Rechtsmittels oder des Rechtsbehelfs einzuhalten.[24]

Gem. § 18 Abs. 1 FamFG ist der Antrag auf Wiedereinsetzung binnen zwei **31** Wochen nach Wegfall des Hindernisses zu stellen und innerhalb der Antragsfrist gem. § 18 Abs. 3 Satz 2 FamFG die versäumte Rechtshandlung nachzuholen. Gem. § 18 Abs. 4 FamFG beträgt die Ausschlussfrist für die Wiedereinsetzung ein Jahr. Die Versagung der Wiedereinsetzung ist nach den Vorschriften anfechtbar, die für die versäumte Rechtshandlung gelten, § 19 Abs. 3 FamFG.

Über die Wiedereinsetzung entscheidet das Gericht, das über die versäumte Rechtshandlung zu befinden hat, § 19 Abs. 1 FamFG. Die Wiedereinsetzung ist gem. § 19 Abs. 2 FamFG nicht anfechtbar.

---

[22] BT-Drucks. 16/6306, 182.
[23] BT-Drucks. 16/6308, 182.
[24] BT-Drucks. 16/6308, 182.

15. Aussetzung des Verfahrens

32   Erstmalig im Verfahren der freiwilligen Gerichtsbarkeit ist nunmehr gem. § 21 FamFG die Möglichkeit vorgesehen, ein Verfahren auszusetzen. Bislang war die Aussetzung nur bei der Nachlassauseinandersetzung, § 95 FGG, und im Handelsregisterverfahren, § 127 FGG, geregelt.

33   Eine Aussetzung ist nur bei Vorliegen eines wichtigen Grundes möglich. Als Regelbeispiel nennt das Gesetz den als Aussetzungsgrund in allen Verfahrensordnungen anerkannten Grund der Vorgreiflichkeit in anderen Verfahren. Ein wichtiger Grund kann in streitigen Verfahren aber auch dann vorliegen, wenn die Beteiligten an einer Mediation teilnehmen.[25] Die Entscheidung über die Aussetzung steht grundsätzlich im Ermessen des Gerichts, das bei der Ausübung des Ermessens die Eigenart des jeweiligen Verfahrens und die Interessen der Beteiligten zu berücksichtigen hat. Die Aussetzungsentscheidung ist mit der sofortigen Beschwerde in entsprechender Anwendung der §§ 567 bis 572 ZPO anfechtbar.

16. Antragsrücknahme/Beendigungserklärung

34   Gem. § 22 Abs. 1 FamFG kann ein Antrag **bis zur Rechtskraft der Endentscheidung** zurückgenommen werden. Nach Erlass der Endentscheidung bedarf die Rücknahme der Zustimmung der übrigen Beteiligten. Eine bereits ergangene, noch nicht rechtskräftige Endentscheidung wird durch die Antragsrücknahme wirkungslos, ohne dass es einer ausdrücklichen Aufhebung bedarf, § 22 Abs. 2 Satz 1 FamFG. Das Gericht stellt diese Wirkung auf Antrag durch Beschluss fest. Der Beschluss ist nicht anfechtbar, § 22 Abs. 2 Satz 3 FamFG. § 22 Abs. 4 FamFG stellt klar, dass in Amtsverfahren Rücknahmewirkungen nicht eintreten.

35   § 22 Abs. 3 FamFG regelt das Procedere im Falle der Antragsrücknahme, wenn alle Beteiligten sich darüber einig sind, das Verfahren nicht fortführen zu wollen. In diesem Fall hat eine Entscheidung des Gerichts nicht zu ergehen. Die Beendigung des Verfahrens tritt allein durch die Gestaltungserklärung der Beteiligten ein, an die das Gericht gebunden ist, und zwar unabhängig von der Frage, ob eine Erledigung des Verfahrens in der Hauptsache eingetreten ist.[26]

17. Grundsatz der Nichtöffentlichkeit

36   Nach § 170 Abs. 1 GVG gilt in allen FamFG-Sachen und in allen sonstigen fG-Sachen nach anderen Gesetzen für die Verhandlungen, Erörterungen und Anhörungen der Grundsatz der Nichtöffentlichkeit. Die Öffentlichkeit kann nur auf besondere Anordnung des Gerichts hergestellt werden, jedoch nicht gegen den Willen eines Beteiligten.

---

[25] BT-Drucks. 16/6308, 184.
[26] BT-Drucks. 16/6308, 364.

§ 3 Verfahren im ersten Rechtszug

Die weiteren Vorschriften des allgemeinen Teils spiegeln den Verlauf des **1** erstinstanzlichen Verfahrens wider. Die §§ 23 ff. FamFG befassen sich zunächst mit der Einleitung des Verfahrens, und dem Verlauf des Verfahrens erster Instanz.

Die §§ 23 und 24 FamFG regeln die für die Verfahrenseinleitung notwendigen Anträge und Anregungen in den Fällen, in denen die Einleitung des Verfahrens nicht von Amts wegen erfolgt.

I. Verfahren auf Antrag

Die Frage, ob für ein Verfahren ein Antrag erforderlich ist, richtet sich aus- **2** schließlich nach materiellem Recht, § 23 FamFG definiert ausschließlich die formalen Mindestanforderungen.[1] Die Anforderungen in § 23 FamFG sind deutlich geringer als die Anforderungen an eine Klageschrift i.S.d. ZPO, d.h. es muss kein bestimmter Sachantrag gestellt werden, vielmehr ist es ausreichend, dass aus dem Antrag hervorgeht, was der Antragsteller meint.[2]

Gem. § 23 Abs. 1 Satz 1 FamFG soll der Antrag begründet und den ande- **3** ren Verfahrensbeteiligten übermittelt werden. Die Ausgestaltung als Soll-Vorschrift stellt sicher, dass eine Nichterfüllung der Begründungspflicht nicht zur Zurückweisung des Antrags als unzulässig führen kann.[3] Aus § 23 Abs. 1 Satz 2 FamFG ergibt sich die Begründungspflicht als spezielle Mitwirkungspflicht des Antragstellers. Der Antragsteller soll die der Begründung dienenden Tatsachen und Beweismittel angeben, erforderliche Urkunden beifügen (§ 23 Abs. 1 Satz 3) und den Antrag unterschreiben (§ 23 Abs. 1 Satz 4)

Gemäß § 23 Abs. 2 FamFG soll das Gericht die Antragsschrift an die übri- **4** gen Beteiligten übermitteln. Dies dient der Gewährung rechtlichen Gehörs.[4] Das Gericht kann in Einzelfällen von der Übermittlung absehen, wenn der Antrag unzulässig oder offensichtlich unbegründet ist.[5]

II. Verfahren von Amts wegen

Bei Verfahren, die von Amts wegen eingeleitet werden können, besteht die **5** Möglichkeit einer Anregung gem. § 24 Abs. 1 FamFG. Die Anregung hat zur Folge, dass das Gericht von Amts wegen prüfen muss, ob es tätig zu werden

---

[1] BT-Drucks. 16/6308, 185.
[2] BT-Drucks. 16/6308, 185.
[3] BT-Drucks. 16/6308, 185, 186.
[4] BT-Drucks. 16/6308, 186.
[5] BT-Drucks. 16/6308, 186.

hat. Die Anregung ist daher, wie der Name schon sagt, kein echter Antrag, führt jedoch dazu, dass derjenige, der die Anregung gegeben hat, darüber gem. § 24 Abs. 2 FamFG zu unterrichten ist, soweit ein berechtigtes Interesse an seiner Unterrichtung ersichtlich ist. Diese Unterrichtungsverpflichtung ist eine Veränderung gegenüber der bisherigen Rechtslage.

☞ **Praxistipp:**
Zur Bekundung des Interesses sollte ein Dritter in jedem Falle einen ausdrücklichen Antrag auf Unterrichtung stellen.

6 § 25 Abs. 1 FamFG stellt klar, dass Anträge und Anregungen durch die Beteiligten gegenüber dem zuständigen Gericht abgegeben werden können, soweit eine Vertretung durch einen Rechtsanwalt nicht erforderlich ist. Sie können jedoch auch gem. § 25 Abs. 2 FamFG, sofern sie überhaupt vor dem Urkundsbeamten der Geschäftsstelle abgegeben werden können, vor der **Geschäftsstelle jedes Amtsgerichts** abgegeben werden.

1. Amtsermittlungsgrundsatz

7 Gem. § 26 FamFG gilt weiterhin der Amtsermittlungsgrundsatz, nach dem das Gericht **von Amts wegen die zur Feststellung der entscheidungserheblichen Tatsachen erforderlichen Ermittlungen** durchzuführen hat. Das Gericht erhebt die Beweise in der ihm geeignet erscheinenden Form und zwar entweder formlos gem. § 29 FamFG (Freibeweis) oder durch eine förmliche Beweisaufnahme gem. § 30 FamFG (Strengbeweis), ohne an förmliche Regeln gebunden zu sein.

8 Eine ausdrückliche Regelung dazu gab es bislang nicht, die Rechtslage entsprach jedoch der nunmehr in das FamFG aufgenommenen Regelung.[6] Das Vorgehen im Wege des Strengbeweises ist in Abstammungssachen gem. § 177 Abs. 2 Satz 1 FamFG, in Betreuungssachen gem. § 280 FamFG und in Unterbringungssachen gem. § 321 FamFG ausdrücklich vorgeschrieben.

2. Mitwirkungspflicht der Beteiligten

9 § 27 FamFG sieht eine **Mitwirkungspflicht der Beteiligten** bei der Ermittlung des Sachverhalts vor, wobei das Gericht gem. § 28 FamFG verpflichtet ist, diese Mitwirkungspflicht zu fördern, indem es darauf hinwirkt, dass die Beteiligten sich rechtzeitig über alle erheblichen Tatsachen erklären und ungenügende tatsächliche Angaben ergänzen. Gerade in Sorge- und Umgangsrechtsstreitigkeiten ergibt sich jedoch regelmäßig die Situation, dass eine Mitwirkung der Beteiligten nicht oder nur sehr eingeschränkt erwartet werden kann.[7]

---

[6] *Keidel/Kuntze/Winkler*, Freiwillige Gerichtsbarkeit, Rdnr. 176.
[7] BT-Drucks. 16/6308, 406.

Die Mitwirkung der Beteiligten ist vom Gericht nur eingeschränkt er- **10**
zwingbar. Nach § 33 Abs. 3 FamFG können gegen einen unentschuldigt aus-
bleibenden Beteiligten, dessen persönliches Erscheinen angeordnet war, Ord-
nungs- und Zwangsmittel verhängt werden. Nach § 35 FamFG können
Mitwirkungshandlungen erzwungen werden. Kommen die Beteiligten ihren
Mitwirkungspflichten nicht nach, können sie trotz des Amtsermittlungsprinzips nicht erwarten, dass das Gericht zur Aufklärung des Sachverhalts allen
denkbaren Möglichkeiten von Amts wegen nachgeht.[8]

Aus § 27 Abs. 2 FamFG ergibt sich die **Wahrheitspflicht** der Beteiligten, **11**
nach der die Beteiligten ihre Erklärungen über tatsächliche Umstände vollständig und der Wahrheit gemäß abzugeben haben.

3. Verfahrensleitung

Bisher gab es im FGG keine ausdrückliche Vorschrift zur Verfahrenslei- **12**
tung, die Grundsätze wurden aus § 12 FGG, dem Amtsermittlungsgrundsatz,
abgeleitet. Das FamFG kodifiziert nunmehr verschiedene Hinwirkungspflich-
ten des Gerichts: § 28 Abs. 1 Satz 2 FamFG normiert eine spezielle Hinweis-
pflicht des Gerichts, die nach Ansicht des Gesetzgebers das rechtliche Gehör
der Beteiligten gewährleistet und vor Überraschungsentscheidungen schützen
soll.[9]

Gem. § 28 Abs. 2 FamFG ist das Gericht verpflichtet, auf die Beseitigung
von Formfehlern und auf sachdienliche Anträge hinzuwirken. Gem. § 28
Abs. 3 FamFG ist das Gericht im Interesse der Verfahrensbeschleunigung
verpflichtet Hinweise so früh wie möglich zu erteilen und aktenkundig zu
machen. § 28 Abs. 4 FamFG begründet die Verpflichtung des Gerichts, über
die wesentlichen Vorgänge eines Termins oder einer persönlichen Anhörung
einen Vermerk anzufertigen, um die Beteiligten über die Ergebnisse einer Anhörung oder eines Termins zu informieren, so dass sie ihr weiteres Verfah-
rensverhalten darauf einstellen können.[10]

III. Beweiserhebung

1. Grundsatz des Freibeweises

Aus § 29 Abs. 1 FamFG ergibt sich der **Grundsatz des Freibeweises**, d.h. **13**
dass das Gericht berechtigt ist, die Beweise, in der ihm geeignet erscheinenden Form zu erheben, ohne an förmliche Regeln gebunden zu sein. Als Form
des Freibeweises kommt die informelle persönliche, telefonische oder schriftliche Befragung einer Auskunftsperson oder die Beiziehung von Akten in Betracht.[11]

---

[8] BT-Drucks 16/6308, 186, 187
[9] BT-Drucks. 16/6308, 187.
[10] BT-Drucks. 16/6308, 187.
[11] BT-Drucks. 16/6308, 188.

14   Gem. § 19 Abs. 1 Satz 2 FamFG ist das Gericht nicht an das Vorbringen der Beteiligten gebunden, vielmehr muss das Gericht die Wahrheit ermitteln und zu diesem Zweck Beweis erheben.[12]

15   Den Beteiligten steht kein förmliches Beweisantragsrecht zu, die Auseinandersetzung des Gerichts bleibt jedoch auch ohne dies gewährleistet, denn das Gericht hat die tragenden Erwägungen seiner Endentscheidung in der Begründung gem. § 38 Abs. 3 FamFG darzulegen.[13] Findet eine hinreichende Auseinandersetzung mit entscheidungserheblichen Beweisangeboten eines Beteiligten nicht statt, stellt dies einen Verfahrensfehler dar, der im Rechtsmittelzug überprüft werden kann.[14] Es handelt sich um einen Rechtsfehler, der auch noch im Rechtsbeschwerdeverfahren überprüfbar ist.[15]

2. Förmliche Beweisaufnahme

16   § 30 Abs. 1 FamG stellt es in das pflichtgemäße Ermessen des Gerichts, ob und inwieweit es den entscheidungserheblichen Sachverhalt durch eine förmliche Beweisaufnahme nach der ZPO ermittelt und feststellt, sofern dies nicht spezialgesetzlich vorgeschrieben ist, § 30 Abs. 2 FamFG.[16]

17   § 30 Abs. 3 FamFG begründet eine Verpflichtung für das Gericht zur Durchführung einer förmlichen Beweisaufnahme, wenn eine Tatsache, die für die zu treffenden Entscheidung von maßgeblicher Bedeutung ist, im Freibeweis streitig geblieben ist.[17] In dieser Situation soll das Gericht vom Strengbeweisverfahren Gebrauch machen, weil das Strengbeweisverfahren zur Ermittlung einer bestrittenen entscheidungserheblichen Tatsache geeigneter ist und die Mitwirkungsrechte der Beteiligten besser gewährleistet.[18]

18   Eine **Tatsache** hat nach Ansicht des Gesetzgebers **dann maßgebliche Bedeutung** für die zu treffende Entscheidung, **wenn** sie als Hauptsache den **Tatbestand** einer **entscheidungsrelevanten Norm** unmittelbar ausfüllt.[19] Konkret bedeutet dies folgendes: Ist die streitige Tatsache eine von mehreren Anknüpfungstatbeständen, mit denen die Annahme eines bestimmten Rechtsbegriffs begründet werden soll, wie z. B. des Kindeswohls, ist deren Wahrheit strengbeweislich zu erforschen, wenn die streitige Tatsache im Ergebnis ausschlaggebende Bedeutung im Rahmen der gerichtlichen Bedeutung hat.[20] Weitere Voraussetzung für die Verpflichtung zum Strengbeweis ist, dass das Gericht die entscheidungserhebliche Tatsache nach dem Ergebnis

---

[12] BT-Drucks. 16/6308, 188.
[13] BT-Drucks. 16/9733, 288.
[14] BT-Drucks. 16/9733, 288.
[15] BT-Drucks.16/6308, 188.
[16] Zum Beispiel in § 177 Abs. 2 Satz 1 FamFG (Abstammungssachen), § 280 (Betreuungsverfahren), § 321 (Unterbringungsverfahren).
[17] BT-Drucks. 16/6308, 189.
[18] BT-Drucks. 16/6308, 189.
[19] BT-Drucks. 16/6308, 189.
[20] BT-Drucks. 16/6308, 189.

des Freibeweisverfahrens für wahr hält und sie daher seiner Entscheidung zugrunde legen will.[21]

3. Strengbeweis

Haben sich Tatsachen im Freibeweisverfahren nicht bestätigen lassen, **19** muss das Gericht grundsätzlich nicht auch noch strengbeweislich nachgehen. Im Einzelfall kann nach Ansicht des Gesetzgebers jedoch eine förmliche Beweisaufnahme angezeigt sein, wenn ein Beteiligter einen Beweisantrag nach § 29 Abs. 2 FamFG gestellt hat, dem das Gericht nachgegangen ist, ohne sich von der Wahrheit der Behauptung überzeugen zu können.[22]

Weitere Voraussetzung für einen Zwang zur Durchführung des Strengbe- **20** weises ist gem. § 30 Abs. 3 FamFG, dass die maßgebliche Tatsache von einem Beteiligten ausdrücklich bestritten wird. Konkludentes oder pauschales Bestreiten reicht nicht aus, vielmehr muss der Beteiligte substantiiert darlegen, warum er das Freibeweisergebnis für falsch hält. Um einen Strengbeweis zu erzwingen, ist deshalb ein Mindestmaß an objektiv nachvollziehbarer Begründung für die Ablehnung des Freibeweisergebnisses zu fordern.[23]

Nach § 30 Abs. 4 FamFG ist das Gericht verpflichtet, den Beteiligten Gelegenheit zur Stellungnahme zum Ergebnis einer Beweiserhebung im Strengbeweisverfahren zu geben. Diese Vorschrift entspricht § 279 Abs. 3 ZPO.

Ausdrücklich geregelt ist nunmehr auch die **Glaubhaftmachung**. Überein- **21** stimmend mit § 294 Abs. 1 ZPO bestimmt § 31 Abs. 1 FamFG, dass, wer eine tatsächliche Behauptung glaubhaft zu machen hat, sich aller Beweismittel bedienen und auch zur Versicherung an Eides Statt zugelassen werden kann. Dies ist insbesondere in einstweiligen Anordnungsverfahren von Bedeutung.

4. Termin

Gem. § 32 Abs. 1 FamFG hat das Gericht hat die Möglichkeit, die Sache **22** mit den Beteiligten in einem Termin zu erörtern, wobei dafür die Regelung der §§ 219, 227 Abs. 1 Abs. 2 und Abs. 4 ZPO entsprechend gilt.

Das Gericht hat nach pflichtgemäßem Ermessen zu entscheiden, ob es die- **23** sen Termin anberaumt, soweit nicht ohnehin eine mündliche Anhörung vorgeschrieben ist. Denkbar ist auch ein schriftliches Verfahren oder eine fernmündliche Erörterung gem. § 32 Abs. 3 FamFG.

5. Persönliches Erscheinen der Beteiligten

Gem. § 33 Abs. 1 FamFG kann das Gericht das persönliche Erscheinen **24** eines Beteiligten zu einem Termin anordnen und ihn anhören, wenn dies zur Aufklärung des Sachverhalt sachdienlich erscheint. Gem. § 34 Abs. 1 FamFG

---

[21] BT-Drucks. 16/6308, 189.
[22] BT-Drucks. 16/6308, 189.
[23] BT-Drucks. 16/6308, 189.

hat das Gericht einen Beteiligten persönlich anzuhören, wenn dies zur Wahrung des rechtlichen Gehörs des Beteiligten erforderlich oder in diesem oder einem anderen Gesetz vorgeschrieben ist. Dies gilt beispielsweise in Personensorgeverfahren, in denen eine Pflicht zur persönlichen Anhörung gem. §§ 159, 160 FamFG besteht. Gleiches gilt gem. § 278 Abs. 1 FamFG für Betreuungsverfahren und gem. 319 Abs. 1 FamFG für Unterbringungsverfahren. Ebenfalls möglich ist die getrennte Anhörung mehrerer Beteiligter, wenn dies gem. § 33 Abs. 1 FamFG zum Schutz eines Beteiligten erforderlich ist. Es handelt sich um eine Schutzmaßnahme von Opfern häuslicher Gewalt.

25 Gem. § 33 Abs. 3 FamFG kann das Gericht gegen einen ordnungsgemäß geladenen Beteiligten ein Ordnungsgeld verhängen oder ihn vorführen lassen, sofern dieser unentschuldigt dem Termin fernbleibt.

6. Vergleichsweise Einigung

26 Bereits nach alter Rechtslage im FGG war ein Vergleich im FGG-Verfahren ausdrücklich zugelassen. § 36 Abs. 1 Satz 1 FamFG regelt nun allgemein, dass ein Vergleich zur Niederschrift des Gerichts grundsätzlich immer dann zulässig ist, wenn die Beteiligten über den Gegenstand des Verfahrens verfügen können. Die Verfügungsbefugnis richtet sich dabei nach materiellen Recht.

27 Gemäß § 36 Abs. 1 Satz 2 soll das Gericht dort, wo eine Vergleich im FamFG-Verfahren zulässig ist, auf eine gütliche Einigung hinwirken, indem es in einem möglichst frühen Stadium des Verfahrens die Möglichkeiten und Vorteile einer konsensualen Streitbeilegung (Zeitgewinn, Rechtsfrieden) darstellt und, wenn möglich, einen Vergleichsvorschlag unterbreitet.[24] Der Grundsatz des Hinwirkens auf eine gütliche Einigung gilt **nicht** in Gewaltschutzsachen.

28 § 36 Abs. 2 FamFG regelt die einzuhaltende Form, wenn eine Einigung zustandekommt. Über den Vergleich ist eine Niederschrift anzufertigen, wobei § 36 Abs. 2 mit dem Hinweis auf die ZPO auf die §§ 160 Abs. 3 und 162 ZPO verweist.

7. Entscheidungsgrundlage des Gerichts

29 Formelle Entscheidungsgrundlage des Gerichts in FamFG-Verfahren ist gem. § 37 Abs. 1 FamFG der gesamte Inhalt des Verfahrens. Anders als der Straf- und der Zivilprozess kennt das FamFG keinen Mündlichkeitsgrundsatz, so dass der gesamte Akteninhalt ohne Rücksicht auf dessen etwaige mündliche Erörterung in einem Termin Grundlage der Entscheidung ist.[25] § 37 Abs. 2 FamFG dient der Gewährleistung des Rechts der Beteiligten auf rechtliches Gehör gem. Art. 103. Abs. 1 GG, da die Entscheidung, die in

---

[24] BT-Drucks. 16/6308, 193.
[25] Siehe dazu als anerkanntes Prinzip des FGG-Verfahrens *Keidel/Kuntze/Winkler-Meyer-Holz* Vorb. zu §§ 8–18 Rdnr 10; *Bumiller/Winkler* § 12 Rdnr. 35 FGG.

Rechte eines Beteiligten eingreift, nur auf Tatsachen und Beweisergebnisse gestützt werden darf, zu denen dieser Beteiligte sich äußern konnte.

Entscheidungsmaßstab ist die freie Überzeugung des Gerichts. Das Gericht **30** muss von der Wahrheit der Feststellungen, die es seiner Entscheidung zugrunde legen will, überzeugt sein, wobei es keine Rolle spielt, ob das Gericht die Feststellungen im Frei- oder im Strengbeweisverfahren trifft.[26] Es reicht – wie in § 286 ZPO – ein für das praktische Leben brauchbarer Grad an Gewissheit.[27]

---

[26] BT-Drucks. 16/6308, 194.
[27] BGH NJW 1993, 935.

§ 4 Entscheidungen nach dem FamFG

Der dritte Abschnitt des FamFG regelt die Beendigung des Verfahrens durch gerichtliche Entscheidung.

I. Einführung

1 Die Bestimmungen über den Beschluss im dritten Abschnitt des Allgemeinen Teils des FamFG (§§ 38 bis 48 FamFG), in dem die grundsätzlichen Regelungen zum Inhalt und zur Form des zu treffenden Beschlusses zu finden sind, enthalten gegenüber dem aktuellen Rechtszustand wenig Änderungen. Vielfach wird bestehende Rechtsprechung kodifiziert, teilweise sind Vorschriften aus der ZPO übernommen worden, so etwa das Begründungserfordernis in § 38 Abs. 3 und 4 FamFG oder die Korrektur offenbarer Unrichtigkeiten.[1]

2 Das Novum besteht darin, dass Beschlüsse zukünftig nicht nur für allgemeine Familiensachen, sondern auch für Ehesachen und Familienstreitsachen i.S.v. § 113 Abs. 1 FamFG ergehen werden. Dies bedeutet, dass Ehen in Zukunft nicht mehr durch Urteil sondern gem. § 116 Abs. 1 FamFG ebenfalls durch Beschluss geschieden werden. Es wird Scheidungsbeschlüsse, Verbundbeschlüsse und Unterhaltsbeschlüsse geben, eine Terminologie, die dem Ohr noch mehr als unvertraut ist und an die sich das rechtsuchende Publikum ebenfalls erst wird gewöhnen müssen. Es bleibt außerdem die Frage im Raum stehen, ob die Scheidung durch Beschluss anstatt durch Urteil das Rechtsinstitut noch beliebiger machen und die Scheidungsquoten erhöhen wird.

1. Beschluss

3 Gem. § 38 Abs. 1 FamFG werden künftig **alle Endentscheidungen durch Beschluss erlassen**, wenn mit der Entscheidung der Verfahrensgegenstand ganz oder teilweise erledigt wird (Endentscheidung). Die Entscheidung muss die Instanz abschließen, es kann sich bei Wegfall der Hauptsache jedoch auch um eine Kostenentscheidung handeln.[2]

a) Mindestinhalt

4 § 38 Abs. 2 FamFG definiert den formellen Mindestinhalt des Beschlusses, nach dem der Beschluss die Bezeichnung der Beteiligten, des Gerichts, die Namen der Gerichtspersonen, die an der Entscheidung mitgewirkt haben und eine Beschlussformel enthalten muss.

---

[1] *Vorwerk* FPR 2009, 8 ff.
[2] BT-Drucks. 16/6308, 195.

b) Begründungserfordernis und Ausnahmen davon

Gem. § 38 Abs. 3 FamFG muss der Beschluss begründet werden, wobei 5 inhaltliche Anforderungen an die Begründung nicht aufgestellt werden. Insbesondere im Sinne der Verfahrensflexibilität sind die strikten Anforderungen an den Inhalt eines Urteil nach den §§ 313 ff. ZPO nicht übernommen worden. Nur in Ausnahmefällen, bei Anerkenntnis, Verzicht, Einverständnis und Rechtsmittelverzicht **gem. § 38 Abs. 4 Nrn. 1–3** kann darauf verzichtet werden. Grundsätzlich soll eine Begründung immer dann verzichtbar sein, wenn ein Interesse der Beteiligten an einer Begründung erkennbar nicht vorliegt, wie z. B. wenn gleichgerichtete Anträge der Beteiligten vorliegen.[3]

§ 38 Abs. 5 FamFG bestimmt, dass von dem Begründungserfordernis trotz 6 Abs. 4 nicht abgesehen werden kann, wenn es sich um eine Ehesache mit Ausnahme des eigentlichen Scheidungsausspruchs handelt (Nr. 1), eine Abstammungssache (Nr. 2), eine Betreuungssache (Nr. 3) oder wenn zu erwarten ist, dass der Beschluss im Ausland geltend gemacht werden wird (Nr. 4). § 38 Abs. 6 FamFG regelt die Ergänzung eines zunächst nicht mit Gründen versehenen Beschlusses, wenn sich nachträglich herausstellt, dass der Beschluss im Ausland geltend gemacht werden soll. Die Vorschrift entspricht § 313a ZPO und stellt klar, dass diese Beschlüsse – wie Urteile in § 313a Abs. 5 ZPO nach den in den Ausführungsgesetzen zu internationalen Verträgen enthaltenen Vorschriften zu vervollständigen sind.[4]

2. Wirksamkeit und Bekanntgabe eines Beschlusses

§ 40 FamFG regelt das Wirksamwerden gerichtlicher Beschlüsse im 7 FamFG. Nach § 40 Abs. 1 FamFG wird ein Beschluss mit der **Bekanntgabe** an den Beteiligten, für den er seinem wesentlichen Inhalt nach bestimmt ist, wirksam. Diese Regelung folgt dem Bedürfnis nach einem schnellen Wirksamwerden der FamFG-Entscheidungen in den für die freiwillige Gerichtsbarkeit typischen rechtsfürsorgerischen Bereichen und nunmehr auch den Familienstreitsachen.[5]

Ein Beschluss, der die **Genehmigung eines Rechtsgeschäfts** zum Gegen- 8 stand hat, wird erst **mit Rechtskraft wirksam**, wobei dies gem. § 40 Abs. 2 FamFG mit dem Beschluss auszusprechen ist.[6] Die Abweichung vom Grundsatz der Wirksamkeit mit Bekanntgabe ergibt sich daraus, dass mit der Wirksamkeit der Entscheidung eine gravierende Rechtsänderung verknüpft ist.[7]

Hinsichtlich offensichtlicher Unrichtigkeiten und einer Ergänzung des Be- 9 schlusses übernehmen die §§ 42 und 43 FamFG die Funktionen der §§ 319,

---

[3] BT-Drucks. 16/6306, 195.
[4] Siehe dazu *Thomas/Putzo* § 313a Rdnr. 8.
[5] BT Drucks. 16/6308, 196.
[6] Diese Regelung ersetzt die Praxis des Vorbescheids aufgrund der verfassungswidrigen Regelungen der §§ 55, 62 FGG. Siehe dazu auch BVerfGE 101, 397, 407.
[7] BVerfGE 101, 397, 407.

321 ZPO. § 44 FamFG übernimmt die Funktion von § 29 a ZPO und eröffnet die Möglichkeit der Fortführung des Verfahrens auf eine Anhörungsrüge hin.

10   § 41 FamFG regelt die Möglichkeiten der Bekanntgabe einer Entscheidung. Nach Abs. 1 ist der Beschluss den Beteiligten bekannt zu geben. Ein anfechtbarer Beschluss ist gem. § 41 Abs. 1 Satz 1 FamFG demjenigen zuzustellen, dessen erklärtem Willen er nicht entspricht. Die Bekanntgabe kann bei Anwesenheit der Beteiligten auch durch Verlesen der Beschlussformel geschehen, § 41 Abs. 2 FamFG. In solchen Fällen ist die Begründung des Beschlusses unverzüglich nachzuhole[8] und der Beschluss ist auch im Fall des Satzes 1 schriftlich bekannt zu geben. Ein Beschluss, der die Genehmigung eines Rechtsgeschäfts zum Gegenstand hat, ist auch demjenigen, für den das Rechtsgeschäft genehmigt wird, bekannt zu geben, § 41 Abs. 3 FamFG.

3. Rechtsmittelbelehrung

11   § 3 FamFG führt in FamFG-Verfahren allgemein die Notwendigkeit einer Rechtsbehelfsbelehrung ein. Dies ist Ausdruck des rechtsfürsorgerischen Gedankens dieser Verfahren und führt dazu, dass die Beteiligten künftig in allen FamFG-Verfahren über die Rechtsmittel oder sonstige „ordentliche" Rechtsbehelfe zu belehren sind.[9] Jeder Beschluss hat eine Belehrung über statthafte Rechtsmittel, den Einspruch, den Widerspruch oder die Erinnerung sowie das Gericht, bei dem diese Rechtsbehelfe einzulegen sind, dessen Sitz und die einzuhaltende Form und Frist zu enthalten.

12   Fehlt die Rechtsbehelfsbelehrung oder ist sie fehlerhaft und versäumt der Beteiligte deshalb die Frist, so ist nach § 17 Abs. 2 FamFG zu vermuten, dass derjenige Beteiligte, der keine Rechtsbehelfsbelehrung erhalten hat, ohne Verschulden gehindert war, die Frist zur Einlegung des Rechtsmittels oder Rechtsbehelfs einzuhalten.

4. Rechtskraft eines Beschlusses

13   Gem. § 45 FamFG tritt die Rechtskraft eines Beschlusses ein, wenn die Frist für die Einlegung des zulässigen Rechtsmittels oder zulässigen Einspruchs, des Widerspruchs oder des zulässigen Einspruchs abgelaufen ist, wobei der Eintritt der Rechtskraft durch Einlegung eines rechtzeitig eingelegten Rechtsmittels, eines Einspruchs, eines Widerspruchs oder einer Erinnerung gehemmt wird. Es handelt sich um die Parallelregelung zu § 705 ZPO. Eine ausdrückliche Regelung war im FGG dazu bislang nicht vorhanden.

5. Abänderung und Wiederaufnahme

14   Gem. § 48 Abs. 1 FamFG kann das Gericht des ersten Rechtszuges eine rechtskräftige Endentscheidung mit Dauerwirkung aufheben oder ändern,

---

[8] Siehe dazu *Grotkopp* SchlHA 2008, 261, 264.
[9] BT-Drucks. 16/6308, 196.

wenn sich die zugrunde liegende Sach- und Rechtslage nachträglich wesentlich verändert hat. Gem. § 48 Abs. 2 FamFG kann ein rechtskräftig beendetes Verfahren in entsprechender Anwendung der Vorschriften des Buches 4 der ZPO wiederaufgenommen werden. Dies war bislang im FGG nicht geregelt, es wurden jedoch die entsprechenden ZPO-Vorschriften angewendet.

§ 5 Rechtsmittel gegen Entscheidungen des Familiengerichts

1   Ziel des Gesetzgebers ist es, mit dem FamFG ein einheitliches System frist-gebundener Rechtsmittel zu schaffen. Deshalb ist auch die Regelung des früheren § 18 FGG, der eine jederzeitige nachträgliche Änderungsmöglichkeit von im FGG-Verfahren getroffenen Verfügungen durch das Gericht, das die Entscheidung getroffen hatte, vorsah, entfallen und durch die **fristgebundenen Rechtsmittel der Beschwerde und der Rechtsbeschwerde**, die jeweils aufschiebende Wirkung haben, ersetzt worden.

2   Die Verfahrensregeln für die Rechtsmittel im Allgemeinen Teil, d.h. die §§ 58 ff. und §§ 70 ff. FamFG werden auch insoweit durch besondere und zum Teil abweichende Regelungen in anderen Büchern modifiziert und ergänzt. Die Abweichungen sind mit Ausnahme des Verweises auf die Vorschriften der ZPO für Familienstreitsachensachen in § 117 FamFG, eher gering, es handelt sich zum größten Teil um Klarstellungen. Soweit der besondere Teil die Möglichkeiten der Einlegung eines Rechtsmittels beschränkt, existierten diese Restriktionen durchweg schon nach früherem Recht.[1]

3   Zwar nicht Rechtsmittel im eigentlichen Sinn, aber doch ausdrücklich in der Verfahrensordnung als Rechtsbehelf gegen gerichtliche Entscheidungen geregelt im FamFG-Verfahren sind die Rüge wegen Verletzung des rechtlichen Gehörs (§ 44 FamFG), die Abänderung der Entscheidung bei veränderten Umständen (§ 48 Abs. 1 FamFG) und die Wiederaufnahme des Verfahrens gem. § 48 Abs. 2 FamFG, die weitgehend den zivilprozessualen Regelungen entsprechen.

I. Beschwerde

4   Die Neukonzeption des Rechtsmittels berücksichtigt, dass durch die Einbeziehung der Familienstreitsachen in den Anwendungsbereich des FamFG das Rechtsmittel nunmehr auch die Funktionen der bisherigen Berufung in Familiensachen erfüllen muss. Über die bisherigen ZPO-Familiensachen hinaus gilt das auch für die bisherigen allgemeinen Zivilprozesssachen, die im Rahmen der Zuständigkeitserweiterung des großen Familiengerichts zu Verfahren nach dem FamFG geworden sind, wie z.B. Klagen aus unbenannter Zuwendung gem. § 313 BGB, BGB-Innengesellschaft, Gesamtschuldnerausgleich nach § 426 BGB und Schadensersatz aus Vermögensverwaltung, weil

---

[1] § 229 FamFG und § 53 Abs. 2 FGG, § 256 FamFG und § 652 ZPO, § 402 Abs. 2 FamFG und §§ 146, 148 Abs. 2 FGG.

mit der Zuständigkeitsveränderung keine Verkürzung der Rechtsmittel verbunden sein sollte.[2]

1. Zulässigkeit der Beschwerde

Gegen Endentscheidungen (§ 38 FamFG) des Gerichts ist nach § 58   5
FamFG grundsätzlich die Beschwerde zulässig. Diese ist nach der Legaldefinition in § 38 FamFG die Entscheidung, die über den Verfahrensgegenstand in der Instanz ganz oder teilweise abschließend entscheidet.[3] Die Beschwerde übernimmt damit als Hauptsacherechtsmittel im FamFG die Funktion der Berufung in der Zivilprozessordnung.[4]

Nach § 58 Abs. 2 FamFG unterliegen der Beurteilung des Beschwerdege-   6
richts auch die nicht selbstständig anfechtbaren Entscheidungen, die der Endentscheidung vorausgegangen sind. Der Wortlaut der Vorschrift schreibt also fest, dass die Fehlerhaftigkeit von Zwischenentscheidungen noch mit der Beschwerde gegen die Endentscheidung gerügt werden kann.[5] Ausnahmen davon gibt es in einigen wenigen Vorschriften, für die die Möglichkeit einer sofortigen Beschwerde mit kurzem 14-tägigen Beschwerderecht vorgesehen ist. Insoweit wird auf die sofortige Beschwerde der §§ 567 ff. ZPO verwiesen. Damit gilt die zweiwöchige Beschwerdefrist, wie z. B. im Fall einer Entscheidung zur Verfahrenskostenhilfe nach § 79 Satz 2 FamFG.[6]

2. Beschwerdefrist

Die Beschwerdefrist beträgt gem. § 63 FamFG einen Monat, bei einstwei-   7
ligen Anordnungen beträgt die Frist zwei Wochen, sofern die Beschwerde statthaft ist. Die Frist zur Begründung der Beschwerde in Ehe- und Familienstreitsachen beträgt zwei Monate nach § 117 FamFG. Diese Regel deckt sich mit § 520 ZPO.

Die Beschwerdefrist beginnt grundsätzlich mit der schriftlichen Bekannt-   8
gabe des Beschlusses an den jeweiligen Beteiligten, § 63 Abs. 3 Satz 1 FamFG. Kann die schriftliche Bekanntgabe an den im erstinstanzlichen Verfahren formell Beteiligten nicht bewirkt werden, beginnt die Frist spätestens mit Ablauf von fünf Monaten nach Erlass des Beschlusses, § 63 Abs. 3 Satz 2 FamFG.[7] § 38 Abs. 3 Satz FamFG enthält eine Legaldefinition des „Erlass des Beschlusses". Der Beschluss **gilt als erlassen** mit **Übergabe des Beschlusses** an die Geschäftsstelle **oder** mit **Verlesen der Beschlussformel.** Dies ist eine Neuerung, da das FGG bislang keine entsprechende Definition enthielt.

---

[2] BT-Drucks. 16/6308, 203.

[3] Dies bezieht sich auch auf die Zulässigkeit eines Antrags bzw. Verfahrens, weil es von der Sache her einer Endentscheidung über einen Teil des Gegenstands gleichkommt, siehe *Baumbach/Lauterbach/Albers/Hartmann* § 58 FamFG Rdnr. 3.

[4] BT-Drucks 16/6308, 203.

[5] BT-Drucks. 16/6308, 203.

[6] Siehe dazu *Borth* FamRZ 2007, 1925, 1929.

[7] BT-Drucks. 16/9733, 289.

3. Beschwerdeberechtigung

a) Beeinträchtigung eigener Rechte

9 Beschwerdeberechtigt ist nach § 59 Abs. 1 FamFG zunächst, wer durch den Beschluss in eigenen Rechten beeinträchtigt ist. Diese Regelung entspricht dem bisherigen § 20 Abs. 1 FGG. Auf die Beteiligtenstellung in erster Instanz kommt es demgegenüber nicht an.[8] Es ist deshalb unerheblich, ob der Beschwerdeberechtigte tatsächlich Beteiligter des erstinstanzlichen Verfahrens war oder aufgrund seiner Rechtsbetroffenheit hätte hinzugezogen werden müssen.[9] Umgekehrt ist ein Beteiligter im erstinstanzlichen Verfahren nicht beschwerdeberechtigt, wenn er vom Ergebnis der Entscheidung in seiner materiellen Rechtsstellung nicht betroffen ist.

10 § 59 Abs. 1 FamFG umfasst auch zukünftig die Möglichkeit, im fremden Namen Beschwerde einzulegen, soweit die prozessuale Befugnis zur Ausübung des Beschwerderechts besteht.[10]

b) im Antragsverfahren

11 § 59 Abs. 2 FamFG entspricht dem bisherigen § 20 Abs. 2 FamFG. Das bedeutet, kann ein Beschluss nur auf Antrag erlassen werden und ist der Antrag zurückgewiesen, so steht die Beschwerde ausschließlich dem Antragsteller zu.

c) einer Behörde

12 § 59 Abs. 3 FamFG regelt die Beschwerdeberechtigung von Behörden. Ihnen wird unabhängig von einer Beeinträchtigung in eigenen Rechten spezialgesetzlich eine besondere Beschwerdebefugnis zugewiesen, wenn sie zur Wahrnehmung öffentlicher Interessen anzuhören sind und sich an dem Verfahren beteiligen können. Die Beteiligtenstellung in erster Instanz ist jedoch keine notwendige Voraussetzung für das Beschwerderecht. Dadurch soll vermieden werden, dass sich Behörden nur zur Wahrung ihrer Beschwerdeberechtigung am Verfahren erster Instanz beteiligen.[11] Die effektive Ausübung des Beschwerderechts wird dadurch gewährleistet, dass den Behörden die Endentscheidungen unabhängig von ihrer Beteiligtenstellung mitzuteilen sind.[12]

---

[8] BT-Drucks. 16/6308, 204.

[9] Siehe zu der Entwicklung im Gesetzgebungsverfahrens *Gutjahr* , Reform des Verfahrensrechts in Familiensachen durch das FamFG – Rechtsmittel in Familiensachen, FPR 2006, 433,434.

[10] *Keidel/Kuntze/Winkler-Kahl*, Freiwillige Gerichtsbarkeit § 20 Rdnr. 21.

[11] BT-Drucks. 16/6308, 204.

[12] Die Beschwerdeberechtigung des Jugendamtes in Kindschafts-, Abstammungs-, Adoptions- und Wohnungszuweisungssachen ergibt sich z. B. aus § 162 Abs. 3, § 176 Abs. 2, § 194 Abs. 2 und § 205 Abs. 2 FamFG.

d) Minderjähriger

§ 60 FamFG regelt das selbstständige Beschwerderecht des Kindes oder **13** des Mündels unabhängig vom Willen der ihn ansonsten vertretenden Person (gesetzlicher Vertreter, Sorgerechtsinhaber, Vormund oder Pfleger). Die Vorschrift entspricht der des bisherigen § 59 FGG.

4. Beschwerdewert, Zulassungsbeschwerde

In vermögensrechtlichen Streitigkeiten setzt die Beschwerde gem. § 61 **14** Abs. 1 FamFG, entsprechend der Beschwerde in Zivilsachen, eine 600,– € übersteigende Beschwer voraus. Der Gesetzgeber hat auf eine Sonderregelung für die Anfechtbarkeit von Kostenentscheidungen verzichtet.[13] Auch für diese Entscheidungen ist ein Wert des Beschwerdegegenstandes von über 600,– € erforderlich. Dies kann sich jedoch nur auf vermögensrechtliche Streitigkeiten und auf solche Kostenentscheidungen beziehen, die den Charakter einer Endentscheidung haben.[14]

5. Statthaftigkeit der Beschwerde nach Erledigung der Hauptsache

§ 62 FamFG regelt nunmehr ausdrücklich, dass eine Beschwer auch dann **15** vorliegen kann, wenn die angefochtene Entscheidung sich in der Hauptsache erledigt hat, denn im Einzelfall kann trotz Erledigung des ursprünglichen Rechtsschutzzieles ein Bedürfnis nach einer gerichtlichen Entscheidung fortbestehen, wenn das Interesse des Betroffenen an der Feststellung der Rechtslage besonders geschützt ist, z.B. im Falle einer Wiederholungsgefahr oder zwecks Wiederherstellung des Rufs.[15]

6. Einlegung der Beschwerde

Die Einlegung der Beschwerde ist in § 64 FamFG geregelt und knüpft an **16** § 22 Abs. 1 FGG an. Die Beschwerde ist künftig jedoch nur noch bei dem Gericht einzulegen, dessen Entscheidung angefochten wird (iudex a quo). Die Möglichkeit, die Beschwerde auch bei dem Beschwerdegericht einzulegen, entfällt künftig. Dies soll der Beschleunigung des Verfahrens dienen.[16] Mit der Einführung der allgemeinen Rechtsmittelbelehrung gem. § 39 FamFG wird für den Beschwerdeführer ausreichende Klarheit darüber geschaffen, vor welchem Gericht er sich gegen die erstinstanzliche Entscheidung wenden kann.[17]

Die Beschwerde ist schriftlich oder zur Niederschrift der Geschäftsstelle **17** einzulegen, § 64 Abs. 2 Satz 1 FamFG. Sie muss die Bezeichnung des ange-

---

[13] BT-Drucks. 16/6308, 204.
[14] Siehe dazu auch *Fölsch* § 5 Rdnr. 15, S. 206.
[15] *Jacoby* FamRZ 2007, 1703, 1707.
[16] BT-Drucks. 16/6308, 206.
[17] BT-Drucks. 16/6308, 206.

fochtenen Beschlusses sowie die Erklärung enthalten, dass Beschwerde gegen diesen Beschluss eingelegt wird. Die Beschwerde ist von dem Beschwerdeführer zu unterzeichnen. Die verfahrensrechtlichen Anforderungen sind kein reiner Selbstzweck, sondern sollen dem Beschwerdegericht eine schnelle und unkomplizierte Anforderung der erstinstanzlichen Akten ermöglichen und damit den Geschäftsgang erleichtern und ihm zu einer eindeutigen Identifizierung des angefochtenen Beschlusses und Klärung des Beschwerdeführers verhelfen.[18] Angaben in der Beschwerdeschrift, die den Anforderungen des § 64 Abs. 2 Satz 2 FamFG an sich nicht genügen, können unschädlich sein, wenn sich vor Ablauf der Beschwerdefrist zweifelsfrei ergibt, welcher Beschluss von wem angegriffen wird.[19]

18   Eine an die Gewährung von Prozesskostenhilfe geknüpfte Einlegung der Beschwerde ist unzulässig, denn Prozesshandlungen, die unmittelbare Rechtswirkungen auslösen, können nicht unter einer Bedingung gestellt werden. Möglich ist es jedoch, die Beschwerde unbedingt einzulegen und den gleichzeitig gestellten PKH- bzw. zukünftig Verfahrenskostenhilfeantrag mit dem Begehren zu verbinden, das Beschwerdeverfahren möge erst nach der Entscheidung über die Bewilligung durchgeführt werden.[20]

7. Begründung der Beschwerde

19   § 65 Abs. 1 FamFG sieht vor, dass die Beschwerde begründet werden soll. Die Vorschrift greift § 571 Abs. 1 ZPO auf, die im Rahmen der ZPO-Reform eingeführt wurde, und überträgt sie auf das FamFG-Verfahren. Die Begründungspflicht dient der Verfahrensförderung, die Ausgestaltung als Soll-Vorschrift stellt jedoch sicher, dass eine Nichterfüllung der Begründungspflicht nicht zur Verwerfung der Beschwerde als unzulässig führen kann.[21] Das Gericht kann dem Beschwerdeführer gem. § 65 Abs. 2 FamFG eine Frist zur Begründung der Beschwerde setzen.

20   Die Begründung braucht keinen bestimmten Antrag zu enthalten[22] und muss auch nicht den Anforderungen an eine Berufungsbegründung genügen. Erforderlich ist jedoch, dass das Ziel des Rechtsmittels erkennbar ist und dass die mit der Beschwerde bekämpfte Beschwer genannt wird.[23]

21   Das Beschwerdeverfahren ist ein neues Tatsachenverfahren, § 65 Abs. 3 FamFG, in dem das Beschwerdegericht den Sachverhalt von Amts wegen neu ermittelt, d. h. das Beschwerdegericht ist an die (fakultative) Begründung des Beschwerdeführers und die im ersten Rechtszug vorgetragenen Tatsachen oder Beweismittel (§§ 61 Abs. 1 und Abs. 2 FamFG) nicht gebunden. Die

---

[18] BGH NJW 2006, 1003.
[19] BGH NJW-RR 2007,935.
[20] BGH NJW-RR 2007, 1565; st. Rspr.
[21] BT-Drucks. 16/6308, 206.
[22] BGH NJW 94, 313.
[23] Siehe *Baumbach/Lauterbach/Albers/Hartmann* § 65 FamFG Rdnr. 3.

Möglichkeit der Zurückweisung neuen Vorbringens sieht das Gesetz in § 115 FamFG nur für Ehe- und Familienstreitsachen vor.

Eine Beschwerde kann nicht darauf gestützt werden, dass das erstinstanz- **22** liche Gericht seine Zuständigkeit zu Unrecht angenommen hat (§ 65 Abs. 4 FamFG).

II. Gang des Beschwerdeverfahrens

Das erstinstanzliche Gericht, bei dem die Beschwerde gem. § 64 Abs. 1 **23** FamFG einzulegen ist, leitet die Beschwerde an das Beschwerdegericht wei- ter, § 68 FamFG. Sofern das Gericht, dessen Beschluss angefochten wird, die Beschwerde für begründet hält, ist es verpflichtet ihr abzuhelfen, § 68 Abs. 1 Satz 1, 1. Halbsatz FamFG. Hierdurch soll dem Gericht der ersten Instanz die Gelegenheit eingeräumt werden, seine Entscheidung nochmals zu über- prüfen und gegebenenfalls zeitnah zu korrigieren. Der Gesetzgeber verspricht sich davon eine Entlastung des Beschwerdegerichts, weil es nicht mit Ent- scheidungen belastet wird, deren Fehlerhaftigkeit das erstinstanzliche Ge- richt bereits selbst erkannt hat.[24] Hält das erstinstanzliche Gericht die Be- schwerde für unbegründet, leitet es die Beschwerde an das Gericht der nächsten Instanz weiter.

Die Abhilfemöglichkeit des erstinstanzlichen Gerichts besteht **nicht gegen** **24** **Endentscheidungen in Familiensachen**, § 68 Abs. 1 Satz 2 FamFG. Gleich- wohl ist die Beschwerde bei dem Erstgericht einzulegen, das die Beschwerde dann ohne Abhilfeprüfung unverzüglich dem Beschwerdegericht vorzulegen hat.

Praxistipp: ☞

In Familiensachen ist die Beschwerde ausschließlich an das Familiengericht zu ad- ressieren. Das Familiengericht muss die Beschwerde ohne Abhilfeprüfung dem Be- schwerdegericht vorlegen.

1. Zulässigkeitsprüfung durch das Beschwerdegericht

Das Beschwerdegericht prüft zunächst die Zulässigkeit der Beschwerde **25** gem. § 68 Abs. 2 Satz 1 FamFG. Ist die Beschwerde unzulässig, ist die Be- schwerde gem. § 68 Abs. 2 Satz 2 FamFG zu verwerfen. Der Beschwerdefüh- rer muss vor der Verwerfung der Beschwerde angehört werden.

2. Weiteres Beschwerdeverfahren

Das weitere Beschwerdeverfahren ist in § 68 Abs. 3 Satz 1 FamFG geregelt **26** und verweist auf die Vorschriften für das Verfahren im ersten Rechtszug

---

[24] BT-Drucks. 16/6308, 207.

(§§ 23–37 FamFG). Der erste Abschnitt (§§ 1–22 ff. FamFG) gilt ohnehin direkt.

27   § 68 Abs.3 Satz 2 FamFG besagt, dass unnötige Wiederholungen in der zweiten Instanz vermieden werden sollen. Nach pflichtgemäßem Ermessen kann das Beschwerdegericht von der Wiederholung solcher Verfahrenshandlungen absehen, die das erstinstanzliche Gericht bereits umfassend und vollständig durchgeführt hat.[25] Der Gesetzgeber ist der Ansicht, dass diese Regelung mit Art. 6 der EMRK vereinbar ist. Dies ist insoweit nicht unproblematisch, als unter die Menschenrechtskonvention nach der Rechtsprechung des EGMR auch Ehesachen, Kindschaftssachen und Unterbringungssachen fallen.[26] Für Rechtsmittelinstanzen gilt jedoch, dass von der mündlichen Verhandlung abgesehen werden kann, wenn in der ersten Instanz eine solche stattgefunden hat, es nur um die Zulassung des Rechtsmittels geht oder nur eine rechtliche Überprüfung möglich ist. Eine zweite mündliche Verhandlung ist nach der Rechtsprechung des EGMR nur dann unentbehrlich, wenn der Fall schwierig ist, die tatsächlichen Fragen nicht einfach sind und erhebliche Bedeutung haben.[27] Das Gericht hat die Vorschrift im übrigen konform mit der EMRK auszulegen und bei der Ausübung des Ermessens auch die Rechtsprechung des EGMR zu beachten.[28]

3. Entscheidung des Beschwerdegerichts

28   § 69 FamFG regelt die Voraussetzungen und Form der Beschwerdeentscheidung. Dies stellt eine Neuerung des FamFG dar, denn bislang existierte dazu keine gesetzliche Regelung. Gem. § 69 Abs. 1 Satz 1 FamFG hat das Beschwerdegericht grundsätzlich in der Sache selbst zu entscheiden. Nur in Ausnahmefällen ist eine Zurückweisung an das Gericht des ersten Rechtszuges zulässig. In diesem Fall ist das erstinstanzliche Gericht an die der Aufhebung des Beschwerdegerichts zugrunde liegende Beurteilung der Sach- und Rechtslage gebunden.

29   Jede Beschwerdeentscheidung muss gem. § 69 Abs. 2 FamFG begründet werden. Diese Verpflichtung ist ohne Ausnahme. Des weiteren sind den Beteiligten stets die Gründe für die Entscheidung des Beschwerdegerichts darzulegen.[29] Der Gesetzgeber hält diese ausnahmslose Begründungspflicht für notwendig, um die Akzeptanz der in der Regel nicht anfechtbaren Beschwerdeentscheidung bei dem unterlegenen Beteiligten zu erhöhen.[30]

---

[25] BT-Drucks. 16/6308, 207.
[26] BT-Drucks. 16/6308, 207, sowie *Meyer-Ladewig*, Europäische Menschenrechtskonvention, Artikel 6 Rdnr. 8.
[27] *Meyer-Ladewig* a.a.O. Rdnr. 66.
[28] BT-Drucks. 16/6308, 208.
[29] BT-Drucks. 16/9733, 289 und 290.
[30] BT-Drucks. 16/9733, 290.

III. Rechtsbeschwerde

Die in den §§ 70–75 FamFG geregelte Rechtsbeschwerde übernimmt die **30** Grundsätze der in den §§ 574 ff. ZPO geregelten Rechtsbeschwerde. Rechtsbeschwerdeinstanz ist ausschließlich der BGH und zwar auch in den Fällen, in denen das OLG bislang Rechtsbeschwerdeinstanz war, wie z. B. in Betreuungssachen.

1. Rechtsbeschwerde als Zulassungsbeschwerde

Die Beschwerdeentscheidung ist mit der Rechtsbeschwerde angreifbar. **31** Die Rechtsbeschwerde ist als Zulassungsbeschwerde zum BGH gem. § 133 GVG n. F. ausgestaltet. Dies bedeutet, dass die Entscheidung des Beschwerdegerichts mit der Rechtsbeschwerde nur dann angegriffen werden kann, wenn die Rechtsbeschwerde vom Beschwerdegericht gem. § 70 Abs. 1 FamFG ausdrücklich zugelassen worden ist. Dies soll es dem Rechtsbeschwerdegericht ermöglichen sich künftig in erster Linie mit Verfahren zu befassen, denen aufgrund ihrer grundsätzlichen Bedeutung eine über den Einzelfall hinausgehende Wirkung zukommt.[31]

Von „grundsätzlicher Bedeutung" einer Rechtssache nach Nr. 1 ist dann **32** auszugehen, wenn eine klärungsbedürftige Rechtsfrage zu entscheiden ist, deren Auftreten in einer unbestimmten Vielzahl von Fällen denkbar ist.[32] Eine Zulassung der Rechtsbeschwerde nach Nr. 2 kommt dann in Betracht, wenn die Fortbildung des Rechts oder die Sicherung einer einheitlichen Rechtsprechung dies erfordern.[33]

2. Ausnahmen von dem Zulassungserfordernis

Von dem Erfordernis der Zulassung sind gem. § 70 Abs. 2 FamFG Betreu- **33** ungssachen, Unterbringungs- und Freiheitsentziehungssachen ausgenommen.[34] Wenn durch gerichtliche Entscheidung in höchstpersönliche Rechte der Beteiligten eingegriffen wird und freiheitsentziehende Maßnahmen angeordnet werden, steht eine weitere Überprüfung ihrer Zulassungsvoraussetzungen zur Verfügung.[35] In diesem Falle ist die Rechtsbeschwerde zum BGH zulassungsfrei und weder das Beschwerdegericht noch das Rechtsbeschwerdegericht prüfen, ob Zulassungsgründe oder vergleichbare Zulässigkeitsgründe vorliegen.[36]

---

[31] BT-Drucks. 16/6308, 209.
[32] BT-Drucks. 16/6308, 209.
[33] BT-Drucks. 16/6308, 209.
[34] BT-Drucks. 16/9733, 290; BT-Drucks. 16/9831.
[35] BT-Drucks. 16/9733, 290.
[36] BT-Drucks. 16/9733, 290; BT-Drucks. 16/9831.

34 Nach § 70 Abs. 2 Satz 2 FamFG ist der BGH als Rechtsbeschwerdegericht an die Zulassung der Rechtsbeschwerde durch das Beschwerdegericht gebunden. Der Gesetzgeber ist der Ansicht, dass dies dem verfassungsrechtlichen Gebot der Einzelfallgerechtigkeit Rechnung trägt und die Einhaltung dieses Gebots deshalb erforderlich ist, weil die Rechtsbeschwerde eine Beteiligtenrechtsmittel ist. Die Bindung an die Zulassung verhindert, dass eine zugelassene Rechtsbeschwerde mangels Vorliegen der Zulassungsvoraussetzungen als unzulässig verworfen wird, auch wenn die Rechtsbeschwerde in der Sache selbst Aussicht auf Erfolg hat, d. h. begründet ist.[37]

35 § 70 Abs. 3 FamFG betrifft die zulassungsfreie Rechtsbeschwerde in bestimmten Betreuungssachen sowie in den Unterbringungs- und Freiheitsentziehungssachen. Der BGH hat weder prüfen, ob das Beschwerdegericht die Rechtsbeschwerde zugelassen hat oder ob die Rechtsbeschwerde grundsätzliche Bedeutung im weiteren Sinne hat. Unstatthaft – unabhängig von einer Zulassung ist die Rechtsbeschwerde in einem einstweiligen Anordnungs- sowie im Arrestverfahren, § 70 Abs. 4 FamFG.

3. Frist der Rechtsbeschwerde

36 Die Frist beträgt gem. § 71 Abs. 1 Satz 1 FamFG einen Monat ab schriftlicher Bekanntgabe der Entscheidung. Sie ist binnen eines weiteren Monats gem. § 71 Abs. 2 Satz 1 zu begründen. Eine entsprechende Regelung existierte im FGG bislang nicht.

37 Die Rechtsbeschwerde ist statthaft, wenn das Beschwerdegericht sie zugelassen hat. § 70 Abs. 2 FamFG entspricht insoweit § 543 Abs. 2 FamFG, wobei anders als in § 543 Abs. 2 ZPO der BGH als Rechtsbeschwerdeinstanz an die Zulassung nicht gebunden ist. Zweck der Regelung ist die Entlastung des BGH.[38]

4. Form der Rechtsbeschwerde und Postulationsfähigkeit

38 Die Einlegung muss durch Einreichung einer Rechtsbeschwerdeschrift durch einen beim BGH zugelassenen Anwalt erfolgen und ist zu unterschreiben, § 71 Abs. 1 Satz 1, 3 FamFG.

5. Inhalt der Rechtsbeschwerde und der Rechtsbeschwerdebegründung

39 Der Mindestinhalt der Rechtsbeschwerde ergibt sich aus § 71 Abs. 1 Satz 2 FamFG. Dies sind die Bezeichnung des Beschlusses, gegen den die Rechtsbeschwerde gerichtet ist, sowie die Erklärung, dass gegen diesen Beschluss Rechtsbeschwerde eingelegt wird.

---

[37] Vgl. BVerfG NJW 1981, 39 zu § 554 b ZPO a. F.
[38] *Borth* FamRZ 2007, 1925, 1930.

§ 71 Abs. 3 regelt den Inhalt der Rechtsbeschwerdebegründung, d.h. den　**40**
Antrag nach Nr. 1, der konkret bezeichnen muss, inwieweit die Beschwerdeentscheidung angefochten und ihre Abänderung beantragt wird. Des Weiteren hat der Rechtsbeschwerdeführer nach den Nrn. 2a, b im Einzelnen vorzutragen, aus welchen Umständen sich eine Rechtsverletzung ergibt und,
soweit die Rechtsbeschwerde auf einen Verfahrensfehler gestützt wird, die
Tatsachen vortragen, aus denen sich der Verfahrensmangel ergibt.

6. Rechtsbeschwerdebegründung

§ 72 FamFG bestimmt, auf welche Gründe die Rechtsbeschwerde gestützt　**41**
werden kann. Die Rechtsbeschwerde ist eine reine Rechtskontrollinstanz. Es
kann daher nur geltend gemacht werden, dass die angefochtene Entscheidung auf der Verletzung formellen und materiellen Rechts beruht.

7. Anschlussrechtsbeschwerde

Die Anschließung an die Rechtsbeschwerde eines anderen Beteiligten regelt　**42**
§ 73 FamFG.

IV. Erinnerung

Gegen Entscheidungen des Rechtspflegers, dem die Verfahren in Kind-　**43**
schaftssachen und Adoptionssachen zu übertragen sind, soweit sie nicht dem
Richter vorbehalten sind, bleibt es bei der Erinnerung gem. § 11 Abs. 2
RPflG.

V. Besonderheiten in Familiensachen

1. § 117 FamFG

Nach bisheriger Rechtslage war es für die Frage des Rechtsmittels ent-　**44**
scheidend, ob der Scheidungsausspruch mit Folgesachen oder nur einzelne
Folgesachen angegriffen wurden. Wurde der Scheidungsausspruch oder auch
dessen Ablehnung angegriffen so „führten" die ZPO-Vorschriften, und die
Berufung war das richtige Rechtsmittel, und zwar auch, wenn gleichzeitig
FGG-Folgesachen, wie etwa das Umgangsrecht oder die elterliche Sorge, mit-
angegriffen wurden. Wurden nur ZPO-Folgesachen oder diese gemeinsam
mit FGG-Familiensachen angegriffen, so war ebenfalls die Berufung das
statthafte Rechtsmittel. Soweit nur eine FGG-Folgesache angegriffen wurde,
war die befristete Beschwerde das statthafte Rechtsmittel. Daneben konnten
auch noch die im Verbund ergangenen einstweiligen Anordnungen nach
mündlicher Verhandlung mit der sofortigen Beschwerde angegriffen werden.

Nach der neuen Rechtslage die **Beschwerde** einheitliches Rechtsmittel　**45**
gegen erstinstanzliche **Endentscheidungen** in **Familienstreitsachen** und **Ehe-**

sachen. Die Besonderheiten der Familienstreitsachen erlauben es, sie im Rechtsmittelzug trotz ihrer Eigenschaft als Streitsache abweichend von den allgemeinen Zivilsachen zu behandeln.[39] Die **allgemeinen Vorschriften** der Zivilprozessordnung über Berufung und Revision sind daher **nicht anwendbar**, und zwar deshalb nicht, weil die zivilprozessuale Bindung des Gerichts an erstinstanzliche Feststellungen, die Pflicht des Gerichts zur Zurückweisung verspäteten Vorbringens, die Einschränkung der Anschlussberufung und wegen des weitgehenden Ausschlusses von Klageänderung, Aufrechnung und Widerklage den Bedürfnissen des familiengerichtlichen Verfahrens – die Tatsachenfeststellung an das häufig im Fluss befindliche Geschehen – nicht gerecht werden.[40] Den ZPO-Vorschriften liegt die Vorstellung zugrunde, dass im Zivilprozess über einen abgeschlossenen Lebenssachverhalt gestritten wird. Dies ist mit der Dynamik beispielsweise eines Unterhaltsprozesses und der Berücksichtigung veränderter Einkommens- und Vermögensverhältnisse nur schwer vereinbar.[41] Diese Veränderungen sind sinnvollerweise bereits im Rechtmittelverfahren und nicht erst in einem neuen Verfahren zu berücksichtigen. Allein aus dieser Erwägung ergibt sich bereits die Notwendigkeit, dass die Rechtsmittelinstanz in Familienstreitsachen als volle zweite Tatsacheninstanz ausgestaltet wird.[42] Das Beschwerdeverfahren in Familienstreitsachen wird jedoch weiterhin als Streitverfahren unter Geltung des Beibringungsgrundsatzes geführt.

46   § 117 FamFG sieht jedoch verschiedene Änderungen gegenüber den allgemeinen Beschwerdevorschriften vor und modifiziert die Anwendbarkeit der §§ 58–69 FamFG wie folgt:

Gem. § 117 Abs. 1 Satz 1 FamFG muss der Beschwerdeführer

- die Beschwerde begründen (in Abweichung zu § 65 FamFG)
- zur Begründung einen bestimmten Sachantrag stellen und diesen begründen.

---

47   Das Beschwerdegericht hat bei der Auslegung des verfahrensrechtlichen Begehrens nicht nur auf den Wortlaut abzustellen, sondern muss stets auch die Beschwerdebegründung zur Auslegung heranziehen.[43]

48   Nach § 117 Abs. 1 Satz 2 FamFG beträgt die Frist zur Begründung zwei Monate. Die Regelung ist an § 520 Abs. 2 ZPO angelehnt. § 117 Abs. 1 Satz 3 FamFG ordnet die Geltung von § 520 Abs. 2 ZPO im übrigen an. Damit soll verdeutlicht werden, dass das Beschwerdeverfahren in Ehe- und

---

[39] BT-Drucks. 16/6308, 224.
[40] BT-Drucks. 16/6308, 224.
[41] BT-Drucks. 16/6308, 225.
[42] BT-Drucks. 16/6308, 225.
[43] BGH NJW 2005, 1659

Familiensachen näher an die Berufung des Zivilprozesses angelehnt ist als an die allgemeinen Regeln der Beschwerde. Das Ausbleiben der Beschwerdebegründung hat daher die Unzulässigkeit des Rechtsmittels zur Folge. Die Verweisung auf § 522 Abs. 1 Satz 4 ZPO gewährt insoweit auch eine zulassungsfreie Rechtsbeschwerde gegen den Beschluss des Beschwerdegerichts und führt zu einem Gleichklang mit dem Berufungsgericht.

Die Begründungsfrist kann auf Antrag verlängert werden, wenn der Gegner einwilligt, § 520 Abs. 2 Satz 3 ZPO. Willigt der Gegner nicht ein, kann die Frist um einen Monat verlängert werden, wenn nach Überzeugung des Vorsitzenden der Rechtsstreit durch die Verlängerung nicht verzögert wird oder wenn der Beschwerdeführer erhebliche Gründe darlegt. **49**

Gem. § 117 Abs. 5 FamFG gelten für die Versäumung der Fristen zur Einlegung und Begründung der Beschwerde die §§ 233 und 234 Abs. 1 Satz 2 ZPO entsprechend. Im Fall der Versäumung der Frist zur Begründung beträgt die Wiedereinsetzungsfrist einen Monat nach § 234 Abs. 1 Satz 2 ZPO, da die allgemeinen Wiedereinsetzungsvorschriften der §§ 17–19 FamFG durch § 113 Abs. 1 FamFG gesperrt sind. **50**

Praxistipp:

Fristversäumnisse stellen für jeden Anwalt ein erhebliches Haftungsrisiko dar. In Familienstreitsachen ergibt sich zuweilen die Situation, dass Prozesskostenhilfe beantragt wird und zum Zeitpunkt der Einlegung und Begründung der Beschwerde die Fristen bereits abgelaufen sind. Welche Fristen dabei gelten und wann sie ablaufen, wird sogar vom BGH uneinheitlich beurteilt.[44] Zur Vermeidung eines potenziellen Regresses empfiehlt es sich, die Beschwerde entweder auf die Gefahr hin zu begründen, dass dem Mandanten keine Verfahrenskostenhilfe gewährt wird oder aber den Mandanten über die Risiken der Fristversäumnis explizit aufzuklären und insoweit eine Haftungsfreistellung zu vereinbaren.

§ 117 Abs. 2 Satz 1 FamFG verweist auf die Bindung an die Anträge der Beteiligten (§ 528 ZPO) und bestimmt damit die Grenzen der Abänderbarkeit in Bezug auf die Berufungsanträge, also auch das Verbot der Schlechterstellung und verdeutlicht dadurch die Struktur als Streitverfahren. Die Zurückverweisung richtet sich nach § 538 Abs. 2 ZPO und nicht nach § 69 Abs. 1 FamFG. Die Statthaftigkeit der Berufung gegen erstinstanzliche Versäumnisurteile (§ 514 ZPO) ist ebenfalls entsprechend anwendbar, da ein Versäumnisverfahren auch in erstinstanzlichen Ehesachen und Familienstreitsachen stattfindet.[45] Dies führt in der Konsequenz dazu, dass auch § 539 ZPO als Säumnisverfahren in der Beschwerdeinstanz entsprechend zugelassen ist. § 524 Abs. 2 Satz 2 und 3 ZPO werden ebenfalls für entsprechend anwendbar erklärt. Diese Verweisung stellt eine Befristung der Anschlussbeschwerde in Familienstreitsachen, aber auch nur für diese, dar. Somit kann **51**

---

[44] Siehe dazu BGH NJW 2007, 3354 und BGH NJW-RR 2008,1313.
[45] BT-Drucks. 16/6308, 225.

eine Befristung der Anschlussbeschwerde in Güterrechts- und sonstigen Familiensachen erfolgen, wegen des § 524 Abs. 2 Satz 3 ZPO aber nach wie vor nicht für wiederkehrende Leistungen, wie z. B. in Unterhaltssachen.

52 § 117 Abs. 2 Satz 2 FamFG ergänzt die §§ 68 Abs. 3 und 74 Abs. 4 FamFG für den Bereich der Familienstreitsachen und entspricht insoweit den §§ 525 Satz 2, 555 Abs. 1 Satz 2 ZPO.

53 § 117 Abs. 3 FamFG bestimmt, dass das Gericht die Beteiligten darauf hinzuweisen hat, wenn es beabsichtigt, von der Durchführung einzelner Verfahrensabschnitte nach § 68 Abs. 3 Satz 2 FamFG abzusehen. Dieser Absatz ist ebenfalls der Vorschrift des § 522 Abs. 2 und 3 ZPO nachempfunden, da auch dort die Möglichkeit der Zurückweisung der Berufung im Beschlussverfahren vorgesehen ist, wenn zuvor ein Hinweis gem. § 522 Abs. 2 Satz 2 ZPO mit einer Frist zur Stellungnahme gesetzt wurde. Auch im Beschwerdeverfahren hat nunmehr der Beschwerdeführer die Möglichkeit, dem Beschwerdegericht weitere Gesichtspunkte zu unterbreiten, die eine erneute Durchführung der mündlichen Verhandlung oder die Vornahme nicht für erforderlich gehaltener Verfahrenshandlungen rechtfertigen.[46]

54 Gegen die Entscheidung des Beschwerdegerichts findet nach Maßgabe der §§ 70–75 FamFG die Rechtsbeschwerde statt. Da die Rechtsbeschwerde in Familienstreitsachen und Ehesachen den gleichen inhaltlichen und formellen Voraussetzungen wie die Revision nach § 543 ZPO unterliegt, tritt insoweit keine Änderung gegenüber dem bisherigen Recht ein.[47]

2. Besonderer Anwaltszwang

55 § 114 Abs. 1 FamFG bestimmt einen besonderen Anwaltszwang und postuliert, dass sich die Ehegatten in Ehesachen und Folgesachen, sowie die Beteiligten in selbständigen Familienstreitsachen durch einen Rechtsanwalt vertreten lassen müssen. § 114 Abs. 2 bestimmt, dass sich die Beteiligten vor dem BGH durch einen dort zugelassenen Rechtsanwalt vertreten lassen müssen.

3. Verzicht auf Anschlussrechtsmittel

56 Haben die Ehegatten auf Rechtsmittel gegen den Scheidungsausspruch verzichtet, können sie gem. § 144 FamFG auch auf dessen Anfechtung im Wege der Anschließung an ein Rechtsmittel in einer Folgesache verzichten, bevor ein solches eingelegt wurde.

4. Befristung von Rechtsmittelerweiterung und Anschlussrechtsmittel

57 § 145 FamFG betrifft die Befristung von Rechtsmittelerweiterung und Anschlussrechtsmittel. Bislang war diese Frage in § 629a Abs. 3 ZPO geregelt.

---

[46] BT-Drucks. 16/6308, 225.
[47] BT-Drucks. 16/6308, 225.

Ist eine nach § 142 FamFG einheitlich ergangene Entscheidung teilweise durch Beschwerde oder Rechtsbeschwerde angefochten worden, können Teile der einheitlichen Entscheidung, die eine andere Familiensache betreffen, durch Erweiterung des Rechtsmittels oder im Wege der Anschließung an das Rechtsmittel nur noch bis zum Ablauf eines Monats nach Zustellung der Rechtsmittelbegründung angefochten werden. Erfolgt innerhalb dieser Frist eine solche Erweiterung des Rechtsmittels oder Anschließung an das Rechtsmittel, so verlängert sich die Frist um einen weiteren Monat.

5. Zurückweisung in Scheidungssachen und Folgesachen

§ 146 FamFG regelt die Zurückweisung in Scheidungssachen und Folgesa-   **58** chen. Wird eine Entscheidung aufgehoben, durch die der Scheidungsantrag abgewiesen wurde, soll das Rechtsmittelgericht die Sache an das Gericht zurückverweisen, das die Abweisung ausgesprochen hat, wenn dort eine Folgesache zur Entscheidung ansteht. Das Gericht kann jedoch in begründeten Ausnahmefällen von einer Zurückverweisung absehen, und zwar z. B. dann, wenn vor dem Rechtsmittelgericht die Voraussetzungen für die Scheidung vorliegen und die anstehende Folgesache durch eine Vereinbarung oder in sonstiger Weise ohne größeren Verfahrensaufwand vor dem Rechtsmittelgericht zum Abschluss gebracht werden kann.[48] Diese Möglichkeit entspricht einem Bedürfnis der Praxis, weil auf diese Weise in geeigneten Fällen das Verfahren zeitnah zum Abschluss gebracht werden kann.[49]

---

[48] BT-Drucks. 16/6308, 233.
[49] BT-Drucks. 16/6308, 233.

§ 6 Verfahrenskostenhilfe

1 Das FamFG übernimmt die Grundsätze der §§ 114 ff. ZPO, belässt es aber nicht wie in § 14 FGG bei einer pauschalen Verweisung auf die Vorschriften der ZPO, sondern ergänzt diese in solchen Bereichen, in denen das Regelungskonzept der ZPO nicht ausreichend ist,[1] durch eigene Vorschriften. Den Generalverweis hatte das BMJ zunächst wegen der unterschiedlichen Verfahrensgrundsätze nicht mehr als geeignet angesehen, in den Verfahren nach dem FamFG verwendet zu werden.[2] Geplant war zunächst eine eigenständige Regelung für die Verfahren des FamFG. Mit dieser Auffassung konnte sich das BMJ jedoch im Gesetzgebungsverfahren nicht durchsetzen, weil die Länder eine erhebliche Ausweitung des Finanzbedarfs für die Finanzierung der FamFG-Verfahrenskostenhilfe befürchteten.[3] Der ursprüngliche Entwurf wurde deshalb wieder auf den Verweis auf ZPO-Regeln reduziert. Terminologisch passt sich der Begriff Verfahrenskostenhilfe der Entscheidung des Gesetzgebers an die Entscheidung an, dass Regelungsgegenstand des FamFG ein Verfahren und kein Prozess ist, § 113 Abs. 5 FamFG.

I. Verfahrenskostenhilfe im Antragsverfahren

2 § 76 definiert die sachlichen Voraussetzungen für die Gewährung von Verfahrenskostenhilfe. Verfahrenskostenhilfe kann danach im Antrags- und Amtsverfahren gewährt werden, allerdings unter unterschiedlichen Voraussetzungen. Im Antragsverfahren gem. § 76 Abs. 1 FamFG wird Prozesskostenhilfe bewilligt, wenn die beabsichtigte Rechtsverfolgung oder Rechtsverteidigung hinreichende Aussicht auf Erfolg bietet und nicht mutwillig erscheint. Dieser Wortlaut deckt sich mit § 114 Abs. 1 Satz 1 ZPO.

3 Die Vorschrift erfasst den Antragsteller, den Antragsgegner und die vom Gericht hinzugezogenen weiteren Beteiligten, die sich im Verfahren äußern, und zwar unabhängig davon, ob sie einen eigenen Antrag stellen. Antragsteller und Antragsgegner sind grundsätzlich wie Kläger und Beklagte im Zivilprozess zu behandeln. Die aus ihrem Sachantrag erkennbare Rechtsverfolgung bzw. Rechtsverteidigung ist am Kriterium der Erfolgsaussicht zu messen.[4]

---

[1] BR-Drucks. 309/07, 468.
[2] *Kemper* Abschnitt 6 S. 94.
[3] A.a.O.
[4] BT-Drucks. 16/6308, 212.

II. Verfahrenskostenhilfe im Verfahren von Amts wegen

Im Verfahren von Amts wegen trägt § 76 Abs. 2 FamFG den Besonderhei- **4**
ten des nichtkontradiktorischen Verfahrens Rechnung. Die Vorschrift stellt
auf den Eingriffscharakter der beabsichtigten gerichtlichen Maßnahme und
auf die Erfolgsaussichten der Rechtsverfolgung ab.

Die Verknüpfung zwischen dem Eingriffscharakter der beabsichtigten ge- **5**
richtlichen Maßnahme und der Erfolgsaussicht ist durchaus problematisch.[5]
Wird etwa von Amts wegen ein Verfahren nach § 1666 BGB eingeleitet und
soll einem oder beiden Elternteilen die elterliche Sorge entzogen werden,
muss einem bedürftigen Elternteil aus dem Grundsatz der grundrechtlich
gewährleisteten Rechtsschutzgarantie, aber auch aus Art. 6 Abs. 3 GG bereits aufgrund des Eingriffscharakters Verfahrenskostenhilfe bewilligt werden.[6]

---

[5] *Borth* FamRZ 2007, 1925, 1930.
[6] *Borth* a. a. O.

§ 7 Verfahren in Familiensachen

1   Das Buch 2 des FamFG zählt in § 111 FamFG zunächst auf, welche Arten von Familiensachen das Gesetz kennt. Dieser Katalog ersetzt die bislang in § 23 b Abs. 1 Satz 2 GVG und § 621 Abs. 1 ZPO enthaltenen Kataloge. Der Katalog in § 111 FamFG ist auch maßgeblich, wenn andere Gesetze, wie z. B. das GVG, den Begriff der Familiensache verwenden.[1]

Familiensachen sind

- Ehesachen (einschließlich Scheidungs- und Folgesachen)
- Kindschaftssachen
- Abstammungssachen
- Adoptionssachen
- Wohnungszuweisungs- und Hausratssachen
- Gewaltschutzsachen
- Versorgungsausgleichssachen
- Unterhaltssachen
- Güterrechtssachen
- Sonstige Familiensachen
- Lebenspartnerschaftssachen

---

2   Der Katalog der Familiensachen ist größer als bislang. Durch die Abschaffung des Vormundschaftsgerichts, die Erweiterung der Familiensachen um die Adoptionssachen und die sonstigen Familiensachen wurde das „große Familiengericht" geschaffen, das alle Streitigkeiten zwischen Ehegatten und Lebenspartnern und damit in Zusammenhang stehende Konflikte bündelt. Die Einzelheiten der Familiensachen sind bei den jeweiligen Definitionsnormen erläutert.

I. Familienstreitsachen

3   § 112 FamFG definiert den neu eingeführten Begriff der Familienstreitsache. Grundsätzlich sind unter den Familienstreitsachen die bisherigen ZPO-Familiensachen zu verstehen. Abweichungen ergeben sich z. B. im Verfahren für Abstammungssachen, das künftig ein einheitliches Verfahren der freiwilligen Gerichtsbarkeit sein soll. Ehesachen sind ebenfalls keine Familienstreitsachen, sondern folgen eigenen Verfahrensregeln.

---

[1] BT-Drucks. 16/6308, 223.

Familienstreitsachen sind Teilbereiche von Unterhaltssachen (§ 213 FamFG), **4**
Güterrechtssachen (§ 261 FamFG) und sonstige Familiensachen (§ 269
FamFG) sowie die dazugehörigen entsprechenden Lebenspartnerschaften. Da
jeweils nur Teile der vorgenannten Familiensachen Familienstreitsachen sind,
sind die Definitionsnormen zur besseren Übersichtlichkeit zweigeteilt. In
Abs. 1 werden jeweils die Verfahren genannt, die zu den Familienstreitsachen
gehören, in Abs. 2 diejenigen, die nicht dazugehören.

II. Ausgangspunkt für Verfahren in Familiensachen

Während der allgemeine Teil des FamFG die grundsätzlichen Prinzipien **5**
vor die Klammer stellt, definiert das Buch 2 die Besonderheiten des familienrechtlichen Verfahrens. Für alle prozessualen Überlegungen ist es zunächst
notwendig, dass Klarheit darüber herrscht, um welche Art von Familiensache
es sich handelt, d.h. ob es eine Familienstreitsache, eine Ehesache oder eine
reine fG-Familiensache ist. Nach Beantwortung dieser Vorfrage entscheidet
sich, on das FamFG AT anzuwenden ist, oder ob stattdessen über die Ver-
weisungsnormen der §§ 112 ff. FamFG ZPO-Vorschriften Anwendung finden.

Praxistipp: ☞
Die Prüfung, welche Verfahrensvorschriften im Einzelnen zur Anwendung kommen,
sollte immer mit den §§ 111–120 FamFG beginnen. Daran schließt sich die Prüfung der besonderen Vorschriften der einzelnen Familiensachen an, bevor dann
ggf. auf das FamFG AT oder die ZPO zurückgegriffen wird.

§ 113 regelt die Frage, welche Vorschriften des FamFG für Ehe- und Fami- **6**
lienstreitsachen nicht anzuwenden sind und welche Vorschriften der ZPO
stattdessen Anwendung finden. Die Notwendigkeit für diese Regelung ergab
sich aus dem Wegfall der Differenzierung zwischen FGG- und ZPO-
Familiensachen.

Nach § 113 Abs. 1 Satz 1 FamFG sind in Familienstreitsachen die §§ 2–37, **7**
40–48, sowie 76–96 FamFG **nicht** anzuwenden. Stattdessen gelten die Allgemeinen Vorschriften der ZPO (§§ 1–252) und die Vorschriften der ZPO
über das Verfahren vor den Landgerichten (§§ 253–494a ZPO). Mit dem
ausdrücklichen Verweis auf das Landgericht wird klar, dass eine Zuständigkeit des Familiengerichts auch gegeben ist, wenn der Streitwert die Schwelle
für die allgemeine sachliche Zuständigkeit des Amtsgerichts von 5.000,–
Euro übersteigt.[2]

Nach § 113 Abs. 2 FamFG gelten in Familienstreitsachen auch die Vor- **8**
schriften der ZPO über den Urkunden- und Wechselprozess und über das
Mahnverfahren entsprechend. § 113 Abs. 3 FamFG bestimmt jedoch aus-

---

[2] BT-Drucks. 16/6308, 223.

drücklich, dass § 227 Abs. 3 ZPO, der sich auf die Terminsverlegungsmöglichkeit in den Sommermonaten vom 1.7. bis 31.8. bezieht, keine Anwendung findet. Dies ergibt sich aus dem Beschleunigungsgebot.

Die Verweisung auf die ZPO gilt nur, soweit die §§ 114 bis 116 FamFG sowie der spezielle Abschnitt zu den einzelnen Familiensachen nicht ein Abweichendes bestimmen.

9 Bei Anwendung der ZPO treten gem. § 113 Abs. 5 FamFG an die Stelle der in der ZPO verwendeten Begriffe die aufgelisteten Bezeichnungen. Diese Regelung nimmt den Gedanken des § 622 ZPO a. F. auf, der bei Ehesachen die Verwendung der Begriffe Antragsteller/Antragsgegner statt Kläger/Beklagter vorgab.

Gem. § 113 Abs. 5 FamFG heißt es nunmehr:	
statt Prozess/Rechtsstreit	Verfahren
statt Klage	Antrag
statt Kläger/in	Antragsteller/in
statt Beklagter	Antragsgegner/in
statt Partei	Beteiligter

1. Die allgemeinen Vorschriften der §§ 114–116 FamFG

10 § 114 FamFG übernimmt teilweise wörtlich den Wortlaut des entsprechend aufgehobenen § 78 ZPO, normiert jedoch eine Mischung aus Anwaltszwang, davon bestehenden Ausnahmen, eine Art Ersatzanwaltsvertretung und eine Erweiterung einer freiwilligen Vertretung durch bestimmte Organisationen sogar bei einem an sich bestehenden Anwaltszwang.[3]

11 Nach § 114 Abs. 1 FamFG müssen sich die Ehegatten in Ehesachen und Folgesachen, sowie die Beteiligten in selbständigen Familienstreitsachen vor dem Familiengericht und dem Oberlandesgericht durch einen Rechtsanwalt vertreten lassen. Vor dem Bundesgerichtshof müssen sich die Beteiligten gem. § 114 Abs. 2 FamFG durch einen beim BGH zugelassenen Rechtsanwalt vertreten lassen.

12 Während im Laufe des Gesetzgebungsverfahrens noch die Aufhebung des Anwaltszwangs für einverständliche Ehescheidungen diskutiert wurde, erweitert § 114 FamFG nunmehr den Anwaltszwang für erstinstanzliche Unterhaltsstreitigkeiten (Familienstreitsachen). Dies hat seinen Grund darin, dass Unterhaltsverfahren nach Ansicht des Gesetzgebers wegen ihrer erheblichen wirtschaftlichen Auswirkungen und häufig existenziellen Folgen von den Beteiligten nicht mehr selbst geführt werden sollen.[4] Die Einführung des Zwangs zur anwaltlichen Vertretung bereits in der ersten Instanz dient auch

---

[3] *Baumbach/Lauterbach/Albers/Hartmann* § 114 FamFG Rdnr. 1.
[4] BT-Drucks. 16/6308, 223.

aufgrund der Komplexität des materiellen Rechts dem Schutz der Beteiligten und der Gewährleistung der Waffengleichheit.[5]

2. Ausnahmen vom Anwaltszwang

Der Katalog des § 114 Abs. 4 FamFG gestattet **Ausnahmen vom Anwalts-** 13 **zwang**, und zwar

1. in einstweiligen Anordnungsverfahren
2. wenn ein Beteiligter durch das Jugendamt als Beistand vertreten ist
3. für die Zustimmung zur Scheidung, für die Rücknahme des Scheidungsantrags und für den Widerruf der Zustimmung zur Scheidung
4. für einen Antrag auf Abtrennung einer Folgesache von der Scheidung
5. im Verfahren über die Verfahrenskostenhilfe
6. in den Fällen des § 78 Abs. 3 ZPO[6]

3. Zurückweisung von Angriffs- und Verteidigungsmitteln

§ 115 FamFG enthält eine Präklusionsvorschrift für verspätet vorgebrach- 14 te Angriffs- und Verteidigungsmittel und entspricht inhaltlich den bisherigen §§ 615, 621 d ZPO, die weniger stringent sind als § 296 Abs. 1 und Abs. 4 ZPO. Ferner bestimmt § 115 Satz 2 FamFG, dass die Angriffs- und Verteidigungsmittel abweichend von den allgemeinen Vorschriften zuzulassen sind. Dies bezieht sich auch auf die Zurückweisung verspäteten Vorbringens in der zweiten Instanz, so dass die strengeren Präklusionsvorschriften der §§ 530, 531 Absätze 1 und 2 ZPO, wie bei den §§ 615, 621 d ZPO, nicht anwendbar sind.[7]

Dass FamFG greift insoweit auf die Motive zurück, die zur Fassung der 15 §§ 615, 621 d durch das ZPO-RG geführt haben, da es davon geprägt ist, dass die zu beurteilenden Sachverhalte in Verfahren der ersten Instanz in den wirtschaftlichen und persönlichen Bezügen einem ständigen Wandel unterworfen sind und sie deshalb von den Beteiligten nicht vor Abschluss der ersten Instanz vorgetragen werden.[8] Ein späteres Vorbringen beruht i. d. R. nicht auf einer groben Nachlässigkeit. Deshalb geht das FamFG auch davon aus, dass die Rechtsmittelinstanz in Familienstreitsachen als volle Tatsacheninstanzen ausgestaltet ist.[9]

4. Entscheidung durch Beschluss in Familiensachen

§ 116 Abs. 1 FamFG verdeutlicht noch einmal, dass in allen Familiensa- 16 chen durch Beschluss entschieden wird. Urteile soll es künftig weder in Ehe-

---

[5] BT-Drucks. 16/6308, 224 und 412.

[6] § 78 Abs. 3 ZPO regelt eine Ausnahme vom Anwaltszwang, sofern eine Prozesshandlung vor einem Urkundsbeamten oder einer Geschäftsstelle abgegeben werden kann, Beachte auch § 257 FamFG.

[7] Siehe *Borth* FamRZ 2007, 1925, 1931.

[8] Siehe ZPO-RG, BT-Drucks. 14/4722.

[9] BR-Drucks. 309/07, 498.

noch in Familienstreitsachen geben, weil der Gesetzgeber sich davon ebenfalls eine Deeskalation in Familiensachen erhofft. Hinsichtlich des Beschlusses in Familiensachen gelten vorbehaltlich anderer Bestimmungen, die Vorschriften des allgemeinen Teils, d.h. die Vorschriften der §§ 38 und 39 FamFG.

5. Wirksamkeit von Endentscheidungen in Ehesachen und Familienstreitsachen

17 Nach § 116 Abs. 2 FamFG werden Endentscheidungen in Ehesachen (in Abweichung von § 40 FamFG) mit Rechtskraft wirksam, und zwar deshalb, weil es sich bei Ehesachen regelmäßig um Entscheidungen mit rechtsgestaltendem Charakter handelt.[10]

18 Nach § 116 Abs. 3 Satz 1 FamFG werden Endentscheidungen in Familienstreitsachen mit Rechtskraft wirksam, und zwar ebenfalls in Abweichung von § 40 FamFG. Das Familiengericht hat jedoch nach § 116 Abs. 3 Satz 2 FamFG die Möglichkeit die sofortige Wirksamkeit anzuordnen, soweit (§ 116 Abs. 3 Satz 3 FamFG) die Entscheidung eine Verpflichtung zur Zahlung von Unterhalt enthält. Die Ausgestaltung als Soll-Vorschrift bringt die Bedeutung des Unterhalts zur Sicherung des Lebensbedarfs zum Ausdruck.[11] Auf die Anordnung der sofortigen Vollstreckbarkeit kann teilweise oder vollständig verzichtet werden, wenn z.B. das Jugendamt nach § 33 Abs. 2 Satz 4 SGB II, § 94 Abs. 4 Satz 2 SGB XII oder nach § 7 Abs. 4 Satz 1 des Unterhaltsvorschussgesetzes übergegangene Ansprüche geltend macht oder wenn neben dem laufenden Unterhalt länger zurückliegende Unterhaltsrückstände geltend gemacht werden, denn dann besteht insoweit kein sofortiges Vollstreckungsinteresse zur Sicherung des Lebensbedarfs.

19 Die Wirksamkeit von Entscheidungen in anderen Familiensachen – den bisherigen FGG-Familiensachen – bestimmt sich nach § 40 FamFG und erfolgt regelmäßig mit deren Bekanntgabe.

---

[10] BT-Drucks. 16/6308, 224.
[11] BT-Drucks. 16/6308, 224.

§ 8 Die einzelnen Familiensachen

Die §§ 121–150 FamFG regeln die Verfahren in Familiensachen. Die Vor- **1** schriften untergliedern sich in Regelungen zu den Ehesachen im Allgemeinen und Verfahren in Scheidungssachen und Folgesachen im Besonderen.

I. Ehesachen gem. §§ 121–132 FamFG

Ehesachen sind weder Familienstreitsachen noch reine fG-Familiensachen, **2** sie sind vielmehr Familiensachen eigener Art.[1] Die §§ 121–132 FamFG decken sich weitgehend mit den Bestimmungen der §§ 606–619 ZPO a.F. Die Familiensachen folgen daher auch nicht den Vorschriften den FamFG AT, sondern den Regelungen der ZPO, vorbehaltlich der speziellen Regelungen der §§ 121 ff. FamFG. Ehesache kann nur ein Verfahren wegen einer Ehe sein, also einer nach dem maßgeblichen Recht anerkannten und mit besonderen Wirkungen ausgestatteten Lebensgemeinschaft von Mann und Frau.[2]

Gem. § 121 FamFG sind Ehesachen Verfahren nach:

Nr. 1	auf Scheidung der Ehe (Scheidungssachen)
Nr. 2	auf Aufhebung der Ehe
Nr. 3	auf Feststellung des Bestehens oder Nichtbestehens einer Ehe zwischen den Beteiligten

---

Nicht aufgeführt sind Verfahren auf Trennung ohne Auflösung des Ehe- **3** bandes, die in ausländischen Rechtsordnungen vorgesehen sind (wie. z.B. in Italien). Die Brüssel IIa – Verordnung führt diese Verfahren ebenso wie Verfahren zur Ungültigerklärung einer Ehe, die in anderem Rechtsordnungen vorhanden sind, ausdrücklich auf.[3] Eine Anpassung des § 121 FamFG an die Brüssel IIa-VO ist jedoch nicht erforderlich, weil nach der Rechtsprechung des BGH diese Verfahren als Ehesachen anerkannt sind.[4]

1. Örtliche Zuständigkeit

Die örtliche Zuständigkeit in Ehesachen ist ausschließlich und in § 122 **4** FamFG geregelt. Die Norm enthält eine feste Rangfolge von Anknüpfungskriterien zur Bestimmung des für die Ehesache örtlich zuständigen Gerichts.

---

[1] Siehe auch *Fölsch*, Das neue FamFG in Familiensachen, S. 124
[2] BVerfGE 53, 245.
[3] EG-VO Nr. 2201/2003 Art. 1 1 lit. a.
[4] BGH FamRZ 2001, 992.

Die zuständigkeitsbegründenden Umstände entsprechen den bislang in § 606 Abs. 1 und 2 ZPO genannten, mit Ausnahme des Kriteriums des gemeinsamen gewöhnlichen Aufenthalts aus § 606 Abs. 1 Satz 1 ZPO. Dies liegt darin, dass dieses heute so verstanden wird, als dass die Ehegatten nicht in ihren jeweiligen gewöhnlichen Aufenthalt im Bezirks desselben Gerichts haben müssen, sondern dass sie einen gemeinsamen gewöhnlichen Aufenthalt haben müssen, was bei getrennt lebenden Eheleuten und der Einleitung einer Ehesache jedoch regelmäßig nicht der Fall ist.

5 Gewöhnlicher Aufenthalt ist dabei wie bislang als eine auf Dauer angelegte soziale Eingliederung zu verstehen, die von der tatsächlichen und unter Umständen vom Willen unabhängigen Situation gekennzeichnet, den den Aufenthaltsort als Mittelpunkt der Lebensführung ausweist.[5] Kinder haben ihren gewöhnlichen Aufenthalt bei den Elternteil, in dessen Obhut es sich befindet.[6]

Zuständig ist nach

Nr. 1 das Gericht, in dessen Bezirk einer der Ehegatten mit allen gemeinschaftlichen minderjährigen Kindern seinen gewöhnlichen Aufenthalt hat;

Nr. 2 das Gericht, in dessen Bezirk einer der Ehegatten mit einem Teil der gemeinschaftlichen minderjährigen Kinder seinen gewöhnlichen Aufenthalt hat, sofern bei dem anderen Ehegatten keine gemeinschaftlichen minderjährigen Kinder ihren gewöhnlichen Aufenthalt haben;

Nr. 3 das Gericht, in dessen Bezirk die Ehegatten ihren gewöhnlichen Aufenthalt haben, wenn einer der Ehegatten bei Eintritt der Rechtshängigkeit im Bezirk dieses Gerichts seinen gewöhnlichen Aufenthalt hat;

Nr. 4 das Gericht, in dessen Bezirk der Antragsgegner seinen gewöhnlichen Aufenthalt hat;

Nr. 5 das Gericht, in dessen Bezirk der Antragsteller seinen gewöhnlichen Aufenthalt hat;

Nr. 6 das Amtsgericht Schöneberg in Berlin.

---

2. Abgabe bei Anhängigkeit mehrerer Ehesachen

6 § 123 FamFG regelt die Verfahrensweise bei Anhängigkeit mehrerer Ehesachen und sieht die Zusammenführung aller bei einem deutschen Gericht im ersten Rechtszug anhängigen Ehesachen vor, die dieselbe Ehe betreffen. Auch wenn die Regelung in Anlehnung an § 621 Abs. 3 ZPO konzipiert ist, hat die Vorschrift keine tatsächliche Entsprechung im bisherigen Recht, denn die Abgabe ist unabhängig davon angeordnet, ob die Ehesachen denselben Streitgegenstand haben oder nicht. Nach der bisherigen Rechtslage stand bei

---

[5] *Schwab/Maurer/Both* I Rdnr. 31.
[6] BT-Drucks. 16/6308, 226, 227.

Identität des Gegenstands dem nachfolgenden Verfahren der Einwand der anderweitigen Rechtshängigkeit entgegen.[7] Sofern nicht ein Verweisungsantrag gestellt wurde, war der Antrag als unzulässig abzuweisen.[8] Dies wird in Zukunft durch die Abgabe von Amts wegen vermieden werden. Bei mehreren Ehesachen ist an das Gericht der Scheidungssache oder, soweit es eine Scheidungssache nicht gibt, an das Gericht der Ehesache abzugeben, die zuerst anhängig geworden ist. Die Abgabe ist unanfechtbar und für das übernehmende Gericht grundsätzlich bindend.[9]

3. Antrag

Das Verfahren in Ehesachen wird durch Einreichung einer Antragsschrift **7** anhängig, § 124 Satz 1 FamFG. Die Vorschriften der ZPO über die Klageschrift geltend entsprechend, § 124 Satz 2 FamFG. Dies bedeutet, dass die Antragsschrift dem Antragsgegner nach § 253 Abs. 1 ZPO zuzustellen ist und die Ehesache mit Zustellung der Antragsschrift rechtshängig wird, § 261 Abs. 1 ZPO. Die Antragsschrift muss den Voraussetzungen des § 53 ZPO genügen.

4. Anforderungen an Ehescheidungsantrag

§ 133 FamFG ergänzt § 124 FamFG und enthält zusätzliche Maßgaben **8** für Scheidungssachen und Folgesachen, die zum notwendigen Inhalt der Antragsschrift in einer Scheidungssache gehören. Diese Vorschrift wurde in das Gesetz insbesondere deshalb aufgenommen, weil an dem Gesetzentwurf vielfach kritisiert wurde, dass die Regelung des bisherigen § 630 ZPO ersatzlos entfallen ist.[10]

Der Rechtsgedanke der vorgerichtlichen Einigung erscheint nunmehr in **9** der Formvorschrift des § 133 Abs. 1 Nr. 2 FamFG. Die ursprünglich dahinter stehende Absicht, dass die staatlichen Gerichte ihrer Schutzpflicht gegenüber minderjährigen Kindern und dem wirtschaftlich schwächeren Ehegatten gerecht werden zu müssen, soll nur noch dadurch verwirklicht werden , dass höhere Anforderungen an den notwendigen Inhalt und damit an die Zulässigkeit eines Scheidungsantrags gestellt werden.[11]

Die Antragsschrift muss gem. § 133 FamFG enthalten:

1. Namen und Geburtsdaten der gemeinschaftlichen minderjährigen Kinder, sowie die Mitteilung des gewöhnlichen Aufenthalts

---

[7] BT-Drucks. 16/6308, 227.
[8] BT-Drucks. 16/6308, 227.
[9] BT Drucks. 16/6308, 227.
[10] Stellungnahmen in der Anhörung des Rechtsausschusses am 13. 2. 2008, sowie *Münch* FamRB 2008, 251.
[11] *Rakete-Dombek* FPR 2009, 16,17.

> 2. Die Erklärung, ob die Ehegatten eine Regelung über die elterliche Sorge, den Umgang und die Unterhaltspflicht gegenüber den gemeinschaftlichen Kindern sowie die durch die Ehe begründete gesetzliche Unterhaltspflicht, die Rechtsverhältnisse an der Ehewohnung und am Hausrat getroffen haben.
>
> 3. Die Angaben, ob Familiensachen, an denen beide Ehegatten beteiligt sind, anderweitig anhängig sind.

10 Formfehler sind heilbar,[12] dennoch sind die Angaben in der Antragsschrift nicht reiner Selbstzweck. Die Angaben hinsichtlich der Namen und Geburtsdaten der gemeinschaftlichen Kinder dienen dem Erfordernis, das Jugendamt gem. § 17 Abs. 3 KJHG korrekt zu benachrichtigen, die Angabe des gewöhnlichen Aufenthalts soll ein frühzeitiges Erkennen von Problemen bei der örtlichen Zuständigkeit ermöglichen.[13]

11 Der Hinweis darauf, ob zwischen den Ehegatten eine Einigung über die elterliche Sorge, das Umgangsrecht, den Kindesunterhalt, den Ehegattenunterhalt sowie die Rechtsverhältnisse an Ehewohnung und Hausrat erzielt werden konnte, soll dem Gericht frühzeitig eine Übersicht geben, über welche Punkte Streit besteht und den Eheleuten gezielte Hinweise auf entsprechende Beratungsmöglichkeiten geben, um zu einer möglichst ausgewogenen Regelung im Kindesinteresse und im Interesse eines wirtschaftlich schwächeren Ehepartners beizutragen.[14] Es besteht jedoch keine Verpflichtung der Parteien das Gericht über den Inhalt einer Einigung zu informieren.

12 Die Angabe über die anderweitige Anhängigkeit von Familiensachen, an denen beide Ehegatten beteiligt sind, dient sowohl der etwaigen Überleitung der anderen anderweitigen Verfahren zur Herstellung des Verbundes als auch frühzeitiger Information über die bestehenden Streitpunkte.[15] Das Beifügen der Heiratsurkunde und der Geburtsurkunden der Kinder als Soll-Vorschrift dient dem Umstand, dass Fälle denkbar sind, in denen es unbillig sein kann, den Antragsteller mit der Beibringung der Urkunden zu belasten.[16]

13 Anders als bei § 630 Abs. 1 ZPO besteht keine Verknüpfung des Verfahrensrechts mit dem materiellen Scheidungsrecht mehr. Dies bedeutet, dass das Familiengericht die Scheidung aussprechen kann, wenn die Ehegatten seit mindestens einem Jahr getrennt leben und beide der Scheidung zustimmen. Weitere Feststellungen zum Scheitern der Ehe sind nicht mehr erforderlich.[17] Auch ein Vollstreckungstitel wie ihn § 630 Abs. 3 ZPO a. F. vorsah, ist nicht mehr vorzulegen.

---

[12] Vgl. BGH NJW 1984, 926.
[13] BT-Drucks. 16/6308, 228.
[14] BT-Drucks. 16/9733, 293.
[15] BT-Drucks. 16/6308, 228.
[16] BT-Drucks. 16/6308, 228.
[17] BT-Drucks. 16/9733, 229.

Es bleibt abzuwarten, wie sich diese neue Regelung auswirken wird. **14**
Es steht zu befürchten, dass die Scheidung „ultralight" Rechtsfolgen auslösen wird, die die Ehegatten weder überblicken noch darüber beraten wurden.[18]

Gem. § 133 Abs. 2 FamFG sollen der Antragsschrift die Heiratsurkunde **15**
und die Geburtsurkunden der gemeinschaftlichen minderjährigen Kinder beigefügt werden. Die Verpflichtung besteht allerdings nur dann, wenn die Urkunden dem Antragsteller auch zugänglich sind.[19]

5. Eingeschränkte Amtsermittlung

§ 127 Abs. 1 FamFG wiederholt das Amtsermittlungsprinzip aus § 26 **16**
FamFG, weil § 26 FamFG durch § 113 FamFG ausgeschlossen wird. § 127 Abs. 2 FamFG sieht eine Einschränkung des Amtsermittlungsprinzips für bestimmte Ehesachen vor. Dies entspricht der bisherigen Vorschrift des § 616 ZPO. Danach dürfen in Verfahren auf Scheidung oder Aufhebung der Ehe von den Beteiligten nicht vorgebrachte Tatsachen nur berücksichtigt werden, wenn sie der Aufrechterhaltung der Ehe dienen oder wenn der Antragsteller einer Berücksichtigung nicht widerspricht. Gem. § 127 Abs. 3 FamFG kann das Gericht außergewöhnliche Umstände nach § 1568 BGB nur berücksichtigen, wenn sie von dem Ehegatten, der die Scheidung ablehnt, vorgebracht worden sind.

6. Persönliche Anhörung der Ehegatten

§ 128 FamFG regelt die persönliche Anhörung der Ehegatten und ent- **17**
spricht im Wesentlichen dem Regelungsinhalt des bisherigen § 613 Abs. 1 Satz 1 erster HS ZPO.

Gem. § 128 Abs. 1 Satz 1 FamFG soll das Gericht das persönliche Erscheinen der Ehegatten anordnen und sie anhören. Gem. § 128 Abs. 1 Satz 2 FamFG ist die Anhörung der Ehegatten getrennt vorzunehmen, wenn dies zum Schutz des anzuhörenden Ehegatten oder aus anderen Gründen erforderlich ist. Diese Möglichkeit wurde aufgrund des Beschlusses des 6. Rechtsausschusses am 23. 6. 2008 in den Gesetzesentwurf auf Anregung des Bundesrats aufgenommen und beendet den bisherigen Streit, ob ein Ehegatte gegen den Willen des anderen Ehegatten getrennt angehört werden kann.[20]

§ 128 geht über § 613 ZPO insofern hinaus, als das Gericht nach § 128 Abs. 2 FamFG die Ehegatten nunmehr nicht nur zur elterlichen Sorge sondern auch zum Umgangsrecht anzuhören und auf bestehende Beratungsmöglichkeiten hinzuweisen hat.

---

[18] Siehe dazu *Münch* FamRB 2008, 251.
[19] BT-Drucks. 16/6308, 228.
[20] BT-Drucks. 16/9733, 292 und Zöller/*Philippi* ZPO § 128 Rdnr. 3.

II. Besondere Vorschriften für Scheidungssachen und Folgesachen

18   Die §§ 133–150 FamFG regeln im speziellen die Scheidungssachen sowie Folgesachen. Neben dem Inhalt der Antragsschrift, der Zustimmung zur Scheidung, der Zustimmung zur Rücknahme sowie dem Widerruf, werden die außergerichtliche Streitbeilegung über Folgesachen, die Aussetzung des Verfahrens, der Verbund von Scheidungs- und Folgesachen die Beiordnung des Rechtsanwalts, die Einbeziehung weiterer Beteiligter und dritter Personen, die Abtrennung bestimmter Folgesachen, die Rücknahme des Scheidungsantrag, die einheitliche Endentscheidung sowie die Abweisung des Scheidungsantrags, der Einspruch, der Verzicht auf Anschlussrechtsmittel, die Befristung von Rechtsmittelerweiterung und Anschlussrechtsmittel, die Zurückweisung, die erweiterte Aufhebung das Wirksamwerden von Entscheidungen in Folgesachen, die Erstreckung der Bewilligung von PKH, sowie die Kosten in Scheidungs- und Folgesachen geregelt.

1. Zustimmung zur Scheidung und Widerruf der Zustimmung

19   § 134 FamFG regelt, wann und in welcher Form die Zustimmung zur Ehescheidung und die Zustimmung zur Rücknahme des Ehescheidungsantrags erfolgen und wann und wann und in welcher Form die Zustimmung zur Scheidung widerrufen werden kann.

20   § 134 Abs. 1 Satz 1 Alt.1 FamFG entspricht dem bisherigen § 630 Abs. 2 Satz 2 ZPO, der bislang nur die einverständliche Scheidung betraf. Die 2. Alt. erweitert die Regelung auf die Zustimmung des Antragsgegners zu einer Antragsrücknahme des Antragstellers nach § 269 ZPO. Dieser kann künftig, und zwar auch wenn er nicht anwaltlich vertreten ist, noch nach Beginn der mündlichen Verhandlung der Antragsrücknahme zustimmen.

21   § 134 Abs. 2 FamFG betrifft den Widerruf der Zustimmung. Satz 1 entspricht dem bisherigen § 630 Abs. 2 ZPO. Der Widerruf der Zustimmung kann entweder bis zum Schluss der mündlichen Verhandlung oder zur Niederschrift der Geschäftsstelle erfolgen.

2. Kostengünstige Scheidung

22   Ursprünglich hatte der Gesetzgeber in dem Gesetzentwurf vor, durch die „Scheidung ohne Anwalt" die Möglichkeit der Kostenreduzierung für die Parteien im Falle einer Scheidung zu erweitern. Dies scheiterte an den vielfachen Widerständen der politischen Parteien und Verbände. Es besteht jedoch weiter Anlass zu der Befürchtung, dass auch künftig in einem falsch verstandenen Kosteninteresse der Parteien nur der Antragsteller anwaltlich vertreten sein wird. Selbstverständlich ist die Frage der Kosten sowohl für die Parteien als auch für die Länderhaushalte von erheblicher Bedeutung; die Fachkunde, Folgen und Auswirkungen der Zustimmung zum Ehescheidungsantrag zu überblicken, wird jedoch nur durch anwaltliche Vertretung gewährleistet und künftig von verstärkter Bedeutung sein, denn die bevorstehende Strukturreform zum Versorgungsausgleich sieht eine Stärkung der Parteiautonomie durch Abfindungsregelungen und weitere Antragsbefugnisse vor.[21]

3. Außergerichtliche Streitbeilegung über Folgesachen

§ 135 FamFG bestimmt die Anordnungs- und Hinweismöglichkeiten des   **23**
Gerichts zur außergerichtlichen Streitbeilegung. Eine entsprechende Regelung
gab es bisher nicht. Die Gerichte hatten nach § 278 Abs. 5 Satz 2 lediglich
die Möglichkeit, den Parteien eine außergerichtliche Streitbeilegung vorzuschlagen. Anordnen durften sie die Teilnahme an einem Informationsgespräch jedoch nur in den Verfahren zur elterlichen Sorge oder zum Umgang, allerdings war eine Durchsetzung mit Zwangsmitteln ausgeschlossen.

Auch die neue Regelung zwingt die Beteiligten nicht zu einem Beratungsge-   **24**
spräch. 135 Abs. 1 Satz 1 FamFG eröffnet in Scheidungssachen dem Familiengericht die Möglichkeit, die Ehegatten zunächst darauf zu verweisen, dass
einzeln oder gemeinsam an einem Informationsgespräch über Mediation oder
einer sonstigen Form außergerichtlicher Streitbeilegung anhängiger Folgesachen teilzunehmen und eine Bestätigung hierüber vorzulegen. Die Eröffnung
dieser Möglichkeit folgt der Überlegung, dass sich aus der persönlichen Beziehung der Beteiligten typischerweise ein besonderes Bedürfnis ergibt Möglichkeiten einverständlicher Konfliktlösungen auszuloten.[22] Voraussetzung ist,
dass die Wahrnehmung des Informationsgesprächs für die Ehegatten zumutbar ist. Dies wird in Fällen häuslicher Gewalt regelmäßig zu verneinen sein.[23]

Nach der Teilnahme an dem Informationsgespräch können die Ehegatten   **25**
frei entscheiden, ob sie eine Mediation in Anspruch nehmen wollen oder
nicht. Die Entscheidung darüber wird insbesondere durch die Frage beeinflusst sein, ob die Ehegatten in der Lage sind, eine Mediation zu finanzieren
und darüber hinaus imstande sind, sich auf eine Kostenteilung zu einigen.
Die Anordnung des Gerichts ist als Zwischenentscheidung nicht gesondert
anfechtbar, § 135 Abs. 1 Satz 2 FamFG. Zwar darf das Gericht die Eheleute
nicht zu einem Informationsgespräch oder einer Mediation zwingen, nach
§ 150 Abs. 4 Satz 2 FamFG kann sich die mangelnde Teilnahme jedoch auf
die von ihm zu tragenden Kosten auswirken.

Bislang kann Verfahrenskostenhilfe für eine gerichtliche angeordnete oder   **26**
angeregte Mediation nicht gewährt werden.[24] Das FGG-Reformgesetz hat
die Elemente einer gütlichen Streitbeilegung jedoch verstärkt und versucht
das Bewusstsein über die Möglichkeiten einer gütlichen Streitbeilegung bei
den Beteiligten zu erhöhen. Es würde dem Zweck der FGG-Reform zuwiderlaufen, wenn nicht auch finanziell hilfsbedürftige Personen auf die vom Gericht angeregte Beratung hin eine Mediation durchlaufen könnten.

---

[21] *Rakete-Dombek* FPR 2009, 16, 18.
[22] BT-Drucks. 16/6308, 229.
[23] BT-Drucks. 16/6308, 229.
[24] OLG Dresden FamRZ 2007, 489; a. A. AG Eilenburg FamRZ 2007, 1670.

§ 9 Verbund von Scheidungs- und Folgesachen

1   Das FGG-Reformgesetz hält in § 137 FamFG an dem Institut des Verbundes von Scheidungssachen und Folgesachen fest. Der Verbund soll dem Schutz des wirtschaftlich schwächeren Ehegatten dienen und übereilten Scheidungsentschlüssen entgegenwirken.[1] Die wichtigsten Scheidungsfolgen sollen daher mit der Scheidung geregelt werden. § 137 Abs. 1 Satz 1 FamFG erhält eine Legaldefinition des Begriffs Verbund. Danach ist über Scheidung und Folgesachen zusammen zu verhandeln und zu entscheiden.

1. Definition der Folgesache

2   § 137 Abs. 2 FamFG legt fest, welche Verfahren Folgesachen sein können.

Folgesachen sind nach § 137 Abs. 2 FamFG
Nr. 1   Versorgungsausgleichssachen
Nr. 2   Unterhaltssachen, sofern sie die Unterhaltspflicht gegenüber einem gemeinschaftlichen Kind oder die durch Ehe begründete gesetzliche Unterhaltspflicht betreffen mit Ausnahme des vereinfachten Verfahrens über den Unterhalt Minderjähriger
Nr. 3   Wohnungszuweisungssachen und Hausratssachen[2] und
Nr. 4   Güterrechtssachen

2. Rechtzeitiges Anhängigmachen der Folgesache

3   Weitere Voraussetzung für eine Folgesache ist, dass eine Entscheidung für den Fall der Scheidung zu treffen ist und dass die Familiensache zwei Wochen vor der mündlichen Verhandlung des ersten Rechtszuges in der Scheidungssache anhängig gemacht wird.[3] Die Einhaltung der Frist von zwei Wochen soll möglichen Verzögerungstaktiken Einhalt gebieten, auf der anderen Seite entsteht ein Problem, da die Ladungsfrist für Ehesachen gem. § 113 Abs. 1 Satz 2 FamFG in Verbindung mit § 217 ZPO mindestens eine Woche beträgt. Es ist für die Beteiligten nicht möglich, die Zwei-Wochen-Frist des § 137 Abs. 2 Satz 1 FamFG einzuhalten, wenn das Gericht innerhalb der Zwei-Wochen-Frist zu einem Termin zur mündlichen Verhandlung lädt. Die

---

[1] BT-Drucks. 16/6308, 229, siehe auch OLG Stuttgart FamRZ 2005, 121

[2] Nach dem Regierungsentwurf für ein Gesetz zur Änderung des Zugewinnausgleichs- und Vormundschaftsrechts (BR-Drucks 635/08) werden die Begriffe „Wohnungszuweisungssache" und „Hausratssache" durch die Begriffe „Ehewohnungssache" und „Haushaltssache" ersetzt.

[3] BT-Drucks. 16/6308, 374.

Beteiligten müssen sich zur Wahrung der Zwei-Wochen-Frist darauf einstellen können, wann die mündliche Verhandlung stattfindet. In diesem Zusammenhang gewinnt § 32 Abs. 2 FamFG eine besondere Bedeutung, der festlegt, dass zwischen Ladung und Termin eine „angemessene" Frist liegen und weit ausgelegt werden sollte, um das Recht der Beteiligten, Scheidungsfolgesachen im Verbund anhängig zu machen, nicht von vorneherein zu blockieren.

Für die Durchführung des öffentlich-rechtlichen Versorgungsausgleichs bedarf es gem. § 137 Abs. 2 Satz 2 FamFG keines Antrags.[4]

3. Kindschaftssachen im Verbund

Die Einbeziehung einer Kindschaftssache in den Verbund erfolgt nach   **4** neuem Recht nur, wenn eine Ehegatte dies vor Schluss der mündlichen Verhandlung im ersten Rechtszug in der Scheidungssache beantragt und Gründe des Kindeswohls nicht gegen eine Einbeziehung sprechen.[5] Kindschaftssachen sollen daher künftig nicht mehr kraft Gesetzes in den Verbund aufgenommen werden, auch wenn sie gleichzeitig mit der Scheidungssache anhängig sind. Der Gesetzgeber sah keine Berechtigung für die Einbeziehung von Kindschaftssachen in den Scheidungsverbund kraft Gesetzes.[6]

Praxistipp:
Nach § 137 Abs. 3 FamFG gilt die 2-Wochen-Frist nicht für Kindschaftssachen, da diese noch bis zum Schluss der ersten mündlichen Verhandlung in der Ehescheidungssache in den Verbund eingebracht werden können.

4. Abtrennung

§ 140 FamFG regelt die bislang an verschiedenen Stellen geregelten Mög- **5** lichkeiten der Abtrennung einer Folgesache und gestaltet sie weitgehend einheitlich aus. § 140 Abs. 1 FamG sieht die Abtrennung einer Unterhaltsfolgesache oder Güterrechtsfolgesache vor, wenn außer den Ehegatten eine weitere Person Beteiligte des Verfahrens i. S. v. § 7 FamFG geworden ist. § 140 Abs. 2 FamFG enthält die grundsätzliche Befugnis des Gerichts, Folgesachen abzutrennen. Es handelt sich um eine Kann-Bestimmung unter den Voraussetzung des Katalogs aus § 140 Abs. 2 Satz 2 Nr. 1–5 FamFG.

5. Erleichterte Abtrennung der Folgesache Versorgungsausgleich

§ 140 Abs. 2 Nr. 4 FamFG enthält erstmals eine erleichterte Abtrennungs- **6** möglichkeit der Folgesache Versorgungsausgleich. Voraussetzung ist zunächst, dass die Ehegatten in der Versorgungsausgleichssache in der erforder-

---

[4] Nach dem Regierungsentwurf für ein Gesetz zur Strukturreform des Versorgungsausgleichs (BT-Drucks 16/10 144) wird der Verweis auf die in § 137 Abs. 2 Satz 2 FamFG genannten materiell-rechtlichen Vorschriften angepasst.

[5] BT-Drucks. 16/6308, 230.

[6] BT-Drucks. 63/1608, 230.

lichen Weise mitgewirkt haben und übereinstimmend die **Abtrennung** beantragen.[7] Zusätzlich muss eine Frist von **drei Monaten** seit Rechtshängigkeit des Scheidungsverfahrens vergangen sein. Falls der Scheidungsantrag verfrüht gestellt wird, beginnt die Frist nach Maßgabe von Abs 2 Nr. 4 erst mit Ablauf des Trennungsjahres. Die Frist von drei Monaten ermöglicht die Einholung der erforderlichen Einkünfte im Versorgungsausgleich, insbesondere die Klärung des Versicherungskontos der Ehegatten.

☞ **Praxistipp:**

Bei normalem Ablauf des Verfahrens kann nach drei Monaten eine noch offene Versorgungsausgleichsfolgesache abgetrennt und die Scheidung selbst dadurch entscheidungsreif werden.

6. Andere Abtrennungsgründe

7 § 140 Abs. 2 Nr. 5 FamFG nimmt den bisherigen Grund der Verzögerung als unzumutbarer Härte des § 628 Satz 1 Nr. 4 ZPO auf. Die Verzögerung muss dabei nicht durch die Erledigung der Folgesache bedingt sein, es reicht wenn das Kriterium der unzumutbaren Härte durch andere Verzögerungsgründe erfüllt ist, wie etwa bei einer Überlastung der Gerichts.[8] Erstmals ist ein Antragserfordernis vorgesehen, wodurch eine Abtrennung von Amts wegen ausgeschlossen ist. Die weiteren Kriterien, namentlich dass ein weiterer Aufschub unter Berücksichtigung der Bedeutung der Folgesache eine unzumutbare Härte darstellen würde, sind zu verstehen wie bislang in § 628 Abs. 1 Satz 4 ZPO. Für die Ermittlung der Verfahrensdauer ergibt sich gegenüber dem bisherigen Rechtszustand eine Veränderung durch die Vorschrift des § 140 Abs. 4 FamFG.

8 § 140 Abs. 3 FamFG enthält die aus dem bisherigen § 623 Abs. 2 Satz 3 ZPO bekannte Möglichkeit, im Fall der Abtrennung einer Kindschaftsfolgesache (§ 140 Abs. 2 Nr. 3 FamFG) auch eine Unterhaltsfolgesache abzutrennen. Allerdings wird für diese Möglichkeit der erweiterten Abtrennung das Kriterium des Zusammenhangs der Unterhaltsfolgesache mit der Kindschaftsfolge eingeführt, um eine Abtrennung von Unterhaltsfolgesachen, welche nicht durch den Zweck der Vorschrift gedeckt sind, zu vermeiden. Die Entscheidung in der Kindschaftsfolgesache muss sich auf die konkrete Unterhaltsfolgesache auswirken.[9] Die Folgen der Abtrennung ergeben sich aus § 137 Abs. 5 FamFG, wobei für die Unterhaltsfolgesache dessen Satz 1 und für die Kindschaftssache dessen Satz 2 maßgeblich ist.

7. Außerachtlassen des Zeitraums des Trennungsjahrs

9 Mit einer verfrühten Einreichung des Scheidungsantrags wird nicht selten die Vorverlagerung des für den Versorgungsausgleich und den Zugewinnaus-

---

[7] BT-Drucks. 63/1608, 231.
[8] BT-Drucks. 16/6308, 231.
[9] BT-Drucks. 16/6308, 231.

gleich maßgeblichen Berechnungsstichtags zum Nachteil des ausgleichsberechtigten anderen Ehegatten bezweckt. Wird der Scheidungsantrag eingereicht, ohne dass die Voraussetzungen für eine Ehescheidung vorliegen, soll der Zeitraum, um den der Antrag zu früh eingereicht wurde, nicht zur Begründung einer verfahrensrechtlichen Privilegierung oder der Voraussetzungen einer Abtrennung wegen unzumutbarer Härte herangezogen werden können. Satz 2 sieht eine Ausnahme von Satz 1 in den Fällen vor, in denen die Voraussetzungen einer Härtscheidung vorliegen.

§ 140 Abs. 6 FamFG ordnet an, dass die Entscheidung über die Abtren   **10** nung in einem gesonderten Beschluss erfolgt, Sie kann also nicht mehr als Teil der Endentscheidung, mit der die Scheidung ausgesprochen wird, ergehen. Aufgrund seiner Eigenschaft als Zwischenentscheidung, ist dieser Beschluss nicht selbstständig anfechtbar.

§ 10 Kindschaftssachen

1   Die Kindschaftssachen sind nunmehr in den §§ 151–168a FamFG geregelt. § 151 FamFG fasst die bisher in § 621e Abs. 1 Nr. 1 bis 3 ZPO und teilweise in § 621 Abs. 1 Nr. 12 ZPO genannten Familiensachen sowie weitere bislang überwiegend dem Vormundschaftsgericht zugewiesene Gegenstände unter einer neuen einheitlichen Bezeichnung zusammen. Die Kindschaftssachen alten Rechts heißen nunmehr Abstammungssachen und sind in den §§ 169 ff. FamFG geregelt.

I. Definition der Kindschaftssachen

2   Kindschaftssachen sind allein die in § 151 FamFG geregelten Gegenstände.

Dies sind nach § 151 FamFG:

Nr. 1   die elterliche Sorge
Nr. 2   das Umgangsrecht
Nr. 3   die Kindesherausgabe
Nr. 4   die Vormundschaft
Nr. 5   die Pflegschaft oder die gerichtliche Bestellung eines sonstigen Vertreters für einen Minderjährigen oder eine Leibesfrucht
Nr. 6   die Genehmigung der freiheitsentziehenden Unterbringung eines Minderjährigen (§§ 1631b, 1800, 1915 BGB)
Nr. 7   die Anordnung der freiheitsentziehenden Unterbringung eines Minderjährigen nach den Landesgesetzen über die Unterbringung psychisch Kranker
Nr. 8   die Aufgaben nach dem JGG

---

3   Neu nach dem FamFG ist insbesondere die Abschaffung des Vormundschaftsgerichts. Die bisherigen vormundschaftsgerichtlichen Zuständigkeiten aus dem Bereich Betreuung und Unterbringung werden in Zukunft vom neuen Betreuungsgericht gem. § 23c Abs. 1 GVG wahrgenommen. Die danach noch für ein Vormundschaftsgericht verbleibenden Aufgaben sind mit denen, welche das Familiengericht schon bislang hatte, weitgehend vergleichbar (Hauptfall: Genehmigungstatbestände des Vormundschaftsrechts, die nach § 1643 BGB zu einem erheblichen Teil schon bislang durch das Familiengericht anzuwenden waren).[1] Die Einrichtung einer Vormundschaft ist im übrigen häufig die Folge einer familiengerichtlichen Entscheidung zu elterlicher Sorge. Dieser enge Sachzusammenhang war für den Gesetzgeber Grund, den Dualismus zwischen Vormundschaftsgericht und Familiengericht aufzugeben

---

[1] *Kemper* Abschnitt 3 S. 150.

und die beiden Gerichte im „großen" Familiengericht zusammenzufassen und damit die Problematik der Zuständigkeitsabgrenzung zwischen Familiengericht und Vormundschaftsgericht zu beenden.

Gesetzgeberisch sind die Vorschriften der §§ 151–168a FamFG über die **4** Kindschaftssachen aus dem FGG-Reformgesetz bereits vorgezogen worden in dem Gesetz zur Erleichterung familiengerichtlicher Maßnahmen bei Gefährdung des Kindeswohls, das bereits am 12. 7. 2008 in Kraft getreten ist.[2]

1. Kindschaftssachen als reine fG-Familiensachen

Die Kindschaftssachen sind reine fG-Familiensachen. Auf sie findet grund- **5** sätzlich das FamFG AT Anwendung. Es gilt der nunmehr in § 27 FamFG normierte Amtsermittlungsgrundsatz.

2. Örtliche Zuständigkeit und Abgabe

§ 152 FamFG regelt die örtliche Zuständigkeit in Kindschaftssachen, die **6** sich auf drei Anknüpfungspunkte beschränkt: Anhängigkeit der Ehesache, gewöhnlicher Aufenthalt des Kindes und Fürsorgebedürfnis.[3] Der für die Feststellung der örtlichen Zuständigkeit maßgebliche Zeitpunkt bestimmt sich danach, wann das Gericht mit der Sache befasst wurde.

Im Antragsverfahren ist dies der Fall, wenn ein Antrag mit dem Ziel der **7** Erledigung beim Familiengericht eingeht, im Amtsverfahren ist ein Gericht mit einer Sache befasst, wenn es amtlich von Tatsachen Kenntnis erlangt, die Anlass zu gerichtlichen Maßnahmen sein können.[4]

a) Zuständigkeitskonzentration beim Gericht der Ehesache

§ 152 Abs. 1 FamFG setzt die Zuständigkeitskonzentration beim Gericht **8** der Ehesache um, da die alle Kindschaftssachen umfasst, die gemeinschaftliche Kinder der Ehegatten betreffen. Während eine Ehesache anhängig ist, ist das Familiengericht ausschließlich zuständig bei dem die Ehesache im ersten Rechtszug anhängig ist oder war, sofern die Sache gemeinschaftliche Kinder betrifft.[5]

b) Gericht des gewöhnlichen Aufenthalts

Ist eine Zuständigkeit nach § 152 Abs. 1 FamFG nicht gegeben, ist nach **9** § 152 Abs. 2 FamFG dasjenige Gericht zuständig, in dessen Bezirk das Kind seinen gewöhnlichen Aufenthalt hat.[6] Ist auch nach § 152 Abs. 3 FamFG keine Zuständigkeit gegeben, ist das Gericht zuständig, in dessen Bezirk das

---

[2] BGBl 2008 I, 1188 und dazu *Meysen* NJW 2008, 2673, 2674.
[3] BT-Drucks 16/6308, 234.
[4] BT-Drucks 16/6308, 234.
[5] BT-Drucks. 16/6308, 235.
[6] Die Vorschrift stellt ausdrücklich nicht auf einen Wohnsitz ab.

Bedürfnis der Fürsorge hervortritt. Die Zuständigkeit ist aufgrund dieses Kriteriums zu bestimmen, wenn sich der Aufenthalt des Kindes noch nicht zu einem gewöhnlichen Aufenthalt verdichtet hat, wenn ein solcher nicht feststellbar ist oder im Ausland liegt.[7] Auch für die in §§ 1693, 1846 BGB, Art. 24 Abs. 3 EGBGB genannten Maßnahmen ist das Gericht zuständig, in dessen Bezirk das Fürsorgebedürfnis bekannt wird.

c) Abgabe an das Gericht der Ehesache

10 § 153 Abs 1 FamFG regelt die Abgabe an das Gericht der Ehesache. Wird eine Ehesache rechtshängig, während eine Kindschaftssache, die ein gemeinschaftliches Kind der Ehegatten betrifft, bei einem anderen Gericht im ersten Rechtszug anhängig, ist dieses von Amts wegen an das Gericht der Ehesache abzugeben. Hier ist in Zukunft darauf zu achten, dass § 153 FamFG aufgrund des wesentlich weiteren Begriffs der Kindschaftssache einen viel weiteren Anwendungsbereich hat als § 621 Abs. 3 ZPO.

3. Verweisung bei einseitiger Änderung des Aufenthalts des Kindes

11 § 154 FamFG beendet einen Zustand, der von betroffenen Eltern in vielen Verfahren als unerträglich empfunden wurde, indem er die Verweisung bei einseitiger Änderung des Aufenthalts des Kindes regelt. Eine entsprechende Vorschrift war im FGG bislang nicht vorhanden. Der Gesetzgeber reagiert damit auf die häufig zu beobachtende Praxis, dass in Konfliktsituationen, die zur Trennung und zum Auszug eines Elternteils führen, beide Partner zu einseitigen Handlungsweisen zum Nachteil des anderen Partners neigen.[8] Der Wegzug mit dem Kind ohne Zustimmung des anderen Elternteils steht im Zentrum von § 154 FamFG.[9]

12 Sofern der nicht angekündigte Wegzug nicht im Ausnahmefall – etwa wegen Gewalt oder Drohungen gegen den Ehegatten – gerechtfertigt ist, soll diese Maßnahme dem betreuenden Elternteil nicht auch noch den Vorteil des ortsnahen Gerichts verschaffen, wie dies in der Vergangenheit mit einem überraschend durchgeführten Wegzug mit dem Kind und durch die Einreichung eines vorher vorbereiteten Antrags der Fall war. Diese einseitige Vorgehensweise, die die bisherigen sozialen Bindungen des Kindes nicht berücksichtigt und dem Kindeswohl abträglich ist, wird mit der neuen Vorschrift zumindest erschwert.[10]

☞ **Praxistipp:**
Die Verweisungsmöglichkeit besteht nur, wenn dem anderen Elternteil das Recht der Aufenthaltsbestimmung zusteht oder die Änderung des Aufenthaltsorts zum Schutz des Kindes oder des betreuenden Elternteils erforderlich war.

---

[7] BT-Drucks. 16/6308, 235.
[8] BT-Drucks. 16/6308, 235.
[9] Siehe zu dieser Problematik *Jaeger* FPR 2006, 410, 411.
[10] BT-Drucks. 16/6308, 235.

4. Vorrang- und Beschleunigungsgebot

Eines der Hauptziele ist es, die konfliktvermeidenden und konfliktlösen- **13**
den Elemente im familiengerichtlichen Verfahren zu stärken. In Verfahren,
die den Aufenthalt des Kindes, das Umgangsrecht oder die Herausgabe des
Kindes betreffen, soll dies zukünftig durch einen ausdrücklich normierten
Vorrang in der gerichtlichen Bearbeitung und eine Zeitvorgabe über einen
beschleunigt anzuberaumenden Erörterungstermin gefördert werden.

Das Gericht hat einen Termin zur Erörterung mit den Beteiligten anzuord- **14**
nen, der spätestens einen Monat nach Beginn des Verfahrens stattfinden soll.
In der Gesetzesbegründung heißt es, dass das Beschleunigungsgebot nicht
schematisch gehandhabt werden soll, da im Einzelfall auch ein Zuwarten mit
dem Verfahrensabschluss oder ein weiterer zeitaufwändiger zusätzlicher Ver-
fahrensschritt erforderlich oder sinnvoll sein kann.[11] Die bevorzugte Erledigung der genannten Kindschaftssachen hat nach Ansicht des Gesetzgebers im
Notfall auch auf Kosten anderer anhängiger Sachen zu erfolgen, da das Vor-
rangsgebot in jeder Lage des Verfahrens gilt.[12]

Das Vorranggebot ist bei der Anberaumung von Terminen zu beachten **15**
und findet seinen Ausdruck auch in der Einführung eines Zwangs für das
Gericht, einem Sachverständigen im Falle der Anordnung einer schriftlichen
Begutachtung eine Frist für die Einreichung des Gutachtens zu setzen.

5. Terminsverlegung nur aus zwingenden Gründen

Gem. § 155 Abs. 2 Satz 4 FamFG sieht vor, dass eine Verlegung des Ter- **16**
mins nur aus zwingenden Gründen zulässig sein soll. Als zwingende Gründe
sind nur solche anerkannt, die eine Teilnahme am Termin tatsächlich unmöglich machen, wie z.B. Krankheit. Kein ausreichender Grund soll nach Ansicht des Gesetzgebers eine bloße Terminskollision für einen Beteiligtenvertreter sein, sofern es sich nicht ebenfalls um eine der in § 155 Abs. 1 FamFG
aufgeführten Angelegenheiten handelt, der Beteiligtenvertreter habe vielmehr
in der anderen Sache einen Verlegungsantrag zu stellen, dem das Gericht wegen des Vorrangs der Kindschaftssache stattzugeben hat.[13]

Es ist mehr als zweifelhaft, ob diese Regelung in irgendeiner Form prakti- **17**
kabel sein wird. Gerichte, die für Kindschaftssachen nicht zuständig sind
oder für die beispielsweise eine andere Verfahrensordnung gilt, können
durch die Regelung letztlich nicht gebunden sein, denn § 155 FamFG ordnet
nicht die Bindung anderer Gerichte an das Beschleunigungs- und Vorranggebot an.

Dies ist für den Verfahrensbevollmächtigten eine unangenehme Situation, **18**
denn im Zweifel wird er sich in der Situation befinden, zwei Terminsverle-
gungsanträge zu stellen, denn weder dem Beteiligten in der Kindschaftssache

---

[11] BT-Drucks. 16/6308, 235, 236.
[12] BT-Drucks. 16/6308, 235.
[13] BT-Drucks. 16/6308, 236.

noch dem Mandanten in dem anderen Verfahren ist zuzumuten, den Termin ohne den eigenen Vertreter, zu dem in der Regel ein besonderes Vertrauensverhältnis besteht, wahrzunehmen.

19 § 155 Abs. 2 Satz 1 FamFG begründet die Verpflichtung des Gerichts, die Sache mit dem Beteiligten mündlich in einem Termin zu erörtern. Dieser Termin soll nach § 155 Abs. 2 Satz 2 FamFG einen Monat nach Beginn des Verfahrens stattfinden. Es handelt sich um eine grundsätzlich verpflichtende Zeitvorgabe für das Gericht, die nur in Ausnahmefällen überschritten werden darf. Ein Ausnahmefall kann sowohl in der Sphäre des Gerichts als auch in der Sache selbst begründet sein.[14] Mit einer schnellen Terminierung soll ein Eskalieren des Elternkonflikts vermieden werden.[15]

☞ **Praxistipp:**

Entscheidet das Gericht ausnahmsweise ohne mündliche Verhandlung, erhält der Rechtsanwalt gleichwohl eine Terminsgebühr in analoger Anwendung von Nr. 3104 Anm. Abs. 1 Nr. 1 VV RVG[16].

6. Verpflichtung zur Anhörung des Jugendamts

20 Die Verpflichtung zur Anhörung des Jugendamts im Termin nach § 155 Abs. 2 Satz 3 FamFG setzt voraus, dass das Jugendamt organisatorische Vorkehrungen trifft, die es ermöglichen, dass ein Sachbearbeiter am Termin teilnehmen kann. Auch das Jugendamt wird zumindest in Anfangsphase nach Inkrafttreten des Gesetzes vermutlich Schwierigkeiten haben die Teilnahme an den Anhörungen sicherzustellen.

21 Eine mündliche Stellungnahme des Jugendamts hat den Vorteil, dass der Jugendamtsvertreter sich zum aktuellen Sachstand äußern kann, so wie er sich im Termin darstellt.[17] Zudem wird der Zeitverlust durch Erstellung einer schriftlichen Stellungnahme vermieden und die Eltern fühlen sich nicht durch einen schriftlichen Bericht in schlechtes Licht gesetzt und benachteiligt und entfernen sich als Reaktion noch weiter von der Übernahme gemeinsamer Elternverantwortung.[18]

7. Hinwirken auf Einvernehmen

22 Nach § 156 FamFG soll das Gericht in Kindschaftssachen auf ein Einvernehmen hinwirken. Dies entspricht im Wesentlichen dem bisherigen § 52 Abs. 1 Satz 1 und 2 FGG.

---

[14] BT-Drucks. 16/6308, 235.
[15] *Meysen* NJW 2008, 2673, 2676.
[16] OLG Schleswig v. 30. 3. 2007 – 14 WF 41/07 – a. A. OLG Köln v. 24. 4. 2008 – 21 WF 103/08
[17] BT-Drucks. 16/6308, 236.
[18] BT-Drucks. 16/6308, 236.

Die Soll-Verpflichtung des Gerichts bezieht sich auf Kindschaftssachen, die

- die elterliche Sorge bei Trennung und Scheidung
- den Aufenthalt des Kindes
- das Umgangsrecht
- die Herausgabe des Kindes

zum Gegenstand haben.

Die Ausgestaltung als Soll-Vorschrift macht klar, dass ein Hinwirken auf ein Einvernehmen nicht in den Fällen in Betracht kommt, in denen dies dem Kindeswohl widersprechen würde. Dies ist etwa bei häuslicher Gewalt denkbar.

Satz 3 sieht einen ausdrücklichen Hinweis auf die Möglichkeit der Mediation oder der sonstigen außergerichtlichen Streitbeilegung vor. **23**

Satz 4 gibt dem Familiengericht die verbindliche Kompetenz, die Eltern zur Teilnahme an einer Beratung durch die Beratungsstellen und -dienste der Träger der Jugendhilfe zu verpflichten.[19] Das Gericht kann auf diese Weise reagieren, wenn es den Eltern im Termin nicht gelingt, Einvernehmen über die Regelung der sorge- und umgangsrechtlichen Fragen zu erreichen, wobei das Gericht vor Erlass dieser Anordnung dem Jugendamt Gelegenheit zur Stellungnahme geben soll. **24**

In der Anordnung soll das Gericht im Einvernehmen mit dem Jugendamt festlegen, bei welcher Beratungsstelle und binnen welcher Frist sich die Eltern beraten lassen sollen. Die Verpflichtung zur Beratung darf jedoch nicht zu einer Verzögerung des Verfahrens führen.[20] Die Anordnung ist **nicht isoliert anfechtbar**, aber auch nicht mit Zwangsmitteln durchsetzbar, § 156 Abs 1 Satz 5 FamFG.[21]

§ 156 Abs. 1 Satz 3 FamFG sieht die Möglichkeit vor, dass das Familiengericht in geeigneten Fällen auf die Möglichkeit der Mediation oder die sonstigen außergerichtlichen Streitbeilegungsmöglichkeiten hinweist. Auch an dieser Stelle ergibt sich wiederum die Problematik, dass die Rechtsprechung bislang keine Verfahrenskostenhilfe für gerichtliche angeordnete oder angeregte Mediation gewährt.[22] **25**

8. Gesetzliche Definition des gerichtlich gebilligten Vergleichs

§ 156 Abs. 2 FamFG regelt die einvernehmliche Regelung in Umgangsverfahren sowie Herausgabeverfahren. Eine von den Parteien erzielte und vom Gericht gebilligte einvernehmliche Regelung stellt einen gerichtlichen Ver- **26**

---

[19] Dies entspricht auch der Empfehlung des Arbeitskreises 10 des 16. Deutschen Familiengerichtstags, siehe FamRZ 2005, 1962, 1964.

[20] BT-Drucks. 16/6308, 237.

[21] Die Weigerung an der Beratung teilzunehmen, kann jedoch Kostennachteile nach sich ziehen, denn das Familiengericht hat nach § 81 Abs. 2 Nr. 5 FamFG die Möglichkeit Beteiligten, die einer richterlichen Anordnung zur Teilnahme an einer Beratung nicht nachkommen, die Kosten des Verfahrens ganz oder teilweise einem Beteiligten aufzuerlegen.

[22] Siehe OLG Dresden FamRZ 2007, 489.

gleich dar, der wie eine gerichtliche Entscheidung Vollstreckungstitel i. S. v. § 86 Abs. 1 Nr. 2 FamFG ist. Nach Ansicht des Gesetzgebers erstreckt sich die Vorschrift auf alle formell am Verfahren Beteiligten in der Weise, dass es auch einer Zustimmung des Kindes und des ggf. des Jugendamts oder des Verfahrensbeistands bedürfe.[23]

27   Das Gericht billigt die Umgangs- bzw. Herausgaberegelung, wenn die Vereinbarung der Beteiligten dem Kindeswohl nicht widerspricht. Kommt es nicht zu einer einvernehmlichen Einigung im Termin oder wird eine Begutachtung nach § 156 Abs. 1 Satz 1 oder eine Begutachtung nach § 163 Abs. 1, 2 FamFG angeordnet, so hat das Gericht gem. § 156 Abs. 3 FamFG den Erlass einer einstweiligen Anordnung zu erörtern.

☞ **Praxistipp:**

Nach §§ 49, 51 FamFG kann das Familiengericht anders als nach den §§ 620 ff ZPO, 621 g ZPO die einstweilige Anordnung von Amts wegen erlassen, sofern das Verfahren von Amts wegen eingeleitet werden kann. Ein Antrag eines Beteiligten auf Erlass einer einstweiligen Anordnung ist nur dann erforderlich, wenn verfahrenseinleitende Anträge zu stellen sind (z. B. §§ 1632 Abs. 3, 1671 BGB), nicht aber in Verfahren, die von Amts wegen eingeleitet und betrieben werden können. Für Fälle von Kindeswohlgefährdung gilt § 157 FamFG.

9. Vorgehen bei Kindeswohlgefährdung

28   § 157 regelt die Erörterung der Kindeswohlgefährdung. Nach dieser hat das Gericht zunächst mit den Eltern, dem Jugendamt und in geeigneten Fällen auch mit dem Kind zu erörtern, wie eine mögliche Kindeswohlgefährdung, insbesondere durch öffentliche Hilfen, abgewendet werden kann.

29   Die Regelung stellt lediglich auf eine mögliche Kindeswohlgefährdung ab, weil das Jugendamt bereits dann verpflichtet ist das Familiengericht anzurufen, wenn die Eltern bei der Abschätzung des Gefährdungsrisikos i. S. v. § 8 a Abs. 3 Satz 1 KJHG nicht mitwirken, eine Gefährdung mithin noch nicht sicher feststeht. Das Gespräch kann bereits unterhalb der Schwelle der Kindeswohlgefährdung stattfinden.[24] Das Gericht hat ebenfalls zu erörtern, welche Folge die Nichtannahme notwendiger Hilfen haben kann. Die Erörterung der möglichen Kindeswohlgefährdung soll dazu beitragen, die Eltern noch stärker als bisher in die Pflicht zu nehmen.

30   Das Gericht soll das Jugendamt zu dem Termin gem. § 157 Abs. 1 Satz 2 FamFG laden und das persönliche Erscheinen der Eltern anordnen, § 157 Abs. 2 FamFG. Ausnahmsweise wird das Gericht die Erörterung in Abwesenheit eines Elternteils durchführen, wenn dies zum Schutz eines Beteiligten oder aus anderen Gründen erforderlich ist. Gem. § 157 Abs. 3 FamFG hat das Familiengericht in den Verfahren der §§ 1666 und 1666 a BGB unverzüglich den Erlass einer einstweiligen Anordnung zu prüfen.

---

[23] BT-Drucks: 16/6308, 237.
[24] BT-Drucks. 16/6308, 237.

II. Verfahrensbeistand gem. § 158 FamFG

Die erst mit dem Kindschaftsrechtsreformgesetz 1998 eingeführte Institu-   **31** tion der Verfahrenspflegschaft hat sich in den vergangenen 10 Jahren im familiengerichtlichen Verfahren etabliert.[25] Die kontinuierliche Zunahme von Verfahrenspflegerbestellungen der letzten Jahre hat gezeigt, dass sich die Verfahrenspflegschaft mittlerweile als wirksames Mittel zur Wahrnehmung der Beteiligungs- und Mitwirkungsrechte von Kindern und Jugendlichen im familiengerichtlichen Verfahren bewährt hat.[26] Der grundsätzlich positive Eindruck wird dadurch getrübt, dass sich in der Praxis relativ schnell verschiedene Problemfelder herauskristallisiert haben, die immer wieder Anlass zu Streit geben, wie z.B. in welchen Fällen die Bestellung eines Verfahrenspflegers für das Kind typischerweise angezeigt ist und ob die Ablehnung der Bestellung eines Verfahrenspflegers einer isolierten Überprüfung durch das Rechtsmittelgericht zugänglich ist. Die insgesamt im Rahmen der Kindschaftsrechtsreform nur als lieblos zu bezeichnende Formgebung der Verfahrenspflegschaft ist immer wieder und berechtigt kritisiert worden, denn das Fehlen von klaren Vorgaben hat nicht zu großen Unsicherheiten bei der Bestimmung von Aufgaben und Befugnissen des Verfahrenspflegers geführt, sondern ist auch Ursache der zahlreichen unproduktiven Streitigkeiten über die Frage, ob eine bestimmte Aufgabe noch vom Aufgabenkreis des Verfahrenspflegers umfasst wird oder nicht.[27] Aus der Sicht der Verfahrenspfleger war dies bislang besonders deshalb unerfreulich, weil sich dies häufig erst im Vergütungsverfahren herausstellte mit der unvermeidbaren Folge von Honorarkürzungen.[28]

Das FamFG bringt eine umfassende Überarbeitung des Rechts der Verfah-   **32** renspflegschaft. Zunächst fällt auf, dass sich die Bezeichnung verändert. Der Verfahrenspfleger wird zum Verfahrensbeistand. Der Begriff des Verfahrensbeistands soll dabei die Aufgabe und Funktion des „Anwalts des Kindes" deutlicher zum Ausdruck bringen als der Begriff des Verfahrenspflegers.[29] Die Bezeichnung Verfahrenspfleger bleibt in Zukunft ausschließlich Betreuungs- und Unterbringungssachen vorbehalten.

Die Vorschrift des § 158 FamFG verfolgt das Ziel, wesentliche Streit- und   **33** Zweifelsfragen aus dem Bereich des bisherigen § 50 FGG einer gesetzlichen Klärung zuzuführen. Gem. § 158 Abs. 1 FamFG hat das Gericht dem minderjährigen Kind in Kindschaftssachen, die seine Person betreffen, einen geeigneten Verfahrensbeistand zu bestellen. Die Fälle der Regelbestellung sind gegenüber der alten Regelung in § 50 FGG um zwei Konstellationen erweitert worden.

---

[25] *Menne* FPR 2006, 44 f.
[26] *Proksch*, Rechtstatsächliche Untersuchung zur Reform des Kindschaftsrechts, 2002, S. 130, 248, sowie die Zahlenangaben bei *Salgo* KindPrax 2005, 23.
[27] Siehe dazu *Willutzki* KindPrax 2005, 195, 199 und *Menne* FamRZ 2005, 1035.
[28] *Stötzel/Fegert* KindPrax 2005, 53, 58.
[29] BT-Drucks. 16/6308, 238.

1. Fälle der Regelbestellung

Die Bestellung eines Verfahrensbeistands ist in der Regel erforderlich, wenn

Nr. 1   das Interesse des Kindes zu einem seiner gesetzlichen Vertreter in erheblichem Gegensatz steht;

Nr. 2   in Verfahren nach den §§ 1666 und 1666a BGB, wenn die teilweise oder vollständige Entziehung der elterlichen Sorge in Betracht kommt;

Nr. 3   wenn eine Trennung des Kindes von der Person erfolgen soll, in deren Obhut es sich befindet;

Nr. 4   in Verfahren, die die Herausgabe des Kindes oder eine Verbleibensanordnung zum Gegenstand haben oder

Nr. 5   wenn der Ausschluss oder eine wesentliche Beschränkung des Umgangsrechts in Betracht kommt.

Der Tatbestand der Nr. 4 ist weiter gefasst als bislang die entsprechende Fallgruppe in § 50 Abs. 2 Nr. 2 FamFG. Dies liegt insbesondere daran, dass keine Beschränkung auf §§ 1666, 1666a BGB erfolgt. Maßgeblich ist dabei die Erwägung, dass es für die Auswirkungen einer entsprechenden Maßnahme ohne Bedeutung ist, auf welcher Rechtsgrundlage sie erfolgt.[30]

2. Absehen von Bestellung eines Verfahrensbeistands

34   Soll trotz Vorliegens eines Regelbeispiels von einer Bestellung abgesehen werden, bedarf dies besonderer Gründe, die das Gericht im Einzelnen darzulegen hat.[31] Denkbar ist dies bei Entscheidungen von geringer Tragweite, die sich auf die Rechtspositionen der Beteiligten und auf die künftige Lebensgestaltung des Kindes nicht in erheblichem Umfang auswirken. Die Erforderlichkeit kann weiterhin fehlen, wenn alle beteiligten Personen und Stellen gleichgerichtete Verfahrensziele verfolgen.[32]

3. Zeitpunkt der Bestellung

35   § 158 Abs. 3 FamFG bestimmt, dass der Verfahrensbeistand so früh wie möglich zu bestellen ist. Es bleibt dabei, dass zunächst Anfangsermittlungen zur Erforderlichkeit stattfinden müssen. § 158 Abs. 3 Satz 2 FamFG ordnet

---

[30] Das BVerfG hat zur Begründung des Erfordernisses eines Verfahrenspflegers im konkreten Fall einer Rückführungsentscheidung u. a. darauf abgestellt, dass die Entscheidung das soziale Umfeld des Kindes bestimmt und zu einer Herauslösung des Kindes aus der unmittelbaren Zuwendung des gegenwärtig betreuenden Elternteils führen kann, siehe BVerfG Beschluss vom 29. 10. 1998, NJW 1999, 631, 633.

[31] BT-Drucks. 16/6308, 238.

[32] BT-Drucks. 16/6308, 238.

an, dass der Verfahrensbeistand mit dem Akt der Bestellung zum Beteiligten wird. Der Verfahrensbeistand hat wie der Verfahrenspfleger die Rechte des Betroffenen wahrzunehmen, ohne an dessen Weisungen gebunden zu sein.[33] Damit hat er im Verfahren eine eigenständige Stellung, die eine formelle Beteiligung erforderlich macht. Mit seiner Hinzuziehung enthält der Verfahrensbeistand alle Rechte und Pflichten eines Beteiligten, mit Ausnahme der Verpflichtung zur Kostentragung (§ 158 Abs. 8 FamFG).

4. Keine gesonderte Anfechtung der Bestellung des Verfahrensbeistands

§ 158 Abs. 3 Satz 4 FamFG stellt in Übereinstimmung mit der bisherigen **36** herrschenden Rechtsprechung fest, dass die Entscheidung über die Bestellung oder Aufhebung nicht selbstständig anfechtbar ist.[34] Der Ausschluss der Anfechtbarkeit ist umfassend und nicht auf eine Anfechtung durch einzelne Personen oder Beteiligte beschränkt.[35] Erfasst ist damit lediglich die Anfechtbarkeit einer entsprechenden Entscheidung. Ein Rechtsmittel gegen die Endentscheidung kann weiterhin damit begründet werden, dass das Gericht einen Verfahrensbeistand zu Unrecht bestellt oder abberufen hat oder dass es die Bestellung eines Verfahrensbeistands zu Unrecht unterlassen oder abgelehnt hat.[36]

5. Aufgaben des Verfahrensbeistands

Die Einführung des § 158 Abs. 4 FamFG ist außerordentlich zu begrüßen, **37** denn erstmals enthält das Gesetz eine Definition der Aufgaben und Rechtsstellung des Verfahrensbeistands. Dies ist in der Vergangenheit von der Praxis und insbesondere den Verfahrenspflegern selbst vielfach gefordert worden.[37] In der Rechtsprechung, die überwiegend in Zusammenhang mit Fragen der Vergütung des Verfahrenspflegers entstanden ist, bestehen diesbezüglich erhebliche Unterschiede.[38]

Das FamFG hält daran fest, dass der Verfahrensbeistand den Kindeswillen **38** in jedem Falle deutlich zu machen und in das Verfahren einzubringen hat, es steht ihm jedoch frei, darüber hinaus weitere Gesichtspunkte und auch etwaige Bedenken vorzutragen.[39] Der Verfahrensbeistand hat daher bei seiner Stellungnahme sowohl das subjektive Interesse des Kindes (Wille des Kindes) als auch das objektive Interesse des Kindes (Kindeswohl) einzubeziehen.[40]

---

[33] BT-Drucks. 16/6308, 239.
[34] Zur bisherigen Rechtslage beim Verfahrenspfleger: BGH FamRZ 2003, 1275.
[35] BT-Drucks. 16/6308, 239.
[36] BT-Drucks. 16/6308, 239.
[37] Siehe dazu *Stötzel* FPR 2009, 27 ff
[38] *Balloff/Koritz* Kapitel 4, S. 22.
[39] *Stötzel* FPR 2009, 27, 28.
[40] BT-Drucks. 16/6308, 239.

Wie bislang bleibt es in der fachlichen Entscheidung des Verfahrensbeistands, ob er seine Stellungnahme schriftlich zu den Akten gibt oder mündlich im Termin vorträgt.[41]

6. Beschwerde durch Verfahrensbeistand

39   Gem. § 158 Abs. 4 Satz 5 FamFG kann der Verfahrensbeistand im Interesse des Kindes Beschwerde einlegen. § 158 Abs. 4 Satz 6 FamFG bringt zum Ausdruck, dass eine gesetzliche Vertretungsmacht des Verfahrensbeistandes für das Kind nicht besteht. Die Bestellung ändert an den Vertretungsverhältnissen auch im Verfahren nichts.[42] Der Verfahrensbeistand handelt in eigenem Namen und hat nicht die Funktion rechtliche Willenserklärungen für das Kind abzugeben oder entgegen zu nehmen.[43]

III. Persönliche Anhörung des Kindes

40   § 159 FamFG enthält eine Neuregelung der Kindesanhörung, die sich von der bisherigen Regelung in § 50b FGG insbesondere durch einen veränderten Aufbau und einige Präzisierungen unterscheidet und den Grundsatz der Anhörungspflicht deutlicher zum Ausdruck bringt.

41   158 Abs. 4 FamFG trifft Bestimmungen zur Durchführung der Anhörung. Es stellt die Gestaltung der persönlichen Anhörung in das Ermessen des Gerichts, legt aber gleichzeitig fest, dass der Verfahrensbeistand – im Gegensatz zu den Eltern und deren Verfahrensbevollmächtigten – bei der Anhörung des Kindes anwesend sein soll.

IV. Anhörung der Eltern

42   Die Regelung des § 160 Abs. 1 FamFG betrifft die Anhörung der Eltern in Verfahren, die die Person des Kinds betreffen. Satz 1 entspricht weitgehend dem bisherigen § 50a Abs. 1 Satz 2 FGG. Das Gericht darf von einer Anhörung nur in besonders gelagerten Ausnahmefällen absehen. Satz 2 entspricht dem bisherigen § 50a Abs. 1 Satz 3 FGG. § 160 Abs. 2 FamFG regelt die Anhörung in Kindschaftssachen, die nicht die Person des Kindes betreffen. Abs. 2 Satz 1 verlangt in diesem Falle keine persönliche Anhörung. Diese kann im Falle von Abs. 2 auch schriftlich erfolgen.

---

[41] BT-Drucks. 16/6308, 239. Siehe dazu auch *Standards der Bundesarbeitsgemeinschaft Verfahrenspfleger für Kinder und Jugendliche e. V.*, die eine schriftliche Stellungnahme als zu erwartende Regel betrachten.
[42] Kritisch dazu *Jacoby* FamRZ 2007, 1703, 1709.
[43] BT-Drucks. 16/6308, 240.

V. Mitwirkung der Pflegeperson

§ 161 FamFG sieht vor, dass der im bisherigen § 50c FGG genannte Per- **43**
sonenkreis nach § 7 Abs. 3 FamFG von Amts wegen hinzugezogen werden
kann, wenn dies im Interesse des Kindes liegt. Diese Regelung will die Stellung der Pflegeperson im gerichtlichen Verfahren stärken.[44] Nach der Rechtsprechung des BGH[45] war eine Pflegeperson bislang in Verfahren, welche die
elterliche Sorge für ein Pflegekind betreffen, mangels unmittelbaren Eingriffs
in ein subjektives Recht und mangels entsprechender Ausgestaltung des gerichtlichen Verfahrens weder materiell noch formell verfahrensbeteiligt.

Bei länger andauernden Pflegeverhältnissen kann es jedoch im Interesse **44**
des Kindes liegen, die Pflegeperson formell am Verfahren zu beteiligen und
ihr die mit der Beteiligung verbundenen Rechte und Pflichte zu verleihen.[46]
Die formelle Beteiligung stellt sicher, dass die Pflegeperson über den Fort-
gang des Verfahrens und über die Beweisergebnisse informiert wird und ak-
tiv auf den Verlauf des Verfahrens Einfluss nehmen kann. Das Ermessen des
Gerichts, die Pflegeperson in das Verfahren einzubeziehen, wird durch das
Interesse des Kindes begrenzt. Ein entsprechendes Interesse liegt vor, wenn
eine Hinzuziehung dem Kindeswohl dienen kann.[47] § 161 FamFG sieht jedoch keine verfahrensrechtliche Beschwerdebefugnis für die Pflegeperson
vor. Die Rechtsmittelbefugnis richtet sich – wie bislang – allein nach einer
Beschwer der Pflegeperson.

VI. Mitwirkung des Jugendamts

§ 162 FamFG sieht die Anhörung des Jugendamts in Verfahren vor, die die **45**
Person des Kindes betreffen. Im Gegensatz zu der bisherigen punktuellen
Regelung in § 49a Abs. 1 FGG, enthält § 162 FamFG nun eine umfassende
Regelung.

VII. Sachverständigengutachten

Gem. § 163 Abs. 1 FamFG ist das Familiengericht verpflichtet, dem Sach- **46**
verständigen zugleich mit der Anordnung der schriftlichen Begutachtung
eine Frist für die Einreichung des Gutachtens zu setzen. Die Fristsetzung soll
dem Beschleunigungsgrundsatz in Kindschaftssachen dienen. Der Sachverständige muss mit Eingang des Auftrags prüfen, ob seine Kapazitäten für
eine Erledigung innerhalb der gesetzten Frist voraussichtlich ausreichen.

---

[44] BT-Drucks. 16/6308, 241.
[45] Vgl. BGH FamRZ 2000, 219 ff. zu den Pflegeeltern.
[46] BT-Drucks. 16/6308, 241.
[47] BT-Drucks. 16/6308, 241.

Wenn dies nicht der Fall ist, muss er das Gericht frühzeitig informieren.[48] Hält sich der beauftragte Sachverständige nicht an die gesetzte Frist, hat das Gericht zu prüfen, ob gegen ihn ein Ordnungsgeld gem. § 411 Abs. 2 ZPO.

Es erscheint zweifelhaft, ob die Androhung oder Verhängung eines Ordnungsgeldes der Erstellung eines Gutachtens förderlich sind.[49]

1. Hinwirken auf Herstellung des Einvernehmens

47 Nach § 163 Abs. 2 FamFG kann das Gericht in Kindschaftssachen, die die Person des Kindes betreffen, anordnen, dass der Sachverständige auch auf die Herstellung des Einvernehmens zwischen den Beteiligten hinwirken soll. Ziel der Neuregelung ist die Erarbeitung eines einvernehmlichen Konzepts zum zukünftigen Lebensmittelpunkt des Kindes und zur Ausgestaltung des Umgangs.[50]

2. Inhaltliche Ausgestaltung des Gutachtenauftrages

48 Die inhaltliche Ausgestaltung der gerichtsgebundenen Begutachtung mit familienrechtlichen Fragestellungen ist nach wie vor nicht nur unter psychologischen Sachverständigen umstritten:[51]

Eine eher an der ZPO orientierte Meinung, deren historische Wurzeln vermutlich aus dem Strafrecht stammen, betont; dass auch eine familienrechtlich forensisch-psychologische Begutachtung lediglich eine Entscheidungshilfe für das Gericht darstellt und in erster Linie der Erfassung eines Ist-Zustands dient (sog. Statusdiagnostik).[52] Diesem Wissenschaftsverständnis folgend wird die Tatsache der Begutachtung als diagnostischer Erkenntnisprozess und als Intervention angesehen, wobei die entsprechende Intervention der Begutachtungsprozess selbst ist.

49 Vertreter der interventionsorientierten Begutachtung sehen die forensisch-diagnostische Begutachtung in Familiensachen eher einen modifikationsorientierten Prozess, der einerseits einen vorausgehenden diagnostischen Erkenntnisprozess beinhaltet, andererseits aber ebenso der Konfliktmilderung und Einstellungsänderung dient und damit in einem besonders herausragenden Maße eine anstehende richterliche Entscheidung optimiert.[53] So begrüßenswert Ansatz und Zielrichtung der Vorschrift sind, so problematisch ist

---

[48] BT-Drucks. 16/6308, 242.

[49] Siehe ebenfalls zweifelnd *Jacob* FamRZ 2007, 1703, 1709.

[50] BT-Drucks. 16/6308, 242.

[51] Siehe zum Streitstand: *Balloff* FPR 2006, 415 ff.

[52] *Remschmidt*, Aufgaben und Rolle des Gutachters bei verschiedenen Begutachtungsfragen, in *Warnke/Trott/Remschmidt* Forensische Kinder- und Jugendpsychiatrie. Ein Handbuch für Klinik und Praxis, 1997, S. 20.

[53] So *Balloff/Walter* FuR 1991, 334; *Salzgeber*, Der psychologische Sachverständige im Familiengerichtsverfahren. Rechtliche, ethische und fachpsychologische Rahmenbedingungen sachverständigen Handelns bei familiengerichtlichen Fragestellungen zu Sorge- und Umgangsregelungen, 2. Auflage (1992).

der im FamFG nunmehr gewählte Ansatz, wenn der Sachverständige an der ihm übertragenen Aufgabe scheitert und mit der Aufgabe des Hinwirkens auf ein Einvernehmen seine unabhängige Stellung im Verfahren verliert bzw. Gefahr läuft diese zu verlieren.[54] Ob sich der jetzt gewählte Ansatz bewährt, wird sich in der Praxis zeigen müssen.

VIII. Abänderung und Überprüfung von Entscheidungen und gerichtlich gebilligten Vergleichen

Gem. § 166 FamFG ist die Abänderung und Überprüfung von Entschei-   50 dungen und gerichtlich gebilligten Vergleichen möglich und übernimmt so-mit den verfahrensrechtlichen Gehalt von § 1696 a.F. BGB. Sie enthält mit der verfahrensrechtlichen Verpflichtung zur Abänderung auch eine entspre-chende Befugnis des Gerichts und ist daher für den Bereich der Kindschafts-sachen als Spezialvorschrift zu den Regeln des Buches 1 über die Abände-rung gerichtlicher Entscheidungen und gerichtlich gebilligter Vergleiche zu verstehen.[55] Die Vorschrift betrifft die Abänderung von Entscheidungen in der Hauptsache. Die Abänderung einer Entscheidung im Verfahren auf Er-lass einer einstweiligen Anordnung richtet sich nach § 54 FamFG.[56] Das Ge-richt ändert eine Entscheidung oder einen gerichtlich gebilligten Vergleich nach Maßgabe des § 1696 BGB bzw. 166 Abs. 1 FamFG. Eine länger dau-ernde kindesschutzrechtliche Maßnahme hat das Gericht gem. § 166 Abs. 2 FamFG in angemessenen Zeitabständen zu überprüfen.

Sieht das Gericht von einer Maßnahme nach §§ 1666, 1666a BGB ab, soll   51 es seine Entscheidung gem. § 166 Abs. 3 FamFG in einem angemessenen Zeitraum, in der Regel nach drei Monaten, überprüfen.[57] Die Ausgestaltung als Soll-Vorschrift ermöglicht es, eine nochmalige Überprüfung in offensicht-lich unbegründeten Fällen auszuschließen, insbesondere, wenn auch das Ju-gendamt keine gerichtlichen Maßnahmen (mehr) für erforderlich hält.[58]

---

[54] Siehe dazu auch *Fölsch* S. 149.

[55] BT-Drucks. 16/6308, 242.

[56] BT-Drucks. 16/6308, 243.

[57] *Meysen* NJW 2008, 2673, 2677: erheblicher Mehraufwand für die Gerichte; BT-Drucks. 16/6308, 417: keine Dauerkontrolle, sondern nur einmalige Prüfung nach drei Monaten.

[58] BT-Drucks. 16/6308, 243.

§ 11 Verfahren in Abstammungs- und Adoptionssachen

I. Abstammungssachen

1 Der Abschnitt 4 des FGG enthält in den §§ 169–185 FamFG Vorschriften über das Verfahren in Abstammungssachen. Bislang wurden diese Verfahren nach den Vorschriften §§ 640 ff. ZPO geführt. Das Verfahren ist nunmehr in sämtlichen Abstammungssachen einheitlich als ein Verfahren der freiwilligen Gerichtsbarkeit ausgestaltet. Die Vorteile der Umgestaltung des Verfahrens liegen in der größeren Flexibilität dieser Verfahrensordnung, vor allem die leichtere Einbeziehung weiterer Beteiligter, die Mitwirkung des Jugendamts in bestimmten Fällen und die Möglichkeit, das Verfahren ohne eine formalen Gegner auszugestalten.

1. Definition der Abstammungssachen

2 **Abstammungssachen sind nach § 169 FamFG das Verfahren nach**

Nr. 1   auf Feststellung des Bestehens oder Nichtbestehens eines Eltern-Kind-Verhältnisses, insbesondere der Wirksamkeit oder Unwirksamkeit einer Anerkennung der Vaterschaft;

Nr. 2   auf Ersetzung der Einwilligung in eine genetische Abstammungsuntersuchung und Anordnung der Duldung der Probeentnahme;

Nr. 3   auf Einsicht in ein Abstammungsgutachten oder Aushändigung einer Abschrift oder

Nr. 4   auf Anfechtung der Vaterschaft.

Das Gesetz zur Klärung der Vaterschaft unabhängig vom Anfechtungsverfahren hat unter anderem in § 1598a BGB einen Anspruch auf Einwilligung in eine genetische Untersuchung zur Klärung der leiblichen Abstammung geschaffen.[1]

2. Örtliche Zuständigkeit

3 Die örtliche Zuständigkeit ergibt sich aus § 170 Abs. 1 FamFG und richtet sich grundsätzlich nach dem gewöhnlichen Aufenthaltsort des Kindes. Ist die Zuständigkeit eines deutschen Gerichts danach nicht gegeben, so richtet sich die örtliche Zuständigkeit gem. § 170 Abs. 2 FamFG nach dem gewöhnli-

---

[1] Im Einzelnen zu den Änderungen: *Borth* FPR 2007, 381 ff.

chen Aufenthaltsort der Mutter, ansonsten nach dem des Vaters. Ist auch eine solche nicht vorhanden, greift gem. § 170 Abs. 3 FamFG die Auffangzuständigkeit des Amtsgerichts Schöneberg in Berlin.

3. Reines Antragsverfahren

Das Verfahren wird gem. § 171 Abs. 1 FamFG ausschließlich auf Antrag **4** eingeleitet.

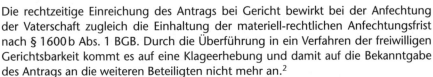

Praxistipp:

Die rechtzeitige Einreichung des Antrags bei Gericht bewirkt bei der Anfechtung der Vaterschaft zugleich die Einhaltung der materiell-rechtlichen Anfechtungsfrist nach § 1600 b Abs. 1 BGB. Durch die Überführung in ein Verfahren der freiwilligen Gerichtsbarkeit kommt es auf eine Klageerhebung und damit auf die Bekanntgabe des Antrags an die weiteren Beteiligten nicht mehr an.[2]

In dem Antrag sollen gem. § 171 Abs. 2 Satz 1 FamFG das Verfahrensziel **5** und die betroffenen Personen bezeichnet werden. Es handelt sich um die für die Abgrenzung des Verfahrensgegenstands erforderlichen Mindestangaben. § 171 Abs. 2 Satz 2 FamFG stellt klar, dass bei einem Verfahren auf Anfechtung der Vaterschaft über diese Mindestangaben hinaus die Umstände angegeben werden sollen, die gegen eine Vaterschaft sprechen und bei objektiver Betrachtung geeignet sind, Zweifel an der Abstammung zu wecken.[3] Ebenfalls ist der Zeitpunkt der Kenntniserlangung darzulegen, um dem Gericht eine Ermittlung der Einhaltung der Anfechtungsfrist nach § 1600 b Abs. 1 BGB zu ermöglichen. § 171 Abs. 2 Satz 3 bezieht sich auf die Besonderheiten der behördlichen Anfechtung.

4. Beteiligte

§ 172 FamFG knüpft an § 7 Abs. 2 Nr. 2 FamFG an und regelt, wer im **6** Abstammungsverfahren als Beteiligter hinzuzuziehen ist.

5. Weitere Vorschriften

Die §§ 173 bis 185 FamFG regeln die Vertretung des Kindes durch einen **7** Beistand, Bestellung eines Verfahrensbeistands, den Erörterungstermin, die Anhörung des Jugendamts und die weitere Durchführung des Verfahrens. Diese unterscheiden sich mit Ausnahme der Tatsache, dass nunmehr auch in Abstammungsverfahren ein Verfahrensbeistand zu bestellen ist, nicht wesentlich von der bisherigen Rechtslage.

---

[2] BT-Drucks. 16/6308, 244.
[3] BT-Drucks. 16/6308, 244.

II. Adoptionssachen

8   Mit der Einführung des großen Familiengerichts und der Auflösung des Vormundschaftsgerichts als gesonderter Spruchkörper sind die Adoptionssachen zu Familiensachen geworden, die in die Zuständigkeit des Familiengerichts fallen. Das bedeutet, dass die entsprechenden Regelungen im GVG nunmehr auf Adoptionssachen Anwendung finden und Rechtsmittelgericht in Adoptionssachen deswegen nicht mehr das Landgericht, sondern das Oberlandesgericht ist.

1. Definition der Adoptionssachen

9   Adoptionssachen sind gem. § 186 FamFG alle Verfahren, die mit der Annahme als Kind, gleich ob von minderjährigen oder volljährigen Personen, zusammenhängen, einschließlich aller Nebenverfahren, soweit sie sich nicht ausschließlich auf die elterliche Sorge beziehen. Auch Verfahren, die die Befreiung vom Eheverbot des § 1308 Abs. 1 BGB betreffen, sind nunmehr als Adoptionssachen eingeordnet, weil das Verfahren nach § 1308 Abs. 2 BGB zu den Adoptionssachen die größte Sachnähe aufweist.

2. Weitere Vorschriften

10   Die §§ 187 bis 199 FamFG regeln die örtliche Zuständigkeit, den Beteiligtenkatalog, die gutachterliche Äußerung einer Adoptionsvermittlungsstelle, die Bescheinigung über den Eintritt der Vormundschaft, den Verfahrensbeistand, die Anhörung der Beteiligten, weiterer Personen, des Jugendamts, die Unzulässigkeit der Verbindung mit anderen Verfahren und den Beschluss über die Annahme als Kind bzw. in weiteren Verfahren.

Die Vorschriften des Adoptionsauswirkungsgesetzes werden durch die Neuregelung des FamFG nicht berührt, § 199 FamFG, weil sie als speziellere Regelungen den Regelungen des FamFG vorgehen.[4]

---

[4] BT-Drucks. 16/6308, 248.

§ 12 Wohnungszuweisungs- und Hausratssachen

Die Zeit der als 6. DurchführungsVO zum Ehegesetz von 1938 am 21. 10. **1**
1944 unter Kriegsumständen erlassenen HausratsVO geht mit Inkrafttreten
des FamFG am 1. 9. 2009 endlich zu Ende.

Abschnitt 6 des FamFG übernimmt die bislang in der Verordnung über die **2**
Behandlung der Ehewohnung und des Hausrats (HausratsVO) enthaltenen
Regelungen.[5] Die danach noch verbleibenden materiell-rechtlichen Vorschriften sollen nach Art. 2 des Entwurfs eines Gesetzes zur Änderung des Zuge-
winnausgleichs- und Vormundschaftsrechts gleichfalls aufgehoben und als
§§ 1568a und 1568b in das BGB überführt und damit eine schon lange auf-
gestellte Forderung erfüllt werden.[6] Das FamFG ist jedoch nur von Folgeän-
derungen betroffen. Wohnungszuweisungssachen heißen künftig Ehewoh-
nungssachen und Hausratssachen künftig Haushaltssachen.[7]

1. Definition

Wohnungszuweisungssachen sind Verfahren nach § 1361b BGB, sowie **3**
nach den §§ 2–6 der HausratsVO (§ 200 FamFG).[8] **Hausratssachen** sind Verfahren nach den §§ 2 und 8–10 HausratsVO (§ 200 Abs. 2 FamFG).[9] Woh-
nungszuweisungs- und Hausratssachen sind **reine fG-Familiensachen,** auf die
grundsätzlich das FamFG AT anzuwenden ist. Es gilt der **Amtsermittlungsgrundsatz.**

2. Reines Antragsverfahren

Ein Verfahren in einer Wohnungszuweisung- bzw. Hausratssache wird **4**
gem. § 203 Abs. 1 FamFG **nur auf Antrag** eingeleitet. Dies entspricht dem
bisherigen § 1 Abs. 1 HausratsV. Das Vorliegen einer Einigung ist nicht mehr
als ausdrückliches Verfahrenshindernis ausgestaltet, haben die Ehegatten sich
jedoch bereits ganz oder teilweise geeinigt, fehlt es am Regelungsinteresse für
ein gerichtliches Verfahren.[10]

---

[5] BT-Drucks. 16/6308, 248.

[6] Siehe zum dem Reformvorhaben *Götz/Brudermüller* NJW 2008, 3025, sowie BR-
Drucks. 635/08.

[7] BR-Drucks. 635/08.

[8] Nach dem Regierungsentwurf für ein Gesetz zur Änderung des Zugewinnausgleichs-
und Vormundschaftsrechts (BR-Drucks. 635/08) verweist § 200 Abs. 1 Nr. 2 FamFG künftig auf § 1586a BGB.

[9] Künftig Verweis auf § 1586b BGB.

[10] BT-Drucks. 16/6308, 249.

3. Antragsanforderungen

5   § 203 Abs. 2 FamFG enthält Anforderungen an den Antrag. Werden diese nicht eingehalten, macht dies den Antrag nicht unzulässig, das Familiengericht hat vielmehr auf eine Nachbesserung hinzuwirken. **Satz 1** fordert die Angabe der Gegenstände, deren Zuteilung der Antragsteller begehrt. Die Vorschrift kommt nur zur Anwendung, wenn der Antragsteller die Zuweisung von Hausratsgegenständen anstrebt und nicht etwa eine sonstige Regelung, wie etwa eine Nutzungsentschädigung.[11] **Satz 2** enthält weitere Anforderungen für die Hausratsverteilung nach der Scheidung.

6   In Wohnungszuweisungssachen soll der Antrag gem. § 203 Abs. 3 FamFG die Angabe enthalten, ob Kinder im Haushalt der Eheleute leben. Zu beteiligen sind in Wohnungszuweisungssachen von Amts wegen auch der Vermieter der Wohnung, der Grundstückseigentümer und im Fall, dass Kinder betroffen sind, das Jugendamt, § 204 FamFG.

---

[11] BT-Drucks. 16/6308, 249.

§ 13 Verfahren in Gewaltschutzsachen

Das Familiengericht ist künftig für alle Gewaltschutzsachen zuständig. Die **1** Aufspaltung in Verfahren vor dem Familiengericht und solche vor den allgemeinen Zivilgerichten entfällt, (§ 23 a Nr. 7 GVG a. F.) weil sich das entwickelte Abgrenzungskriterium eines auf Dauer angelegten gemeinsamen Haushalts zumindest bis zu sechs Monaten vor Antragstellung als unpraktikabel erwiesen hat.[1]

1. Zuständigkeit des Familiengerichts

Für eine einheitliche Zuständigkeit spricht insbesondere, dass keine Zwei- **2** fel mehr über die Zuständigkeit bestehen und dies einer von einer nach § 1 des Gewaltschutzgesetzes betroffenen Person nutzt, da es keine Zeitverluste durch Klärung der Zuständigkeit und durch eine ggf. erforderliche Abgabe mehr gibt. Dass damit auch Verfahren zum Familiengericht gelangen, in denen es an einer besonderen Nähebeziehung zwischen den Hauptbeteiligten fehlt, steht der Neuregelung nicht entgegen, denn auch in anderen familiengerichtlichen Verfahren kann es an einer derartigen Nähebeziehung fehlen, etwa wenn nach § 1632 Abs. 2 BGB ein Verbot gegen einen Dritten ausgesprochen wird, Kontakt mit dem Kind aufzunehmen.[2]

2. Reine Antragsverfahren

Gewaltschutzsachen sind **reine fG-Familiensachen,** auf die grundsätzlich **3** nur das FamFG Anwendung findet, wobei dies auch für die Verfahren gilt, in denen es an der Nähebeziehung der Hauptbeteiligten fehlt. Es gilt der **Amtsermittlungsgrundsatz.**

Das Verfahren wird gem. §§ 1,2 GewaltschutzG auf Antrag eingeleitet. Die **4** Verhandlung ist gem. § 170 GVG grundsätzlich nichtöffentlich und die Beteiligten können auch in getrennten Terminen angehört werden, um ein Zusammentreffen zu vermeiden, § 33 Abs. 1 Satz 2 FamFG.

3. Definition der Gewaltschutzsache

§ 210 FamFG definiert den Begriff der Gewaltschutzsache in Anknüpfung **5** an die §§ 1, 2 GewaltschutzG. Dieses Anknüpfungskriterium ist dem bisherigen § 64b FGG entnommen. Die Abgrenzung von Gewaltschutzsachen zu allgemeinen zivilrechtlichen Ansprüchen und zu Wohnungszuweisungssachen, muss wie üblich durch Auslegung des Antrags erfolgen.[3]

---

[1] BT-Drucks. 16/6308, 251.
[2] BT-Drucks. 16/6308, 251
[3] BT-Drucks. 16/6308, 251.

Gem. § 1 Abs. 1 Satz 3 GewaltschutzG kann das Gesetz anordnen, dass der Täter es unterlässt

- die Wohnung der verletzten Person zu betreten;
- sich in einem bestimmten Umkreis der Wohnung der verletzten Person aufzuhalten;
- zu bestimmende andere Orte aufzusuchen, an denen sich die verletzte Person regelmäßig aufhält;
- Verbindung zur verletzten Person, auch unter Verwendung von Fernkommunikationsmitteln, aufzunehmen,
- Zusammentreffen mit der verletzten Person herbeizuführen.

Maßnahmen nach § 1 Abs. 1 Satz 2 GewaltschutzG sollen befristet werden, insbesondere, wenn der Beschluss im Rahmen eines einstweiligen Anordnungsverfahrens ergeht.

4. Örtliche Zuständigkeit

6

Der Antragsteller hat die Wahl unter mehreren Gerichtsständen. Gem. § 211 FamFG ist nach Wahl des Antragsstellers ausschließlich zuständig

- das Gericht, in dessen Bezirk die Tat begangen wurde, wobei Tatort jeder Ort ist, an dem zumindest eines der Tatbestandsmerkmale verwirklicht worden ist, also sowohl der Handlungsort als auch der Erfolgsort (Ort der Rechtsgutverletzung)[4] nicht aber der Schadensort, an dem die Schadensfolgen aufgetreten sind.[5]
- das Gericht, in dessen Bezirk sich die gemeinsame Wohnung des Antragstellers und Antragsgegners befindet.
- das Gericht, in denn Bezirk der Antragsgegner seinen gewöhnlichen Aufenthalt hat.

5. Anhörung des Jugendamtes

7

Nach § 213 FamFG **soll** das Gericht in Verfahren nach § 2 GewaltschutzG, in denen Kinder in dem Haushalt leben, das Jugendamt **anhören**. Dies knüpft an den bisherigen § 49a Abs. 2 FGG an, ist jedoch nunmehr unabhängig von der Frage, wie das Verfahren voraussichtlich enden wird.[6]

6. Einstweilige Anordnung

8

Gem. § 214 FamFG kann auf Antrag im Wege der einstweiligen Anordnung eine Regelung nach § 1 oder 2 GewaltschutzG erlassen werden. Ein dringendes Bedürfnis für sofortiges Tätigwerden liegt gem. § 214 FamFG in

---

[4] BT-Drucks. 16/6308, 251.
[5] *Bumiller/Winkler* § 64b FGG Rdnr. 3.
[6] BT-Drucks. 16/6308, 251.

der Regel vor, wenn eine Tat nach § 1 des GewaltschutzG begangen wurde oder aufgrund konkreter Umstände mit einer Begehung zu rechnen ist. Das Gericht hat dabei nach pflichtgemäßem Ermessen auch zu prüfen, ob aufgrund einer glaubhaft gemachten Gefahrenlage von einer mündlichen Verhandlung vor Erlass des Beschlusses abzusehen ist.[7]

7. Wirksamkeit der Endentscheidung und Vollstreckung

Gerade beim Gewaltschutz ist die sofortige Vollziehbarkeit der Entschei- **9** dung meist das dringendste Anliegen überhaupt. Daher müsste es eigentlich gerade hier beim Grundsatz der Wirksamkeit mit Bekanntgabe nach § 40 Abs. 1 FamFG bleiben.[8] § 216 Abs. 1 FamFG regelt jedoch, dass Endentscheidungen in Gewaltschutzsachen erst mit Rechtskraft wirksam werden, das Gericht hat jedoch gem. § 216 Abs. 1 Satz 2 FamFG die Möglichkeit die **sofortige Wirksamkeit** anordnen.

Das Gericht hat ebenfalls die Möglichkeit, mit der sofortigen Wirksamkeit **10** auch die Zulässigkeit der Vollstreckung vor der Zustellung an den Antragsgegner anordnen, § 216 Abs. 2 FamFG. In diesem Fall tritt die Wirksamkeit in dem Zeitpunkt ein, in dem die Entscheidung der Geschäftsstelle des Gerichts zur Bekanntmachung übergeben wird. Dieser Zeitpunkt ist auf der Entscheidung zu vermerken.

8. Mitteilungspflichten nach § 216 a FamFG

Gem. § 216 a FamFG hat das Gericht die Anordnungen nach den §§ 1 und **11** 2 GewaltschutzG, sowie deren Änderung oder Aufhebung der zuständigen Polizeibehörde und anderen öffentlichen Stellen,[9] die von der Durchführung der Anordnung betroffen sind, unverzüglich mitzuteilen, soweit nicht schutzwürdige Interessen eines Beteiligten an dem Ausschluss der Übermittlung, das Schutzbedürfnis anderer Beteiligter oder das öffentliche Interesse an der Übermittlung überwiegen. In der Praxis ist das Verhältnis der beteiligten Gerichte und Behörden nicht immer störungsfrei, insbesondere die Polizei braucht eine sofortige vollständige Information des Gerichts über dessen Anordnungen und Maßnahmen, um sachgerecht und doch auch rücksichtsvoll amtieren zu können.[10]

---

[7] BT-Drucks. 16/6308, 252.
[8] *Baumbach/Lauterbach/Albers/Hartmann* § 216 FamFG Rdnr. 1.
[9] Wie zum Beispiel: Schulen, Kindergärten und Jugendhilfeeinrichtungen.
[10] *Baumbach/Lauterbach/Albers/Hartmann* § 216 a FamFG Rdnr. 2.

§ 14 Verfahren in Versorgungsausgleichssachen

1   Der Begriff der Versorgungsausgleichssache entspricht dem bisherigen § 621 Abs. 1 Nr. 6 ZPO. Verfahren, die nicht den Familiengerichten, sondern den Sozial-, Verwaltungs- oder Arbeitsgerichten zugewiesen sind, werden von § 217 FamFG nicht erfasst. Dies entspricht der bisherigen Rechtslage.

2   Vermutlich werden die derzeit im FamFG enthaltenen Regelungen nicht in Kraft treten, weil zugleich mit dem FamFG das Gesetz zur Strukturreform des Versorgungsausgleich in Kraft treten soll, durch das der Versorgungsausgleich komplett umgestaltet wird.[11] Für die neuen materiellen Regelungen passt das bisherige Verfahren nicht und wird deshalb ebenfalls reformiert werden müssen.

3   Die verfahrensrechtlichen Bestimmungen des FamFG für Versorgungsausgleichssachen befinden sich in den §§ 217–230 FamFG. Versorgungsausgleichssachen sind **reine fG-Familiensachen.**

4   Die örtliche Zuständigkeit des Familiengerichts ist ausschließlich und ergibt sich aus § 218 FamFG. Nr. 1 entspricht dem bisherigen § 621 Abs. 2 Satz 1 ZPO, die Nr. 2–5 dem bisherigen § 45 FGG. Die §§ 217 und 218 FamFG sollen durch die Strukturreform des Versorgungsausgleichs nicht berührt werden, die §§ 219–230 FamFG werden reformiert, angepasst an die Strukturreform des materiellen Versorgungsausgleichsrechts. Das materielle Recht soll in dem Versorgungsausgleichsgesetz geregelt werden. Die §§ 1587–1587p BGB sollen durch einen neuen § 1587 BGB ersetzt werden, der auf das neue Versorgungsausgleichsgesetz verweisen wird.[12]

Unter **Anhang 6** findet sich eine Synopse, die die neuen Regelungen des FamFG und die des geplanten Versorgungsausgleich-Strukturreformgesetzes gegenüberstellt und einen Überblick über die geplante Reform gibt.

---

[11] BT-Drucks. 16/10144.
[12] Siehe zur geplanten Strukturreform.

§ 15 Verfahren in Unterhaltssachen

I. Einführung

Die §§ 231–260 FamFG enthalten die Verfahrensvorschriften für die Unterhaltssachen. Die überwiegende Anzahl der Unterhaltssachen waren bislang ZPO-Familiensachen, so dass sie nunmehr fast alle zu Familienstreitsachen gem. § 112 Nr. 1 FamFG werden. Es bleibt daher in der Sache bei der grundsätzlichen Anwendung der Vorschriften der ZPO. **1**

Änderungen ergeben sich dadurch, dass das Urteil durch die Entscheidungsform des Beschlusses ersetzt wird und das Rechtsmittelsystem der ZPO durch das der §§ 58 ff. FamFG.[13] Änderungen bestehen ebenfalls darin, dass das Gericht künftig unter bestimmten Voraussetzungen zur Einholung der für die Unterhaltsberechnung erforderlichen Auskünfte vom Gegner und ggf. auch von Dritten verpflichtet ist.[14] § 643 ZPO stellte dies bislang noch in das Ermessen des Gerichts. Vorgesehen sind weitere spezielle Vorschriften für die Abänderung von Entscheidungen und sonstigen Titeln in Unterhaltssachen. Die neuen Vorschriften orientieren sich an der bisherigen Fassung des § 323 ZPO, sind jedoch im Hinblick auf die hierzu ergangene Rechtsprechung und die Bedürfnisse der Praxis überarbeitet.[15] **2**

II. Unterhaltssachen als Familienstreitsachen

Unterhaltssachen als Familienstreitsachen sind nach § 231 Abs. 1 FamFG Verfahren	
Nr. 1	die durch Verwandtschaft begründete gesetzliche Unterhaltspflicht
Nr. 2	die durch Ehe begründete gesetzliche Unterhaltspflicht
Nr. 3	die Ansprüche nach § 1615 l oder § 1615 m BGB

Der Begriff der Unterhaltssachen gem. 231 FamFG umfasst nunmehr auch das Verfahren zur Bestimmung des Kindergeld-Berechtigten, das allerdings keine Familienstreitsache, sondern gem. § 231 Abs. 2 FamFG reine fG-Familiensache ist. **3**

Unterhaltssachen nach § 231 Abs. 2 FamFG sind Verfahren nach **4**

- § 3 Abs. 2 Satz 3 Bundeskindergeldgesetz
- § 64 Abs. 2 Satz 3 Bundeskindergeldgesetz

---

[13] BT-Drucks. 16/6308, 254.
[14] BT-Drucks. 16/6308, 254.
[15] BT-Drucks. 16/6308, 254.

5   § 231 Abs. 2 FamFG nimmt daher die §§ 235–245 FamFG, die Regelungen enthalten, die für ZPO-Verfahren typisch sind, ausdrücklich für die Anwendung auf die Verfahren nach § 231 Abs. 2 FamFG aus.

1. Örtliche Zuständigkeit und Abgabe an das Gericht der Ehesache

6   Die Vorschrift des § 232 FamFG ist leider mehr als unübersichtlich. Abs. 1 normiert ausschließliche Zuständigkeiten, Abs. 2 deren Vorrang vor anderen ausschließlichen Zuständigkeiten und Abs. 3 enthält eine Verweisung auf die §§ 12 ff. ZPO, die ebenfalls wiederum Einschränkungen enthält, das alles mit formellem Vorrang vor allen anderen Zuständigkeiten des FamFG. Ob sich diese Art der Gesetzestechnik in der Praxis bewähren kann, muss sich noch zeigen.[16]

a) Zuständigkeit des Gerichts der Ehesache

7   § 231 Abs. 2 Nr. 1 FamFG enthält einen ausschließlichen Gerichtsstand für Unterhaltssachen, die die Unterhaltspflicht für ein gemeinschaftliches Kind der Ehegatten betreffen, sowie für Unterhaltssachen, die die durch die Ehe begründete Unterhaltspflicht betreffen. Zuständig ist das **Gericht der Ehesache**.

b) Zuständigkeit des Gerichts des gewöhnlichen Aufenthalts

8   § 232 Abs. 1 Nr. 2 FamG sieht für Verfahren, die den Kindesunterhalt betreffen und hinsichtlich derer eine Zuständigkeit nach Nr. 1 nicht gegeben ist, wie bisher die Zuständigkeit des Gerichts vor, in dessen Bezirk das Kind oder der zuständige Elternteil seinen **gewöhnlichen Aufenthalt** hat. Eine Veränderung ergibt sich insofern, dass nunmehr auch die nach § 1603 Abs. 2 Satz 2 BGB gleichgestellten volljährigen Kinder in die Regelung miteinbezogen sind. Zusätzlich wird nicht mehr auf die gesetzliche Vertretung, sondern allgemein auf die Handlungsbefugnis in der Unterhaltssache abgestellt, weil auf diese Weise die Fälle der Prozessstandschaft nach § 1629 Abs. 3 Satz 1 BGB mit umfasst werden.[17]

c) Vorrang der Zuständigkeit gem. § 232 Abs 1 FamFG

9   Die ausschließliche Zuständigkeit in Unterhaltssachen gem. **§ 232 Abs. 1 FamFG geht** gem. **§ 232 Abs. 2 FamFG** der Zuständigkeit eines anderen Gerichts vor.

Dies bedeutet im Hinblick auf §§ 767 Abs. 2, 802 ZPO eine Umkehrung der bisherigen Rechtslage.[18]

---

[16] Ebenfalls kritisch *Baumbach/Lauterbach/Albers/Hartmann* § 232 FamFG Rdnr. 1.
[17] BT-Drucks. 16/6308, 255.
[18] Zur bisherigen Rechtslage siehe BGH FamRZ 2001, 1706.

d) Wahlgerichtsstände des § 232 Abs. 3 FamFG i. V. m. § 642 Abs. 3 ZPO

In § 232 Abs. 3 FamFG werden die Wahlgerichtsstände des § 642 Abs. 3 **10** ZPO, also die Verbindung des Unterhalts eines Elternteils mit dem Unterhalt eines Kindes, und des § 35 a ZPO, wonach ein Kind im Falle der Barunterhaltspflicht beide Elternteile (§ 1606 Abs. 3 Satz 1 BGB) mit verschiedenen Gerichtsständen an einem Gerichtsstand seiner Wahl verklagen kann, übernommen.

2. Verfahrensrechtliche Auskunftspflichten

Die §§ 235–236 FamFG regeln die Anordnung zur Verpflichtung eines Be- **11** teiligten oder Dritten zur Erteilung von Auskünften über bestimmte unterhaltsrelevante Tatsachen.

Nach § 235 Abs. 1 Satz 1 FamFG kann das Gericht anordnen, dass der **12** Antragsteller und der Antragsgegner verpflichtet sind Auskunft über

- ihre Einkünfte
- ihr Vermögen und
- ihre persönlichen und wirtschaftlichen Verhältnisse

erteilen, sofern dies für die Bemessung des Unterhalts von Bedeutung ist.

3. Wahrheitsgemäße und vollständige Auskunft

Nach § 235 Abs. 1 Satz 2 FamFG kann das Gericht anordnen, dass An- **13** tragsteller und Antragsgegner schriftlich versichern, dass die Auskunft wahrheitsgemäß und vollständig ist. Die Versicherung muss durch den Beteiligten persönlich abgegeben werden, d. h. er kann sich hierbei auch nicht durch einen Verfahrensbevollmächtigten vertreten lassen.[19] Die Möglichkeit, von einem Beteiligten eine ausdrückliche eigenhändige Versicherung über die Richtigkeit der Auskunft zu verlangen, kennt das Verfahrensrecht bislang nicht.

a) Neuregelung der Auskunftspflichten

Mit der Neuregelung der Auskunftspflichten hofft der Gesetzgeber, dass **14** die zeitintensiven Stufenklagen in möglichst weitem Umfang entbehrlich werden.[20] Das Gericht benötigt daher ein Instrumentarium, das wenigstens teilweise imstande ist, die Funktion der zweiten Stufe einer Stufenklage zu erfüllen, von der in Praxis in der Regel wenig Gebrauch gemacht wird.

Es erscheint unrealistisch davon auszugehen, durch die Regelung des § 235 Abs. 1 FamFG könnten Auskunftsklagen entbehrlich werden.

---

[19] BT-Drucks. 16/6308, 255.
[20] BT-Drucks. 16/6308, 255.

b) Bestimmter Antrag versus nicht bekannte Einkommensverhältnisse

15   Der Beteiligte, der das Unterhaltsverfahren einleitet, muss gemäß § 253 ZPO, der über § 113 Abs. 1 Satz 2 i.V.m. §§ 112 Nr. 1, 231 Abs. 1 FamFG Anwendung findet, einen bestimmten Antrag stellen, um seinen Anspruch geltend zu machen.

16   Kennt der Beteiligte die Einkommens- und Vermögensverhältnisse des anderen Beteiligten nicht, ist er gezwungen im Wege der Stufenklage vorzugehen, indem er einen Antrag auf Auskunft und einen Antrag auf Zahlung entsprechend des sich aus der Auskunft ergebenden Betrages stellt. Eine Stufenklage ist ohne größeren Aufwand zu bewerkstelligen. Es besteht vielmehr die Gefahr, dass die §§ 235, 236 FamFG viele Parteien bzw. Prozessbevollmächtigte verleiten werden, die mühselige Ermittlung der vorhandenen Einkünfte auf die Familiengerichte zu verschieben, die gem. § 235 Abs. 2 FamFG grundsätzlich dazu verpflichtet sind, wenn der Auskunftspflichtige einer Aufforderung nicht nachkommt.[21]

17   Hinzukommt, dass § 235 FamFG keine Zwangsmittel zur Durchsetzung der Anordnung auf Erteilung von Auskünften vorsieht, ebenfalls nicht in der ZPO, die grundsätzlich auf die Unterhaltssachen als Familienstreitsachen anzuwenden ist. Dies lässt die Regelung in § 235 Abs. 1 FamFG verhältnismäßig kraftlos erscheinen.

4. Verpflichtung des Gerichts zum Vorgehen nach § 235 Abs. 1 FamFG

18   § 235 Abs. 2 FamFG bestimmt eine Verpflichtung des Familiengerichts zum Vorgehen nach § 235 Abs. 1 FamFG, wenn ein Beteiligter dies beantragt und der andere Beteiligte einer Auskunftspflicht i.S. der §§ 1605, 1580 BGB innerhalb einer angemessenen Frist nicht nachgekommen ist. In diesem Zusammenhang stellt sich die Frage, ob der Gesetzgeber mit dieser Regelung das Prinzip der Dispositionsmaxime in Familienstreitsachen durchbricht und künftig das Amtsermittlungsprinzip gelten soll.[22]

19   Nach dem Wortlaut des Gesetzes kann davon jedoch nicht ausgegangen werden, denn § 113 Abs. 1 FamFG bestimmt, dass anstelle der §§ 2–37, 40–48 sowie 78–96 FamFG die allgemeinen Vorschriften über das Verfahren vor den Landgerichten entsprechend anzuwenden sind. Daraus folgt, dass es in Familienstreitsachen bei dem Grundsatz verbleibt, wonach das Familiengericht nicht von Amts wegen den maßgeblichen Sachverhalt zu ermitteln hat, sondern es den Parteien obliegt, die für sie günstigen Tatsachen selbst vorzutragen. Die §§ 235, 236 FamFG beziehen sich ihrem Zweck nach auf die Beschleunigung des Unterhaltsverfahrens in Bezug auf die Ermittlung der

---

[21] *Borth* FamRZ 2007, 1925, 1934.
[22] A. a. O.

Einkommens- und Vermögensverhältnisse, während nach dem Amtsermittlungsgrundsatz die tatsächlichen Grundlagen sämtlicher Tatbestandsmerkmale zu ermitteln sind.[23]

Der Gesetzgeber hat die Notwendigkeit für eine solche Regelung darin gesehen, dass angesichts der oftmals existenziellen Bedeutung von Unterhaltsleistungen für den Berechtigten und angesichts dessen, dass ungenügende Unterhaltszahlungen zu einem erhöhten Bedarf an öffentlichen Leistungen führen können, über das private Interesse des Unterhaltsgläubigers hinaus auch ein öffentliches Interesse an einer sachlich richtigen Entscheidung in Unterhaltsangelegenheiten bestehe.[24]   **20**

5. Pflicht zur ungefragten Information

§ 235 Abs. 3 FamFG formuliert die in der Rechtsprechung entwickelten Grundsätze zur Pflicht zur ungefragten Information[25] zu den Einkommensverhältnissen, wenn sich Umstände, die der begehrten Auskunft zugrunde liegen, während des Verfahrens verändert haben.[26] Hierauf hat das Familiengericht nach § 235 Abs. 1 Satz 3 FamFG hinzuweisen.   **21**

6. Entscheidung nach § 235 Abs. 1 FamFG als Zwischenentscheidung

§ 235 Abs. 4 FamFG erklärt die Entscheidungen des Gerichts nach dieser Vorschrift für **nicht selbstständig anfechtbar**. Dies ergibt sich zwar aus dem Charakter als Zwischenentscheidung, es wird zur Klarstellung jedoch noch einmal ausdrücklich wiederholt.[27]   **22**

7. Verfahrensrechtliche Auskunftspflicht Dritter

§ 236 Abs. 1 FamFG gibt dem Gericht die Befugnis, bei Dritten bestimmte Auskünfte und Belege über die Höhe der Einkünfte einzufordern, soweit dies für die Bemessung des Unterhalts von Bedeutung sein kann. Die Vorschrift entspricht vom Ausgangspunkt her dem bisherigen § 643 Abs. 2 Satz 1 ZPO, weist jedoch einige Veränderungen auf. Vom Auskunftsrecht gegenüber Dritten sind das Vermögen und die persönlichen und wirtschaftlichen Verhältnisse nicht umfasst.[28]   **23**

---

[23] *Borth* FamRZ 2007, 1925, 1934.

[24] BT-Drucks. 16/6308, 256.

[25] Siehe BGH FamRZ 1988, 270; FamRZ 1988, 1172; zur Verschärfung der Informationspflicht bei Vergleichen siehe BGH FamRZ 1997, 483.

[26] Siehe hierzu auch BGH FamRZ 2000, 153 – Wahrheitspflicht nach § 138 Abs. 1 ZPO.

[27] BT-Drucks. 16/6308, 256.

[28] BT-Drucks. 16/6308, 256.

a) Dritte im Sinne des § 236 Abs. 1 FamFG

24   Dritte im Sinne des § 236 FamFG sind

- Arbeitgeber;
- Sozialleistungsträger sowie die Künstlersozialkasse;
- sonstige Personen oder Stellen, die Leistungen zur Versorgung im Alter und bei verminderter Erwerbsfähigkeit sowie Leistungen zur Entschädigung und zum Nachteilsausgleich zahlen;
- Versicherungsunternehmen;
- Finanzämter.

b) Auskunftspflicht der Finanzämter

25   Die bislang bestehende Beschränkung der Auskunftspflicht der Finanzämter auf Rechtsstreitigkeiten, die den Unterhaltsanspruch eines minderjährigen Kindes betreffen, bleibt nicht aufrechterhalten.[29] Der Steuerpflichtige ist in der Regel aufgrund materiellen Rechts zur Auskunftserteilung über seine Einkünfte gegenüber dem Gegner verpflichtet. Wird die Auskunft nicht erteilt, verhält er sich pflichtwidrig und ist daher in geringerem Maße schutzwürdig.[30] Auch das öffentliche Interesse daran, dass der Steuerpflichtige gegenüber den Finanzbehörden alle für die Besteuerung erheblichen Umstände wahrheitsgemäß und umfassend, offenbart, damit keine Steuerausfälle eintreten, wird nicht stärker beeinträchtigt als bisher, da der Pflichtige bereits derzeit damit rechnen muss, dass das Finanzamt Auskünfte erteilt.[31]

c) Beleganforderung

26   Gem. § 236 Abs. 2 FamFG ist das Gericht auf Antrag des anderen Beteiligten verpflichtet die in § 236 Abs. 1 FamFG genannten Auskünfte und Belege bei Dritten anzufordern, wenn die Voraussetzungen nach § 236 Abs. 1 FamFG vorliegen. § 236 Abs. 3 FamFG legt fest, dass eine Anordnung nach Abs. 1 den Beteiligten mitzuteilen ist. Die Vorschrift dient der Information und folgt dem Gedanken, dass den Beteiligten ein vergleichbarer Beweisbeschluss ebenfalls übermittelt werden würde.

d) Problematik etwaiger Aussage- und Zeugnisverweigerungsrechte Dritter

27   § 236 Abs. 4 Satz 1 FamFG entspricht dem bisherigen § 643 Abs. 3 Satz 1 ZPO. Zu Satz 2 heißt es in der Gesetzesbegründung, dass dieser dem bisherigen § 643 Abs. 3 Satz 2 ZPO entspreche und deshalb klarstellen wolle, dass insbesondere Aussage- und Zeugnisverweigerungsrechte einer Auskunftser-

---

[29] BT-Drucks. 16/6308, 256.
[30] BT-Drucks. 16/6308, 256.
[31] BT-Drucks. 16/6308, 256.

teilung nicht entgegengehalten werden könnten.[32] Diese Ansicht ist mehr als problematisch, denn zu § 643 Abs. 3 Satz 2 ZPO a. F. war gerade streitig, ob Dritten Auskunfts- und Zeugnisverweigerungsrechte zustehen können.[33] Es ist zu berücksichtigen, dass auch Geheimhaltungsinteressen des betroffenen Dritten grundsätzlich schutzbedürftig sein können. Dieser grundrechtliche Schutz wird jedoch gerade durch Auskunfts- und Zeugnisverweigerungsrechte gewährleistet, weshalb es notwendig erscheint, dass § 236 Abs. 4 FamFG entsprechend ausgelegt wird.[34]

e) Anfechtungsrechte Dritter

§ 236 Abs. 5 FamFG schließt die isolierte Anfechtbarkeit für Anordnungen **28** nach § 236 Abs. 1 bis 4 FamFG aus. Der Ausschluss der Anfechtbarkeit gilt nach der Gesetzesbegründung jedoch ausdrücklich nicht für nicht am Verfahren beteiligte Dritte, da sie nicht die Möglichkeit haben, die Rechtmäßigkeit einer Anordnung nach Absatz 1 inzident im Rechtsmittelzug überprüfen zu lassen.[35] Wenn dies jedoch so ist, dann muss Dritten im Falle von berechtigten Geheimhaltungsinteressen auch ein Aussage- und Zeugnisverweigerungsrecht zustehen.

---

32 BT-Drucks. 16/6308, 257.
33 Vgl. BGH FamRZ 2005, 1986, 1987.
34 Siehe dazu auch *Fölsch* § 3 Rdnr. 156.
35 BT-Drucks. 16/6308, 257.

§ 16 Unterhalt bei Feststellung der Vaterschaft

1   § 237 FamFG tritt an die Stelle des bisherigen § 653 ZPO. Es haben sich jedoch einige Veränderungen ergeben, denn anders als bei § 653 ZPO ist das Unterhaltsverfahren nicht mehr notwendigerweise Teil des auf Feststellung der Vaterschaft gerichteten Abstammungsverfahren, sondern ein **selbständiges Verfahren**. Nach § 179 Abs. 1 Satz 2 FamFG kann ein Unterhaltsverfahren nach § 237 mit dem Verfahren auf Feststellung der Vaterschaft verbunden werden.[1] Es bleibt jedoch auch in diesem Fall eine Unterhaltssache, auf die die hierfür geltenden Verfahrensvorschriften anzuwenden sind und nicht diejenigen des Abstammungsverfahrens.

2   Abs. 1 regelt, dass der Hauptsacheantrag auf Unterhaltszahlung bereits ab Anhängigkeit des Verfahrens auf Feststellung der Vaterschaft möglich ist. Dies bedeutet, dass das Verfahren nach § 237 FamFG – ebenso wie das Verfahren der einstweiligen Anordnung nach § 248 FamFG – eine Durchbrechung des Grundsatzes des § 1600 d Abs. 4 BGB darstellt, wonach die Rechtswirkungen der Vaterschaft grundsätzlich erst von dem Zeitpunkt der rechtskräftigen Feststellung an geltend gemacht werden können.[2] Abs. 2 sieht vor, dass das Gericht ausschließlich zuständig sein soll, bei dem das Verfahren auf Feststellung der Vaterschaft im ersten Rechtszug anhängig ist. Dadurch wird die Verbindung beider Verfahren erleichtert. Abs. 3 entspricht § 653 Abs. 1 ZPO. Absatz 4 entspricht dem bisherigen § 653 Abs. 2 ZPO, wobei jedoch zusätzlich das Kriterium des Wirksamwerdens der Anerkennung der Vaterschaft aufgenommen wurde. Auch in diesem Fall steht die Vaterschaft in rechtlicher Hinsicht fest, so dass der Eintritt der Wirksamkeit der Unterhaltsverpflichtung gerechtfertigt ist.

---

[1] BT-Drucks. 16/6308, 257.
[2] *Kroiß/Seiler*, Das neue FamFG, § 3 Rdnr. 415.

§ 17 Abänderung von gerichtlichen Entscheidungen, Vergleichen und Urkunden, §§ 238–240 FamFG

I. Einführung

Die Vorschriften zur Abänderung von Unterhaltstiteln in den §§ 238–240 **1** FamFG gliedern sich nach Art des abzuändernden Titels. Für die unterschiedlichen Titel bestehen unterschiedliche Voraussetzungen. § 238 FamFG ist die Spezialvorschrift für die Abänderung gerichtlicher Entscheidungen, § 239 FamFG für die Abänderung von Vergleichen und Urkunden, § 240 FamFG für die Abänderung von Entscheidungen nach den §§ 237 und 253 FamFG. Ziel der Regelungen ist die Erhöhung der Übersichtlichkeit. Ebenso soll sich die Rechtslage stärker als bisher unmittelbar aus dem Gesetz ergeben.[1]

II. Abänderung gerichtlicher Entscheidungen, § 238 ZPO

Die Vorschrift ist eine Spezialregelung für die Abänderung gerichtlicher **2** Entscheidungen in Unterhaltssachen. Sie basiert auf der Grundstruktur des § 323 ZPO in seiner bisherigen Fassung. § 238 ist in vier Absätze gegliedert. Die Absätze 1 und 3 betreffen die Zulässigkeit des Abänderungsantrags, Absatz 2 die Tatsachenpräklusion für den Antragsteller und Absatz 4 die Begründetheit des Antrags.

1. Einer Abänderung zugängliche Entscheidungen

Absatz 1 Satz 1 bezeichnet diejenigen gerichtlichen Entscheidungen, die **3** einer Abänderung zugänglich sind. An die Stelle des Urteils tritt der Begriff der Endentscheidung. Absatz 1 Satz 1 stellt außerdem klar, dass Entscheidungen in einstweiligen Anordnungsverfahren nicht der Abänderung nach § 238 FamFG unterliegen. Die Abänderbarkeit derartiger Entscheidungen richtet sich nach § 54 Abs. 1 FamFG.

2. Wesentlichkeitsschwelle

Absatz 1 Satz 2 enthält die aus § 323 Abs. 1 ZPO bekannte Wesentlich- **4** keitsschwelle, wobei wie bisher auf tatsächlicher Ebene eine Änderung von mehr als 10% vorliegen muss.[2]

---

[1] BT-Drucks. 16/6308, 257.
[2] *Garbe/Ullrich/Kofler*, Prozesse in Familiensachen, 2007, § 4 Rdnr. 873.

5　　Der Antragsteller muss in seiner Antragsschrift Tatsachen vortragen, aus denen sich eine wesentliche Veränderung der der Entscheidung zugrunde liegenden tatsächlichen und rechtlichen Verhältnisse ergibt.[3] Diese dürfen nicht gem. Absatz 2 ausgeschlossen sein. Daneben ist auch die Änderung der rechtlichen Verhältnisse, z.B. der höchstrichterlichen Rechtsprechung ausreichend.

3. Zeitgrenze

6　　Abs. 3 behandelt die Zeitgrenze, bis zu der eine rückwirkende Abänderung möglich ist. Gegenüber § 323 Abs. 3 ZPO ergeben sich folgende Änderungen:

Abs. 3 Satz 1 bestimmt, dass der maßgebliche Zeitpunkt nunmehr die Rechtshängigkeit des Abänderungsantrags, d.h. die Zustellung des Antrags an den Gegner ist. Das Anhängigmachen des Antrags durch Einreichung oder Stellung eines entsprechenden Prozesskostenhilfegesuchs[4] bei Gericht reicht nicht mehr aus.

Abs. 3 Satz 2 fasst den bisherigen § 323 Abs. 3 Satz 3 ZPO zusammen, ohne dessen Aufzählung materiell-rechtlicher Vorschriften zu übernehmen. Inhaltlich ergeben sich keine Änderungen.

Abs. 3 Satz 3 hat im bisherigen Recht keine Entsprechung. Abs. 3 Satz 3 bestimmt für Anträge auf Herabsetzung des Unterhalts, dass diese auch für die Zeit ab dem Ersten des auf ein entsprechendes Auskunfts- oder Verzichtsverlangen des Antragstellers folgenden Monats zulässig sind. Auf diese Weise wird die Gleichbehandlung von Gläubiger und Schuldner erreicht.[5] Erforderlich sind daher entweder ein Auskunftsverlangen mit dem Ziel der Herabsetzung des Unterhalts gegenüber dem Unterhaltsgläubiger oder eine „negative Mahnung"[6], also die Aufforderung an den Unterhaltsgläubiger, teilweise oder vollständig auf den titulierten Unterhalt zu verzichten.[7]

Abs. 3 Satz 4 enthält eine zeitliche Einschränkung für die Geltendmachung eines rückwirkenden Herabsetzungsverlangens, entsprechend § 1585 b Abs. 3 BGB. Die rückwirkende Erhöhung des Unterhalts bestimmt sich gemäß Satz 2 nach dem materiellen Recht, die Herabsetzung ist dagegen rein verfahrensrechtlich ausgestaltet, so dass sich z.B. die Frage der Verjährung nicht stellen kann.[8]

7　　Zwar kann unter engen Voraussetzungen auch die Verwirkung eines prozessualen Rechts in Betracht kommen,[9] aus Gründen der Rechtssicherheit ist

---

[3] Siehe BGH FamRZ 1984, 353, 355; Zöller/*Vollkommer* § 323 ZPO Rdnr. 31.
[4] Vgl. BGH NJW 1982, 1050 ff.
[5] BT-Drucks. 16/6308, 258.
[6] MünchKommBGB/*Maurer* § 1585 b BGB Rdnr. 21.
[7] BT-Drucks. 16/6308, 258.
[8] BT-Drucks. 16/6308, 258
[9] MünchKommBGB/*Roth* 4. Auflage 2003, § 242 Rdnr. 90.

es jedoch erforderlich, das Herabsetzungsverlangen zeitlich zu begrenzen und daher ist die Jahresfrist eingeführt.

III. Abänderung von Vergleichen und Urkunden, § 239 FamFG

§ 239 Abs. 1 Satz 1 FamFG entspricht dem bisherigen § 323 Abs. 4 ZPO **8** und bestimmt, dass Prozessvergleiche nach § 794 Abs. 1 Nr. 1 ZPO und vollstreckbare Urkunden ebenfalls der Abänderung unterliegen, sofern sie eine Verpflichtung zu künftig fällig werdenden Leistungen enthalten.

Nach herrschender Rechtsprechung finden die Vorschriften des § 323 **9** Abs. 2 und 3 ZPO bei der Abänderung dieser Titel grundsätzlich keine Anwendung.[10] Die Abänderbarkeit eines Vergleichs unterliegt weder einer Wesentlichkeitsgrenze noch einer zeitlichen Grenze. Die Abänderbarkeit eines Vergleichs unterliegt weder einer Wesentlichkeitsgrenze noch einer zeitlichen Beschränkung. Die Vertragspartner eines Vergleichs können die Kriterien der Abänderbarkeit autonom bestimmen. Einer rückwirkenden Abänderung können nur materiell-rechtliche Gründe entgegenstehen.

Nach Satz 2 muss aber auch hier der Antragsteller die Tatsachen vortragen, aus denen sich die Abänderung rechtfertigt.

IV. Abänderung von Entscheidungen nach §§ 237 und 253 FamFG

§ 240 Abs. 1 FamFG entspricht dem bisherigen § 654 Abs. 1 ZPO, jedoch **10** mit der Einschränkung, dass ein streitiges Verfahren nach § 255 FamFG vorgeht.

Absatz 2 entspricht inhaltlich dem bisherigen § 654 Abs. 2 Satz 2 ZPO. Satz 3 enthält eine modifizierte Zeitschranke für auf Herabsetzung gerichtete Abänderungsanträge, die § 238 Abs. 3 Satz 3 FamFG entspricht. § 240 Abs. 1 Satz 4 führt eine § 238 Abs. 3 Satz 4 entsprechende Begrenzung ein. Eine § 240 Abs. 1 Satz 5 entsprechende Härteklausel ist im vorliegenden Zusammenhang neu.

V. Verschärfte Haftung gem. § 241 FamFG

§ 241 FamFG bestimmt, dass die Rechtshängigkeit eines auf Herabsetzung **11** gerichteten Abänderungsantrags bei der Anwendung des § 818 Abs. 4 BGB der Rechtshängigkeit einer Klage auf Rückzahlung der geleisteten Beträge gleichsteht.

---

[10] Zöller/*Vollkommer* § 323 Rdnr. 44 bis 48 m.w.N.

Dies führt zu einer verschärften Bereicherungshaftung des Empfängers. Ihm steht ein Entreicherungseinwand nach § 818 Abs. 3 BGB nicht mehr zu. Dies ist eine Umkehrung der bisherigen Rechtslage, nach der es zur Herbeiführung der verschärften Haftung noch erforderlich war, dass zusätzlich zum Abänderungsantrag ein auf Rückzahlung gerichteter Leistungsantrag erhoben wurde.[11]

VI. Besondere Vorschriften für die einstweilige Anordnung

12   Die §§ 246–248 FamFG enthalten Vorschriften für die einstweilige Anordnung in Unterhaltssachen, die den allgemeinen Regelungen aus §§ 49 ff. FamFG vorgehen.

§ 246 Abs. 1 FamFG enthält die Befugnis des Gerichts, durch einstweilige Anordnung die Verpflichtung zur Zahlung von Unterhalt oder zur Zahlung eines Kostenvorschusses für ein gerichtliches Verfahren zu regeln. Ein dringendes Bedürfnis für ein sofortiges Tätigwerden ist nicht erforderlich, es ist aber ein Regelungsbedürfnis notwendig.[12]

13   Im Gegensatz zum bisher geltenden Recht ist die Anhängigkeit einer Ehesache, eines isolierten Unterhaltsverfahrens oder eines entsprechenden Antrags auf Verfahrenskostenhilfe nicht mehr Voraussetzung für das einstweilige Anordnungsverfahren.

14   § 246 FamFG modifiziert die Voraussetzungen gegenüber § 49 FamFG. Insbesondere ist ein dringendes Bedürfnis für ein sofortiges Tätigwerden nicht erforderlich. Auf der Rechtsfolgenseite besteht die in § 49 FamFG vorgesehene Begrenzung auf vorläufige Maßnahmen nicht, vielmehr kann insbesondere auch die Zahlung angeordnet werden. Wie bisher kann durch eine einstweilige Anordnung der volle laufende Unterhalt ohne zeitliche Begrenzung zuerkannt werden, soweit die Voraussetzungen dafür glaubhaft gemacht worden sind.[13] Die Interessen des Unterhaltsschuldners werden durch die Möglichkeit zur Erzwingung eines Hauptsacheverfahrens nach § 52 Abs. 2 FamFG und durch den Antrag auf Aufhebung und Änderung der Entscheidung nach § 54 FamFG gewahrt. Das Außerkrafttreten der einstweiligen Anordnung bestimmt sich nach § 56 FamFG.

15   Nach § 246 Abs. 2 FamFG ergeht die Entscheidung aufgrund mündlicher Verhandlung, wenn dies zur Aufklärung des Sachverhalts oder für eine gütliche Streitbelegung geboten erscheint. Die Vorschrift betont die Bedeutung der mündlichen Verhandlung im Verfahren der einstweiligen Anordnung und

---

[11] BT-Drucks. 16/6308, 259; *Borth* FamRZ 2007, 1925, 1935; vgl. BGH FamRZ 1985, 368; BGH FamRZ 1992, 1152, 1154.

[12] Siehe *Borth* FamRZ 2007, 1925, 1935.

[13] Zöller/*Philippi* § 620 Rdnr. 59 zu § 620 m.w.N.; *Schwab/Maurer/Borth*, Handbuch des Scheidungsrechts, 5. Auflage 2004, I Rdnr. 878 m.w.N.

trägt damit dem Umstand Rechnung, dass das Ziel einer Verfahrensbeschleunigung in Unterhaltssachen nicht in der Weise im Vordergrund steht wie in anderen Bereichen des einstweiligen Rechtsschutzes.[14]

Praxistipp:

Im einstweiligen Anordnungsverfahren in Unterhaltssachen vor dem Familiengericht besteht im Gegensatz zum Hauptsacheverfahren kein Anwaltszwang. (vgl. § 114 Abs. 4 Nr. 1 FamFG).

---

[14] BT-Drucks. 16/6308, 260.

§ 18 Vereinfachtes Verfahren über den Unterhalt Minderjähriger

1   Die §§ 249–260 FamFG regeln das vereinfachte Verfahren über den Unterhalt Minderjähriger. Zweck des vereinfachten Verfahrens ist es, unterhaltsberechtigten Kindern in einem einfachen Verfahren schnell zu einem Vollstreckungstitel zu verhelfen.[1]

2   Die Vorschrift des § 249 FamFG entspricht weitgehend §§ 645 ff. ZPO a. F. Nicht mehr Gegenstand des vereinfachten Verfahrens kann die Abänderung eines Titels im vereinfachten Verfahren sein. Die §§ 655, 656 ZPO a. F. sind nicht übernommen worden, weil der Gesetzgeber hierfür nur ein geringes Bedürfnis für eine entsprechende Regelung sah und weil er die bisherigen Abänderungsmöglichkeiten als zu komplex und zu aufwändig ansah.[2] Die bisherige Regelung des § 653 ZPO a. F. befindet sich nunmehr in § 237 FamFG (Unterhalt bei Feststellung der Vaterschaft).

---

[1] *Baumbach/Lauterbach/Albers/Hartmann* § 249 FamFG Rdnr. 1.

[2] BT-Drucks. 16/6308, 261.

§ 19 Güterrechtssachen

Die §§ 261–265 FamFG betreffen die Güterrechtssachen. Hier hat sich gegenüber dem bisherigen Rechtszustand nichts wesentlich verändert. **1**

Güterrechtssachen im Sinne von § 261 Abs. 1 FamFG sind solche Verfahren, die Ansprüche aus dem ehelichen Güterrecht betreffen, auch wenn Dritte an dem Verfahren beteiligt sind. Diese Definition der Güterrechtssachen entspricht der in § 621 Abs. 1 Nr. 8 ZPO enthaltenen und erfasst alle güterrechtlichen Ansprüche der §§ 1365 Abs. 2, 1369 Abs. 2 und §§ 1382, 1383, 1426, 1430 und 1452 BGB[1].

1. Zweiteilung des § 261 FamFG

Absatz 1 bezieht sich auf Familienstreitsachen gem. § 112 Nr. 2 FamFG, **2** auf die grundsätzlich die Vorschriften der der ZPO anzuwenden sind. Die in **Absatz 2** genannten Güterrechtssachen sind reine Familiensachen, die bislang systemwidrig in die Zuständigkeit des Vormundschaftsgerichts fielen bzw. FGG-Familiensachen waren. In Bezug auf diese Gegenstände bleibt es dabei, dass allein die fG-Regeln des FamFG anzuwenden sind.

2. Örtliche Zuständigkeit

Die örtliche Zuständigkeit ergibt sich auf § 262 FamFG und verwirklicht **3** die Zuständigkeitskonzentration beim Gericht der Ehesache. Die Zuständigkeitsvorschrift gilt für alle Güterrechtssachen nach § 261 FamFG.

Während der Anhängigkeit einer Ehesache ist das Gericht ausschließlich **4** zuständig, bei dem die Ehesache anhängig ist oder war, § 262 Abs. 1 Satz 1 FamFG. Diese Zuständigkeit geht der ausschließlichen Zuständigkeit eines jeden anderen Gerichts vor, § 262 Abs. 1 Satz 2 FamFG. Die Güterrechtssache ist z.B. auch dann zwingend an das Gericht der Ehesache abzugeben, wenn es sich bei der Güterrechtssache um eine Vollstreckungsgegenklage i.S.v. § 767 ZPO handelt, für die die ausschließlich Zuständigkeit des § 802 ZPO gegeben wäre.[2] Dies ist eine Umkehrung der bisherigen Rechtslage.

Gem. § 262 FamFG bestimmt sich die Zuständigkeit im übrigen nach der **5** ZPO mit der Maßgabe, dass bei den Vorschriften über den allgemeinen Gerichtsstand auf den gewöhnlichen Aufenthalt abzustellen ist. Wird eine Ehesache rechtshängig, während eine Güterrechtssache bei einem anderen Gericht im ersten Rechtszug anhängig ist, ist die Güterrechtssache von Amts wegen gem. § 263 Abs. 1 FamFG an das Gericht der Ehesache abzugeben.

---

[1] BT-Drucks. 16/6308, 262.
[2] BT-Drucks. 16/6308, 262.

3. Verfahren nach den §§ 1382, 1383 BGB

6 § 264 FamFG betrifft die Verfahren auf Stundung und Übertragung von Vermögensgegenständen im Rahmen des ehelichen Güterrechts. Diese Verfahren waren bereits nach der bisherigen Rechtslage fG-Familiensachen und richteten sich nach § 53a Abs. 2 FGG. Durch das FamFG ergeben sich keine Änderungen der bisherigen Rechtslage.

7 § 264 Abs. 1 FamFG enthält die Maßgabe, dass die Entscheidung des Gerichts erst mit Rechtskraft wirksam wird und eine Abänderung oder Wiederaufnahme ausgeschlossen ist. Maßgeblich ist allein § 1382 Abs. 6 BGB, der es ermöglicht, die Zugewinnausgleichsforderung durch richterlichen Gestaltungsakt zu stunden.

8 Treffen ein Anspruch auf Zugewinnausgleich als Familienstreitsache (§§ 112 Nr. 2 und 261 Abs. 1 FamFG) und ein Antrag nach den §§ 1382, 1383 BGB als fg-Familiensache zusammen, bestimmt § 265 FamFG, dass eine Entscheidung durch einheitlichen Beschluss zu ergehen hat.

9 Genau wie der Versorgungsausgleich soll auch der Zugewinnausgleich reformiert werden. Die Bundesregierung hat ein Gesetz zur Änderung des Zugewinnausgleichs- und Vormundschaftsrechts vorgeschlagen, welches zudem Neuerungen bei den Wohnungszuweisungs- und Hausratssachen enthält.[3]

---

[3] Vgl. BR-Drucks. 635/08; siehe zum Zugewinnausgleich insbesondere auch *Hoppenz* FamRZ 2008, 1889.

§ 20 Sonstige Familiensachen

Der Katalog der Familiensachen in § 266 FamFG verwirklicht das lang **1** diskutierte Ziel des Großen Familiengerichts. Die Zuständigkeit des Familiengerichts erstreckt sich nunmehr auch auf eine Reihe von Verfahren, die bislang in die Zuständigkeit der allgemeinen Zivilabteilungen fielen. Zukünftig werden auch solche Streitigkeiten, die eine besondere Nähe zu familienrechtlich geregelten Rechtsverhältnissen aufweisen oder die in engem Zusammenhang mit der Auflösung eines solchen Verhältnisses stehen, vor den Familiengerichten geregelt.[4]

I. Katalog der sonstigen Familiensachen

1. § 266 Abs. 1 Nr. 1 FamFG

§ 266 Abs. 1 Nr. 1 FamFG umfasst Streitigkeiten zwischen miteinander **2** verlobten oder ehemals verlobten Personen oder zwischen einer solchen und einer dritten Person. Dabei muss in allen Fällen ein Zusammenhang mit der Beendigung des Verlöbnisses bestehen. Dritte Personen sind nur beteiligt, sofern Ansprüche aus den §§ 1298 und 1299 BGB geltend gemacht werden. Derartige Verfahren sind zahlenmäßig zwar eher selten, die Aufnahme in den Katalog der Familiensachen war jedoch aus Gründen der Vollständigkeit notwendig.[5]

2. § 266 Abs. 1 Nr. 2 FamFG

§ 266 Abs. 1 Nr. 2 FamFG nennt die aus der Ehe herrührenden Ansprüche, **3** wobei es nicht darauf ankommt, gegen wen sie sich richten.[6] Der Begriff „aus der Ehe herrührende Ansprüche" ist verhältnismäßig unpräzise,[7] gemeint sind aber in erster Linie Ansprüche aus § 1353 BGB herzuleitende Ansprüche, wie z.B. die Mitwirkung bei der gemeinsamen steuerlichen Veranlagung. Dazu gehören auch Ansprüche aus § 823 Abs. 1 BGB, wie etwa Abwehr- und Unterlassungsansprüche gegen Störungen des räumlich-gegenständlichen Bereichs der Ehe gegenüber dem anderen Ehegatten oder einem Dritten (sog. Ehestörungsklagen).[8]

---

[4] BT-Drucks. Regierungsentwurf 16/6308, 367.
[5] BT-Drucks. 16/6308, 262.
[6] BT-Drucks. 16/6308, 262.
[7] Vgl. dazu auch *Borth* FamRZ 2007, 1925, 1935.
[8] BT-Drucks. 16/6308, 263.

3. § 266 Abs. 1 Nr. 3 FamFG

4   § 266 Abs. 1 Nr. 3 FamFG bezieht sich auf Ausgleichsansprüche zwischen Ehegatten außerhalb des Güterrechts und dürfte deshalb eine erhebliche Bedeutung für die Praxis haben. Darunter fallen die Auseinandersetzung einer Gemeinschaft nach den §§ 741 ff. BGB (Nutzungsentgelt eines Eigenheims), die Rückabwicklung unbenannter Zuwendungen nach den Grundsätzen des Wegfalls der Geschäftsgrundlage, die Ansprüche aus Gesamtschuldnerausgleich gem. § 426 BGB oder einer Gläubigergemeinschaft gem. § 430 BGB.

4. § 266 Abs. 1 Nr. 4 FamFG

5   § 266 Abs. 1 Nr. 4 FamFG erwähnt die aus dem Eltern-Kind-Verhältnis herrührenden Ansprüche, dies sind etwa Streitigkeiten wegen Verwaltung des Kindesvermögens, sowie daraus sich etwaig ergebende Schadensersatzansprüche. Der Anspruch muss im Eltern-Kind-Verhältnis selbst seine Grundlage haben, ein bloßer Zusammenhang genügt nicht.[9]

5. § 266 Abs. 1 Nr. 5 FamFG

6   § 266 Abs. 1 Nr. 5 FamFG nennt aus dem Umgangsrecht herrührende Ansprüche. Selbstverständlich handelt es sich dabei nicht um das Umgangsrecht selbst, sondern vielmehr um daraus resultierende zivilrechtliche Ansprüche. Denkbar ist beispielsweise die Konstellation eines Schadensersatzanspruchs wegen Nichteinhalten der Umgangsregelung.[10]

II. Örtliche Zuständigkeit

7   § 267 FamFG entspricht der Regelung des § 262 FamFG für die güterrechtlichen Verfahren. Die Zuständigkeit ist beim Gericht der Ehesache konzentriert, § 267 Abs. 1 Satz 1 FamFG. Diese Zuständigkeit ist ausschließlich und geht der ausschließlichen Zuständigkeit eines anderen Gerichts vor, § 267 Abs. 1 Satz 2 FamFG. Soweit eine örtliche Zuständigkeit nach § 267 Abs. 1 FamFG nicht gegeben ist, verweist § 267 Abs. 2 FamFG auf die Zuständigkeitsregeln der ZPO mit der Maßgabe, dass in den Vorschriften über den allgemeinen Gerichtsstand an die Stelle des Wohnsitzes der gewöhnliche Aufenthalt tritt. Wird eine Ehesache anhängig, während eine sonstige Familiensache bei einem anderen Gericht im ersten Rechtszug anhängig ist, ist diese gem. § 268 FamFG an das Gericht des ersten Rechtszuges abzugeben.

---

[9] BT-Drucks. 16/6308, 263.
[10] Der BGH geht bislang davon aus, dass dafür das Zivilgericht zuständig ist. Siehe dazu *BGH* NJW 2002, 2566 ff.

§ 21 Lebenspartnerschaftssachen

Die Lebenspartnerschaftssachen sind in den §§ 269, 270 FamFG geregelt. **1** Die Regelung entspricht inhaltlich der bisherigen Regelung der Lebenspartnerschaftssachen in § 661 Abs. 1 ZPO unter Berücksichtigung der im FamFG neu geregelten Struktur der Familiensachen und der neu eingeführten Gesetzesbegriffe der Wohnungszuweisungs-, Hausrats- und Güterrechtssachen.[1] Gem. § 112 FamFG sind die Lebenspartnerschaftssachen nach § 269 Abs. 1 Nr. 8, 9 und 10, sowie Abs. 2 FamFG Familienstreitsachen.[2] In § 269 Abs. 2 und Abs. 3 FamFG wird die Schaffung des großen Familiengerichts auch für den Bereich der Rechtsverhältnisse nachvollzogen.

§ 270 FamFG regelt, welche Bestimmungen für Familiensachen in Lebens- **2** partnerschaftssachen entsprechend anwendbar sind. Verfahrensrechtlich werden die Lebenspartnerschaftssachen wie die ihnen jeweils entsprechenden Familiensachen im Fall der Ehe behandelt.[3] Die Verweisung bezieht sich auf sämtliche in den entsprechenden Familiensachen anwendbaren Vorschriften.[4]

---

[1] BT-Drucks. 16/6308, 263.

[2] § 112 FamFG enthält in Bezug auf die drei genannten Nummern ein redaktionelles Versehen, es besteht aber kein Zweifel an der beabsichtigten Bezugnahme.

[3] BT-Drucks. 16/6308, 263.

[4] BT-Drucks. 16/6308, 264.

§ 22 Einstweiliges Anordnungsverfahren

I. Allgemeine Vorschriften

1   Der familienrechtliche einstweilige Rechtsschutz galt bislang wegen der verschiedenen Mittel und Verfahrensarten als eine unübersichtliche und nur schwer handhabbare Materie. Eines der Reformziele des FamFG war es, das Verfahren des einstweiligen Rechtsschutzes übersichtlicher, einfacher und kostengünstiger zu machen.

2   Der Abschnitt 4 des neuen FamFG, der die Vorschriften über die einstweilige Anordnung betrifft, enthält denn auch die größten Veränderungen gegenüber der bisherigen Rechtslage, und zwar insbesondere in der Konzeption des einstweiligen Anordnungsverfahrens.[1] Die Reform besteht u.a. in der teilweisen Wiederanpassung der einstweiligen Anordnung an Arrest und einstweilige Verfügung, und zwar insbesondere dadurch, dass die Anhängigkeit einer gleichartigen Hauptsache oder des Scheidungsverfahrens bzw. der Eingang eines entsprechenden Gesuchs auf Prozesskostenhilfe nicht mehr erforderlich ist. Hauptsache und einstweilige Anordnung sind nunmehr zwei voneinander getrennte unabhängige Verfahren. Die Wahlmöglichkeit bezüglich der Einleitung einer Hauptsache in Antragssachen stärkt die Verfahrensautonomie der Beteiligten und betont ihre Rechtssubjektivität.[2]

1. Voraussetzungen der einstweiligen Anordnung

3   § 49 FamFG normiert den Grundtatbestand der einstweiligen Anordnung. Danach kommen für eine einstweilige Anordnung **nur vorläufige Maßnahmen** in Betracht. Gleichzeitig gilt der Grundsatz des **Verbots der Vorwegnahme der Hauptsache**.[3]

4   Die einstweilige Anordnung muss nach den für das Rechtsverhältnis maßgebenden Vorschriften gerechtfertigt sein, was strukturell dem Erfordernis eines Verfügungsanspruchs im Recht der einstweiligen Anordnung nach der ZPO entspricht. Weiterhin ist ein dringendes Bedürfnis für ein sofortiges Tätigwerden erforderlich. Diese Voraussetzung entspricht in ihrer Funktion etwa dem Verfügungsgrund für den Erlass einer einstweiligen Verfügung.[4] Ob ein dringendes Bedürfnis anzunehmen ist, ist eine Frage des Einzelfalls. Ein dringendes Bedürfnis wird regelmäßig zu bejahen sein, wenn ein Zuwarten bis zur Entscheidung in einer etwaigen Hauptsache nicht ohne Eintritt erheblicher Nachteile möglich wäre. In diesem Zusammenhang kann auf die

---

[1] BR-Drucks. 309/07, S. 444. Siehe dazu auch *Gießler* FPR 206, 421,422.
[2] *Kemper* Abschnitt 4, S. 70.
[3] BT-Drucks. 16/6308, 199.
[4] BT-Drucks. 16/6308, 199.

zur vorläufigen Anordnung bzw. zu § 621g ZPO weiterhin zurückgegriffen werden.[5]

2. Maßnahmen der einstweiligen Anordnung

§ 49 Abs. 2 Satz 1 FamFG nennt die im Rahmen des einstweiligen Anord- **5** nungsverfahrens in Betracht kommenden Maßnahmen. Dies sind eine Sicherungsanordnung und eine Regelungsanordnung, d.h. die beiden Grundformen aus dem Recht der einstweiligen Verfügung. Satz 2 nennt in Anlehnung an § 938 Abs. 2 ZPO einige praktisch bedeutsame Fälle vorläufiger Maßnahmen, insbesondere das Verfügungsverbot. Satz 3 ist in Anlehnung an § 15 HausratsV formuliert und stellt klar, dass von der Anordnungskompetenz des Gerichts auch Maßnahmen umfasst sind, die den Verfahrensgegenstand des einstweiligen Anordnungsverfahrens nur insoweit betreffen, als sie die Vollstreckung oder sonstige Durchführung der Anordnung regeln, ermöglichen oder erleichtern.[6] Ein diesbezüglicher Antrag ist nicht erforderlich, und zwar auch dann nicht, wenn das Gericht im einstweiligen Anordnungsverfahren dem Grunde nach einer Bindung an die gestellten Anträge unterliegt.

3. Zuständigkeit

Die Vorschrift des § 50 FamFG regelt die örtliche und sachliche Zustän- **6** digkeit im Wesentlichen entsprechend den für Arrest und einstweilige Verfügung geltenden Grundsätzen. Abs. 1 Satz 1 behandelt den Fall, dass eine Hauptsache nicht anhängig ist. In diesem Falle ist in Anlehnung an § 937 ZPO das Gericht zuständig, das für die Hauptsache erster Instanz zuständig wäre. Abs. 1 Satz 2 behandelt den Fall, dass eine Hauptsache anhängig ist. In diesem Fall ist grundsätzlich das für die einstweilige Anordnung zuständige Gericht zuständig, bei dem die Hauptsache im ersten Rechtszug anhängig ist oder war.

Die sog. Eilzuständigkeit ergibt sich aus § 50 Abs. 2 FamFG, nach der das **7** Amtsgericht zuständig ist, in dessen Bezirk das Bedürfnis für ein gerichtliches Tätigwerden bekannt wird oder sich die Person oder die Sache befindet, auf die sich die einstweilige Anordnung bezieht. Abs. 2 Satz 2 ordnet die unverzügliche Abgabe des einstweiligen Anordnungsverfahrens an das nach Abs. 1 zuständige Gericht an. Dies ist insbesondere von Bedeutung, wenn ein Hauptsacheverfahren bereits anhängig ist, aber auch im Hinblick auf eine auf Antrag oder von Amts wegen erfolgende Abänderung der im einstweiligen Anordnungsverfahren zunächst ergangenen Entscheidung.[7]

4. Einleitung des Verfahrens

Im Antragsverfahren kann eine einstweilige Anordnung gem. § 51 Abs. 1 **8** Satz 1 FamFG nur auf Antrag ergehen. Daraus ergibt sich zugleich, dass für

---

[5] BT-Drucks. 16/6308, 199.
[6] BT-Drucks. 16/6308, 199.
[7] BT-Drucks. 16/6308, 200.

Verfahren, die von Amts wegen eingeleitet werden können, ein Antragserfordernis für die einstweilige Anordnung nicht besteht.[8] Gem. § 51 Abs. 1 Satz 2 FamFG ist der im Antragsverfahren erforderliche Antrag zu begründen und glaubhaft zu machen.

9 § 51 Abs. 2 Satz 1 FamFG verweist für das einstweilige Anordnungsverfahren auf die Verfahrensvorschriften, die für eine entsprechende Hauptsache anwendbar sind. Diese Verweisung gilt jedoch nur eingeschränkt, soweit sie nicht den Besonderheiten des einstweiligen Anordnungsverfahrens entgegensteht.[9]

5. Unabhängiges Verfahren ohne Notwendigkeit einer Hauptsache

10 Gem. § 51 Abs. 3 FamFG bleibt das Verfahren der einstweiligen Anordnung auch bei Anhängigkeit eines Hauptsacheverfahrens ein unabhängiges Verfahren. Das einstweilige Anordnungsverfahren muss zudem nicht mehr zwingend ein Hauptsacheverfahren nach sich ziehen, § 52 FamFG. Es dient nicht nur gem. § 49 FamFG dem Zweck, über das Verfahren der einstweiligen Anordnung vorläufige oder sichernde Maßnahmen in Eilverfahren zu treffen, der Gesetzgeber hat vielmehr über die Regelungen in den §§ 226, 246 Abs. 1 FamFG bewusst ein verkürztes, den Streit abschließendes Verfahren eingeführt, das ein nachfolgendes Hauptsacheverfahren nicht mehr zwingend erforderlich macht.[10]

11 Oft reicht eine einstweilige Anordnung aus, um den Konflikt zwischen Parteien zumindest insoweit zu beheben. Klassisches Beispiel für Verfahren, in denen eine schnelle Regelung essenziell erforderlich ist, sind Umgangsverfahren, weil nur so dem Kindeswohl abträgliche längere Kontaktabbrüche zu dem nicht betreuenden Elternteil vermieden werden können und das Konfliktpotential erfahrungsgemäß nachlässt, wenn der Umgang erst einmal einer Regelung zugeführt ist.[11] Ein zusätzliches Hauptsacheverfahren fügt dem in dem einstweiligen Anordnungsverfahren gefundenen Ergebnis nichts wesentliches hinzu und wird deshalb vielfach verzichtbar sein. Dies hat u.a. auch Kostenvorteile für die betroffenen Beteiligten, weil keine zusätzlichen Kosten anfallen, sofern nicht die Notwendigkeit besteht, ein Hauptsacheverfahren von Amts wegen einzuleiten.

6. Keine Verringerung des Rechtsschutzes

12 Ein von einer Hauptsache unabhängiges einstweiliges Anordnungsverfahren bedeutet jedoch keine Verringerung des Rechtsschutzes, denn in Antragsverfahren steht den Beteiligten die Einleitung eines Hauptsacheverfahrens frei, in Amtsverfahren hat das Gericht die Pflicht zu überprüfen, ob die Einleitung eines Hauptsacheverfahrens von Amts wegen erforderlich ist.

---

[8] BT-Drucks. 16/6308, 200.
[9] BT-Drucks. 16/6308, 200.
[10] BT-Drucks. 16/6308, 201.
[11] Siehe dazu BT-Drucks. 16/6308, S. 201.

7. Übertragung von Verfahrensergebnissen in ein Hauptsacheverfahren

Durch § 51 Abs. 3 Satz 1 FamFG wird ausdrücklich klargestellt, dass das **13** Verfahren auch bei Anhängigkeit einer Hauptsache ein selbständiges Verfahren ist, worin der grundsätzliche Unterschied zur bisherigen Rechtslage liegt. Satz 1 verweist für das einstweilige Anordnungsverfahren auf Verfahrensvorschriften, die für eine entsprechende Hauptsache anwendbar sind. Diese Verweisung kann im Verfahren des einstweiligen Rechtsschutzes jedoch nicht uneingeschränkt gelten, sondern nur insoweit, als nicht die Besonderheiten des einstweiligen Rechtsschutz entgegenstehen.[12] Eine Besonderheit kann z.B. im Eilbedürfnis liegen.[13]

8. Einleitung des Hauptsacheverfahrens

§ 52 FamFG regelt die Einleitung des Hauptsacheverfahrens, sofern eine **14** einstweilige Anordnung erlassen worden ist. Sind alle Beteiligten mit der Regelung zufrieden, ist ein Hauptsacheverfahren in der Regel überflüssig. Es geht primär um die Fälle, in denen derjenige, der durch die einstweilige Anordnung in seinen Rechten beeinträchtigt wird, im Hauptsacheverfahren eine streitige Tatsache mit besseren Erkenntnismöglichkeiten und höherem richterlichen Überzeugungsgrad abschließend klären will. Das Gericht ist nach Abs. 1 Satz 1 FamFG in diesen Fällen verpflichtet, auf Antrag eines Beteiligten das Hauptverfahren einzuleiten. Über dieses Antragsrecht ist nach § 39 FamFG zu belehren.[14]

Damit die Beteiligten nicht vorschnell in das Hauptsacheverfahren drängen, kann das Gericht nach § 52 Abs. 1 Satz 2 eine Wartefrist für den Einleitungsantrag bestimmen. Die Frist beträgt nach Satz 3 höchstens drei Monate, sollte jedoch kürzer bemessen sein, wenn die einstweilige Anordnung unanfechtbar ist und schwerwiegend in die Rechte eines Beteiligten eingreift.[15]

Nach § 52 Abs. 2 FamFG regelt für Verfahren, die nur auf Antrag eingeleitet **16** werden, einen Mechanismus zur Herbeiführung des Hauptsacheverfahrens. Dieser Mechanismus lehnt sich weitgehend an § 926 ZPO an, die für Arrest und einstweilige Verfügung geltende Vorschrift.[16] Auf Antrag eines Beteiligten, der durch die einstweilige Anordnung in seinen Rechten beeinträchtigt ist, hat das Gericht gegenüber demjenigen, der die einstweilige Anordnung erwirkt hat, anzuordnen, dass er die Einleitung des Hauptsacheverfahrens oder die Gewährung von Verfahrenskostenhilfe hierfür beantragt. Das Gericht hat dazu eine Frist zu bestimmen, die höchstens drei Monate betragen darf, § 52

---

[12] BT. Drucks. 16/6308, 200.
[13] Siehe *van Els* FPR 2008, 409.
[14] BT-Drucks. 16/6308, 200.
[15] BT-Drucks. 16/6308, 201.
[16] BT-Drucks. 16/6308, 201.

Abs. 2 Satz 2 FamFG. Der fruchtlose Ablauf der Frist hat nach § 52 Abs. 2 Satz 3 FamFG **zwingend** die Aufhebung der einstweiligen Anordnung zur Folge. Dies hat das Gericht durch unanfechtbaren Beschluss auszusprechen, wobei sich die Wirkung des § 52 Abs. 2 FamFG ex tunc entfaltet.[17]

9. Aufhebung oder Änderung der einstweiligen Anordnung

17 Nach § 54 Abs. 1 kann das Gericht die Entscheidung in der einstweiligen Anordnungssache aufheben oder ändern. In Antragsverfahren kann dies nach Satz 2 nur auf Antrag geschehen, in Verfahren von Amts wegen auch ohne Antrag. Diese weitgehende Abänderungsmöglichkeit ist eine Art Ersatz für die nicht bzw. nur in den engen Grenzen des § 57 FamFG bestehende Anfechtungsmöglichkeit. Die Befugnis des Gerichts bezieht sich nicht nur auf Entscheidungen, die eine einstweilige Anordnung enthalten, sondern auch auf solche, die den Erlass einer solchen ablehnen,[18] wobei dies sogar rückwirkend geschehen kann.[19] Das Antragserfordernis gilt gem. § 54 Abs. 1 Satz 3 FamFG nicht, wenn die Entscheidung ohne vorherige mündliche Anhörung erlassen wurde. Dies entspricht der bisherigen Regelung in § 620b ZPO, der in Abs. 2 ebenfalls vorsah, auf Antrag auf Grund mündlicher Verhandlung erneut zu beschließen. Mit dieser Regelung wird die Bedeutung der Anhörung hervorgehoben.[20]

18 Ist die Entscheidung in einer Familiensache ergangen, so ist gem. § 54 Abs. 2 FamFG auf Antrag aufgrund mündlicher Verhandlung erneut zu entscheiden.

10. Sachliche und örtliche Zuständigkeit

19 § 54 Abs. 3 regelt die örtliche und sachliche Zuständigkeit für Maßnahmen nach § 54 FamFG. Die Regelung weicht von der bisherigen Regelung des § 620b Abs. 3 ZPO ab, weil das einstweilige Anordnungsverfahren nunmehr ein selbstständiges Verfahren ist.

20 Nach Satz 1 ist grundsätzlich das Gericht zuständig, das die abzuändernde Entscheidung erlassen hat, und zwar aus Gründen der Verfahrensökonomie auch dann, wenn sich die zuständigkeitsbegründenden Umstände verändert haben.[21] Satz 2 macht von diesem Grundsatz dann eine Ausnahme, wenn nach Erlass der Entscheidung, deren Abänderung beantragt ist oder in Betracht kommt, das einstweilige Anordnungsverfahren an ein anderes Gericht abgegeben oder verwiesen wurde, z. B. im Falle von § 50 Abs. 2 FamFG.

21 § 54 Abs. 4 FamFG regelt das Verhältnis der Abänderung zu einem Rechtsmittelverfahren im Sinne eines Vorrangs des Rechtsmittelverfahrens während der Anhängigkeit der Sache beim Beschwerdegericht.

---

[17] Siehe dazu Thomas/Putzo/*Reichold* § 926 ZPO, Rdnr. 16
[18] BT-Drucks. 16/6308, 201.
[19] Vgl. dazu Thomas/Putzo/*Hüßtege* § 620b ZPO Rdnr. 9; OLG Köln FamRZ 2004, 39.
[20] BT-Drucks. 16/6308, 202.
[21] BT-Drucks. 16/6308, 202.

11. Vollstreckung und Aussetzung der Vollstreckung

Gem. § 53 Abs. 1 FamFG ist für eine einstweilige Anordnung eine Voll- **22**
streckungsklausel nur dann notwendig, wenn die Vollstreckung für oder gegen eine nicht in dem Beschluss bezeichnete Person erfolgen soll. § 53 Abs. 2
FamFG gestattet die Vollstreckung der einstweiligen Anordnung vor deren
Zustellung in Gewaltschutzsachen, sowie in sonstigen Fällen, in denen ein
besondere Bedürfnis besteht, wobei insoweit eine Anordnung des Gerichts
erforderlich ist.

§ 55 regelt, dass das Gericht die Vollstreckung gem. § 53 FamFG aussetzen **23**
oder beschränken kann und der Beschluss darüber unanfechtbar ist.

12. Außerkrafttreten der einstweiligen Anordnung

§ 56 regelt das Außerkrafttreten der einstweiligen Anordnung. Die Rechts- **24**
lage hinsichtlich des Außerkrafttretens hat sich wegen der nunmehr bestehenden Selbstständigkeit des einstweiligen Anordnungsverfahrens erheblich
verändert.

Nach § 56 Abs. 1 Satz 1 FamFG tritt die einstweilige Anordnung bei Wirk- **25**
samwerden einer anderen Regelung außer Kraft. Dieses aus § 620f Abs. 1
Satz 1 ZPO übernommene Kriterium hat sich bewährt und wird daher bei-
behalten.[22] Ist die andere Regelung als Endentscheidung in einer Familienstreitsache ergangen, ist deren Rechtskraft maßgebend, soweit nicht die
Wirksamkeit zu einem späteren Zeitpunkt eintritt, § 56 Abs. 1 Satz 2
FamFG.

Nach § 56 Abs. 2 FamFG tritt eine einstweilige Anordnung im Antragsver- **26**
fahren infolge der Erledigung der Hauptsache außer Kraft, wenn der Antrag
in der Hauptsache zurückgenommen oder rechtskräftig abgewiesen wurde
(Nr. 1 und 2), weil dann für eine vom Antragsteller erwirkte einstweilige Anordnung kein Raum mehr ist. Dies dient insbesondere dem Schutz des Antragsgegners, dem nach Beendigung der Hauptsache nicht zugemutet werden
soll, gesondert gegen den Beschluss in dem einstweiligen Anordnungsverfahren vorzugehen.[23] Dies gilt entsprechend, wenn Erledigung nach Nr. 3 oder 4
eingetreten ist, d.h. wenn die Hauptsache übereinstimmend für erledigt erklärt wird oder die Erledigung in der Hauptsache anderweitig eintritt.

Gem. § 56 Abs. 3 FamFG hat das für die einstweilige Anordnung zustän- **27**
dige Gericht diese Wirkung gesondert durch Beschluss auszusprechen.

13. Rechtsmittel im einstweiligen Anordnungsverfahren

Entscheidungen in einstweiligen Anordnungsverfahren sind **grundsätzlich** **28**
nicht anfechtbar. § 57 Abs. 1 Satz 1 FamFG schließt diese Möglichkeit aus.
Es steht den Beteiligten stattdessen offen, unmittelbar oder mit dem Umweg

---

[22] BT-Drucks. 16/6308, 202.
[23] BT-Drucks. 16/6308, 202.

über § 52 FamFG ein Hauptsacheverfahren einzuleiten und auf diese Weise die getroffene Entscheidung durch das Gericht und notfalls auch durch das Rechtsmittelgericht überprüfen zu lassen oder auf eine Abänderung hinzuwirken.[24]

29 § 57 Abs. 1 Satz 2 FamFG benennt die Ausnahmen vom Grundsatz der Unanfechtbarkeit und entspricht insoweit dem bisherigen § 620 c ZPO.

§ 57 Abs. 2 Satz 2 FamFG findet Anwendung, wenn das Gericht des ersten Rechtszuges **aufgrund mündlicher Erörterung**

- über die elterliche Sorge für ein Kind,
- über die Herausgabe des Kindes an den anderen Elternteil,
- über einen Antrag auf Verbleiben eines Kindes bei einer Pflege- oder Bezugsperson,
- über einen Antrag nach den §§ 1 und 2 des Gewaltschutzgesetzes oder
- in einer Wohnungszuweisungssache über einen Antrag auf Zuweisung der Wohnung entschieden hat.

☞ **Praxistipp:**

Gegenüber dem bisherigen § 620 c ZPO sind nunmehr auch ablehnende Entscheidungen anfechtbar, sofern sie unter die Ausnahmen von § 57 Abs. 2 Satz 2 FamFG fallen.
Unanfechtbar bleiben einstweilige Anordnungen über die Anordnung des Umgangs, die Beschränkung des Umgangs oder die Anordnung des begleiteten Umgangs.[25]

30 Ist die Entscheidung im einstweiligen Anordnungsverfahren ausnahmsweise anfechtbar, dann gilt gem. § 63 Abs. 2 FamFG eine **zweiwöchige Beschwerdefrist.**

14. Vollstreckung in einstweiligen Anordnungsverfahren

31 § 53 Abs. 1 FamFG regelt, dass eine einstweilige Anordnung nur ausnahmsweise einer Vollstreckungsklausel bedarf, und zwar nur dann, wenn eine Vollstreckung für oder gegen eine nicht in dem Beschluss bezeichnete Person erfolgen soll. Soweit es nach den §§ 88 ff. FamFG, d.h. im Falles des Umgangs oder der Herausgabe einer Person, ohnehin keiner Vollstreckungsklausel bedarf, bleibt es dabei, weil die Vorschrift die Klauselpflicht einschränken , aber nicht erweitern will.[26]

---

[24] BT-Drucks. 16/6308, 202.

[25] Im Rahmen des Gesetzgebungsverfahren war hinsichtlich des Umgangs noch differenziert worden, zwischen einer Begrenzung und einem vollständigen Ausschluss, das Gesetz sieht jedoch nunmehr von dieser Differenzierung ab, so dass Umgangsentscheidungen im einstweiligen Anordnungsverfahren unanfechtbar bleiben. Vgl. dazu BT-Drucks. 16/9733, 289.

[26] BT-Drucks. 16/6308, 201.

Nach § 53 Abs. 2 FamFG kann das Gericht in Gewaltschutzsachen sowie   **32**
in sonstigen Fällen, in denen ein besonderes Bedürfnis besteht, anordnen,
dass die Vollstreckung der einstweiligen Anordnung vor Zustellung an den
Verpflichteten zulässig ist. In diesem Fällen wird die einstweilige Anordnung
mit Erlass wirksam.

Praxistipp:

Ein besonderes Bedürfnis in sog. sonstigen Fällen kann sich z. B. auf Fälle beziehen,
in denen ein Kind im Wege einer einstweiligen Anordnung herausgegeben werden
soll.

II. Besonderheiten in Familiensachen

1. Familienstreitsachen

Gem. § 119 Abs. 1 Satz 1 FamFG sind die allgemeinen Vorschriften der   **33**
§§ 49 ff. FamFG grundsätzlich auch auf Familienstreitsachen anwendbar.
Dies bedeutet, dass der einstweilige Rechtsschutz für alle Verfahrensgegen-
stände nunmehr einheitlich ausgestaltet ist und auch im Bereich der Familienstreitsachen einstweilige Anordnungen hauptsacheunabhängig sind, anders
als bislang in § 644 ZPO, der die Anhängigkeit einer gleichartigen Hauptsache als Zulässigkeitsvoraussetzung vorsah.

§ 119 Abs. 1 Satz 2 FamFG, der § 945 ZPO für anwendbar erklärt, be-   **34**
zieht sich auf Güterrechtssachen nach § 261 Abs. 1 FamFG und Lebenspartnerschaftssachen nach § 269 Abs. 1 Nr. 9 FamFG, sowie auf sonstige Familiensachen nach § 266 Abs. 1 FamFG und Lebenspartnerschaftssachen nach
§ 269 Abs. 2 FamFG. In diesen Familienstreitsachen kann das Gericht gem.
§ 119 Abs. 2 einen Arrest anordnen und insoweit gelten die §§ 914–934 und
die §§ 943–945 ZPO entsprechend. Da das Gesetz jedoch nicht auf die
§§ 935–942 ZPO verweist, ist eine einstweilige Verfügung im Bereich des
FamFG ist ausgeschlossen.[27]

2. Besonderheiten in Unterhaltssachen

Für die einstweilige Anordnung in Unterhaltssachen gelten über die   **35**
§§ 246 ff. FamFG Sonderregelungen. Nach § 246 kann das Gericht durch
einstweilige Anordnung abweichend von § 49 FamFG auf Antrag die Verpflichtung zur Zahlung von Unterhalt oder Zahlung eines Kostenvorschusses
für ein gerichtliches Verfahren regeln. Abweichend zu § 49 FamFG ist insbesondere ein dringendes Bedürfnis für ein sofortiges Tätigwerden nicht erforderlich.[28] Auf der Rechtsfolgenseite besteht die in § 49 FamFG vorgesehene
Begrenzung auf vorläufige Maßnahmen nicht, vielmehr kann auch die Zahlung angeordnet werden.[29]

---

[27] BT-Drucks. 16/6308, 226.
[28] BT-Drucks. 16/6308, 257.
[29] BT-Drucks. 16/6308, 257.

36   In zeitlicher Hinsicht ist der Unterhalt unbegrenzt und kann in voller Höhe als laufender Unterhalt tituliert werden, sofern die Voraussetzungen dafür glaubhaft gemacht worden sind.[30] Die Interessen des Unterhaltsschuldners werden durch die Möglichkeit zur Erzwingung eines Hauptsacheverfahrens nach § 52 Abs. 2 FamFG und durch den Antrag auf Aufhebung oder Änderung der Entscheidung nach § 54 FamFG gewahrt.[31]

37   Nach § 246 Abs. 2 FamFG ergeht die Entscheidung aufgrund mündlicher Verhandlung, wenn dies zur Aufklärung des Sachverhalts oder für eine gütliche Streitbeilegung geboten erscheint. Die Vorschrift betont die Bedeutung der mündlichen Verhandlung im Verfahren der einstweiligen Anordnung in Unterhaltssachen und trägt damit dem Umstand Rechnung, dass das Ziel einer Verfahrensbeschleunigung in Unterhaltssachen nicht in der Weise im Vordergrund steht wie in anderen Bereichen des einstweiligen Rechtsschutzes.[32]

38   Gem. § 246 Abs. 2 FamFG soll die Entscheidung normalerweise aufgrund mündlicher Verhandlung ergehen, und zwar deshalb weil in der mündlichen Verhandlung offen gebliebene Fragen geklärt und Rechts- und Einschätzungsfragen geklärt werden können. Die Verhandlungssituation erleichtert darüber hinaus das Zustandekommen von Vereinbarungen. In einfach gelagerten oder besonders eilbedürftigen Fällen kann die Entscheidung auch ohne mündliche Verhandlung ergehen.[33]

3. Einstweilige Anordnung vor Geburt des Kindes

39   § 247 Abs. 1 FamFG enthält besondere Vorschriften für die Geltendmachung von Unterhalt für das Kind und die Mutter vor Geburt des Kindes. Das Grundanliegen der Norm besteht darin, im Interesse der Mutter und des Kindes die Zahlung des Unterhalts in der besonderen Situation kurz vor und nach der Geburt in einem beschleunigten und möglichst einfach zu betreibenden Verfahren zunächst einmal sicherzustellen. Es handelt sich dabei um den verfahrensrechtlichen Gehalt der Regelungen des bisherigen § 1615o BGB.[34]

4. Einstweilige Anordnung bei Feststellung der Vaterschaft

40   § 248 FamFG ersetzt den bisherigen § 641d ZPO, der bislang davon ausging, dass die einstweilige Anordnung ein Teil des Verfahrens auf Feststellung der Vaterschaft ist.[35]

41   § 248 Abs. 1 FamFG ergänzt § 246 FamFG durch die Einführung einer zusätzlichen Zulässigkeitsvoraussetzung. Steht die Vaterschaft des im einstwei-

---

[30] Siehe Zöller/*Philippi* § 620 ZPO Rdnr. 4 und Rdnr. 59.
[31] BT-Drucks. 16/6308, 260.
[32] BT-Drucks. 16/6308, 260.
[33] BT-Drucks. 16/6308, 260.
[34] BT-Drucks. 16/6308, 260. Siehe auch Palandt/*Brudermüller* § 1615o BGB Rdnr. 1 ff.
[35] Zöller/*Philippi* § 641d ZPO Rdnr. 1 ff.

ligen Anordnungsverfahren in Anspruch genommenen Mannes nicht aufgrund anderer Vorschriften fest, ist der einstweilige Anordnungsantrag nur zulässig, wenn ein Verfahren auf Feststellung der Vaterschaft nach § 1600d BGB anhängig ist. Die Vorschrift durchbricht daher die Sperrwirkung des § 1600d Abs. 4 BGB, wonach die Rechtswirkungen der Vaterschaft grundsätzlich erst vom Zeitpunkt der rechtskräftigen Feststellung an geltend gemacht werden können.[36]

Die sachliche und örtliche Zuständigkeit für das einstweilige Anordnungs- **42** verfahren ergibt sich aus § 248 Abs. 2 FamFG.

§ 248 Abs. 3 FamFG regelt die entsprechende Geltung des § 1600d Abs. 2 **43** und Abs. 3 BGB, da die Vaterschaftsvermutung ausdrücklich nur im Verfahren auf gerichtliche Feststellung der Vaterschaft, also im Abstammungsverfahren anwendbar ist.[37] § 248 Abs. 4 FamFG ermöglicht dem Gericht die Anordnung der Sicherheitsleistung in Höhe eines bestimmten Betrages, insbesondere für den Fall, dass das Abstammungsverfahren zu dem Ergebnis kommt, dass der Antragsgegner nicht der Unterhaltsschuldner ist. Aus eben diesem Grund ergänzt § 248 Abs. 5 Satz 1 FamFG auch § 56 FamFG und enthält zwei zusätzliche Fälle des Außerkrafttretens der einstweiligen Anordnung in Unterhaltssachen, nämlich die Rücknahme des Vaterschaftsfeststellungsantrages und die rechtskräftige Abweisung des Antrages. Für diese beiden Fälle ist nach Abs. 5 Satz 2, der § 641g ZPO entspricht, vorgesehen, dass der dem Mann durch den Vollzug der einstweiligen Anordnung entgangene Schaden zu ersetzen ist.

5. Negative Feststellungsklage als Verteidigung gegen eine einstweilige Anordnung

Es ist weiterhin möglich, in einem Hauptsacheverfahren einen Antrag auf **44** negative Feststellung über das Nichtbestehen einer Verpflichtung zu stellen. Ein negativer Feststellungsbeschluss des Gerichts in der Hauptsache führt zum Außerkrafttreten der einstweiligen Anordnung gem. § 56 Abs. 1 Satz 1 FamFG. Das Außerkrafttreten ist rückwirkend bis zum Beginn der Verpflichtung aus der einstweiligen Anordnung möglich.[38]

---

[36] BT-Drucks. 16/6308, 260.
[37] BT-Drucks. 16/6308, 260.
[38] Zöller/*Philippi* § 620f ZPO, Rdnr. 13, 16b.

§ 23 Verfahren mit Auslandsbezug

1 Die Anzahl familiengerichtlicher Fälle mit Auslandsberührung nimmt kontinuierlich zu. Dies ist auf die erheblich gestiegene Mobilität der Bevölkerung und die Bereitschaft zurückzuführen, Menschen anderer Nationalität und aus einem unterschiedlichen Kulturkreis zu heiraten. Diese Verfahren bereiten in der Praxis sowohl in materieller als auch in formeller Hinsicht erhebliche Schwierigkeiten, weil die Rechtslage häufig unübersichtlich ist und das Verfahrensrecht dazu bislang keine in sich geschlossene Regelung enthielt.

2 Das FamFG stellt eine echte Neuerung insofern dar, als es erstmals eine in sich geschlossene kodifizierte Regelung hinsichtlich des in seinen Anwendungsbereich fallenden Internationalen Verfahrensrechts enthält, wobei die Rechtslage als solche unverändert bleibt.

3 Bei Verfahren mit Auslandsbezug, insbesondere bei Beteiligung von ausländischen Staatsangehörigen oder gewöhnlichem Aufenthalt einer Partei im Ausland, stellen sich vordringlich kollisionsrechtliche Fragen, und zwar insbesondere die nach der internationalen Zuständigkeit des deutschen Gerichts und die der Anerkennung einer im Ausland ergangenen Entscheidung, z. B. einer Sorgerechtsentscheidung oder eines Ehescheidungsurteils.

4 Die Frage der internationalen Zuständigkeit ist beim Vorliegen von Auslandsbezug ausnahmslos von Amts wegen, und zwar für jedes Verfahren gesondert, zu prüfen und steht nicht zur Disposition der Parteien.[1] Bei der Frage der Anerkennung einer ausländischen Entscheidung geht es primär um die Frage, ob die Wirkungserstreckung des Urteils auch auf den deutschen Rechtsbereich Anwendung findet und so zu behandeln ist als wäre sie im Inland ergangen.[2] Da in diesen Fällen bereits ein Hoheitsakt eines anderen Staates vorliegt, geht es nur noch um die Frage, ob dieser ausländische Hoheitsakt auch als rechtserheblich für die Rechtsbeziehung im Inland anzusehen ist. Es geht daher nicht um die Anknüpfung an ein IPR-Statut, sondern lediglich um die Frage der international-verfahrensrechtlichen Anerkennung und damit um die Frage des einschlägigen Kollisionsrechts. Trotz der irreführenden traditionellen Bezeichnung „Internationales" Privat- bzw. Verfahrensrecht ist Kollisionsrecht immer nationales Recht.[3] Kollisionsnormen finden sich in supranationalem Recht, in innerstaatlich kodifiziertem Recht und in gewohnheitsrechtlichen Grundsätzen. Das supranationale Recht ist gem. Art. 3 Abs. 2 EGBGB wie bislang vorab zu prüfen.

---

[1] BGH NJW 1999, 1395, 1396.
[2] Siehe dazu auch *Rausch* FPR 2006, 441 ff.
[3] A. a. O.

Bei supranationalem Kollisionsrecht handelt es sich einerseits um Staats- 5
verträge, soweit sie in der Bundesrepublik Deutschland anwendbares innerstaatliches Recht geworden sind (Art. 3 Abs. 2 Satz 1 EGBGB), andererseits
um Rechtsakte der Europäischen Gemeinschaften (Art. 3 Abs. 2 Satz 2
EGBGB), die, wenn sie als „Verordnung (EG)" im Amtsblatt der EG/EU
verkündet worden sind, damit gem. Art. 249 EG-Vertrag, Art. 23 Abs. 1 GG
in der Bundesrepublik Deutschland unmittelbar geltendes Recht werden.
Sie bedürfen keiner Transformation in innerstaatliches Recht oder einer
Vollzugsanweisung durch innerstaatliche Organe, sondern werden ohne
weiteres im Inland geltendes Recht. Die Bedeutung dieser Rechtsakte
wächst ständig, siehe die am 1. 3. 2001 anwendbar gewordene VO (EG)
Nr. 1347/2000 („Brüssel II"), die seit dem 1. 3. 2002 anwendbare VO (EG)
Nr. 44/2001 („Brüssel I"), sowie die seit dem 1. 3. 2005 anwendbare VO
(EG) Nr. 2001/2003.[4]

---

[4] Siehe dazu auch *Finger*, Grünbuch der Europäischen Kommission über das anzuwendende Recht und die gerichtliche Zuständigkeit in Scheidungssachen, FF 2007, 35 ff.

§ 24 Internationale Zuständigkeit

1 § 97 FamFG enthält nunmehr eine ausdrückliche Regelung zum Vorrang des supranationalen Rechts, die inhaltlich und vom Wortlaut der Regelung in Art. 3 EGBGB entspricht. Dies ändert zwar nichts an der bisherigen Rechtslage, weist aber ausdrücklich darauf hin, dass die EG-Verordnungen Vorrang vor nationalem Recht haben.

2 Die §§ 98 ff. FamFG ersetzen die bisherige Regelung zur Internationalen Zuständigkeit für Ehesachen des § 606 a ZPO bei Ehe- und Versorgungsausgleichssachen, gleichzeitig treten sie an die Stelle der bislang im FGG geregelten Zuständigkeiten der §§ 35 b, 43, 47, 70 FGG. Zur beachten ist auch an dieser Stelle ausdrücklich die Zuständigkeitsregelung der „Brüssel II a"-VO.

Im Einzelnen:

§ 98 FamFG: Ehesachen; Verbund- von Scheidungs- und Folgesachen

§ 99 FamFG: Kindschaftssachen

§ 100 FamFG: Abstammungssachen

§ 101 FamFG: Adoptionssachen

§ 102 FamFG: Versorgungsausgleichssachen

§ 103 FamFG: Lebenspartnerschaftssachen

§ 104 FamFG: Betreuungs- und Unterbringungssachen; Pflegschaft für Erwachsene

§ 105 FamFG: andere Verfahren in Ableitung aus der örtlichen Zuständigkeit[1]

---

[1] BT-Drucks. 16/6308, 221.

§ 25 Anerkennung

Die §§ 107 ff. FamFG betreffen die Anerkennung und Vollstreckung aus- **1** ländischer Entscheidungen. Sie entsprechen den bisherigen Regelungen der §§ 328 ZPO, 16 a FGG (Anerkennung) und § 722 f. ZPO (Vollstreckung).

Rechtsgrundlage zur Anerkennung ausländischer Titel ist vorrangig supra- **2** nationales Recht, entweder völkerrechtliche Verträge oder Rechtsakte der Europäischen Gemeinschaften. Entscheidend ist, ob sowohl die Bundesrepublik Deutschland als auch der Ursprungsstaat, d. h. der Staat in dem die Entscheidung ergangen ist, Vertragsstaaten/Mitgliedsstaaten des betreffenden supranationalen Regelwerks sind.

Supranationales und damit heute und künftig vorrangige Kollisionsnorm **3** zur Anerkennung von Urteilen in Ehesachen ist Art. 21 Abs. 1 VO (EG) Nr. 2201/2003. Danach werden Urteile, die in einem Mitgliedsstaat ergangen und rechtskräftig geworden sind, in allen Mitgliedsstaaten grundsätzlich ohne weitere Nachprüfung anerkannt, und zwar automatisch ohne förmliches Anerkennungsverfahren.[1]

Auf Entscheidungen, die in einem Nichtmitgliedsstaat der EU ergangen **4** sind, ist Art. 21 VO (EG) Nr. 2201/2003 nicht anzuwenden. Dieses Verfahren richtete sich bislang nach Art. 7 § 1 FamRÄndG, der eine spezielle Zuständigkeit für die Anerkennung normiert, die bei den Landesjustizbehörden angesiedelt war. Art. 7 § 1 FamRÄndG ist nunmehr durch § 107 FamFG ersetzt, inhaltlich jedoch unverändert erhalten geblieben. Dies bedeutet, dass für das mit der Zuständigkeit der Landesjustizverwaltungen verbundene Feststellungsmonopol für alle inländischen Gerichte und Behörden Bindungswirkung entfaltet[2] und erst mit Bestandskraft der Entscheidung der Landesjustizverwaltung die Anerkennung des ausländischen Ehescheidungsurteils feststeht.

---

[1] Dadurch wird im Inland das Verfahren nach Art. 7 § 1 FamRÄndG verdrängt, da eine Entscheidung der Landesjustizverwaltung auch behördlicherseits, insbesondere von den Standesämtern nicht verlangt werden darf, Art 21 Abs. 2 VO (EG) Nr. 2201/2003. Jeder Ehegatte hat jedoch das Recht zur Klarstellung einer möglicherweise zweifelhaften Anerkennungsfähigkeit, diese positiv oder negativ feststellen zu lassen. Gem. Art. 21 Abs. 3 VO(EG) Nr. 2201/2003, § 10 FamRVG ist dafür das OLG zuständig.

[2] Siehe dazu *Rausch* a. a. O.

§ 26 Vollstreckung familienrechtlicher Titel

1 Bislang richtete sich die Vollstreckung in Verfahren in Familiensachen nach der ZPO, wenn die ZPO für das Erkenntnisverfahren galt, wie z. B. in Unterhaltssachen. Für die FGG-Familiensachen nach § 621 1 ZPO wurde vielfach auf die ZPO verwiesen, wie z. B. in den §§ 53a Abs. 4, 53g Abs. 3 und 64b FGG. Die einzige Vollstreckungsvorschrift der freiwilligen Gerichtsbarkeit war der von der Praxis als wenig praktikabel empfundene § 33 FGG, der die Festsetzung von Zwangsgeld und Anordnung von unmittelbarem Zwang regelte, etwa bei Nichteinhalten von Umgangsbeschlüssen. Nach § 33 Abs. 2 FGG wurden Beschlüsse zur Kindesherausgabe vollstreckt.[1]

2 Die §§ 86–96a FamFG enthalten erstmals eine gesetzliche Grundlage der gerichtlichen Vollstreckung von Entscheidungen aus dem Bereich der freiwilligen Gerichtsbarkeit. Der Abschnitt ist in drei Teile aufgegliedert. Bei den §§ 86, 87 FamFG handelt es sich um allgemeine Vorschriften, die den Begriff des Vollstreckungstitels definieren und das Verfahren regeln. Der zweite Abschnitt befasst sich mit der Vollstreckung von Entscheidungen über die Herausgabe von Personen und die Regelung des Umgangs.

Der dritte Abschnitt regelt die Vollstreckung nach der ZPO, sofern die beiden ersten Abschnitte keine Spezialregelung enthalten.

I. Allgemeine Vorschriften (§§ 86,87 FamFG)

3 § 86 Abs. 1 FamFG regelt, aus welchen Titel die Zwangsvollstreckung betrieben werden kann. Dies ist möglich

- gem. § 86 Abs. 1 Nr. 1 FamFG aus gerichtlichen Beschlüssen,

und zwar sowohl aus Endentscheidungen, als auch aus anderweitigen Beschlüssen mit vollstreckbarem Inhalt, die verfahrensabschließende Entscheidungen enthalten.[2] Zu den Beschlüssen gehören auch Kostenfestsetzungsbeschlüsse, da § 85 FamFG für das Kostenfestsetzungsverfahren u. a. auf § 104 ZPO verweist.[3] § 86 Abs. 1 Nr. 1 FamFG erfasst ebenfalls Unterhaltsfestsetzungsbeschlüsse im vereinfachten Verfahren über den Unterhalt Minderjähriger, sowie einstweilige Anordnungen und Arrestbeschlüsse.[4] Keine Beschlüsse i. S. v. Nr. 1 sind verfahrensleitende Verfügungen und Anordnungen, auch wenn sie in Form eines Beschlusses ergehen. Die Vollstreckung dieser Verfügungen und Anordnungen richtet sich ausschließlich nach § 35 FamFG, der insoweit § 86 Abs. 1 Nr. 1 FamFG verdrängt.

---

[1] Siehe als Überblick *Keidel/Kuntze/Winkler* zu § 33 FGG.
[2] BT-Drucks. 16/6308, 217.
[3] *Giers* FPR 2008, 441.
[4] *Giers* a. a. O.

112

- § 86 Abs. 1 Nr. 2 FamFG aus gerichtlich gebilligten Vergleichen (§ 156 Abs. 2).

Die gerichtlich gebilligten Vergleiche in Nr. 2 sind nicht solche i. S. v. § 794   **4** Abs. 1 Nr. 1 ZPO, sondern z. B. Vergleiche im Umgangsrechtsverfahren. Dies ergibt sich aus der Verweisung auf § 156 Abs. 2 FamFG. Nicht vollstreckungsfähig sind bloße Vereinbarungen zwischen den Parteien, für die Vollstreckung ist jedoch ein gerichtlich gebilligter Vergleich unabdingbar erforderlich. Dies entspricht der bisherigen Rechtslage nach dem FGG.[5] Aufgabe des Vollstreckungsgerichts ist es deshalb, zu ermitteln, ob eine Billigung des Vergleichs durch das Verfahrensgericht vorgelegen hat. Diese Billigung kann konkludent vorliegen und muss nicht in eine der gerichtlichen Entscheidung ähnliche Form gekleidet werden.[6] Vollstreckungsgrundlage ist jedoch der Vergleich selbst und nicht die gerichtliche Verfügung über die Billigung.[7]

Praxistipp:

Um spätere Auslegungsschwierigkeiten für den Mandanten zu vermeiden, empfiehlt es sich darauf zu achten, dass bei Protokollierung der Vereinbarung eine entsprechende Formulierung aufgenommen wird, wie „anstelle einer gerichtlichen Entscheidung" oder „mit Billigung des Gerichts".

- § 86 Abs. 1 Nr. 3 FamFG aus weiteren Vollstreckungsmitteln im Sinne des § 794 ZPO, soweit die Beteiligten über den Gegenstand des Verfahrens verfügen können.

Dies trifft z. B. für Erbscheinsverfahren zu, wenn die Beteiligten sich über   **5** die Ausübung von Gestaltungsrechten einigen, die die Erbschaft beeinflussen.[8] Diese Verfügungsbefugnis fehlt in der Regel in Amtsverfahren.[9]

§ 86 Abs. 2 FamFG bestimmt, dass Beschlüsse in FamFG-Sachen mit   **6** Wirksamwerden bereits kraft Gesetzes vollstreckbar sind, ohne dass es hierzu einer Vollstreckbarerklärung des Gerichts bedarf. Grundsätzlich tritt die Wirksamkeit mit gem. § 40 Abs. 1 FamFG mit der Bekanntmachung der Entscheidung ein.[10]

Gem. § 86 Abs. 3 FamFG ist eine Vollstreckungsklausel nur dann erforder-   **7** lich, wenn die Vollstreckung nicht durch das Gericht erfolgt, das den Titel in der Hauptsache erlassen hat.

Einer Vollstreckungsklausel bedarf es deshalb z. B. dann, wenn ein Beteilig-   **8** ter selbst vollstreckt oder die Vollstreckung durch ein anderes Gericht er-

---

[5] *Keidel/Kuntze/Winkler-Zimmermann* § 33 FGG Rdnr. 10.

[6] *Fölsch* § 6 Rdnr. 3.

[7] Anders noch bei § 33 FGG a. F.. Vgl. auch *Schulte-Buner* FPR 2008, 397.

[8] BT-Drucks. 16/6308, 217.

[9] Siehe dazu *Keidel/Kuntze/Winkler/Meyer-Holtz* a. a. O. vor §§ 8 bis 18 Rdnr. 24.

[10] Von diesem Grundsatz gibt es wichtige Ausnahmen, wie z. B. die Vollstreckung aus § 209 Abs. 2 FamFG, wonach Beschlüsse in Wohnungszuweisungs- und Hausratssachen erst mit Rechtskraft wirksam werden, sofern nicht die sofortige Vollstreckung angeordnet wird.

folgt, wie etwa in einer Umgangsrechtssache am neuen Aufenthaltsort des Kindes.[11]

9 Für einstweilige Anordnungen trifft § 53 Abs. 1 FamFG insofern eine abweichende Regelung, als dass eine Vollstreckungsklausel nur erforderlich ist, wenn die Vollstreckung für oder gegen eine nicht im Beschluss genannte Person erfolgen soll, es sei denn, dass gem. § 86 Abs. 3 FamFG ohnehin keine Klausel erforderlich ist.[12]

II. Vollstreckungsverfahren

10 Das Vollstreckungsverfahren ist in § 87 FamFG geregelt. Gem. § 87 Abs. 1 FamFG erfolgt die Vollstreckung in Amtsverfahren von Amts wegen. Das Gericht bestimmt die vorzunehmenden Vollstreckungsmaßnahmen. Bisher gab es in FG-Sachen keine Regelung zu der Frage, aufgrund wessen Initiative die Vollstreckung einzuleiten ist.[13]

1. In Antragsverfahren

11 § 87 Abs. 1 FamFG stellt nunmehr klar, dass für die Einleitung und Durchführung des Vollstreckungsverfahrens auf die Art des FG-Verfahrens abzustellen ist. Findet das Erkenntnisverfahren allein auf Antrag statt, so erfordert auch die Vollstreckung einen Antrag des Berechtigten. Ist das Gericht dagegen im Hauptverfahren von Amts wegen tätig geworden, so kann auch die Vollstreckung von Amts wegen betrieben werden.[14]

2. In von Amts wegen geführten Verfahren

12 Gem. § 87 Abs. 1 Satz FamFG kann der Berechtigte die Vornahme der Zwangsvollstreckungsmaßnahmen auch in den Verfahren beantragen, die von Amts wegen betrieben werden. Sofern das Gericht dem Antrag nicht entspricht, ist durch Beschluss zu entscheiden, damit der Berechtigte die Möglichkeit hat ein Rechtsmittel einzulegen und die aus Sicht des Gerichts gegen eine Vollstreckung sprechenden Gründe durch das Rechtsmittelgericht überprüfen zu lassen.

13 § 87 Abs. 2 FamFG bestimmt, dass Voraussetzung der Vollstreckung die Zustellung ist. Die Vorschrift entspricht § 750 Abs. 1 Satz 1 ZPO. Für **einstweilige Anordnungen** gilt die **Besonderheit**, dass das Gericht gem. § 53 Abs. 2 FamFG in Gewaltschutz- und sonstigen Verfahren, in denen hierfür

---

[11] *Giers* FPR 2008, 442.

[12] BT-Drucks. 16/6308, 201, sowie *OLG Karlsruhe* NJW 2008, 450 zu der bisherigen Streitfrage, ob eine einstweilige Anordnung zu ihrer Vollstreckung mit einer Klausel versehen werden muss.

[13] BT-Drucks. 16/6308, 201.

[14] BT-Drucks. 16/6308, 201.

ein besonderes Bedürfnis besteht, die **Vollstreckung bereits vor Zustellung** zuzulassen. Die einstweilige Anordnung wird dann mit Erlass wirksam.[15]

3. Befugnisse des Gerichtsvollziehers

§ 87 Abs. 3 FamFG regelt die Befugnisse des Gerichtsvollziehers und wie **14** die Vollstreckung durchzuführen ist. Abs. 3 entspricht insoweit § 33 Abs. 2 Satz 3 FGG. Danach ist der Gerichtsvollzieher befugt, die Unterstützung der polizeilichen Vollzugsorgane nachzusuchen und verweist in Satz 2 auf die §§ 758 Abs. 1 und Abs. 2, 759 bis 763 ZPO. Durch diesen Verweis ist künftig aus dem Gesetz ersichtlich, welche Befugnisse der Gerichtsvollzieher hat und wie die Vollstreckung durchzuführen ist.[16]

4. Rechtsmittel gegen Beschlüsse im Vollstreckungsverfahren

§ 87 Abs. 4 FamFG bestimmt, dass gegen Entscheidungen im Vollstre- **15** ckungsverfahren die sofortige Beschwerde nach den Vorschriften der §§ 567 bis 572 ZPO statthaft ist. Durch die entsprechende Anwendung der Beschwerdevorschriften bleibt gem. § 570 Abs. 1 ZPO auch die aufschiebende Wirkung hinsichtlich der Festsetzung von Zwangsmitteln gewahrt.

Praxistipp:

Aus dem Verweis des § 87 Abs. 4 FamFG auf die §§ 567–572 ZPO ergibt sich, dass die Beschwerdefrist nur zwei Wochen beträgt.

5. Kostenentscheidung

87 Abs. 5 FamFG bestimmt, dass für die Kostenentscheidung die §§ 80– **16** 82 und 84 entsprechend gelten. Dies bedeutet, dass die Kostenentscheidung im Vollstreckungsverfahren nach den Grundsätzen richtet, die auch im Hauptsacheverfahren Anwendung finden.

III. Vollstreckung von Entscheidungen über die Herausgabe von Personen und die Regelung des Umgangs

Die §§ 88–94 FamFG regeln die Vollstreckung von Entscheidungen über **17** die Herausgabe von Personen und die Regelung des Umgangs.

Gem. § 88 Abs. 1 FamFG ist das Gericht örtlich zuständig, in dessen Bezirk die Person zum Zeitpunkt der Einleitung der Vollstreckung ihren gewöhnlichen Aufenthalt hat. Es wäre auch denkbar gewesen, die örtliche Zuständigkeit bei dem Gericht der Hauptsache anzusiedeln, da dies vermutlich die auch für die Vollstreckung wichtigen Hintergründe des Verfahrens besser

---

[15] Eine entsprechende Regelung besteht gem. §§ 209 Abs. 3, 216 Abs. 2 FamFG für die Endentscheidungen in Wohnungszuweisungs-, Hausrats- und Gewaltschutzsachen.
[16] BT-Drucks. 16/6308, 217.

kennt als das Gerichts des Aufenthaltsorts.[17] Der Gesetzgeber hat jedoch die Ansicht vertreten, dass vor der Festsetzung von Vollstreckungsmaßnahmen in Verfahren, die die Herausgabe von Personen betreffen, nicht selten neue Ermittlungen – etwa zum Verschulden des zur Einhaltung der getroffenen Regelung anzuhaltenden Elternteils – getroffen werden müssen, für die dem Gesichtspunkt der Ortnähe schon im Hinblick auf die Einschaltung der zuständigen Behörde eine erhebliche Bedeutung zukommen kann.[18]

Gem. § 88 Abs. 2 FamFG ist das Jugendamt verpflichtet, in geeigneten Fällen Unterstützung zu leisten. Die Vorschrift greift damit eine durch das Gesetz zur Aus- und Durchführung bestimmter Rechtsinstrumente auf dem Gebiet des internationalen Familienrecht[19] eingeführte Regelung auf und erstreckt sie auf Entscheidungen mit ausschließlich nationalem Bezug.[20]

18   Die Hinzuziehung eines Mitarbeiters des Jugendamts soll der Vermeidung von Gewaltanwendung dienen und eine das Kindeswohl so wenig wie möglich beeinträchtigende Vollstreckung sicherstellen.[21] Es wäre an dieser Stelle sicher auch möglich gewesen, in geeigneten Fällen über eine Hinzuziehung eines Verfahrensbeistands nachzudenken, da diese mit dem Kind, wenn sie bereits Beteiligte eines Verfahrens gewesen sind, vermutlich vertrauter sind als ein Jugendamtsmitarbeiter.

1. Ordnungsmittel

19   Schwerpunkt der Neuregelung ist die Befugnis des Gerichts zur Verhängung von Ordnungsmitteln, die im Unterschied zu Zwangsmitteln, nicht nur Beuge-, sondern auch Sanktionscharakter haben.[22] Sie dürfen noch festgesetzt und vollstreckt werden, wenn die geschuldete Handlung wegen Zeitablaufs nicht mehr vorgenommen werden kann.[23]

20   § 89 Abs. 1 bestimmt, dass das Gericht zur zwangsweisen Durchsetzung von Herausgabe- und Umgangsordnungen Ordnungsmittel anordnen kann, und zwar sowohl Ordnungsgeld als auch Ordnungshaft. Ordnungshaft kann ersatzweise oder unmittelbar angeordnet werden, wenn die Anordnung eines Ordnungsgeldes keinen Erfolg verspricht. Der Gesetzgeber geht davon aus, dass die sofortige Anordnung von Ordnungshaft voraussichtlich erhebliche Bedeutung erlangen werde, weil die Vollstreckung von Ordnungsgeld gegen Beteiligte in Personenherausgabe- und Umgangsrechtsverfahren häufig von vornherein keinen Erfolg verspreche.[24]

---

[17] *Giers* FPR 2008, 441, 442.

[18] BT-Drucks. 16/6308, 217. Vgl. dazu auch *BGH*, FamRZ 1986, 789.

[19] Internationales Familienrechtsverfahrensgesetz – IntFamRV vom 31. 1. 2005 (BGBl. I S. 162), siehe dort § 9.

[20] BT-Drucks. 16/6308, 218.

[21] BT-Drucks. 16/6308, 218.

[22] Siehe dazu BGH NJW 2004, 506, 509 und *Giers* FPR 2008, 441, 442.

[23] Diese Art der Regelung entspricht den Empfehlungen des 16. Deutschen Familiengerichtstags, siehe FamRZ 2005, 1962, 1964, AK 20.

[24] Vgl. *Giers* FPR 2008, 441, 442.

Die Anordnung eines Ordnungsmittel steht im pflichtgemäßen Ermessen **21** des Gerichts. Bei der Ausübung des Ermessens wird sich das Gericht in erster Linie davon leiten lassen müssen, dass das Vollstreckungsverfahren der effektiven Durchsetzung des Vollstreckungstitels dient, der im Erkenntnisverfahren unter umfassender Berücksichtigung des materiellen Rechts und insbesondere des Kindeswohls getroffen wurde.[25] Der Gesetzgeber geht dabei davon aus, dass das Gericht in den meisten Fällen zur Anordnung eines Zwangsmittels verpflichtet sein wird.[26] Eine Ermessensreduzierung wird beispielsweise dann vorliegen, wenn der Umgang von dem betreuenden Elternteil grundlos verweigert wird, obwohl der räumlich entfernt lebende Umgangsberechtigte zu dessen Wahrnehmung erheblichen und finanziellen Aufwand leistet.[27] Die Anordnung eines Ordnungsmittels kann aber z.B. dann unterbleiben, wenn sie der Durchsetzung einer Umgangspflicht dienen soll und der Elternteil den Umgang verweigert, es sei denn, es liegen Umstände vor, die vermuten lassen, dass selbst der erzwungene Umgang dem Kindeswohl dient.[28]

2. Hinweispflicht

Gem. § 89 Abs. 2 FamFG ist bereits im Beschluss, der die Herausgabe einer Person oder die Regelung des Umgangs anordnet, auf die Folgen der Zuwiderhandlung hinzuweisen. Dies sollte auch für vom Gericht gebilligte Vergleichs gem. § 156 Abs. 2 FamFG gelten, obwohl der Wortlaut der Vorschrift sich ausschließlich auf Beschlüsse bezieht.[29] **22**

Mit dem Hinweis auf die Folgen der Zuwiderhandlung entfällt die bisher notwendige Androhung des Zwangs- bzw. Ordnungsgeldes.

3. Höhe von Ordnungshaft und Ordnungsgeld

§ 89 Abs. 3 FamFG, regelt entsprechend § 33 Abs. 3 FGG, dass das einzelnen Ordnungsgeld den Betrag von 25.000,– € nicht übersteigen darf. Für den Vollzug der Haft gelten die § 901 Satz 2, 904 bis 906, 910 und 913 ZPO. **23**

4. Verschuldenserfordernis

Nach § 89 Abs. 4 FamFG soll die Festsetzung eines Ordnungsmittels unterbleiben oder wieder aufgehoben werden, wenn der Verpflichtete Gründe vorträgt, aus denen sich ergibt, dass er die Zuwiderhandlung nicht zu vertre- **24**

---

[25] BT-Drucks. 16/9733, 292.
[26] BT-Drucks. 16/9733, 292.
[27] BT-Drucks. 16/9733, 292.
[28] Siehe dazu BVerfG NJW 2008, 1287, BGH NJW 2008, 2586, sowie *Altrogge*, Das Urteil des BVerfG zur zwangsweisen Durchsetzung der Umgangspflicht und die Ordnungsmittel des FamFG, FPR 2009, 34 ff.
[29] *Giers* FPR 2008, 441, 442.

ten hat. Hierbei handelt es sich um die Prüfung des Verschuldens des Verpflichteten, die auf Grund des Sanktionscharakters erforderlich wird. Es obliegt dem Verpflichteten, sich zu exkulpieren.

25   Beruft er sich im Umgangsverfahren auf einen entgegenstehenden Willen des Kindes, muss er im Einzelnen darlegen, wie er auf das Kind eingewirkt hat, um das Kind zum Umgang zu bewegen[30] Es wird allerdings in diesem Zusammenhang zu berücksichtigen sein, dass nach der Rechtsprechung zu § 33 FGG nur bis zur Altersgrenze von etwa 10 Jahren die Durchsetzung des Umgangs mit erzieherischen Mittel erreicht werden kann.[31]

26   Die Regelung des § 89 Abs. 4 FamFG ist verfassungsrechtlich möglicherweise aufgrund der Verschuldensvermutung zu Lasten des Schuldners nicht unproblematisch. Das BVerfG hat zwar die Anwendung der Regeln für den Anscheinsbeweis für die Festsetzung von Ordnungsmitteln nach § 890 ZPO für verfassungsrechtlich zulässig gehalten.[32] Diese Rechtsprechung ist aber nicht ohne weiteres auf § 89 Abs. 4 FamFG übertragbar, denn das BVerfG hatte im entschiedenen Fall seine Auffassung primär darauf gestützt, dass in einem zivilrechtlichen ZPO-Vollstreckungsverfahren nicht der Amtsermittlungsgrundsatz vorherrsche und der Gläubiger zur Erhebung von Beweisen keine Zwangsmittel einsetzen könne.[33] Im FamFG gilt jedoch gerade der Amtsermittlungsgrundsatz gem. § 26 FamFG und Anordnungen, die das Gericht im Rahmen der Amtsermittlung trifft sind zudem mit Zwangsmitteln nach § 35 FamFG erzwingbar.

27   Die Rechtfertigung für die Regelung des § 89 Abs. 4 FamFG kann ausschließlich in dem übergeordneten und verfassungsrechtlichen geschützten Interesse des betroffenen Kindes auf Regelung des Umgangs gesehen werden, denn in Art. 6 Abs. 2 GG ist das Recht des Kindes auf Pflege und Erziehung durch seine Eltern begründet. Es ist das erste grundrechtlich verankerte Kindesrecht, das der als Pflicht-Recht geregelten Elterverantwortung selbstständig gegenübersteht. Grundsätzlich wirken Grundrechte nur mittelbar über die Generalklauseln in das Privatrecht. Das besondere an diesem Kindesrecht ist jedoch, das es unmittelbar aus der Verfassung folgend dem Kind einen direkten Anspruch gegen seine Eltern gibt.[34] Eine andere Frage ist, ob die Verhängung von Ordnungs- statt Zwangsmitteln zur Erzwingung des Umgangs im familiengerichtlichen Verfahren überhaupt sachdienlich ist. Inwieweit sich die Regelung bewährt, wird sich noch zeigen müssen.

5. Anwendung unmittelbaren Zwangs

28   § 90 Abs. 1 FamFG bestimmt die Voraussetzungen zur Durchsetzung gerichtlicher Entscheidungen und ersetzt damit die Vorschrift des § 33 Abs. 2

---

[30] BT-Drucks. 16/6308, 218.
[31] Siehe dazu OLG Karlsruhe FPR 2002, 103.
[32] BVerfG NJW 1991, 3139.
[33] BVerfG NJW 1991, 3139. Siehe dazu auch *Fölsch* § 6 Rdnr. 20.
[34] *Altrogge* FPR 2009, 34, 37.

FGG. Der Einsatz unmittelbaren Zwangs ist durch ausdrücklichen Beschluss anzuordnen, wenn die Anordnung von Ordnungsmitteln erfolglos ist oder keinen Erfolg verspricht oder eine alsbaldige Vollstreckung der Entscheidung unbedingt erforderlich ist. Diese Regelung ist Ausdruck des Verhältnismäßigkeitsprinzips als ungeschriebenes Tatbestandsmerkmal, wonach die Anwendung unmittelbaren Zwangs nur dann in Betracht kommt, wenn mildere Mittel zur Vollstreckung nicht zur Verfügung stehen.[35] § 90 Abs. 2 Satz 1 FamFG behält das bisher in § 33 Abs. 2 FGG enthaltene Verbot unmittelbaren Zwangs bei Herausgabe des Kindes zur Ausübung des Umgangsrechts bei.

Nach § 90 Abs. 2 Satz 2 FamFG darf unmittelbarer Zwang gegen das **29** Kind nur angewendet werden, wenn dies unter Berücksichtigung des Kindeswohls gerechtfertigt und eine Durchsetzung der Verpflichtung mit milderen Mitteln nicht möglich ist. Dies ist nach wie vor keine befriedigende Antwort auf die Frage, unter welchen Voraussetzungen unmittelbarer Zwang gegen ein Kind angeordnet werden kann. Es wäre erfreulich gewesen, wenn das Gesetz hierzu präzisere Ausführungen gemacht und z. B. eine Altergrenze definiert hätte, wie dies noch während des Gesetzgebungsverfahrens diskutiert worden ist.[36]

Ist ein Kind herauszugeben und sind nach der bisherigen Regelung **30** Zwangsmittel erfolglos geblieben, dann ist die gerichtliche Anordnung nicht ohne Gewaltanwendung durchführbar. Es ist diesem Zusammenhang bislang die Ansicht vertreten worden, dass angeordnet werden kann, dass das Kind die Herausgabe zu dulden hat und notfalls Gewalt gegen das Kind angewandt werden kann, wenn es Widerstand leistet.[37]

6. Durchsuchungsbeschluss

§ 91 Abs. 1–4 FamFG regelt die Voraussetzungen für die Durchsuchung **31** der Wohnung des Verpflichtete. Die Wohnung des Verpflichteten darf ohne dessen Einwilligung nur aufgrund eines richterlichen Beschlusses durchsucht werden, es sei denn, dass der Erlass des Beschlusses den Erfolg der Durchsuchung gefährden würde. In diesem Falle ist der Beschluss für die Durchsuchung entbehrlich.

7. Vollstreckungsverfahren

§ 92 Abs. 1 FamFG regelt die Anhörung des Verpflichteten vor der Festset- **32** zung von Ordnungsmitteln. Grundsätzlich hat die Anhörung vor der Genehmigung der Anwendung unmittelbaren Zwangs zu erfolgen. Die Anhö-

---

[35] *Keidel/Kuntze/Winkler-Zimmermann* a. a. O. § 33 Rdnr. 43.

[36] Siehe dazu *Lutz*, Die Vollstreckung in der freiwilligen Gerichtsbarkeit, 2006, S. 199 und *Giers* FPR 2008, 441, 443.

[37] Siehe dazu OLG Celle FamRZ 1994, 1129 und AG Koblenz FamRZ 2006, 1141 (zum HKÜ), sowie *Schulte-Bunert* FPR 2008, 397 ff.

rung kann nur unterbleiben, wenn sie den Vollstreckungserfolg vereiteln oder gefährden würde. § 92 Abs. 3 FamFG bestimmt, dass vor der Festsetzung von Ordnungsmitteln oder der Androhung unmittelbaren Zwangs ein Vermittlungsverfahren nach § 165 FamFG nicht durchgeführt werden muss bzw. die Durchführung eines solchen Verfahrens der Festsetzung von Ordnungsmitteln oder der Anordnung unmittelbaren Zwangs nicht entgegensteht.

33   Die Vorschrift stellt es ausdrücklich ins Ermessen des Gerichts, im Einzelfall zu entscheiden, ob es hinreichend wahrscheinlich ist, dass das Ergebnis des begonnene Vermittlungsverfahrens eine tragfähige Regelung des Umgangs- oder Sorgerechts sein wird oder es zur effektiven Durchsetzung der Entscheidung geboten ist, auch Vollstreckungsmaßnahmen zu ergreifen.[38]

8. Einstellung der Vollstreckung

34   Gem. § 93 FamFG kann das Gericht die Einstellung oder Beschränkung der Vollstreckungsmaßregeln durch Beschluss verfügen. § 93 Abs. 2 FamFG bestimmt die Voraussetzungen einer dauerhaften Einstellung der Vollstreckung und verweist auf entsprechenden Vorschriften der §§ 775 Nr. 1 und Nr. 2, 776 ZPO.

9. Eidesstattliche Versicherung

35   § 94 FamFG sieht die Abgabe einer eidesstattlichen Versicherung des Verpflichteten über den Verbleib der herauszugebenden Person vor.

IV. Vollstreckung nach der ZPO

36   § 95 FamFG enthält eine weitgehende Verweisung auf die Vollstreckungsvorschriften der ZPO. Danach sind, soweit sich keine abweichende Regelung im Abschnitt 8 findet, auf die Vollstreckung

- wegen einer Geldforderung;
- zur Herausnahme einer beweglichen oder unbeweglichen Sache;
- zur Vornahme einer vertretbaren oder nicht vertretbaren Handlung;
- zur Erzwingung von Duldungen und Unterlassungen;
- zur Abgabe einer Willenserklärung

die Vorschriften der ZPO entsprechend anzuwenden. Dies gilt etwa dann, wenn es um die Vollstreckung güterrechtlicher Forderungen, Zahlungsansprüche im Versorgungsausgleich, Ausgleichszahlungen in Wohnungszuweisungsverfahren oder Gewaltschutzsachen geht.

37   Gem. § 95 Abs. 2 FamFG bestimmt im Interesse der Einheitlichkeit des FamFG-Verfahrens, dass die Entscheidung trotz Anwendung der vollstre-

---

[38] BT-Drucks. 16/6308, 219.

ckungsrechtlichen Vorschriften der ZPO durch Beschluss zu ergehen hat. Dies gilt auch für Entscheidungen über Vollstreckungsabwehrklagen und Drittwiderspruchsklagen.[39]

§ 95 Abs. 3 FamFG bestimmt, dass bei Titeln, die eine Geldforderung zum   **38** Inhalt haben, die Vollstreckung nur dann mit der Entscheidung in der Hauptsache auszuschließen ist, wenn der Verpflichtete glaubhaft macht, dass die Vollstreckung einen für ihn nicht zu ersetzenden Nachteil bringen würde.

Der Zweck der Regelung besteht darin, dass vermieden werden soll, dass bei Titeln, die eine Geldforderung zum Inhalt haben, durch die Vollstreckung vor Eintritt der Rechtskraft ein Schaden eintritt, der auch im Falles des Erfolgs eines Rechtsmittels nicht mehr rückgängig gemacht werden kann.[40]

Gem. § 95 Abs. 4 FamFG eröffnet dem Gericht die Möglichkeit, bei der   **39** Vollstreckung zur Herausgabe oder Vorlage einer Sache sowie einer vertretbaren Handlung auf die Festsetzung von Zwangsmitteln nach § 888 ZPO zurückzugreifen. Hierdurch soll dem Gericht eine nach den Umständen des Einzelfalls möglichst effektive Vollstreckung ermöglicht werden. Das Gericht entscheidet nach pflichtgemäßem Ermessen, ob es die Vollstreckung nach den §§ 883, 885, 886, 887 und 888 ZPO nebeneinander durchführt.[41]

V. Vollstreckung in Gewaltschutzsachen und Wohnungszuweisungssachen

§ 96 FamFG regelt Besonderheiten bei der Vollstreckung in Gewaltschutz-   **40** sachen und Wohnungszuweisungssachen unter Anwendung der ZPO-Vorschriften. Gem. § 96 Abs. 1 FamFG ermöglicht es dem Berechtigten, einen Gerichtsvollzieher zuzuziehen, wenn der Verpflichtete einer Anordnung nach § 1 Gewaltschutzgesetz zuwiderhandelt, eine Handlung zu unterlassen, um die andauernde Zuwiderhandlung zu beseitigen.

VI. Vollstreckung in Abstammungssachen

§ 96a FamFG enthält besondere Maßgaben für die Vollstreckung in Ab-   **41** stammungssachen. Abs. 1 regelt, dass die Vollstreckung eines titulierten Anspruchs nach § 1598a BGB auf Duldung der Entnahme einer genetischen Probe ausgeschlossen ist, wenn die Probeentnahme der zu untersuchenden Person nicht zugemutet werden kann.

---

[39] BT-Drucks. 16/6308, 220.
[40] BT-Drucks. 16/6308, 220.
[41] BT-Drucks. 16/6308, 220.

§ 27 Kosten

I. Grundsätzliches

1. Umfang der Kostenpflicht

1   Bislang sah das FGG nach § 13a FGG eine einheitliche Entscheidung über die Kosten des Verfahrens nicht vor. Nunmehr regelt § 80 FamFG den Umfang der Kostenpflicht, d.h. die Frage, welche Kosten erstattungsfähig sind. Satz 1 bestimmt, dass Kosten nur die Gerichtskosten und die mit dem Verfahren unmittelbar zusammenhängenden Aufwendungen der Beteiligten, wie etwa die Kosten für den Anwalt, sind. Satz 2 entspricht dem bisherigen § 13a Abs. 3 1. Alt. FGG.

2. Entscheidung nach billigem Ermessen

2   Nach § 81 Abs. 1 Satz 1 FamFG hat das Gericht die Möglichkeit, den Beteiligten die Kosten des Verfahrens nach billigem Ermessen aufzuerlegen. Dabei kann es wie bisher auch über die Verteilung der gerichtlichen Kosten entscheiden. Damit hat das Gericht die Möglichkeit Konstellationen zu berücksichtigen, wie sie aufgrund der strengen Bindung an das Obsiegen und Unterliegen im Zivilprozess ausdrücklich geregelt sind.[1] Dies betrifft unter Zugrundelegung des Rechtsgedankens des § 97 Abs. 2 ZPO auch die Überbürdung der Kosten der ersten Instanz auf einen Beteiligten, dessen Anliegen erst im Rechtsmittelzug entsprochen wurde, weil er dem Gericht in der Beschwerdeinstanz in hinreichendem Umfang Umstände dargetan hat, die sein Anliegen begründen.[2]

3   Nach § 81 Abs. 1 Satz 2 FamFG kann das Gericht auch von der Erhebung von Kosten absehen. Wird keine Entscheidung getroffen, gelten die Vorschriften der Kostenordnung. Gem. § 81 Abs. 1 Satz 3 FamFG gilt, dass in Familiensachen stets über die Kosten zu entscheiden ist.

3. Kostenrechtliche Sanktionen

4   § 81 Abs. 2 FamFG bestimmt, dass das Gericht die Kosten des Verfahrens ganz oder teilweise einem Beteiligten auferlegen soll, wenn

- der Beteiligte durch grobes Verschulden Anlass für das Verfahren gegeben hat;
- der Antrag des Beteiligten von vornherein keine Aussicht auf Erfolg hatte und der Beteiligte dies erkennen musste;

---

[1] BT-Drucks. 16/6308, 215.
[2] BT-Drucks. 16/6308, 215.

- der Beteiligte zu einer wesentlichen Tatsache schuldhaft unwahre Angaben gemacht hat;
- der Beteiligte durch schuldhaftes Verletzen seiner Mitwirkungspflichten das Verfahren erheblich verzögert hat;
- der Beteiligte einer richterlichen Anordnung zur Teilnahme an einer Beratung nach § 156 Abs. 1 Satz 4 FamFG nicht nachgekommen ist, sofern der Beteiligte dies nicht genügend entschuldigt hat.

Gem. 81 Abs. 3 FamFG können Minderjährigen Kosten in Verfahren, die **5** seine Person betreffen, nicht auferlegt werden. Gem. § 81 Abs. 4 FamFG können einem Dritten Kosten des Verfahrens nur auferlegt werden, soweit die Tätigkeit des Gerichts durch ihn veranlasst wurde und ihn grobes Verschulden trifft.

Trifft das Gericht eine ausdrückliche Entscheidung über die Kosten, so hat **6** die Kostenentscheidung des Gerichts gem. § 82 FamFG gleichzeitig mit der Endentscheidung zu erfolgen, weil die Beteiligten mit der Bekanntgabe der Endentscheidung auch Gewissheit über die Verteilung der Kosten haben sollen.[3]

§ 83 FamFG regelt die Kostenverteilung bei Vergleich, Erledigung und **7** Rücknahme. Wird das Verfahren durch Vergleich erledigt und haben die Beteiligten keine Bestimmung über die Kosten getroffen, fallen die Gerichtskosten jedem Beteiligten zu gleichen Teilen zur Last, § 83 Abs. 1 Satz 1 FamFG. Jeder Beteiligte hat gem. § 83 Abs. 1 Satz 2 FamFG seine außergerichtlichen Kosten selbst zu tragen.

Praxistipp:

Will der Beteiligte eine hälftige Kostentragung erreichen, etwa weil nur er einen anwaltlichen Verfahrensbevollmächtigten bestellt hat, die Gegenseite jedoch nicht, dann bedarf es einer entsprechenden kostenrechtlichen Regelung im Vergleich.

8

Bei den Rechtsmittelkosten entspricht die Neuregelung des § 84 FamFG dem bisherigen § 13 a Abs. 1 Satz 2 FGG, wonach die Kosten eines erfolglosen Rechtsmittels demjenigen auferlegt werden, der es eingelegt hat.

II. Besonderheiten in Familiensachen

1. Familienstreitsachen

In Familienstreitsachen richtet sich die Kostenverteilung gem. § 113 Abs. 1 **9** Satz 2 FamFG ebenfalls nach den Vorschriften der ZPO, d.h. es gelten die §§ 91–101 ZPO und nicht die Vorschriften der §§ 80–84 FamFG. Es kann damit nicht auf Billigkeitserwägungen nach § 81 Abs. 1 und Abs. 2 FamFG zurückgegriffen werden. Zu berücksichtigen ist in diesem Zusammenhang, dass die §§ 93 a, 93 c, 93 d ZPO aufgehoben worden sind.

---

[3] BT-Drucks. 16/6308, 216.

2. Ehesachen

10   Gem. § 132 FamFG wird bei Aufhebung der Ehe grundsätzlich ausgesprochen, dass die Kosten gegeneinander aufzuheben sind. Dies entspricht im Wesentlichen der bisherigen Regelung des § 93a Abs. 3 und 4 ZPO. In besonderen Fällen kann sich eine andere Kostenverteilung ergeben.

3. Scheidungs- und Folgesachen

11   § 150 FamFG regelt die Kostentragung in Scheidungssachen und Folgesachen und geht als Spezialregelung den allgemeinen Vorschriften vor. Gem. § 150 Abs. 1 FamFG sind die Kosten der Scheidungssache und der Folgesachen gegeneinander aufzuheben, wenn die Scheidung der Ehe ausgesprochen wird. § 150 Abs. 2 FamFG enthält eine Regelung zur Kostenverteilung in den Fällen der sonstigen Beendigung des Verfahrens. Gem. § 150 Abs. 3 FamFG haben Drittbeteiligte ihre außergerichtlichen Kosten grundsätzlich selbst zu tragen. Gem. § 150 Abs. 4 FamFG kann das Gericht die Kosten nach billigem Ermessen anders verteilen, wenn die Ehegatten sich versöhnt haben oder wenn die Kostenverteilung entsprechend den § 150 Abs. 1 bis Abs. 3 im Hinblick auf das Ergebnis einer als Folgesache geführten Unterhaltssache oder Güterrechtssache als unbillig erscheint. Das Gericht kann auch berücksichtigen, ob ein Beteiligter einer richterlichen Anordnung zur Teilnahme an einem Informationsgespräch nicht nachgekommen ist, sofern der Beteiligte dies nicht genügend entschuldigt hat, § 150 Abs. 4 Satz 2 FamFG. Kommen alle Beteiligten der richterlichen Anordnung zur Teilnahme an einem Informationsgespräch nicht nach, bleiben die Verfehlungen ohne kostenrechtliche Folgen.[4]

12   Haben die Beteiligen eine Vereinbarung über die Kosten getroffen, so soll das Gericht diese gem. § 150 Abs. 4 Satz 3 FamFG ganz oder teilweise der Kostenentscheidung zugrunde legen. § 150 Abs. 5 FamFG bezieht sich auf Folgesachen und stellt klar, dass die Absätze 1 bis 4 hinsichtlich der Folgesachen auch dann gelten, wenn diese abgetrennt wurden.

4. Abstammungssachen

13   § 183 FamFG regelt die Kostenverteilung bei Anfechtung der Vaterschaft und entspricht inhaltlich der bisherigen Regelung des § 93c Satz 1 ZPO. Hat ein Antrag auf Anfechtung der Vaterschaft Erfolg, tragen die Beteiligten mit Ausnahme des minderjährigen Kindes, die Gerichtskosten zu gleichen Teilen, die Gerichtskosten tragen die Beteiligten jeweils selbst.

5. Unterhaltssachen

14   § 243 FamFG enthält Sonderregelung für die Kostenverteilung in Unterhaltssachen, über die das Gericht künftig nach billigem Ermessen zu ent-

---

[4] *Groß* FPR 2006, 430, 431.

scheiden hat. Die wesentlichen Gesichtspunkte der ZPO-Kostenvorschriften sind als zu berücksichtigende Gesichtspunkte unter den Nr. 1 bis 4 aufgezählt. Danach sind zu berücksichtigen das Verhältnis von Obsiegen und Unterliegen, eine verspätete oder unvollständig erteilte Auskunft im gerichtlichen Verfahren nach § 235 Abs. 1 FamFG sowie ein sofortiges Anerkenntnis. Die Aufzählung ist jedoch nicht abschließend, weil die Kostenentscheidung nach Ansicht des Gesetzgebers in Zukunft flexibler und weniger formal gehandhabt werden können soll, weil in Unterhaltssachen dem Dauercharakter der Verpflichtung bei der Streitwertermittlung nur begrenzt Rechnung getragen werden könne.[5]

III. Kostenfestsetzung

Gem. § 85 FamFG sind im Kostenfestsetzungsverfahren die §§ 103–107 **15** ZPO entsprechend anwendbar. Dies entspricht der bisherigen Rechtslage in § 13 a Abs. 3 FGG.

1. Anfechtbarkeit von Kostenfestsetzungsentscheidungen

Streitig ist die Frage der Anfechtbarkeit von Kostenfestsetzungsentschei- **16** dungen. § 85 FamFG verweist ausdrücklich auf den § 104 Abs. 3 ZPO und eröffnet insoweit die Statthaftigkeit der sofortigen Beschwerde. Es fehlt im FamFG eine ausdrückliche Anordnung, dass sich die Anfechtbarkeit mit der sofortigen Beschwerde entsprechend den §§ 567–572 ZPO richten soll. Dies kommt jedoch dem gesetzgeberischen Willen am nächsten,[6] hat aber zur Konsequenz, dass die sofortige Beschwerde nur zulässig ist, wenn sie binnen einer Frist von zwei Wochen eingelegt wird und der Wert des Beschwerdegegenstands 200,– Euro übersteigt. Wird der Beschwerdewert von 200,– Euro nicht erreicht, muss gem. § 11 RPflG sofortige Erinnerung bei dem Gericht eingelegt werden, dessen Entscheidung angefochten wird. Die Beschwerdeentscheidung im Kostenfestsetzungsverfahren ist mit der Rechtsbeschwerde anfechtbar.

2. Besonderheiten in Familiensachen

Für das Kostenfestsetzungsverfahren in Familienstreitsachen und Ehesa- **17** chen gelten gem. § 113 Abs. 1 Satz 2 FamFG die §§ 103–107 ZPO, weshalb auch in den Familiensachen davon auszugehen ist, dass Beschwerde und Rechtsbeschwerde in entsprechender Anwendung der §§ 567–572 ZPO zulässig sind.

---

[5] BT-Drucks. 16/6308, 259.
[6] BT-Drucks. 16/6308, 203.

IV. Gerichtskosten in Familiensachen

1. Gesetz über die Gerichtskosten in Familiensachen

18   Die Verfahrensordnung für alle Familiensachen und Verfahren der freiwilligen Gerichtsbarkeit (FamFG) hat für Familiensachen ein einheitliches Gerichtskostenrecht erhalten, denn weder das GKG noch die Kostenordnung waren als Standort geeignet. Das FamGKG lehnt sich an die Systematik des GKG an, indem am Wertgebührensystem festgehalten wird, die Wertregelungen allerdings vereinfacht und systematisiert worden.[7] Bei der Bemessung des Verfahrenswerts ist dem Gericht in den Vorschriften des FamGKG oftmals ein weiterer Ermessensspielraum eingeräumt, um den Besonderheiten des Einzelfalls gerecht zu werden.[8]

19   Das FamGKG führt für alle Familiensachen pauschale Verfahrensgebühren ein, und zwar auch für die Verfahrensgebühren in fG-Familiensachen. Für den Gesetzgeber gab es keinen Grund, für fG-Familiensachen eine Kostensystematik vorzuhalten, die von den übrigen Familiensachen abweicht.[9]

20   In jedem familiengerichtlichen Verfahren fällt unabhängig von seinem Ausgang grundsätzlich nur eine Verfahrensgebühr an. Für die einzelnen Verfahrensgebühren sind weitgehend vereinheitlichte Ermäßigungstatbestände vorgesehen, die an den Zeitpunkt der Beendigung des Verfahrens anknüpfen. Für Rechtsmittelverfahren sind erhöhte Gebührensätze enthalten. Für die nunmehr von einer Hauptsache unabhängigen Verfahren des einstweiligen Rechtsschutzes sind eigenständige Gebührensätze vorhanden.

21   Die geltende Streitwertregelung des § 48 Abs. 2, Abs. 3 Satz 1 und Satz 2 GKG wurde für Ehesachen in § 43 FamGKG unverändert übernommen.

22   Gem. § 44 FamGKG werden in Verbundverfahren die Werte der einzelnen miteinander verbundenen Verfahren (Scheidungsverfahren und die Folgesachen) grundsätzlich addiert. Dies entspricht der bisherigen Regelung des § 46 Abs. 1 Satz 1 GKG. Gem. § 46 Abs. 2 Satz 1 FamGKG ist eine besondere Regelung für Kindschaftssachen vorgesehen. Danach soll deren Wert im Verbundverfahren von dem Wert der Scheidungssache abhängig sein und 20% des Werts der Scheidungssache, jedoch höchstens 3.000,– € betragen. Nach geltendem Recht beträgt der Wert im Verbund gem. § 48 Abs. 3 Satz 3 GKG bisher 900,– €.

23   Ob die neu eingeführte Regelung den Kindschaftssachen und dem damit verbundenen Arbeits- und Zeitaufwand gerecht wird, ist zweifelhaft. Der im Verhältnis zum Wert der Ehesache und zum Wert der übrigen Folgesachen relativ niedrige Wert führt im Ergebnis bei einem hohen Wert für die übrigen Verfahren zu einer Vergünstigung gegenüber Verfahren, in denen der Wert der Ehesachen und übrigen Folgesachen niedrig ist. Bei einem Wert unter

---

[7] BT-Drucks. 16/6308, 299.
[8] BT-Drucks. 16/6308, 299.
[9] BT-Drucks. 16/6308, 299.

5000,– Euro führen die Kindschaftssachen regelmäßig zu einer Erhöhung der Gebühren, weil der Abstand zwischen den Wertstufen 500 Euro beträgt. Bis 10 000 Euro liegt der Abstand bei 1.000 Euro mit der Folge, dass eine Erhöhung der Gebühren nur in einigen Verfahren eintritt.[10] Um übermäßig hohe Kosten für die Beteiligten zu vermeiden, ist eine Obergrenze von 3.000 Euro für Kindschaftssachen im Verbund eingeführt worden. Dies entspricht dem Wert für isolierte Kindschaftssachen gem. § 45 FamGKG. Der Gesetzgeber begünstigt mit dieser Regelung auch künftig das Verbleiben der Kindschaftssache im Verbund, um die Attraktivität des Verbundverfahrens zu bewahren und weil er davon ausgeht, dass im Bund erledigte Kindschaftssachen in der Regel weniger aufwändig sind als selbstständige Kindschaftssachen.[11] Die Erhöhung des Werts für die Ehesache soll nur für jede Art von verbundener Kindschaftssache stattfinden, nicht aber für jedes Kind, um welches in dem Verfahren geht. Das bedeutet, dass auch wenn über die elterliche Sorge für mehr als ein Kind entschieden wird, die Erhöhung des Wertes um 20% nur einmal stattfindet. Eine Erhöhung findet ausschließlich dann statt, wenn mehrere Kindschaftssachen im Verbund sind, wie z. B. elterliche Sorge, Umgangsrecht und Kindesherausgabe.

Für Wohnungszuweisungssachen gibt § 48 Abs. 1 FamGKG Regelwerte **24** von 4.000 bzw. 3.000 Euro und für Hausratsache in § 48 Abs. 2 FamGKG von 3.000 bzw. 2.000 Euro vor. Bei Unbilligkeit kann das Gericht gem. § 48 Abs. 3 FamGKG abweichend von diesen Werten festsetzen.[12]

Bei Gewaltschutzsachen sind ebenfalls Regelwerte vorgesehen. Gem. § 49 **25** FamGKG beträgt der Regelwert 2.000 Euro für Gewaltschutzsachen nach § 1 , nach § 2 Gewaltschutzgesetz 3.000 Euro, wobei das Gesetz davon gem. § 49 Abs. 2 FamGKG nach den Umständen des Einzelfalls abweichen kann.

§ 51 FamGKG regelt den Verfahrenswert von Unterhaltssachen als Famili- **26** enstreitsachen. § 51 FamGKG erfasst allerdings nicht nur die Ansprüche gem. §§ 112 Nr. 1, 231 Abs. 1 FamFG, sondern auch Familienstreitsachen über vertragliche Unterhaltsansprüche gem. §§ 112 Nr. 3, 266 Abs. 1 FamFG, sofern sie wiederkehrende Leistungen betreffen.[13] Betrifft eine Unterhaltssache als Familienstreitsache wiederkehrende Leistungen, so richtet sich der Verfahrenswert gem. § 51 Abs. 1 Satz 1 FamFG nach dem für die ersten 12 Monate nach Einreichung des Antrags geforderten Betrag, wobei Höchstgrenze der Gesamtbetrag der geforderten Unterhaltsleistung ist und rückständige fällige Unterhaltsleistungen nach § 51 Abs. 2 FamGKG zusätzlich zu berücksichtigen sind.

§ 51 Abs. 3 FamGKG erfasst diejenigen Unterhaltssachen, die keine Famili- **27** enstreitsachen sind, wie die Unterhaltsverfahren nach § 3 Abs. 2 Satz 3

---

[10] *Kroiß/Seiler* § 9 S. 212.
[11] BT-Drucks. 16/6308, 693, 694.
[12] Zu Recht kritisch *Groß* FPR 2006, 430, 433, denn die Werte spiegeln nur schwerlich den mit diesen Verfahren verbundenen Zeit- und Arbeitsaufwand wider.
[13] BT-Drucks. 16/6308, 307.

Bundeskindergeldgesetz und § 64 Abs. 2 Satz 3 EStG. Wegen der geringen Bedeutung dieser Verfahren ist ein Regelwert von 300 Euro vorgesehen.[14]

2. Wertfestsetzung

28   Das Verfahren zur Wertfestsetzung ergibt sich aus den §§ 53–56 FamFG. Die Vorschriften übernehmen – entsprechend angepasst – die §§ 61–64 GKG. Der Wert kann durch Beschluss nach § 55 FamGKG festgesetzt werden.

29   Die §§ 57–61 FamGKG übernehmen die § 66–69a GKG. Geregelt werden die Erinnerung gegen den Kostenansatz sowie die Beschwerde nach § 57 FamGKG, die Beschwerde gegen die Anordnung einer Vorauszahlung, § 58 FamGKG, die Beschwerde gegen die Festsetzung des Verfahrenswerts, § 59 FamGKG, die Beschwerde gegen die Auferlegung einer Verzögerungsgebühr, § 60 FamGKG und die Verletzung des Anspruchs auf rechtliches Gehör, § 61 FamGKG.

30   Gegen die Festsetzung des Verfahrenswerts nach § 55 Abs. 2 FamGKG findet gem. § 59 FamGKG die Beschwerde statt. Die Beschwerde ist statthaft, wenn der Wert des Beschwerdegegenstands 200 Euro übersteigt oder wenn sie wegen der grundsätzlichen Bedeutung der zur Entscheidung stehenden Frage in dem Beschluss zugelassen ist.

31   Die Beschwerde gegen die Festsetzung des Verfahrenswerts ist nur binnen einer Frist von sechs Monaten nach rechtskräftiger Entscheidung oder anderweitiger Erledigung zulässig. Soweit das Familiengericht die Beschwerde für zulässig und begründet hält, hilft es ihr ab, ansonsten ist die Beschwerde unverzüglich dem Oberlandesgericht vorzulegen.

V. Rechtsanwaltsvergütung

32   Das RVG ist durch das FGG-Reformgesetz nur im Hinblick auf die Anpassung der durch die Neukonzeption des FamFG und des FamGKG betroffen. Hervorzuheben sind jedoch zwei Neuerungen. Zunächst führt die Unabhängigkeit der Verfahren des einstweiligen Rechtsschutzes von einer Hauptsache dazu, dass mehrere derart verselbständigte Verfahren jeweils eine eigene Einheit bilden.[15]

33   § 21 Abs. 3 RVG bestimmt, dass eine Folgesache, die als selbstständige Familiensache fortgeführt wird, und das frühere Verfahren dieselbe Angelegenheit sind. Dies bedeutet, dass die selbstständige Familiensache so behandelt wird, als sei sie nie im Verbund gewesen und bei der Gebührenberechnung des Scheidungsverfahrens unberücksichtigt bleibt.[16] Umgekehrt sollen Folgesachen, wenn sie abgetrennt, aber nach § 137 Abs. 5 Satz 1 FamFG als Folgesache fortgeführt werden, mit der Scheidung als einheitliches Verfahren abgerechnet werden.[17]

---

[14] BT-Drucks. 16/6308, 307.
[15] BT-Drucks. 16/6308, 339.
[16] BT-Drucks. 16/6308, 340, 301 zu § 6 Abs. 2 FamGKG.
[17] BT-Drucks. 16/6308, 340, 301 zu § 6 Abs. 2 FamGKG.

§ 28 Übergangsregelungen

Das FGG-ReformG tritt am 1. 9. 2009 in Kraft (mit Artikel 110a Abs. 2 **1**
und 3). Zum Übergangsrecht bestimmt Art. 111 FGG-ReformG bezüglich aller Regelungen im FGG-ReformG (also des FamFG, des FamGKG sowie aller weiterer Änderungen) folgendes:

- **Auf Verfahren,** die **bis zum Inkrafttreten** (1. 9. 2009) **eingeleitet** worden **2**
  sind oder deren Einleitung bis zum Inkrafttreten des FGG-ReformG beantragt wurde, sind weiter die vor Inkrafttreten des FGG-ReformG geltenden
  Vorschriften anzuwenden. Auf Abänderungs- Verlängerungs- und Aufhebungsverfahren finden die vor Inkrafttreten des FGG-ReformG geltenden
  Vorschriften Anwendung, wenn die Abänderungs-. Verlängerungs- und
  Aufhebungsverfahren bis zum 1. 9. 2009 eingeleitet worden sind oder deren Einleitung bis zum 1. 9. 2009 beantragt wurde.
- Für ein bis Ende August 2009 beantragtes Scheidungsverfahren gilt weiter **3**
  das bisherige System aus FGG/ZPO.
- Wird ein **Verfahren zur Abänderung eines Titels in Unterhaltssachen** oder **4**
  der **Entscheidung einer Sorge- und Umgangssache,** die noch nach altem
  Recht erlassen wurde, ab 1. 9. 2009 eingeleitet bzw. dessen Einleitung beantragt, so richtet sich die Abänderung der Unterhaltssache nach den §§ 238,
  239 FamFG, die Abänderung in Kindschaftssachen nach § 166 FamFG.
- Hinsichtlich **einstweiliger Anordnungsverfahren** ist zu beachten, dass diese **5**
  früher unselbstständig waren und ein Hauptsacheverfahren brauchten, das
  die trug. Seit 1. 9. 2009 sind sie selbstständig. Wird in einem Verfahren
  nach bisherigem Recht ein einstweiliges Anordnungsverfahren gleichzeitig
  mit der Hauptsache eingeleitet oder dessen Einleitung beantragt und
  Hauptsacheverfahren erst nach Inkrafttreten des FGG-Reformgesetzes betrieben, ist auf das Hauptsacheverfahren nicht das neue Recht, sondern
  das alte Recht anzuwenden, und zwar deshalb weil nach bisherigem Recht
  beide Verfahren eine Einheit bildeten.[1]
- Ist das Verfahren in erster Instanz noch nach dem bisherigen Recht einge- **6**
  leitet worden, so erfolgt auch die Durchführung des Rechtsmittelverfahrens nach dem bisherigen Recht, wobei dies auch den nach dem bisherigen
  Recht geltenden Instanzenzug gilt.[2] Dies führt in der Konsequenz dazu,
  dass in Sachen der freiwilligen Gerichtsbarkeit ggf. noch die unbefristete
  Beschwerde und die zulassungsfreie weitere Beschwerde zum Oberlandesgericht die einzulegenden Rechtsmittel sind. Dies bedeutet, dass die alten
  Bestimmungen aus FGG/ZPO/sonstigem Recht noch jahrelang von Bedeutung bleiben werden.

---

[1] BT-Drucks. 16/6308, 359.
[2] BT-Drucks. 16/6308, 359.

Anhang

1. Muster: Antrag auf Erlass einer einstweiligen Anordnung gem. §§ 49 ff. FamFG

An das Amtsgericht ....
Familiengericht
....
(Rubrum)

zeige ich unter Bezugnahme auf die beiliegende Vollmacht an, dass ich die Antrag-stellerin vertrete und beantrage im Wege der einstweiligen Anordnung gem. §§ 49, 246 FamFG, den Antragsgegner zu verurteilen

1. an die Antragstellerin für das gemeinsame Kind A, geb. am ......, monatlich im Voraus Kindesunterhalt in Höhe von 100 % des Mindestunterhalts gem. § 1615 b BGB für ein erstes Kind, abzüglich des halben gesetzlichen Kindergeldes von derzeit ......, insgesamt ..... zu zahlen.
2. an die Antragstellerin monatlichen einen Trennungsunterhalt in Höhe von ..... zu zahlen.

Begründung:

Der Antragsgegner schuldet Minderjährigenunterhalt und Ehegattenunterhalt nach den §§ 1600 ff., 1361 (alternativ: § 1570 ff. BGB). Die gemeinsamen minderjähri-gen und einkommenslosen Kinder der Beteiligten werden von der Antragstellerin betreut, die auch das Kindergeld für die beziehet.

Ein Hauptsacheverfahren zum laufenden Unterhalt ist nicht anhängig. Es ist den Beteiligten bislang nicht gelungen sich über den Unterhalt zu verständigen. Der Antragsgegner ist mit Schreiben vom.... zur Zahlung von Unterhalt aufgefordert worden. Er leistet gleichwohl keinen Unterhalt.

(Alternativ:)

Er leistet Unterhalt, jedoch lediglich in Höhe von .... Dieser Betrag schlüsselt sich wie folgt auf:.....
Der Antrag umfasst zunächst den laufenden Unterhalt, der sich aus den dokumen-tierten Einkommensverhältnissen wie folgt ergibt ...... Ein Verzicht auf weiteren endgültigen Unterhalt ist damit nicht verbunden.

Zur wirtschaftlichen Situation des Antragsgegners und seinen Unterhaltspflichten ist folgendes auszuführen ....
Zur Glaubhaftmachung lege ich die nachfolgenden Belege ...., sowie die eides-stattliche Versicherung der Antragstellerin vom .... vor.

Beglaubigte und einfache Kopie anbei.

Rechtsanwältin

2. Muster: Unterhaltsabänderungsantrag[1]
gem. §§ 238 FamFG

Im Verfahren

....

(Rubrum)

zeige ich unter Bezugnahme auf beiliegende Vollmacht an, dass ich die Antragstellerin vertrete.

Ich beantrage im Wege der Abänderung,

das Urteil des Amtsgerichts ..... (künftig: den Beschluss ...) des Amtsgerichts .... - Familiengericht – dahin abzuändern, dass die Antragstellerin an den Antragsgegner keinen Ehegattenunterhalt mehr zu leisten hat

(Alternativ:)

.... nur noch einen monatlichen Unterhalt in Höhe von .... zu leisten hat.

(Nicht mehr notwendig ist die aufschiebend bedingte Rückforderungsklage zur Vermeidung des Entreicherungseinwands. Argument aus § 241 FamFG).

(Optional:)

Der Antragsteller ist auf Verfahrenskostenhilfe angewiesen. Die Zustellung des Antrags kann sich daher verzögern. Mit dem Antrag wird die Herabsetzung des Ehegattenunterhalts verfolgt. Der Unterhalt ist durch Urteil tituliert, das nach der Rechtsprechung des BGH erst für die Zeit ab Zustellung der Abänderungsklage unterhaltsmindernd abgeändert werden kann.

Ich beantrage daher mit Rücksicht auf den durch die Verzögerung der Zustellung drohenden Schaden,

den Antrag gem. § 14 Nr. 3 b GKG vor der Entscheidung über das Verfahrenshilfegesuch vorab zuzustellen. Die notwendige Glaubhaftmachung ergibt sich aus vorstehenden Hinweisen.

Begründung:

Der Antragsteller wurde mit der abzuändernden gerichtlichen Entscheidung verurteilt, an die Antragsgegnerin einen monatlichen Unterhalt in Höhe von .... zu zahlen. Grundlage des Urteils (in Zukunft werden Beschlüsse abzuändern sein) waren folgende wirtschaftliche und persönliche Verhältnisse: ....

Die Unterhaltspflicht ist seit Rechtshängigkeit des Antrags entfallen, weil ....

Die Antragsgegnerin hat Anlass zu diesem Antrag gegeben, weil sie dem außergerichtlichen Verlangen nach Herabsetzung des Unterhalts gemäß der beigefügten Korrespondenz (konkret: des diesseitigem Schreibens vom ....) nicht gefolgt ist.

Beglaubigte und einfache Kopie anbei.

Rechtsanwältin

---

[1] Die veränderte Terminologie ergibt sich gem. § 113 Abs. 5 FamFG auch für Familienstreitsachen.

3. Muster: Ehescheidungsantrag gem. 133 FamFG

An das Amtsgericht ....
Familiengericht
....

(Rubrum)

Voraussichtlicher Streitwert: ....

Unter Bezugnahme auf beiliegende Vollmacht gem. § 114 Abs.1 FamFG zeige ich an, dass ich die antragstellenden Parteien vertrete.

Ich beantrage,

1. die am ..... vor dem Standesbeamten des Standesamts zur Registernummer ...... geschlossene Ehe der Parteien zu scheiden.
2. Die Kosten des Verfahrens gegeneinander aufzuheben.

Begründung:

1. Die Parteien haben am .... vor dem Standesbeamten des Standesamts .... zu Registernummer ..... geheiratet. Die Parteien sind deutsche Staatsangehörige.[1]

Beweis: beigefügte Heiratsurkunde

Aus der Ehe der Parteien sind die gemeinsamen Kinder A, geb. ....., und B, geb. .... hervorgegangen, die bei der Antragstellerin leben.

Die Parteien sind sich darüber einig, die elterliche Sorge auch weiterhin gemeinsam ausüben zu wollen. Der Umgang ist wie folgt geregelt .... Hinsichtlich des Kindesunterhalts ist vor dem Jugendamt .... am ... ein vollstreckbarer Titel ... in Höhe von ...... errichtet worden. Hinsichtlich des Ehegattenunterhalts besteht noch Streit insofern, als .....

Der eheliche Hausrat ist geteilt, die Ehewohnung verbleibt ...... zur alleinigen Berechtigung und Nutzung.

Die Zuständigkeit des angerufenen Gerichts ergibt sich aus § 122 Nr. 1 FamFG, weil die Antragstellerin mit den gemeinsamen Kindern der Parteien in .... lebt. Andere Familiensachen i. S. d. § 111 FamFG sind nicht anhängig.

2. Der Ehescheidungsantrag wird auf die §§ 1565 Abs. 1, 1566 Abs.1 BGB gestützt. Die Parteien leben seit ..... im Sinne des § 1567 BGB voneinander getrennt. Die Antragstellerin hält ihre Ehe für endgültig zerrüttet und ist nicht bereit, die eheliche Lebensgemeinschaft wieder herzustellen.

Der Antragsgegner wird dem Ehescheidungsantrag vermutlich zustimmen. Auch er hält die Ehe der Parteien für endgültig gescheitert und möchte geschieden werden.

Beweis: Anhörung der Parteien gem. § 128 FamFG

---

[1] Haben beide oder ein Partner nicht die deutsche Staatsangehörigkeit, ist wegen der internationalen Zuständigkeit § 98 FamFG zu beachten, soweit die die Zuständigkeit nicht bereits aus der EuEheVO (Art. 3 ff. EuEheVO) ergibt.

3. Zwischen den Parteien ist der Versorgungsausgleich durchzuführen. Es wird um Übersendung der amtlichen Vordrucke gebeten.

4. Gegenstandswert:
   (monatliches Nettoeinkommen der Parteien bezogen auf drei Monate, abzüglich eines Kinderfreibetrages von 750,– € pro Kind zuzüglich 5 % aus dem Vermögen nach Abzug der Schulden und Freibeträge[2] zuzüglich Versorgungsausgleich ...)

5. Der sich aus diesem vorläufigen Gegenstandswert ergebende Gerichtskostenvorschuss in Höhe von zwei Gerichtsgebühren, insgesamt ...., wird unverzüglich nach Bekanntgabe des gerichtlichen Aktenzeichens eingezahlt werden.

Beglaubigte und einfache Kopie anbei.

Rechtsanwältin

---

[2] Je Ehegatte 60.000,– €, je Kind 30.000,– €.

4. Muster: Einlegung einer Beschwerde in Familienstreitsachen oder einer Ehesache

An das
Amtsgericht ....
Familiengericht

....
(Rubrum)

lege ich namens und in Vollmacht des Beteiligten gegen den am ...... schriftlich bekanntgegebenen Beschluss des Amtsgerichts Tempelhof/Kreuzberg vom ....

B e s c h w e r d e

ein.

Es wird beantragt,

> unter Aufhebung der Entscheidung des Amtsgerichts Tempelhof/Kreuzberg vom ......, Az.: ....
> den Antrag des Beteiligten vom zurückzuweisen.

Die Beschwerde wird wie folgt begründet:
Das erstinstanzliche Gericht hat in seiner Entscheidung vom ...... eine Rechtsverletzung begangen, indem es .... Des weiteren hat das erstinstanzliche Gericht folgende Tatsachen nicht zutreffend festgestellt .... Dies ergibt sich daraus, dass ....

Beglaubigte und einfache Kopie anbei.

5. Synopse: FamFG/FGG/ZPO

Neues Recht (FamFG)	Altes Recht
Abschnitt 1. **Allgemeine Vorschriften**	
§ 1 Anwendungsbereich Dieses Gesetz gilt für das Verfahren in Familiensachen sowie in den Angelegenheiten der freiwilligen Gerichtsbarkeit, soweit sie durch Bundesgesetz den Gerichten zugewiesen sind.	*Das FGG enthielt bislang keine allgemeine Definition der Familiensachen.*
§ 2 Örtliche Zuständigkeit (1) Unter mehreren örtlich zuständigen Gerichten ist das Gericht zuständig, das zuerst mit der Sache befasst ist.	**§ 4 FGG [Zuständigkeit mehrerer Gerichte]** Unter mehreren zuständigen Gerichten gebührt demjenigen der Vorzug, welches zuerst in der Sache tätig geworden ist. **§ 43 FGG [Zuständigkeit für weitere Aufgaben des Vormundschaftsgerichts]** (1) Die Zuständigkeit für eine Verrichtung des Vormundschaftsgerichts, die nicht eine Vormundschaft oder Pflegschaft betrifft, bestimmt sich, soweit sich nicht aus dem Gesetz ein anderes ergibt, nach den Vorschriften der §§ 35 b, 36 Abs. 1 bis 3; maßgebend ist für jede einzelne Angelegenheit der Zeitpunkt, in welchem das Gericht mit ihr befasst wird.
(2) Die örtliche Zuständigkeit eines Gerichts bleibt bei Veränderung der sie begründenden Umstände erhalten.	*Bisher keine Regelung, der nunmehr kodifizierte Grundsatz war jedoch anerkannt.*
(3) Gerichtliche Handlungen sind nicht deswegen unwirksam, weil sie von einem örtlich unzuständigen Gericht vorgenommen worden sind.	**§ 7 FGG [Handlungen unzuständiger oder ausgeschlossener Richter]** Gerichtliche Handlungen sind nicht aus dem Grunde unwirksam, weil sie von einem örtlich unzuständigen Gericht oder von einem Richter vorgenommen worden sind, der von der Ausübung des Richteramts kraft Gesetzes ausgeschlossen ist.
§ 3 Verweisung bei Unzuständigkeit (1) Ist das angerufene Gericht örtlich oder sachlich unzuständig, hat es sich, sofern das zuständige Gericht bestimmt werden kann, durch Beschluss für unzuständig zu erklären und die Sache an das zuständige Gericht zu verweisen. Vor der Verweisung sind die Beteiligten anzuhören.	*Das FGG enthielt bislang nur eine Teilregelung zur Bestimmung des zuständigen Gerichts.* **§ 5 FGG [Bestimmung des zuständigen Gerichts]** (1) Besteht Streit oder Ungewissheit darüber, welches von mehreren Gesetzen örtlich zuständig ist, so wird das zuständige Gericht durch das gemeinschaftliche obere Gericht und, falls dies der Bundesgerichtshof ist, durch dasjenige Oberlandesgericht bestimmt, zu dessen Bezirk das mit der Sache befasste Gericht gehört. Ist das zuständige Gericht in einem einzelnen Falle an der Ausübung des Richteramts rechtlich oder tatsächlich verhindert, so erfolgt die Bestimmung durch das ihm im Instanzenzuge vorgeordnete Gericht. (2) Eine Anfechtung der Entscheidung findet nicht statt.

Neues Recht (FamFG)	Altes Recht
(2) Sind mehrere Gerichte zuständig, ist die Sache an das vom Antragsteller gewählte Gericht zu verweisen. Unterbleibt die Wahl oder ist das Verfahren von Amts wegen eingeleitet worden, ist die Sache an das vom angerufenen Gericht bestimmte Gericht zu verweisen.	*Bisher existierte dazu keine Regelung im FGG.* Satz 1 entspricht der Regelung in § 17 a Abs. 2 S. 2 GVG, Satz 2 ermöglicht aber darüber hinaus Regelungen in Verfahren ohne Antragsteller.
(3) Der Beschluss ist nicht anfechtbar. Er ist für das als zuständig bezeichnete Gericht bindend.	*Bisher existierte dazu keine Regelung im FGG.*
(4) Die im Verfahren vor dem angerufenen Gericht entstehenden Kosten werden als Teil der Kosten behandelt, die bei dem im Beschluss bezeichneten Gericht anfallen.	*Bisher existierte dazu keine Regelung im FGG.*
§ 4 Abgabe an ein anderes Gericht Das Gericht kann die Sache aus wichtigem Grund an ein anderes Gericht abgeben, wenn sich dieses zur Übernahme der Sache bereit erklärt hat.	*Bisher existierte keine generelle Regelung, sondern nur Spezialregelungen:* **§ 46 FGG [Abgabe der Vormundschaft]** (1) Das Vormundschaftsgericht kann die Vormundschaft aus wichtigen Gründen an ein anderes Vormundschaftsgericht abgeben, wenn sich dieses zur Übernahme der Vormundschaft bereit erklärt; hat der Mündel bereits einen Vormund erhalten, so ist jedoch dessen Zustimmung erforderlich. Als ein wichtiger Grund ist es in der Regel anzusehen, wenn ein unter Vormundschaft stehender Minderjähriger wegen einer Straftat vor einem anderen Gericht angeklagt ist. (2)–(3) ...
Vor der Abgabe sollen die Beteiligten angehört werden.	**§ 65 a FGG [Abgabe an ein anderes Vormundschaftsgericht]** (1) ... (2) Vor der Abgabe ist dem Betroffenen und dem Betreuer, sofern der Betroffene einen solchen bereits erhalten hat, Gelegenheit zur Äußerung zu geben.
§ 5 Gerichtliche Bestimmung der Zuständigkeit (1) Das zuständige Gericht wird durch das nächsthöhere gemeinsame Gericht bestimmt: 1. wenn das an sich zuständige Gericht in einem einzelnen Fall an der Ausübung der Gerichtsbarkeit rechtlich oder tatsächlich verhindert ist, 2. wenn es mit Rücksicht auf die Grenzen verschiedener Gerichtsbezirke oder aus sonstigen tatsächlichen Gründen ungewiss ist, welches Verfahren für das Gericht zuständig ist; 3. wenn verschiedene Gerichte sich rechtskräftig für zuständig erklärt haben; 4. wenn verschiedene Gerichte, von denen eines für das Verfahren zuständig ist, sich rechtskräftig für unzuständig erklärt haben. 5. wenn eine Abgabe aus wichtigem Grund (§ 4) erfolgen soll, die Gerichte sich jedoch nicht einigen können.	**§ 5 FGG [Bestimmung des zuständigen Gerichts]** (1) Besteht Streit oder Ungewissheit darüber, welches von mehreren Gerichten örtlich zuständig ist, so wird das zuständige Gericht durch das gemeinschaftliche obere Gericht und, falls dies der Bundesgerichtshof ist, durch dasjenige Oberlandesgericht bestimmt, zu dessen Bezirk das zuerst mit der Sache befasste Gericht gehört. Ist das zuständige Gericht in einem einzelnen Falle an der Ausübung des Richteramts rechtlich oder tatsächlich verhindert, so erfolgt die Bestimmung durch das ihm im Instanzenzuge vorgeordnete Gericht. **§ 46 FGG [Abgabe der Vormundschaft]** (1) ... (2) Einigen sich die Gerichte nicht oder verweigert der Vormund oder, wenn mehrere

Neues Recht (FamFG)	Altes Recht
	Vormünder die Vormundschaft gemeinsam führen, einer von ihnen seine Zustimmung, so entscheidet das gemeinschaftliche obere Gericht, und, falls dieses der Bundesgerichtshof ist, dasjenige Oberlandesgericht, zu dessen Bezirk das Gericht gehört, an welches Vormundschaft abgegeben werden soll. Eine Anfechtung der Entscheidung findet nicht statt.

(3) Diese Vorschriften sind auf die Pflegschaft und die im § 43 bezeichneten Angelegenheiten entsprechend anzuwenden. |
| (2) Ist das nächsthöhere gemeinsame Gericht der Bundesgerichtshof, wird das zuständige Gericht durch das Oberlandesgericht bestimmt, zu dessen Bezirk das zuerst mit der Sache befasste Gericht gehört. | **§ 5 FGG [Bestimmung des zuständigen Gerichts]**

(1) Besteht Streit oder Ungewissheit darüber, welches von mehreren Gerichten örtlich zuständig ist, so wird das zuständige Gericht durch das gemeinschaftliche obere Gericht und, falls dies der Bundesgerichtshof ist, durch dasjenige Oberlandesgericht bestimmt, zu dessen Bezirk das zuerst mit der Sache befasste Gericht gehört. |
| (3) Der Beschluss, der das zuständige Gericht bestimmt, ist nicht anfechtbar. | (2) Eine Anfechtung der Entscheidung findet nicht statt. |
| **§ 6 Ausschließung und Ablehnung der Gerichtspersonen**

(1) Für die Ausschließung und Ablehnung der Gerichtspersonen gelten die §§ 41 bis 49 der ZPO entsprechend. Ausgeschlossen ist auch, wer bei einem Verwaltungsverfahren mitgewirkt hat. | **§ 6 FGG [Ausgeschlossene Richter]**

(1) Ein Richter ist vor der Ausübung des Richteramts kraft Gesetzes ausgeschlossen:

1. in Sachen, in denen er selbst beteiligt ist oder in denen er zu einem Beteiligten in dem Verhältnis eines Mitberechtigten oder Mitverpflichteten steht;

2. in Sachen seines Ehegatten, auch wenn die Ehe nicht mehr besteht;

2a. in Sachen seines Lebenspartners, auch wenn die Lebenspartnerschaft nicht mehr besteht;

3. in Sachen einer Person, mit der in gerader Linie oder im zweiten Grade[1] der Seitenlinie verwandt oder verschwägert ist oder war

4. in Sachen, in denen er als Vertreter eines Beteiligten bestellt oder als gesetzlicher Vertreter eines solchen aufzutreten berechtigt ist. |
| (2) Der Beschluss, durch den das Ablehnungsgesuch für unbegründet erklärt wird, ist mit der sofortigen Beschwerde in entsprechender Anwendung der §§ 567 bis 572 der Zivilprozessordnung anfechtbar. | (2) Ein Richter kann sich der Ausübung seines Amtes wegen Befangenheit enthalten. |

---

[1] Achtung: Schärfere Regelung als in der Vergangenheit: Die durch Verweisung nunmehr maßgebliche ZPO-Regelung des § 41 Nr. 3 ZPO schließt bis zum dritten Grad der Verwandtschaft aus.

Neues Recht (FamFG)	Altes Recht
§ 7 Beteiligte	
(1) In Antragsverfahren ist der Antragsteller Beteiligter.	*Zum Beteiligtenbegriff existierte im FGG bislang keine allgemeine Regelung.*
	Es existierten Spezialregelungen, in denen auf Beteiligte Bezug genommen wurde, wie z. B. in den §§ 6 Abs. 1, 13, 13a Abs. 1, 15 Abs. 2, 41, 53b Abs. 2, 86 Abs. 1, 150, 153 Abs. 1, 155 Abs. 3 FGG.
(2) Als Beteiligte sind hinzuzuziehen	
1. diejenigen, deren Recht durch das Verfahren unmittelbar betroffen wird,	
2. diejenigen, die aufgrund dieses oder eines anderen Gesetzes von Amts wegen oder auf Antrag zu beteiligen sind.	
(3) Das Gericht kann von Amts wegen oder auf Antrag weitere Personen als Beteiligte hinzuziehen, soweit dies in diesem oder einem anderen Gesetz vorgesehen ist.	
(4) Diejenigen, die auf ihren Antrag als Beteiligte zu dem Verfahren hinzuzuziehen sind oder hinzugezogen werden können, sind von der Einleitung des Verfahrens zu benachrichtigen, soweit sie dem Gericht bekannt sind. Sie sind über ihr Antragsrecht zu belehren.	
(5) Das Gericht entscheidet durch Beschluss, wenn es einem Antrag auf Hinzuziehung gemäß Abs. 2 oder 3 nicht entspricht. Der Beschluss ist mit der sofortigen Beschwerde in entsprechender Anwendung der §§ 567 bis 572 der Zivilprozessordnung anfechtbar.	
(6) Wer anzuhören ist oder eine Auskunft zu erteilen hat, ohne dass die Voraussetzungen des Absatzes 2 oder 3 vorliegen, wird dadurch nicht Beteiligter.	
§ 8 Beteiligtenfähigkeit	
Beteiligtenfähig sind	*Zur Beteiligtenfähigkeit existierte bislang keine Regelung im FGG.*
1. natürliche und juristische Personen,	
2. Vereinigungen, Personengruppen und Einrichtungen, soweit ihnen ein Recht zustehen kann,	
3. Behörden.	
§ 9 Verfahrensfähigkeit	
(1) Verfahrensfähig sind	*Zur Verfahrensfähigkeit existierte bislang keine Regelung im FGG.*
1. die nach bürgerlichem Recht Geschäftsfähigen,	
2. die nach bürgerlichem Recht beschränkt Geschäftsfähigen, soweit sie für den Gegenstand des Verfahrens nach bürgerlichem Recht als geschäftsfähig anerkannt sind,	
3. die nach bürgerlichem Recht beschränkt Geschäftsfähigen, soweit sie das 14. Lebensjahr vollendet haben und sie in einem Verfahren, das ihre Person betrifft, ein ihnen nach bürgerlichem Recht zustehendes Recht geltend machen,	

Neues Recht (FamFG)	Altes Recht
4. diejenigen, die aufgrund dieses oder eines anderen Gesetzes dazu bestimmt werden.	
(2) Soweit ein Geschäftsunfähiger oder in der Geschäftsfähigkeit Beschränkter nicht verfahrensfähig ist, handeln für ihn die nach bürgerlichem Recht dazu befugten Personen.	*Bisher keine Regelung im FGG.*
(3) Für Vereinigungen sowie für Behörden handeln ihre gesetzlichen Vertreter, Vorstände oder besonders Beauftragte.	*Bisher keine Regelung im FGG. Norm in Anlehnung an § 62 Abs. 3 VwGO.*
(4) Das Verschulden eines gesetzlichen Vertreters steht dem Verschulden eines Beteiligten gleich.	*Bisher keine Regelung im FGG.*
(5) Die §§ 53 bis 58 der Zivilprozessordnung geltend entsprechend.	*Bisher keine Regelung im FGG.*

§ 10 Bevollmächtigte	**§ 13 FGG [Bevollmächtigte und Beistände]**
(1) Soweit eine Vertretung durch Rechtsanwälte nicht geboten ist, können die Beteiligten das Verfahren selbst betreiben.	(1) Soweit eine Vertretung durch Rechtsanwälte nicht geboten ist, können die Beteiligten das Verfahren selbst betreiben.
(2) Die Beteiligten können sich durch einen Rechtsanwalt als Bevollmächtigten vertreten lassen. Darüber hinaus sind Bevollmächtigte, soweit eine Vertretung durch Rechtsanwälte nicht geboten ist, vertretungsbefugt nur	(2) Die Beteiligten können sich durch einen Rechtsanwalt als Bevollmächtigten vertreten lassen. Darüber hinaus sind als Bevollmächtigte, soweit eine Vertretung durch Rechtsanwälte nicht geboten ist, vertretungsbefugt nur
1. Beschäftigte des Beteiligten oder eines mit ihm verbundenen Unternehmens (§ 15 des Aktiengesetzes); Behörden und juristische Personen des öffentlichen Rechts einschließlich der von ihnen zur Erfüllung ihrer öffentlichen Aufgaben gebildeten Zusammenschlüsse können sich auch durch Beschäftigte der zuständigen Aufsichtsbehörde oder des kommunalen Spitzenverbandes des Landes, dem sie angehören, vertreten lassen,	1. Beschäftigte des Beteiligten oder eines mit ihm verbundenen Unternehmens (§ 15 des Aktiengesetzes); Behörden und juristische Personen des öffentlichen Rechts einschließlich der von ihnen zur Erfüllung ihrer öffentlichen Aufgaben gebildeten Zusammenschlüsse können sich auch durch Beschäftigte anderer Behörden oder juristischer Personen des öffentlichen Rechts einschließlich der von ihnen zur Erfüllung ihrer öffentlichen Aufgaben gebildeten Zusammenschlüsse vertreten lassen,
2. volljährige Familienangehörige (§ 15 der Abgabenordnung, § 11 des Lebenspartnerschaftsgesetzes), Personen mit Befähigung zum Richteramt und die Beteiligten, wenn die Vertretung nicht im Zusammenhang mit einer entgeltlichen Tätigkeit steht,	2. volljährige Familienangehörige (§ 15 der Abgabenordnung, § 11 des Lebenspartnerschaftsgesetzes), Personen mit Befähigung zum Richteramt und die Beteiligten, wenn die Vertretung nicht im Zusammenhang mit einer entgeltlichen Tätigkeit steht,
3. Notare.	3. Notare.
(3) Das Gericht weist Bevollmächtigte, die nicht nach Maßgabe des Absatzes 2 vertretungsbefugt sind, durch unanfechtbaren Beschluss zurück. Verfahrenshandlungen, die ein nicht vertretungsbefugter Bevollmächtigter bis zu seiner Zurückweisung vorgenommen hat, und Zustellungen oder Mitteilungen an diesen Bevollmächtigten sind wirksam. Das Gericht kann den in Absatz 2 Satz 2 Nr. 1 und 2 bezeichneten Bevollmächtigten durch unanfechtbaren Beschluss die weitere Vertretung untersagen, wenn sie nicht in der Lage sind, das Sach- und Streitverhältnis sachgerecht darzustellen.	(3) Das Gericht weist Bevollmächtigte, die nicht nach Maßgabe des Absatzes 2 vertretungsbefugt sind, durch unanfechtbaren Beschluss zurück. Verfahrenshandlungen, die ein nicht vertretungsbefugter Bevollmächtigter bis zu seiner Zurückweisung vorgenommen hat, und Zustellungen oder Mitteilungen an diesen Bevollmächtigten sind wirksam. Das Gericht kann den in Absatz 2 Satz 2 Nr. 1 und 2 bezeichneten Bevollmächtigten durch unanfechtbaren Beschluss die weitere Vertretung untersagen, wenn sie nicht in der Lage sind, das Sach- und Streitverhältnis sachgerecht darzustellen.

Neues Recht (FamFG)	Altes Recht
(4) Vor dem Bundesgerichtshof müssen sich die Beteiligten, außer im Verfahren über die Ausschließung und Ablehnung von Gerichtspersonen und im Verfahren über die Verfahrenskostenhilfe, durch einen beim Bundesgerichtshof zugelassenen Rechtsanwalt vertreten lassen. Behörden und juristische Personen des öffentlichen Rechts einschließlich der von ihnen zur Erfüllung ihrer öffentlichen Aufgaben gebildeten Zusammenschlüsse können sich durch eigene Beschäftigte mit Befähigung zum Richteramt oder durch Beschäftigte mit Befähigung zum Richteramt der zuständigen Aufsichtsbehörde oder des jeweiligen kommunalen Spitzenverbandes des Landes, dem sie angehören, vertreten lassen. Für die Beiordnung eines Notanwalts gelten die §§ 78b und 78c der Zivilprozessordnung entsprechend.	*Bisher keine Regelung im FGG.*
(5) Richter dürfen nicht als Bevollmächtigte vor dem Gericht auftreten, dem sie angehören.	**§ 13 FGG [Bevollmächtigte und Beistände]** (1)–(3) ... (4) Richter dürfen nicht als Bevollmächtigte vor dem Gericht auftreten, dem sie angehören. Absatz 3 Satz 1 und 2 gilt entsprechend. (5)–(6) ...
§ 11 Verfahrensvollmacht Die Vollmacht ist schriftlich zu den Gerichtsakten einzureichen. Sie kann nachgereicht werden; hierfür kann das Gericht eine Frist bestimmen. Der Mangel der Vollmacht kann in jeder Lage des Verfahrens geltend gemacht werden. Das Gericht hat den Mangel der Vollmacht von Amts wegen zu berücksichtigen, wenn nicht als Bevollmächtigter ein Rechtsanwalt oder Notar auftritt. Im übrigen gelten die §§ 81 bis 87 und 89 der Zivilprozessordnung entsprechend.	**§ 13 FGG [Bevollmächtigte und Beistände]** (1)–(4) ... (5) Die Vollmacht ist schriftlich zu den Gerichtsakten einzureichen. Sie kann nachgereicht werden; hierfür kann das Gericht eine Frist bestimmen. Der Mangel der Vollmacht kann in jeder Lage des Verfahrens geltend gemacht werden. Das Gericht hat den Mangel der Vollmacht von Amts wegen zu berücksichtigen, wenn nicht als Bevollmächtigter ein Rechtsanwalt oder Notar auftritt. (6) ...
§ 12 Beistand Im Termin können die Beteiligten mit Beiständen erscheinen. Beistand kann sein, wer in Verfahren, in denen die Beteiligten das Verfahren selbst betreiben können, als Bevollmächtigter zur Vertretung befugt ist. Das Gericht kann andere Personen als Beistand zulassen, wenn dies sachdienlich ist und hierfür nach den Umstände des Einzelfalls ein Bedürfnis besteht. § 10 Abs. 3 Satz 1 und 3 und Abs. 5 gilt entsprechend. Das von dem Beistand Vorgetragene gilt als von dem Beteiligten vorgebracht, soweit es nicht von diesem sofort widerrufen oder berichtigt wird.	**§ 13 FGG [Bevollmächtigte und Beistände]** (1)–(5) ... (6) Die Beteiligten können mit Beiständen erscheinen. Beistand kann sein, wer in Verfahren, in denen die Beteiligten das Verfahren selbst betreiben können, als Bevollmächtigter zur Vertretung befugt ist. Das Gericht kann andere Person als Beistand zulassen, wenn dies sachdienlich ist und hierfür nach den Umständen des Einzelfalls ein Bedürfnis besteht. Absatz 3 Satz 1 und 3 und Absatz 4 gelten entsprechend. Das von dem Beistand Vorgetragene gilt als von dem Beteiligten vorgebracht, soweit es nicht von diesem sofort widerrufen oder berichtigt wird.
§ 13 Akteneinsicht (1) Die Beteiligten können die Gerichtsakten auf der Geschäftsstelle einsehen, soweit nicht schwerwiegende Interessen eines Beteiligten oder eines Dritten entgegenstehen.	*Bisher existierte keine ausdrückliche Regelung im FGG. Die Rechtslage entsprach aber der nunmehr kodifizierten neuen Regelung.*

Neues Recht (FamFG)	Altes Recht
(2) Personen, die an dem Verfahren nicht beteiligt sind, kann Einsicht nur gewährt werden, soweit sie ein berechtigtes Interesse glaubhaft machen und schutzwürdige Interessen eines Beteiligten oder eines Dritten nicht entgegenstehen. Die Einsicht ist zu versagen, wenn ein Fall des § 1758 Bürgerliches Gesetzbuch vorliegt.	**§ 34 FGG [Akteneinsicht und Abschriften]** (1) Die Einsicht der Gerichtsakten kann jedem insoweit gestattet werden, als er ein berechtigtes Interesse geltend macht. Das gleiche gilt von der Erteilung einer Abschrift; die Abschrift ist auf Verlangen von der Geschäftsstelle zu beglaubigen. (2) Die Einsicht der Akten und die Erteilung von Abschriften ist insoweit zu versagen, als § 1758 des Bürgerlichen Gesetzbuchs entgegensteht.
(3) Soweit Akteneinsicht gewährt wird, können die Berechtigten sich auf die Kosten durch die Geschäftsstelle Ausfertigungen, Auszüge und Abschriften erteilen lassen. Die Abschrift ist auf Verlangen zu beglaubigen.	**§ 78 FGG [Akteneinsicht und Abschriften]** (1) ... (2) Von den Schriftstücken, deren Einsicht gestattet ist, kann eine Abschrift gefordert werden; die Abschrift ist auf Verlangen zu beglaubigen.
(4) Einem Rechtsanwalt, einem Notar oder einer beteiligten Behörde kann das Gericht die Alten in die Amts- oder Geschäftsräume überlassen. Ein Recht auf Überlassung von Beweisstücken in die Amts- oder Geschäftsräume besteht nicht. Die Entscheidung nach Satz 1 ist nicht anfechtbar.	*Bislang existierte dazu keine ausdrückliche Regelung im FGG.*
(5) Werden die Gerichtsakten elektronisch geführt, gilt § 299 Abs. 3 der Zivilprozessordnung entsprechend. Der elektronische Zugriff nach § 299 Abs. 3 Satz und Satz der Zivilprozessordnung kann auch dem Notar oder der Beteiligten Behörde gestattet werden.	*Bislang existierte dazu keine ausdrückliche Regelung im FGG.*
(6) Die Entwürfe zu Beschlüssen und Verfügungen, die zu ihrer Vorbereitung gelieferten Arbeiten sowie die Dokumente, die Abstimmungen betreffen, werden weder vorgelegt noch abschriftlich mitgeteilt.	*Bislang existierte dazu keine ausdrückliche Regelung im FGG.*
(7) Über die Akteneinsicht entscheidet das Gericht, bei Kollegialgerichten der Vorsitzende.	*Bislang existierte dazu keine ausdrückliche Regelung im FGG.*
§ 14 Elektronische Akte; elektronische Dokument (1) Die Gerichtsakten können elektronisch geführt werden. § 298a Abs. 2 und 3 der Zivilprozessordnung gilt entsprechend.	
(2) Die Beteiligten können Anträge und Erklärungen als elektronisches Dokument übermitteln. Für das elektronische Dokument gelten § 130a Abs. 1 und 3 sowie § 298 der Zivilprozessordnung entsprechend.	
(3) Für das gerichtliche elektronische Dokument gelten die §§ 130b und 298 der Zivilprozessordnung entsprechend.	*Bislang existierte dazu keine ausdrückliche Regelung im FGG.*
(4) Die Bundesregierung und die Landesregierungen bestimmen für ihren Bereich durch Rechtsverordnung den Zeitpunkt, von dem an elektronische Akten geführt und elektronische Dokumente bei Gericht eingereicht werden können. Die Bundesregierung und die Landesregierungen bestimmen für ihren Bereich durch	*Bislang existierte dazu keine ausdrückliche Regelung im FGG.*

Neues Recht (FamFG)	Altes Recht
Rechtsverordnung die geltenden organisatorisch-technischen Rahmenbedingungen für die Bildung, Führung und Aufbewahrung der elektronischen Akten und die für die Bearbeitung der Dokumente geeignete Form. Die Landesregierungen können die Ermächtigung durch Rechtsverordnung auf die jeweils zuständige oberste Landesbehörde übertragen. Die Zulassung der elektronischen Akte und der elektronischen Form kann auf einzelne Gerichte oder Verfahren beschränkt werden.	
(5) Sind die Gerichtsakten nach ordnungsgemäßen Grundsätzen zur Ersetzung der Urschrift auf einen Bild- oder anderen Tonträger übertragen worden und liegt der schriftliche Nachweis darüber vor, dass die Wiedergabe mit der Urschrift übereinstimmt, so können Ausfertigungen, Auszüge und Abschriften von dem Bild- oder dem Datenträger erteilt werden. Auf der Urschrift anzubringende Vermerke werden in diesem Fall bei dem Nachweis angebracht.	*Bislang existierte dazu keine ausdrückliche Regelung im FGG.*
§ 15 Bekanntgabe; formlose Mitteilung	*Bisher nur partiell im FGG geregelt.*
(1) Dokumente, deren Inhalt eine Termins- oder Fristbestimmung enthalten oder den Lauf einer Frist auslösen, sind den Beteiligten bekannt zu geben.	**§ 16 FGG [Bekanntgabe gerichtlicher Verfügungen]**
(2) Die Bekanntgabe kann durch Zustellung nach den §§ 166 bis 195 der Zivilprozessordnung oder dadurch bewirkt werden, dass das Schriftstück unter der Anschrift des Adressaten zur Post gegeben wird. Soll die Bekanntgabe im Inland bewirkt werden, gilt das Schriftstück drei Tage nach der Aufgabe zur Post als bekannt gegeben, wenn nicht der Beteiligte glaubhaft macht, dass ihm das Schriftstück nicht oder erst zu einem späteren Zeitpunkt zugegangen ist	(1) Gerichtliche Verfügungen werden mit der Bekanntgabe an denjenigen, für welchen sie ihrem Inhalt nach bestimmt sind, wirksam.
	(2) Die Bekanntmachung erfolgt, wenn mit ihr der Lauf einer Frist beginnt, durch Zustellung nach den für die Zustellung von Amts wegen geltenden Vorschriften der Zivilprozessordnung; durch die Landsjustizverwaltung kann jedoch für Zustellungen im Ausland eine einfachere Art der Zustellung angeordnet werden.
(3) Ist eine Bekanntgabe nicht geboten, können Dokumente den Beteiligten formlos mitgeteilt werden.	In denjenigen Fällen, in welchen mit der Bekanntmachung nicht der Lauf einer Frist beginnt, soll in den Akten vermerkt werden, in welcher Weise, an welchem Orte und an welchem Tage die Bekanntmachung zur Ausführung gebracht werden soll.
	(3) Einem Anwesenden kann die Verfügung zur Protokoll bekanntgemacht werden. Auf Verlangen ist ihm eine Abschrift der Verfügung zu erteilen.
§ 16 Fristen	**§ 16 FGG [Bekanntmachung gerichtlicher Verfügungen]**
(1) Der Lauf einer Frist beginnt, soweit nichts anderes bestimmt ist, mit der Bekanntgabe.	(1) ...
	(2) Die Bekanntmachung erfolgt, wenn mit ihr der Lauf einer Frist beginnt, durch Zustellung nach den für die Zustellung von Amts wegen geltenden Vorschriften der Zivilprozessordnung; durch die Landesjustizverwaltung kann jedoch für Zustellungen im Ausland eine einfachere Art der Zustellung angeordnet werden. ...

143

Neues Recht (FamFG)	Altes Recht
(2) Für die Fristen gelten die §§ 222 und 224 Abs. 2 und 3 sowie 225 der Zivilprozessordnung entsprechend.	**§ 17 FGG [Fristen]** (1) Für die Berechnung der Fristen gelten die Vorschriften des Bürgerlichen Gesetzbuchs. (2) Fällt das Ende der Frist auf einen Sonntag, einen allgemeinen Feiertag oder einen Sonnabend, so endet die Frist mit dem Ablauf des nächsten Werktages.
§ 17 Wiedereinsetzung in den vorigen Stand (1) War jemand ohne sein Verschulden verhindert, eine gesetzliche Frist einzuhalten, ist ihm auf Antrag Wiedereinsetzung in den vorigen Stand zu gewähren. (2) Ein Fehlen des Verschuldens wird vermutet, wenn eine Rechtsbehelfsbelehrung unterblieben oder fehlerhaft ist.	*Bislang existierte nur eine Teilregelung im Rahmen der sofortigen Beschwerde.* **§ 22 FGG [Frist für die sofortige Beschwerde]** (1) ... (2) Einem Beschwerdeführer, der ohne sein Verschulden verhindert war, die Frist einhalten, ist auf Antrag von dem Beschwerdegericht die Wiedereinsetzung in den vorigen Stand zu erteilen, wenn er die Beschwerde binnen zwei Wochen nach der Beseitigung des Hindernisses einlegt und die Tatsachen, welche die Wiedereinsetzung begründen, glaubhaft macht.
§ 18 Antrag auf Wiedereinsetzung (1) Der Antrag auf Wiedereinsetzung ist binnen zwei Wochen nach Wegfall des Hindernisses zu stellen. (2) Die Form des Antrags auf Wiedereinsetzung richtet sich nach den Vorschriften, die für die versäumte Verfahrenshandlung gelten. (3) Die Tatsachen zur Begründung des Antrags sind bei der Antragstellung oder im Verfahren über den Antrag glaubhaft zu machen. Innerhalb der Antragsfrist ist die versäumte Rechtshandlung nachzuholen. Ist dies geschehen, kann die Wiedereinsetzung auch ohne Antrag gewährt werden. (4) Nach Ablauf eines Jahres, von dem Ende der versäumten Frist an gerechnet, kann Wiedereinsetzung nicht mehr beantragt oder ohne Antrag bewilligt werden.	**§ 22 FGG [Frist für die sofortige Beschwerde]** (1) ... (2) Einem Beschwerdeführer, der ohne sein Verschulden verhindert war, die Frist einhalten, ist auf Antrag von dem Beschwerdegericht die Wiedereinsetzung in den vorigen Stand zu erteilen, wenn er die Beschwerde binnen zwei Wochen nach der Beseitigung des Hindernisses einlegt und die Tatsachen, welche die Wiedereinsetzung begründen, glaubhaft macht. ... (2) ... Nach dem Ablauf eines Jahres, von dem Ende der versäumten Frist an gerechnet, kann die Wiedereinsetzung nicht mehr beantragt werden.
§ 19 Entscheidung über die Wiedereinsetzung (1) Über die Wiedereinsetzung entscheidet das Gericht, das über die versäumte Rechtshandlung zu befinden hat. (2) Die Wiedereinsetzung ist nicht anfechtbar.	*Bislang existierte dazu keine ausdrückliche Regelung im FGG. Die Rechtslage entsprach aber der nunmehr kodifizierten Regelung.*

Neues Recht (FamFG)	Altes Recht
	§ 22 FGG [Frist für die sofortige Beschwerde] (1) ... (2) ... Gegen die Entscheidung über den Antrag findet die sofortige weitere Beschwerde statt. ...
(3) Die Versagung der Wiedereinsetzung ist nach den Vorschriften anfechtbar, die für die versäumte Rechtshandlung gelten.	
§ 20 Verfahrensverbindung und -trennung Das Gericht kann Verfahren verbinden oder trennen, soweit es dies für sachdienlich hält.	*Bislang existierte dazu keine ausdrückliche Regelung im FGG. Die Rechtslage entsprach aber der nunmehr kodifizierten Regelung.*
§ 21 Aussetzung des Verfahrens (1) Das Gericht kann das Verfahren aus wichtigem Grund aussetzen, insbesondere wenn die Entscheidung ganz oder zum Teil von dem Bestehen oder Nichtbestehen eines Rechtsverhältnisses abhängt, das den Gegenstand eines anderen anhängigen Verfahrens bildet oder von einer Verwaltungsbehörde festzustellen ist. § 249 der Zivilprozessordnung ist entsprechend anzuwenden.	*Bislang existierte dazu keine allgemeine Regelung im FGG. Lediglich in § 52 FGG war die Aussetzung im Falle der Inanspruchnahme einer außergerichtlichen Beratung geregelt.*
(2) Der Beschluss ist mit der sofortigen Beschwerde in entsprechender Anwendung der §§ 567 bis 572 ZPO anfechtbar.	*Bislang existierte dazu keine ausdrückliche Regelung im FGG. Die Rechtslage entsprach aber der nunmehr kodifizierten Regelung.*
§ 22 Antragsrücknahme; Beendigungserklärung (1) Ein Antrag kann bis zur Rechtskraft der Endentscheidung zurückgenommen werden. Die Rücknahme bedarf nach Erlass der Endentscheidung der Zustimmung der übrigen Beteiligten. (2) Eine bereits ergangene, noch nicht rechtskräftige Endentscheidung wird durch die Antragsrücknahme wirkungslos, ohne dass es einer ausdrücklichen Aufhebung bedarf. Das Gericht stellt auf Antrag die nach Satz 1 eintretende Wirkung durch Beschluss fest. Der Beschluss ist nicht anfechtbar. (3) Eine Entscheidung über einen Antrag ergeht nicht, soweit sämtliche Beteiligte erklären, dass sie das Verfahren beenden wollen. (4) Die Absätze 2 und 3 gelten nicht in Verfahren, die von Amts wegen eingeleitet werden können.	*Bislang existierte dazu keine ausdrückliche Regelung im FGG.*
§ 22a Mitteilungen an die Familien- und Betreuungsgerichte (1) Wird infolge eines gerichtlichen Verfahrens eine Tätigkeit des Familien- oder Betreuungsgerichts erforderlich, hat das Gericht dem Familien- oder Betreuungsgericht Mitteilung zu machen.	**§ 35 a FGG [Mitteilungspflicht]** Wird infolge eines gerichtlichen Verfahrens eine Tätigkeit des Vormundschaftsgerichts erforderlich, so hat das Gericht dem Vormundschaftsgericht Mitteilung zu machen.

Neues Recht (FamFG)	Altes Recht
(2) Im Übrigen dürfen Gerichte und Behörden dem Familien- und Betreuungsgerichte personenbezogene Daten übermitteln, wenn deren Kenntnis aus ihrer Sicht für familien- oder betreuungsgerichtliche Maßnahmen erforderlich ist, soweit nicht für die übermittelnde Stelle erkennbar ist, dass schutzwürdige Interessen des Betroffenen an dem Ausschluss der Übermittlung das Schutzbedürfnis eines Minderjährigen oder Betreuten oder das öffentliche Interesse an der Übermittlung überwiegen. Die Übermittlung unterbleibt, wenn ihr eine besondere bundes- oder entsprechende landesgesetzliche Verwendungsregelung entgegensteht.	Im Übrigen dürfen Gerichte und Behörden dem Familien- und Betreuungsgerichte personenbezogene Daten übermitteln, wenn deren Kenntnis aus ihrer Sicht für vormundschafts- oder familiengerichtliche Maßnahmen erforderlich ist, soweit nicht für die übermittelnde Stelle erkennbar ist, dass schutzwürdige Interessen des Betroffenen an dem Ausschluss der Übermittlung das Schutzbedürfnis eines Minderjährigen oder Betreuten oder das öffentliche Interesse an der Übermittlung überwiegen. Die Übermittlung unterbleibt, wenn ihr eine besondere bundes- oder entsprechende landesgesetzliche Verwendungsregelung entgegensteht. § 7 des Betreuungsbehördengesetzes bleibt unberührt.
Abschnitt 2. **Verfahren im ersten Rechtszug** **§ 23 Verfahrenseinleitender Antrag** (1) Ein verfahrenseinleitender Antrag soll begründet werden. In dem Antrag sollen die zur Begründung dienenden Tatsachen und Beweismittel angegeben sowie die Personen benannt werden, die als Beteiligte in Betracht kommen. Urkunden, auf die Bezug genommen wird, sollen in Urschrift oder Abschrift beigefügt werden. Der Antrag soll von dem Antragsteller oder seinem Bevollmächtigten unterschrieben werden. (2) Das Gericht soll den Antrag an die übrigen Beteiligten übermitteln.	*Bislang existierte dazu keine ausdrückliche Regelung im FGG.*
§ 24 Anregung des Verfahrens (1) Soweit Verfahren von Amts wegen eingeleitet werden können, kann die Einleitung eines Verfahrens angeregt werden.	*Bislang existierte dazu keine ausdrückliche Regelung im FGG.*
(2) Folgt das Gericht der Anregung nach Absatz 1 nicht, hat es denjenigen, der die Einleitung angeregt hat, darüber zu unterrichten, soweit ein berechtigtes Interesse an der Unterrichtung ersichtlich ist.	*Bislang existierte dazu keine ausdrückliche Regelung im FGG. Die Handhabung in der Praxis war ebenfalls anders.*
§ 25 Anträge und Erklärungen zur Niederschrift der Geschäftsstelle (1) Die Beteiligten können Anträge und Erklärungen gegenüber dem zuständigen Gericht schriftlich oder zur Niederschrift der Geschäftsstelle abgeben, soweit eine Vertretung durch einen Rechtsanwalt nicht notwendig ist.	**§ 11 FGG [Protokollierung von Anträgen und Erklärungen]** Anträge und Erklärungen können zu Protokoll der Geschäftsstelle des zuständigen Gerichts oder der Geschäftsstelle eines Amtsgerichts erfolgen.
(2) Anträge und Erklärungen, deren Abgabe vor dem Urkundsbeamten der Geschäftsstelle zulässig ist, können vor der Geschäftsstelle eines jeden Amtsgerichts zur Niederschrift abgegeben werden.	
(3) Die Geschäftsstellen hat die Niederschrift unverzüglich an das Gericht zu übermitteln, an das der Antrag oder die Erklärung gerichtet ist. Die Wirkung einer Verfahrenshandlung tritt nicht ein, bevor die Niederschrift dort eingeht.	*Bislang existierte dazu keine ausdrückliche Regelung im FGG. Die Kodifizierung entspricht aber der bisherigen Handhabung.*

Neues Recht (FamFG)	Altes Recht
§ 26 Ermittlung von Amts wegen Das Gericht hat von Amts wegen die zur Feststellung der entscheidungserheblichen Tatsachen erforderlichen Ermittlungen durchzuführen.	**§ 12 FGG [Ermittlungen von Amts wegen]** Das Gericht hat von Amts wegen die zur Feststellung der Tatsachen erforderlichen Ermittlungen zu veranstalten und die geeignet erscheinenden Beweise aufzunehmen.
§ 27 Mitwirkung der Beteiligten (1) Die Beteiligten sollen bei der Ermittlung des Sachverhalts mitwirken. (2) Die Beteiligten haben ihre Erklärungen über tatsächliche Umstände vollständig und der Wahrheit gemäß abzugeben.	*Bislang existierte dazu keine ausdrückliche Regelung im FGG. Die Kodifizierung entspricht aber der bisherigen Handhabung.*
§ 28 Verfahrensleitung (1) Das Gericht hat darauf hinzuwirken, dass die Beteiligten sich rechtzeitig über alle erheblichen Tatsachen erklären und ungenügende Angaben tatsächliche Angaben ergänzen. Es hat die Beteiligten auf einen rechtlichen Gesichtspunkt hinzuweisen, wenn es ihn anders beurteilt als die Beteiligten und seine Entscheidung darauf stützen will.	*Bisher keine ausdrückliche Regelung im FGG, aber durch Ableitung aus dem Amtsermittlungsprinzip aus § 12 FGG gleiche Rechtslage.*
(2) In Antragsverfahren hat das Gericht auch darauf hinzuwirken, dass Formfehler beseitigt und sachdienliche Anträge gestellt werden.	*Bisher keine ausdrückliche Regelung im FGG.*
(3) Hinweise nach dieser Vorschrift hat das Gericht so früh wie möglich zu erteilen und aktenkundig zu machen.	*Bisher keine ausdrückliche Regelung im FGG.*
(4) Über Termine und persönliche Anhörungen hat das Gericht einen Vermerk zu fertigen; für die Niederschrift des Vermerks kann ein Urkundsbeamter der Geschäftsstelle hinzugezogen werden, wenn dies aufgrund des zu erwartenden Umfangs des Vermerks, in Anbetracht der Schwierigkeit der Sache oder aus einem sonstigen wichtigen Grund erforderlich ist. In den Vermerk sind die wesentlichen Vorgänge des Termins und der persönlichen Anhörung aufzunehmen. Die Herstellung durch Aufzeichnung auf Datenträger in der Form des § 14 Abs. 3 ist möglich.	*Bisher keine ausdrückliche Regelung im FGG.*
§ 29 Beweiserhebung (1) Das Gericht erhebt die erforderlichen Beweise in geeigneter Form. Es ist hierbei an das Vorbringen der Beteiligten nicht gebunden.	*Bisher keine ausdrückliche Regelung im FGG, aber gleiche Rechtslage.*
(2) Die Vorschriften der Zivilprozessordnung über die Vernehmung bei Amtsverschwiegenheit und das Recht zur Zeugnisverweigerung gelten für die Befragung von Auskunftspersonen entsprechend.	**§ 15 FGG [Beweisführung – Glaubhaftmachung]** (1) Die Vorschriften der Zivilprozessordnung über den Beweis durch Augenschein, über den Zeugenbeweis, über den Beweis durch Sachverständige und über das Verfahren bei Abnahme von Eiden finden entsprechende Anwendung. Über die Beeidigung eines Zeugen oder Sachverständigen entscheidet jedoch, unbeschadet der §§ 393, 402 der Zivilprozessordnung, das Ermessen des Gerichts. (2) ...

Neues Recht (FamFG)	Altes Recht
(3) Das Gericht hat die Ergebnisse der Beweiserhebung aktenkundig zu machen.	*Bisher keine ausdrückliche Regelung im FGG.*
§ 30 Förmliche Beweisaufnahme (1) Das Gericht entscheidet nach pflichtgemäßem Ermessen, ob es die entscheidungserheblichen Tatsachen durch eine förmliche Beweisaufnahme entsprechend der Zivilprozessordnung feststellt. (2) Eine förmliche Beweisaufnahme hat stattzufinden, wenn es in diesem Gesetz vorgesehen ist. (3) Eine förmliche Beweisaufnahme über die Richtigkeit einer Tatsachenbehauptung soll stattfinden, wenn das Gericht seine Entscheidung maßgeblich auf die Feststellung dieser Tatsache stützen will und die Richtigkeit von einem Beteiligten ausdrücklich bestritten wird. (4)Den Beteiligten ist Gelegenheit zu geben, zum Ergebnis einer förmlichen Beweisaufnahme Stellung zu nehmen, soweit dies zur Aufklärung des Sachverhalts oder zur Gewährung rechtlichen Gehörs erforderlich ist.	*Bisher keine ausdrückliche Regelung im FGG, aber gleiche Rechtslage.*
§ 31 Glaubhaftmachung (1) Wer eine tatsächliche Behauptung glaubhaft zu machen hat, kann sich aller Beweismittel bedienen, auch zur Versicherung an Eides statt zugelassen werden. (2) Eine Beweisaufnahme, die nicht sofort erfolgen kann, ist unstatthaft.	**§ 15 FGG [Beweisführung – Glaubhaftmachung]** (1) ... (2) Behufs der Glaubhaftmachung einer tatsächlichen Behauptung kann ein Beteiligter zur Versicherung an Eides Statt zugelassen werden. *Bisher keine ausdrückliche Regelung im FGG und bislang abweichende Rechtslage.*
§ 32 Termin (1) Das Gericht kann die Sache mit den Beteiligten in einem Termin erörtern. §§ 219, 227 Abs. 1, 2 und 4 der Zivilprozessordnung gelten entsprechend. (2) Zwischen der Ladung und dem Termin soll eine angemessene Frist liegen. (3) In geeigneten Fällen soll das Gericht die Sache mit den Beteiligten im Wege der Bild- und Tonübertragung in entsprechender Anwendung des § 128 a Zivilprozessordnung erörtern.	*Bisher keine ausdrückliche Regelung im FGG, aber gleiche Rechtslage.*
§ 33 Persönliches Erscheinen der Beteiligten (1) Das Gericht kann das persönliche Erscheinen eines Beteiligten zu einem Termin anordnen und ihn anhören, wenn dies zur Aufklärung des Sachverhalts sachdienlich erscheint. Sind in einem Verfahren mehrere Beteiligte persönlich anzuhören, hat die Anhörung eines Beteiligten in Anwesenheit der anderen Beteiligten stattzufinden, falls diese zum Schutz des anzuhörenden Beteiligten oder aus anderen Gründen erforderlich ist.	**§ 13 FGG [Beistände und Bevollmächtigte]** Die Beteiligten können mit Beiständen erscheinen. Sie können sich, soweit nicht das Gericht das persönliche Erscheinen anordnet, auch durch Bevollmächtigte vertreten lassen. ...

Anhang

Neues Recht (FamFG)	Altes Recht
(2) Der verfahrensfähige Beteiligte ist selbst zu laden, auch wenn er einen Bevollmächtigten hat; dieser ist von der Ladung zu benachrichtigen. Das Gericht soll die Zustellung der Ladung anordnen, wenn das Erscheinen eines Beteiligten ungewiss ist.	*Bisher keine ausdrückliche Regelung im FGG.*
(3) Bleibt der ordnungsgemäß geladene Beteiligte unentschuldigt im Termin aus, kann gegen ihn durch Beschluss ein Ordnungsgeld verhängt werden. Die Festsetzung des Ordnungsgeldes kann wiederholt werden. Im Falle des wiederholten, unentschuldigten Ausbleibens kann die Vorführung des Beteiligten angeordnet werden. Erfolgt eine genügende Entschuldigung nachträglich und macht der Beteiligte glaubhaft, dass ihn an der Verspätung der Entschuldigung kein Verschulden trifft, werden die nach Satz 1 bis 3 getroffenen Anordnungen aufgehoben. Der Beschluss, durch den ein Ordnungsmittel verhängt wird, ist mit der sofortigen Beschwerde in entsprechender Anwendung der §§ 567 bis 572 der Zivilprozessordnung anfechtbar.	*Bisher keine ausdrückliche Regelung im FGG.*
(4) Der Beteiligte ist auf die Folgen seines Ausbleibens in der Ladung hinzuweisen.	*Bisher keine ausdrückliche Regelung im FGG.*
§ 34 Persönliche Anhörung (1) Das Gericht hat einen Beteiligten persönlich anzuhören: 1. wenn dies zur Gewährleistung des rechtlichen Gehörs des Beteiligten erforderlich ist oder 2. wenn dies in diesem oder in anderen Gesetz vorgeschrieben ist.	*Bisher keine ausdrückliche Regelung im FGG, jedoch entsprechende Rechtslage.*
(2) Die persönliche Anhörung eines Beteiligten kann unterbleiben, wenn hiervon erhebliche Nachteile für seine Gesundheit zu besorgen sind oder Beteiligte offensichtlich nicht in der Lage ist, seinen Willen kundzutun.	*Bisher keine ausdrückliche Regelung im FGG, beachte jedoch den bisherigen § 69 d FGG.* **§ 69 d FGG [Anhörung des Betroffenen]** (1) Das Gericht soll den Betroffenen vor einer Entscheidung nach § 1908 i Abs. 1 Satz 1 in Verbindung mit den §§ 1821, 1822 Nr. 1 bis 4, 6 bis 13, §§ 1823 und 1825 des Bürgerlichen Gesetzbuchs persönlich anhören. Vor einer Entscheidung nach den §§ 1904, 1907 Abs. 1 und 3 des Bürgerlichen Gesetzbuchs hat das Gericht den Betroffenen persönlich anzuhören. Die persönliche Anhörung kann unterbleiben, wenn hiervon erhebliche Nachteile für die Gesundheit des Betroffenen zu besorgen sind oder Betroffene offensichtlich nicht in der Lage ist, seinen Willen kundzutun. *(2) – (3) ...* *Bisher keine ausdrückliche Regelung im FGG, jedoch entsprechende Rechtslage.*
(3) Bleibt der Beteiligte im anberaumten Anhörungstermin unentschuldigt aus, kann das Verfahren ohne seine persönliche Anhörung beendet werden. Der Beteiligte ist auf die Folgen seines Ausbleibens hinzuweisen.	

Neues Recht (FamFG)	Altes Recht
§ 35 Zwangsmittel (1) Ist aufgrund einer gerichtlichen Anordnung die Verpflichtung zur Vornahme oder Unterlassung einer Handlung durchzusetzen, kann das Gericht, sofern ein Gesetz nicht etwas anderes bestimmt, gegen den Verpflichteten durch Beschluss Zwangsgeld festsetzen. Das Gericht kann für den Fall, dass dieses nicht beigetrieben werden kann, Zwangshaft anordnen. Verspricht die Anordnung eines Zwangsgeldes keinen Erfolg, soll das Gericht Zwangshaft anordnen.	*Bisher keine allgemeine Regelung, lediglich Spezialregelungen zu Einzelfragen.* **§ 33 FGG [Zwangsgeld – unmittelbarer Zwang]** (1) Ist jemand durch eine Verfügung des Gerichts die Verpflichtung aufgelegt, eine Handlung vorzunehmen, die ausschließlich von seinem Willen abhängt, oder eine Handlung zu unterlassen oder die Vornahme einer Handlung zu dulden, so kann ihn das Gericht, soweit sich nicht aus dem Gesetz ein anderes ergibt, zur Befolgung seiner Anordnung durch Festsetzung von Zwangsgeld anhalten. Ist eine Person herauszugeben, kann das Gericht unabhängig von der Festsetzung eines Zwangsgeldes die Zwangshaft anordnen. Bei Festsetzung des Zwangsmittels sind dem Beteiligten zugleich die Kosten des Verfahrens aufzuerlegen. (2)–(3) ...
(2) Die gerichtliche Entscheidung, die die Verpflichtung zur Vornahme oder Unterlassung einer Handlung anordnet, hat auf die Folgen einer Zuwiderhandlung gegen die Entscheidung hinzuweisen. (3) Das einzelne Zwangsgeld darf den Betrag von fünfundzwanzigtausend Euro nicht übersteigen. Mit der Festsetzung des Zwangsmittels sind dem Verpflichteten zugleich die Kosten dieses Verfahrens aufzuerlegen. Für den Vollzug der Haft gelten die §§ 901 Satz 2, 904 bis 906, 909, 910 und 913 der Zivilprozessordnung entsprechend.	(3) Das Zwangsgeld (Absatz 1) muss, bevor es festgesetzt wird, angedroht werden. Das einzelne Zwangsgeld darf den Betrag von fünfundzwanzigtausend Euro nicht übersteigen. Die Festsetzung der Zwangshaft (Absatz 1) soll angedroht werden, wenn nicht die Durchsetzung der gerichtlichen Anordnung besonders eilbedürftig ist oder die Befürchtung besteht, dass die Vollziehung der Haft vereitelt wird. ... *Bisher keine ausdrückliche Regelung im FGG.*
(4) Ist die Verpflichtung zur Herausgabe oder Vorlage einer Sache oder zur Vornahme einer vertretbaren Handlung zu vollstrecken, so kann das Gericht, soweit ein Gesetz nicht etwas Anderes bestimmt, durch Beschluss neben oder anstelle einer Maßnahme nach Absatz 1, 2 die in §§ 883, 886, 887 der Zivilprozessordnung vorgesehenen Maßnahmen anordnen. Die §§ 891 und 892 gelten entsprechend. (5) Der Beschluss, durch den Zwangsmaßnahmen angeordnet werden, ist mit der sofortigen Beschwerde in entsprechender Anwendung der §§ 567 bis 572 der Zivilprozessordnung anfechtbar.	**§ 24 FGG [Aufschiebende Wirkung]** (1) Die Beschwerde hat nur dann aufschiebende Wirkung, wenn sie gegen eine Verfügung gerichtet ist, durch die ein Ordnungsmittel oder Zwangsmittel festgesetzt wird. Bei der Anordnung von Zwangshaft (§ 33 Abs. 1) hat die Beschwerde keine aufschiebende Wirkung. (2)–(3) ...
§ 36 Vergleich (1) Die Beteiligten können einen Vergleich schließen, soweit sie über den Gegenstand des Verfahrens verfügen können. Das Gericht soll außer in Gewaltschutzsachen auf eine gütliche Einigung der Beteiligten hinwirken.	*Bisher keine allgemeine Regelung im FGG, sondern Spezialregelungen zu Einzelfragen.*

Neues Recht (FamFG)	Altes Recht
	§ 53 a FGG [Verfahren über Zugewinnausgleich] (1) In den Verfahren nach den §§ 1382, 1383 des Bürgerlichen Gesetzbuchs soll das Gericht mit den Beteiligten mündlich verhandeln und darauf hinwirken, dass sie sich gütlich einigen. Kommt eine Einigung zustande, so ist hierüber eine Niederschrift aufzunehmen; die Vorschriften, die für die Niederschrift über einen Vergleich in Rechtsstreitigkeiten gelten, sind entsprechend anzuwenden. Der Vergleich kann auch die Verpflichtung des Schuldners zur Zahlung der Ausgleichsforderung enthalten. (2)–(3) …
	§ 13 HausratsVO [Allgemeine Verfahrensvorschriften] (1) … (2) Der Richter soll mit den Beteiligten in der Regel mündlich verhandeln und hierbei darauf hinwirken, dass sie sich gütlich einigen. (3) Kommt eine Einigung zustande, so ist hierüber eine Niederschrift aufzunehmen, und zwar nach den Vorschriften, die für die Niederschrift über einen Vergleich im bürgerlichen Rechtsstreit gelten. (4)–(5)
	§ 16 HauratsVO [Rechtskraft und Vollstreckung] (1)–(2) … (3) Aus rechtskräftigen Entscheidungen, gerichtlichen Vergleichen und einstweiligen Anordnungen findet die Zwangsvollstreckung nach den Vorschriften der Zivilprozessordnung statt.
(2) Kommt eine Einigung im Termin zustande, ist hierüber eine Niederschrift anzufertigen. Die Vorschriften der Zivilprozessordnung über die Niederschrift des Vergleichs sind entsprechend anzuwenden.	*Bisher keine allgemeine Regelung über die Form im FGG, Vorschriften dazu nur in einzelnen Spezialregelungen, wie z. B. § 53 a Abs. 1 Satz 2 FGG.*
(3) Ein nach Absatz 1 Satz 1 zulässiger Vergleich kann auch schriftlich entsprechend § 278 Abs. 6 der Zivilprozessordnung geschlossen werden.	*Bisher keine Regelung im FGG.*
(4) Unrichtigkeiten in der Niederschrift oder in dem Beschluss über den Vergleich können entsprechend § 164 der Zivilprozessordnung berichtigt werden.	*Bisher keine Regelung im FGG.*
§ 37 Grundlage der Entscheidung (1) Das Gericht entscheidet nach seiner freien, aus dem gesamten Inhalt des Verfahrens gewonnenen Überzeugung.	*Bisher keine ausdrückliche Regelung im FGG, aber gleiche Rechtslage.*
(2) Das Gericht darf eine Entscheidung, die die Rechte eines Beteiligten beeinträchtigt, nur auf Tatsachen und Beweisergebnisse stützen, zu denen dieser Beteiligte sich äußern konnte.	*Bisher keine ausdrückliche Regelung im FGG, aber gleiche Rechtslage.*

151

Neues Recht (FamFG)	Altes Recht
Abschnitt 3. Beschluss **§ 38 Entscheidung durch Beschluss** (1) Das Gericht entscheidet durch Beschluss, soweit durch die Entscheidung der Verfahrensgegenstand ganz oder teilweise erledigt wird (Endentscheidung). Für Registersachen kann durch Gesetz Abweichendes bestimmt werden.	*Bisher keine einheitliche Regelung der Entscheidungsform in FGG-Verfahren und Familiensachen, aufgrund der bisherigen Aufteilung in FGG- und ZPO-Familiensachen.* **§ 608 ZPO [Anzuwendende Vorschriften]** Für Ehesachen gelten im ersten Rechtszug die Vorschriften über das Verfahren vor den Landgerichten entsprechend. **§ 618 ZPO [Zustellung von Urteilen]** § 317 Abs. 1 Satz 3 gilt nicht für Urteile in Ehesachen. **§ 620 a ZPO [Verfahren bei einstweiliger Anordnung]** (1) Das Gericht entscheidet durch Beschluss. (2) ... **§ 621 ZPO [Anzuwendende Verfahrensvorschriften]** (1) Für die Familiensachen des § 621 Abs. 1 Nr. 1 bis 3, 6, 7, 9, 10 in Verfahren nach § 1598 a Abs. 2 und 4 und § 1600 e Abs. 2 des Bürgerlichen Gesetzbuchs, Nr. 12 sowie 13 bestimmt sich, soweit sich aus diesem Gesetz oder dem Gerichtsverfassungsgesetz nichts Besonderes ergibt, das Verfahren nach den Vorschriften des Gesetzes über die Angelegenheiten der freiwilligen Gerichtsbarkeit und nach den Vorschriften der Verordnung über die Behandlung der Ehewohnung und des Hausrats. An die Stelle der §§ 2 bis 6, 8 bis 11, 13, 16 Abs. 2, 3 und des § 17 des Gesetzes über die Angelegenheiten der freiwilligen Gerichtsbarkeit treten die für das zivilprozessuale Verfahren maßgeblichen Vorschriften.
(2) Der Beschluss enthält: 1. die Bezeichnung der Beteiligten, ihrer gesetzlichen Vertreter und der Bevollmächtigten; 2. die Bezeichnung des Gerichts und die Namen der Gerichtspersonen, die bei der Entscheidung mitgewirkt haben; 3. die Beschlussformel.	*Bisher keine ausdrückliche Regelung im FGG.*
(3) Der Beschluss ist zu begründen. Er ist zu unterschreiben. Das Datum der Übergabe des Beschlusses an die Geschäftsstelle oder der Bekanntgabe durch Verlesen der Beschlussformel (Erlass) ist auf dem Beschluss zu vermerken.	*Bisher keine ausdrückliche Regelung im FGG.*
(4) Einer Begründung bedarf es nicht, soweit, 1. die Entscheidung aufgrund eines Anerkenntnisses oder Verzichts oder als Versäumnisentscheidung ergeht und entsprechend bezeichnet ist,	*Bisher keine ausdrückliche Regelung im FGG.*

Neues Recht (FamFG)	Altes Recht
2. gleichgerichteten Anträgen der Beteiligten stattgegeben wird oder der Beschluss nicht dem erklärten Willen eines Beteiligten widerspricht oder 3. der Beschluss in Gegenwart aller Beteiligten mündlich bekannt gegeben wurde und alle Beteiligten auf Rechtsmittel verzichtet haben.	
(5) Absatz 4 ist nicht anzuwenden, 1. in Ehesachen, mit Ausnahme der eine Scheidung aussprechenden Entscheidung, 2. in Abstammungssachen, 3. in Betreuungssachen, 4. wenn zu erwarten ist, dass der Beschluss im Ausland geltend gemacht werden wird.	**§ 313a ZPO [Weglassen von Tatbestand und Entscheidungsgründen]** (1)–(3) (4) Die Absätze 1 bis 3 finden keine Anwendung: 1. in Ehesachen, mit Ausnahme der eine Scheidung aussprechenden Entscheidungen; 2. in Lebenspartnerschaftssachen nach § 661 Abs. 1 Nr. 2 und 3; 3. in Kindschaftssachen; 4. im Falle der Verurteilung zu künftig fällig werdenden wiederkehrenden Leistungen; 5. wenn zu erwarten ist, dass das Urteil im Ausland geltend gemacht werden wird. *Bislang keine ausdrückliche Regelung im FGG. Die Neuregelung ist § 313a Abs. 5 ZPO nachgebildet.*
(6) Soll ein ohne Begründung hergestellter Beschluss im Ausland geltend gemacht werden, gelten die Vorschriften über die Vervollständigung von Versäumnis- und Anerkenntnisentscheidungen entsprechend.	
§ 39 Rechtsbehelfsbelehrung Jeder Beschluss hat eine Belehrung über das statthafte Rechtsmittel, den Einspruch, den Widerspruch oder die Erinnerung sowie das Gericht, bei dem diese Rechtsbehelfe einzulegen sind, dessen Sitz und die einzuhaltende Form und Frist zu enthalten.	*Bisher keine allgemeine Regelung im FGG. Rechtsmittelbelehrung gab es bislang nur in Ausnahmefällen.*
§ 40 Wirksamwerden (1) Der Beschluss wird wirksam mit Bekanntgabe an den Beteiligten, für den er seinem wesentlichen Inhalt nach bestimmt ist. (2) Ein Beschluss, der die Genehmigung eines Rechtsgeschäfts zum Gegenstand hat, wird erst mit Rechtskraft wirksam. Dies ist mit der Entscheidung auszusprechen.	**§ 16 FGG [Bekanntmachung gerichtlicher Verfügungen]** (1) Gerichtliche Verfügungen werden mit der Bekanntmachung an denjenigen, für welchen sie ihrem Inhalt nach bestimmt sind, wirksam. (2)–(3) ... *Bisher Praxis des Vorbescheids aufgrund der verfassungsrechtlich bedenklichen Regelungen der §§ 55, 62 FGG.[1]* **§ 55 FGG [Unabänderliche Verfügungen]** Eine Verfügung, durch welche die Genehmigung zu einen Rechtsgeschäft erteilt oder verweigert wird, kann von dem Vormundschaftsgericht insoweit nicht mehr geändert werden, als die Genehmigung oder deren Verweigerung einem Dritten gegenüber wirksam geworden ist.

---

[1] Siehe dazu BVerfGE 101, 397, 407.

Neues Recht (FamFG)	Altes Recht
	§ 62 [Unabänderbare Verfügungen]
	Soweit eine Verfügung nach § 55 von dem Vormundschaftsgericht nicht mehr geändert werden kann, ist auch das Beschwerdegericht nicht berechtigt, sie zu ändern.
(3) Ein Beschluss, durch den auf Antrag die Ermächtigung oder die Zustimmung eines anderen zu einem Rechtsgeschäft ersetzt oder die Beschränkung oder Ausschließung der Berechtigung des Ehegatten oder Lebenspartners, Geschäfte mit Wirkung für den anderen Ehegatten oder Lebenspartner zu besorgen (§ 1357 Abs. 2 Satz 1 des Bürgerlichen Gesetzbuchs, auch in Verbindung mit § 8 Abs. 2 des Lebenspartnerschaftsgesetzes), aufgehoben wird, wird erst mit Rechtskraft wirksam. Bei Gefahr in Verzug kann das Gericht die sofortige Wirksamkeit des Beschlusses anordnen. Der Beschluss wird mit Bekanntgabe an den Antragsteller wirksam.	**§ 53 FGG [Wirksamwerden sonstiger Verfügungen]**
	(1) Eine Verfügung, durch die auf Antrag die Ermächtigung oder die Zustimmung eines anderen zu einem Rechtsgeschäft ersetzt oder die Beschränkung des Ehegatten oder Lebenspartners, Geschäfte mit Wirkung für den anderen Ehegatten oder Lebenspartner zu besorgen (§ 1357 Abs. 2 Satz 1 des Bürgerlichen Gesetzbuchs, auch in Verbindung mit § 8 Abs. 2 des Lebenspartnerschaftsgesetzes), aufgehoben wird, wird erst mit Rechtskraft wirksam. ...
	(2) Bei Gefahr im Verzuge kann das Gericht die sofortige Wirksamkeit der Verfügung anordnen. Die Verfügung wird mit der Bekanntmachung an den Antragsteller wirksam.
§ 41 Bekanntgabe des Beschlusses	**§ 16 FGG [Bekanntmachung gerichtlicher Verfügungen]**
(1) Der Beschluss ist den Beteiligten bekannt zu geben. Ein anfechtbarer Beschluss ist demjenigen zuzustellen, dessen erklärtem Willen er nicht entspricht.	(1) Gerichtliche Verfügungen werden mit der Bekanntmachung an denjenigen, für welchen sie ihrem Inhalte nach bestimmt sind, wirksam.
	(2) Die Bekanntmachung erfolgt, wenn mit ihr der Lauf einer Frist beginnt, durch Zustellung nach den für die Zustellung von Amts wegen geltenden Vorschriften der Zivilprozessordnung; durch die Landesjustizverwaltung kann jedoch für Zustellungen im Ausland eine einfachere Art der Zustellung angeordnet werden. In denjenigen Fällen, in welchen mit der Bekanntmachung nicht der Lauf einer Frist beginnt, soll in den Akten vermerkt werden, in welcher Weise, an welchem Ort und an welchem Tage die Bekanntmachung zur Ausführung gebracht ist; durch die Landesjustizverwaltung kann näher bestimmt werden, in welcher Weise in diesen Fällen die Bekanntmachung zur Ausführung gebracht werden soll.
(2) Anwesenden kann der Beschluss auch durch Verlesen der Beschlussformel bekannt gegeben werden. Dies ist in den Akten zu vermerken. In diesem Fall ist die Begründung des Beschlusses unverzüglich nachzuholen. Der Beschluss ist im Fall des Satzes 1 auch schriftlich bekannt zugeben.	(3) Einem Anwesenden kann die Verfügung zu Protokoll bekannt gemacht werden. Auf Verlangen ist ihm eine Abschrift der Verfügung zu erteilen.
(3) Ein Beschluss, der die Genehmigung eines Rechtsgeschäfts zum Gegenstand hat, ist auch demjenigen, für den das Rechtsgeschäft genehmigt wird, bekannt zu geben.	*Bislang keine Regelung im FGG.*
§ 42 Berichtigung des Beschlusses	
(1) Schreibfehler, Rechenfehler und ähnliche offenbare Unrichtigkeiten im Beschluss sind jederzeit vom Gericht auch von Amts wegen zu berichtigen.	*Bislang keine Regelung im FGG. Es fand jedoch eine entsprechende Anwendung des § 319 ZPO statt.*

Neues Recht (FamFG)	Altes Recht
	§ 319 ZPO [Berichtigung des Urteils] (1) Schreibfehler, Rechnungsfehler und ähnliche offenbare Unrichtigkeiten, die in dem Urteil vorkommen, sind jederzeit von dem Gericht auch von Amts wegen zu berichtigen.
(2) Der Beschluss, der die Berichtigung ausspricht, wird auf dem berichtigten Beschluss und auf den Ausfertigungen vermerkt. Erfolgt der Berichtigungsbeschluss in der Form des § 14 Abs. 3. ist er in einem gesonderten elektronischen Dokument festzuhalten. Das Dokument ist mit dem Beschluss untrennbar zu verbinden.	(2) Der Beschluss, der eine Berichtigung ausspricht, wird auf dem Urteil und den Ausfertigungen vermerkt. Erfolgt der Berichtigungsbeschluss in der Form des § 130 b, ist er in einem gesonderten elektronischen Dokument festzuhalten. Das Dokument ist mit dem Urteil untrennbar zu verbinden.
(3) Der Beschluss, durch den der Antrag auf Berichtigung zurückgewiesen wird, ist nicht anfechtbar. Der Beschluss, der eine Berichtigung ausspricht, ist mit der sofortigen Beschwerde in entsprechender Anwendung der §§ 567 bis 572 der Zivilprozessordnung anfechtbar.	(3) Gegen den Beschluss, durch der der Antrag auf Berichtigung zurückgewiesen wird, findet kein Rechtsmittel, gegen den Beschluss, der eine Berichtigung ausspricht, findet sofortige Beschwerde statt.
§ 43 Ergänzung des Beschlusses (1) Wenn ein Antrag, der nach den Verfahrensakten von einem Beteiligten gestellt wurde, ganz oder teilweise übergangen oder die Kostenentscheidung unterblieben ist, ist auf Antrag der Beschluss nachträglich zu ergänzen.	*Bislang keine Regelung im FGG. Es fand jedoch eine entsprechende Anwendung des § 321 ZPO statt.* **§ 321 ZPO [Ergänzung des Urteils]** (1) Wenn ein nach dem ursprünglich festgestellten oder nachträglich berichtigten Tatbestand von einer Partei geltend gemachter Haupt- oder Nebenanspruch oder wenn der Kostenpunkt bei der Endentscheidung ganz oder teilweise übergangen ist, so ist auf Antrag das Urteil durch nachträgliche Entscheidung zu ergänzen.
(2) Die nachträgliche Entscheidung muss binnen einer zweiwöchigen Frist, die mit der schriftlichen Bekanntgabe des Beschlusses beginnt, beantragt werden.	(2) Die nachträgliche Entscheidung muss binnen einer zweiwöchigen Frist, die mit der Zustellung des Urteil beginnt, durch Einreichung eines Schriftsatzes beantragt werden. (3) – (4) ...
§ 44 Abhilfe bei Verletzung des Anspruchs auf rechtliches Gehör (1) Auf die Rüge eines durch eine Entscheidung beschwerten Beteiligten ist das Verfahren fortzuführen, wenn	**§ 29 a FGG [Anhörungsrüge]** (1) Auf die Rüge eines durch eine Entscheidung beschwerten Beteiligten ist das Verfahren fortzuführen, wenn
1. ein Rechtsmittel oder ein Rechtsbehelf gegen die Entscheidung oder eine andere Abänderungsmöglichkeit nicht gegeben ist und	1. ein Rechtsmittel oder ein Rechtsbehelf gegen die Entscheidung oder eine andere Abänderungsmöglichkeit nicht gegeben ist und
2. das Gericht den Anspruch dieses Beteiligten auf rechtliches Gehör in entscheidungserheblicher Weise verletzt hat.	2. das Gericht den Anspruch dieses Beteiligten auf rechtliches Gehör in entscheidungserheblicher Weise verletzt hat.
Gegen eine der Endentscheidung vorausgegangene Entscheidung findet die Rüge nicht statt.	Gegen eine der Endentscheidung vorausgegangene Entscheidung findet die Rüge nicht statt.
(2) Die Rüge ist innerhalb von zwei Wochen nach Kenntnis von der Verletzung des rechtlichen Gehörs zu erheben; der Zeitpunkt der Kenntniserlangung ist glaubhaft zu machen.	(2) Die Rüge ist innerhalb von zwei Wochen nach Kenntnis von der Verletzung des rechtlichen Gehörs zu erheben; der Zeitpunkt der Kenntniserlangung ist glaubhaft zu machen.
Nach Ablauf eines Jahres seit der Bekanntmachung der angegriffenen Entscheidung an die-	Nach Ablauf eines Jahres seit der Bekanntmachung der angegriffenen Entscheidung an die-

155

Neues Recht (FamFG)	Altes Recht
sen Beteiligten kann die Rüge nicht mehr erhoben werden. Die Rüge ist schriftlich oder zur Niederschrift bei dem Gericht zu erheben, dessen Entscheidung angegriffen wird. Die Rüge muss die angegriffene Entscheidung bezeichnen und das Vorliegen der in Absatz 1 Satz 1 Nr. 2 genannten Voraussetzungen darlegen.	sen Beteiligten kann die Rüge nicht mehr erhoben werden. Formlos mitgeteilte Entscheidungen gelten mit dem dritten Tage nach Aufgabe zur Post als bekannt gegeben. Die Rüge ist schriftlich oder zu Protokoll der Geschäftsstelle bei dem Gericht zu erheben, dessen Entscheidung angegriffen wird. § 29 Abs. 1 Satz 2 und 3 findet entsprechende Anwendung, soweit die Entscheidung eines Oberlandesgerichts angegriffen wird. Die Rüge muss die angegriffene Entscheidung bezeichnen und das Vorlagen der in Absatz 1 Satz 1 Nr. 2 genannten Voraussetzungen darlegen.
(3) Den übrigen Beteiligten ist, soweit erforderlich, Gelegenheit zur Stellungnahme zu geben.	(3) Den übrigen Beteiligten ist, soweit erforderlich, Gelegenheit zur Stellungnahme zu geben.
(4) Ist die Rüge nicht in der gesetzlichen Form oder Frist erhoben, ist sie als unzulässig zu verwerfen. Ist die Rüge unbegründet, weist das Gericht sie zurück. Die Entscheidung ergeht durch nicht anfechtbaren Beschluss. Der Beschluss soll kurz begründet werden.	(4) Ist die Rüge nicht in der gesetzlichen Form oder Frist erhoben, ist sie als unzulässig zu verwerfen. Ist die Rüge unbegründet, weist das Gericht sie zurück. Die Entscheidung ergeht durch nicht anfechtbaren Beschluss. Der Beschluss soll kurz begründet werden.
(5) Ist die Rüge begründet, hilft ihr das Gericht ab, indem es das Verfahren fortführt, soweit dies auf Grund der Rüge geboten ist.	(5) Ist die Rüge begründet, hilft ihr das Gericht ab, indem es das Verfahren fortführt, soweit dies auf Grund der Rüge geboten ist.
§ 45 Formelle Rechtskraft Die Rechtskraft eines Beschlusses tritt nicht ein, bevor die Frist für die Einlegung des zulässigen Rechtsmittels oder des zulässigen Einspruchs, des Widerspruchs oder der Erinnerung abgelaufen ist. Der Eintritt der Rechtskraft wird dadurch gehemmt, dass das Rechtsmittel, der Einspruch, der Widerspruch oder der Erinnerung rechtzeitig eingelegt wird.	*Bislang keine Regelung im FGG, aber gleiche Rechtslage.*
§ 46 Rechtskraftzeugnis Das Zeugnis über die Rechtskraft eines Beschlusses ist auf Grund der Verfahrensakten von der Geschäftsstelle des Gerichts des ersten Rechtszugs zu erteilen. Solange das Verfahren in einem höheren Rechtszug anhängig ist, erteilt die Geschäftsstelle des Gerichts dieses Rechtszuges das Zeugnis. In Ehe- und Abstammungssachen wird den Beteiligten von Amts wegen ein Rechtskraftzeugnis auf einer Ausfertigung ohne Begründung erteilt.	*Bislang keine Regelung im FGG.*
§ 47 Wirksam bleibende Rechtsgeschäfte Ist ein Beschluss ungerechtfertigt, durch den jemand die Fähigkeit oder die Befugnis erlangt, ein Rechtsgeschäft vorzunehmen oder eine Willenserklärung entgegenzunehmen, hat die Aufhebung des Beschlusses auf die Wirksamkeit der inzwischen von ihm oder ihm gegenüber vorgenommenen Rechtsgeschäfte keinen Einfluss, soweit der Beschluss nicht von Anfang an unwirksam ist.	**§ 32 FGG [Wirksambleibende Rechtsgeschäfte]** Ist eine Verfügung, durch die jemand die Fähigkeit oder die Befugnis zur Vornahme eines Rechtsgeschäfts oder zur Entgegennahme einer Willenserklärung erlangt, ungerechtfertigt, so hat, sofern nicht die Verfügung wegen Mangels der sachlichen Zuständigkeit des Gerichts unwirksam ist, die Aufhebung der Verfügung auf die Wirksamkeit der inzwischen von ihm oder ihm gegenüber vorgenommenen Rechtsge-

Neues Recht (FamFG)	Altes Recht
	schäfte keinen Einfluss. § 48 des Internationalen Familienverfahrensgesetzes vom 26. Januar 2005 (BGBl. I S. 162) bleibt unberührt.
§ 48 Abänderung und Wiederaufnahme	**§ 18 FGG [Änderung einer Verfügung]**
(1) Das Gericht des ersten Rechtszuges kann eine rechtskräftige Entscheidung mit Dauerwirkung aufheben oder ändern, wenn sich die zugrunde liegende Sach- oder Rechtslage nachträglich wesentlich geändert hat. In Verfahren, die nur auf Antrag eingeleitet werden, erfolgt die Aufhebung oder Abänderung nur auf Antrag.	(1) Erachtet das Gericht eine von ihm erlassene Verfügung nachträglich für ungerechtfertigt, so ist es berechtigt, sie zu ändern; soweit eine Verfügung nur auf Antrag erlassen werden kann und der Antrag zurückgewiesen worden ist, darf die Änderung nur auf Antrag erfolgen.
(2) Ein rechtskräftig beendetes Verfahren kann in entsprechender Anwendung der Vorschriften des Buches 4 der Zivilprozessordnung wiederaufgenommen werden.	(2) Zu der Änderung einer Verfügung, die der sofortigen Beschwerde unterliegt, ist das Gericht nicht befugt.
	Bisher im FGG nicht geregelt, es erfolgt aber bislang ebenfalls die entsprechende Anwendung der ZPO-Vorschriften.
(3) Gegen einen Beschluss, durch den Genehmigung für ein Rechtsgeschäft erteilt oder verweigert wird, findet eine Wiedereinsetzung in den vorigen Stand, eine Rüge nach § 44, eine Abänderung oder eine Wiederaufnahme nicht statt, wenn die Genehmigung oder deren Verweigerung einem Dritten gegenüber wirksam geworden ist.	*Bisher im FGG nicht geregelt.*
Abschnitt 4. **Einstweilige Anordnung**	
§ 49 Einstweilige Anordnung	
(1) Das Gericht kann durch einstweilige Anordnung eine vorläufige Maßnahme treffen, soweit dies nach den für das Rechtsverhältnis maßgebenden Vorschriften gerechtfertigt ist und ein dringendes Bedürfnis für ein sofortiges Tätigwerden besteht.	*Bisher bestanden nur Spezialregelungen für einstweilige Anordnungen, insbesondere im Bereich der Familiensachen:*
	§ 620 ZPO [Einstweilige Anordnungen]
	Das Gericht kann im Wege der einstweiligen Anordnung auf Antrag regeln:
	1. die elterliche Sorge für ein gemeinschaftliches Kind;
	2. den Umgang eines Elternteil mit dem Kind;
	3. die Herausgabe des Kindes an den anderen Elternteil;
	4. die Unterhaltspflicht gegenüber einem minderjährigen Kind;
	5. das Getrenntleben der Ehegatten;
	6. den Unterhalt eines Ehegatten;
	7. die Benutzung der Ehewohnung und des Hausrats;
	8. die Herausgabe oder Benutzung der zum persönlichen Gebrauch eines Ehegatten oder eines Kindes bestimmten Sachen;
	9. Maßnahmen nach den §§ 1 und 2 des Gewaltschutzgesetzes, wenn die Beteiligten einen auf Dauer angelegten gemeinsamen Haushalt führen oder innerhalb von sechs Monat vor Antragstellung geführt haben;
	10. die Verpflichtung zur Leistung eines Kostenvorschusses für die Ehesache und Folgesachen.

157

Neues Recht (FamFG)	Altes Recht
	§ 620 a [Verfahren bei einstweiliger Anordnung]
	(1) Das Gericht entscheidet durch Beschluss.
	(2) Der Antrag ist zulässig, sobald die Ehesache anhängig oder ein Antrag auf Bewilligung der Prozesskostenhilfe eingereicht ist.
	(3)–(4)
	§ 621 g [Einstweilige Anordnungen]
	Ist ein Verfahren nach § 621 Abs. 1 Nr. 1, 2, 3 oder 7 anhängig oder ist ein Antrag auf Bewilligung von Prozesskostenhilfe für ein solches Verfahren eingereicht, kann das Gericht auf Antrag Regelungen im Wege der einstweiligen Anordnung treffen. Die §§ 620 a bis 620 g gelten entsprechend.
	§ 644 [Einstweilige Anordnung]
	Ist eine Klage nach § 621 Abs. 1 Nr. 4, 5 oder 11 anhängig oder ist ein Antrag auf Bewilligung von Prozesskostenhilfe für ein solches Verfahren eingereicht, kann das Gericht auf Antrag Regelungen im Wege der einstweiligen Anordnung treffen. Die §§ 620 a bis 620 g gelten entsprechend.
(2) Die Maßnahme kann einen bestehenden Zustand sichern oder vorläufig regeln. Einem Beteiligten kann eine Handlung geboten oder verboten, insbesondere die Verfügung über einen Gegenstand untersagt werden. Das Gericht kann mit der einstweiligen Anordnung auch die zu ihrer Durchführung erforderlichen Anordnungen treffen.	
§ 50 Zuständigkeit	**§ 620 a ZPO [Verfahren bei einstweiliger Anordnung]**
(1) Zuständig ist das Gericht, das für die Hauptsache im ersten Rechtszug zuständig wäre.	(1)–(3)
Ist eine Hauptsache anhängig, ist das Gericht des ersten Rechtszugs, während der Anhängigkeit beim Beschwerdegericht das Beschwerdegericht zuständig.	(4) Zuständig ist das Gericht des ersten Rechtszuges, wenn die Ehesache in der Berufungsinstanz anhängig ist, das Berufungsgericht. Ist eine Folgesache im zweiten oder dritten Rechtszug anhängig, deren Gegenstand dem des Anordnungsverfahrens entspricht, so ist das Berufungs- oder Beschwerdegericht der Folgesache zuständig. Satz 2 gilt entsprechend, wenn ein Kostenvorschuss für eine Ehesache oder Folgesache begehrt wird, die im zweiten oder dritten Rechtszug anhängig ist oder dort anhängig gemacht werden soll.
(2) In besonders dringenden Fällen kann auch das Amtsgericht entscheiden, in dessen Bezirk das Bedürfnis für ein gerichtliches Tätigwerden bekannt wird oder sich die Person oder die Sache befindet, auf die sich die einstweilige Anordnung bezieht. Es hat das Verfahren unverzüglich von Amts wegen an das nach Absatz 1 zuständige Gericht abzugeben.	*Bisher keine Regelung im FGG.*

Neues Recht (FamFG)	Altes Recht
§ 51 Verfahren	**§ 620 ZPO [Einstweilige Anordnungen]**
(1) Die einstweilige Anordnung wird nur auf Antrag erlassen, wenn ein entsprechendes Hauptsacheverfahren nur auf Antrag eingeleitet werden kann. Der Antragsteller hat den Antrag zu begründen und die Voraussetzungen für die Anordnung glaubhaft zu machen.	Das Gericht kann im Wege der einstweiligen Anordnung auf Antrag regeln ...
(2) Das Verfahren richtet sich nach den Vorschriften, die für eine entsprechende Hauptsache gelten, soweit sich nicht aus den Besonderheiten des einstweiligen Rechtsschutzes etwas anderes ergibt. Das Gericht kann ohne mündliche Verhandlung entscheiden. Eine Versäumnisentscheidung ist ausgeschlossen.	*Bislang keine Regelung, weil das einstweilige Anordnungsverfahren bislang kein selbstständiges Verfahren war.*
(3) Das Verfahren der einstweiligen Anordnung ist ein selbständiges Verfahren, auch wenn eine Hauptsache anhängig ist. Das Gericht kann von einzelnen Verfahrenshandlungen im Hauptsacheverfahren absehen, wenn diese bereits im Verfahren der einstweiligen Anordnung vorgenommen wurden und von einer erneuten Vornahme keine zusätzlichen Erkenntnisse zu erwarten sind.	
(4) Für die Kosten des Verfahrens der einstweiligen Anordnung gelten die allgemeinen Vorschriften.	
§ 52 Einleitung des Hauptsacheverfahrens	**§ 620 b ZPO [Aufhebung und Änderung des Beschlusses]**
(1) Ist eine einstweilige Anordnung erlassen, hat das Gericht auf Antrag eines Beteiligten das Hauptsacheverfahren einzuleiten. Das Gericht kann mit Erlass der einstweiligen Anordnung eine Frist bestimmen, vor deren Ablauf der Antrag unzulässig ist. Die Frist darf drei Monate nicht überschreiten.	(1) Das Gericht kann auf Antrag den Beschluss aufheben oder ändern. Das Gericht kann von Amts wegen entscheiden, wenn die Anordnung die elterliche Sorge betrifft oder wenn eine Anordnung nach § 620 Nr. 2 oder 3 ohne vorherige Anhörung des Jugendamts erlassen worden ist.
	(2) Ist der Beschluss oder die Entscheidung nach Abs. 1 ohne mündliche Verhandlung ergangen, so ist auf Antrag auf Grund mündlicher Verhandlung erneut zu beschließen.
	(3) Für die Zuständigkeit gilt § 620 a Abs. 4 entsprechend. Das Rechtsmittelgericht ist auch zuständig, wenn das Gericht des ersten Rechtszuges die Anordnung oder die Entscheidung nach Absatz 1 erlassen hat.
(2) In Verfahren, die nur auf Antrag eingeleitet werden, hat das Gericht auf Antrag anzuordnen, dass der Beteiligte, der die einstweilige Anordnung erwirkt hat, binnen einer zu bestimmenden Frist Antrag auf Einleitung des Hauptsacheverfahrens oder Antrag auf Bewilligung von Verfahrenskostenhilfe für das Hauptsacheverfahren stellt. Die Frist darf drei Monate nicht überschreiten. Wird dieser Anordnung nicht Folge geleistet, ist die einstweilige Anordnung aufzuheben.	*Die Problematik ergab sich bislang nicht, weil der Erlass einer einstweiligen Anordnung die Anhängigkeit der Hauptsache voraussetzte.*

Neues Recht (FamFG)	Altes Recht
§ 53 Vollstreckung (1) Eine einstweilige Anordnung bedarf der Vollstreckungsklausel nur, wenn die Vollstreckung für oder gegen einen anderen als den in dem Beschluss bezeichneten Beteiligten erfolgen soll. (2) Das Gericht kann in Gewaltschutzsachen sowie in sonstigen Fällen, in denen hierfür ein besonderes Bedürfnis besteht, anordnen, dass die Vollstreckung der einstweiligen Anordnung vor Zustellung an den Verpflichteten zulässig ist. In diesem Fall wird die einstweilige Anordnung mit Erlass wirksam.	*Bisher keine gesetzliche Regelung, aber analoge Anwendung von § 929 Abs. 1 ZPO.* *Die bisherige Regelung war auf Gewaltschutzsachen beschränkt.* **§ 64 b FGG [Verfahren nach dem Gewaltschutzgesetz]** (1)–(2) ... (3) Ist ein Verfahren nach den §§ 1 und 2 des Gewaltschutzgesetzes anhängig oder ist ein Antrag auf Bewilligung von Prozesskostenhilfe für ein solches Verfahren eingereicht, kann das Familiengericht auf Antrag im Wege einer einstweiligen Anordnung vorläufige Regelungen erlassen. Die §§ 620 a bis 620 g der Zivilprozessordnung gelten entsprechend. Das Gericht kann anordnen, dass die Vollziehung der einstweiligen Anordnung vor ihrer Zustellung an den Antragsgegner zulässig ist. Im Falle des Erlasses der einstweiligen Anordnung ohne mündliche Verhandlung wird die Anordnung auch mit Übergabe an die Geschäftsstelle zum Zwecke der Bekanntmachung wirksam. Das Gericht hat den Zeitpunkt der Übergabe auf der Entscheidung zu vermerken. Der Antrag auf Erlass der einstweiligen Anordnung gilt im Falle des Erlasses ohne mündliche Verhandlung als Auftrag zur Zustellung durch den Gerichtsvollzieher unter Vermittlung der Geschäftsstelle und zur Vollziehung; auf Verlangen des Antragstellers darf die Zustellung nicht vor der Vollziehung erfolgen.
§ 54 Aufhebung oder Änderung der Entscheidung (1) Das Gericht kann die Entscheidung in der einstweiligen Anordnungssache aufheben oder ändern. Die Aufhebung oder Änderung erfolgt nur auf Antrag, wenn ein entsprechendes Hauptsacheverfahren nur auf Antrag eingeleitet werden kann. Dies gilt nicht, wenn die Entscheidung ohne vorherige Durchführung einer nach dem Gesetz notwendigen Anhörung erlassen wurde. (2) Ist die Entscheidung in einer Familiensache ohne mündliche Verhandlung ergangen, so ist auf Antrag auf Grund mündlicher Verhandlung erneut zu entscheiden. (3) Zuständig ist das Gericht, das die einstweilige Anordnung erlassen hat. Hat es die Sache an ein anderes Gericht abgegeben oder verwiesen, ist dieses zuständig. (4) Während eine einstweilige Anordnungssache beim Beschwerdegericht anhängig ist, ist die Aufhebung oder Änderung der angefochtenen Entscheidung durch das erstinstanzliche Gericht unzulässig.	**§ 620 b ZPO [Aufhebung und Änderung des Beschlusses]** (1) Das Gericht kann auf Antrag den Beschluss aufheben oder ändern. Das Gericht kann von Amts wegen entscheiden, wenn die Anordnung die elterliche Sorge für ein gemeinschaftliches Kind betrifft oder wenn eine Anordnung nach § 620 Nr. 2 oder 3 ohne vorherige Anhörung des Jugendamts erlassen worden ist. (2) Ist der Beschluss oder die Entscheidung nach Absatz 1 ohne mündliche Verhandlung ergangen, so ist auf Antrag auf Grund mündlicher Verhandlung erneut zu beschließen. (3) Für die Zuständigkeit gilt § 620 a Abs. 4 entsprechend. Das Rechtsmittelgericht ist auch zuständig, wenn das Gericht des ersten Rechtszuges die Anordnung oder die Entscheidung nach Absatz erlassen hat. *Bisher keine Regelung im FGG.*

Neues Recht (FamFG)	Altes Recht
§ 55 Aussetzung der Vollstreckung (1) In den Fällen des § 53 kann das Gericht , im Fall des § 57 das Rechtsmittelgericht, die Vollstreckung einer einstweiligen Anordnung aussetzen oder beschränken. Der Beschluss ist nicht anfechtbar. (2) Wenn ein hierauf gerichteter Antrag gestellt wird, ist über diesen vorab zu entscheiden.	**620 e ZPO [Aussetzung der Vollziehung]** Das Gericht kann in den Fällen der §§ 620 b, 620 c vor seiner Entscheidung die Vollziehung einer einstweiligen Anordnung aussetzen. *Bisher nicht geregelt.*
§ 56 Außerkrafttreten (1) Die einstweilige Anordnung tritt, sofern nicht das Gericht einen früheren Zeitpunkt bestimmt hat, bei Wirksamwerden einer anderweitigen Regelung außer Kraft. Ist dies eine Endentscheidung in einer Familienstreitsache, ist deren Rechtskraft maßgebend, soweit nicht die Wirksamkeit zu einem späteren Zeitpunkt eintritt. (2) Die einstweilige Anordnung tritt in Verfahren, die nur auf Antrag eingeleitet werden, auch dann außer Kraft, wenn 1. der Antrag in der Hauptsache zurückgenommen wird, 2. der Antrag in der Hauptsache rechtskräftig abgewiesen ist; 3. die Hauptsache übereinstimmend für erledigt erklärt wird oder 4. die Erledigung der Hauptsache anderweitig eingetreten ist. (3) Auf Antrag hat das Gericht, das in der einstweiligen Anordnungssache im ersten Rechtszug zuletzt entschieden hat, die in den Absätzen 1 und 2 genannte Wirkung durch Beschluss auszusprechen. Gegen den Beschluss findet die Beschwerde statt.	**§ 620 f ZPO [Außerkrafttreten der einstweiligen Anordnung]** (1) Die einstweilige Anordnung tritt beim Wirksamwerden einer anderweitigen Regelung sowie dann außer Kraft, wenn der Antrag auf Scheidung oder Aufhebung der Ehe oder die Klage zurückgenommen wird oder rechtskräftig abgewiesen ist oder wenn das Eheverfahren nach § 619 in der Hauptsache als erledigt anzusehen ist. ... (2) ... **§ 620 f ZPO [Außerkrafttreten der einstweiligen Anordnung]** (1) ... Auf Antrag ist dies durch Beschluss auszusprechen. Gegen die Entscheidung findet die sofortige Beschwerde statt. (2) Zuständig für die Entscheidung nach Absatz 1 Satz 2 ist das Gericht, das die einstweilige Anordnung erlassen hat.
§ 57 Rechtsmittel Entscheidungen in Verfahren der einstweiligen Anordnung in Familiensachen sind nicht anfechtbar. Dies gilt nicht, wenn das Gericht des ersten Rechtszugs aufgrund mündlicher Erörterung 1. über die elterliche Sorge für ein Kind, 2. über die Herausgabe des Kindes an den anderen Elternteil, 3. über einen Antrag auf Verbleiben eines Kindes bei einer Pflege- oder Bezugsperson; 4. über einen Antrag nach den §§ 1 und 2 des Gewaltschutzgesetzes oder 5. in einer Wohnungszuweisungssache über einen Antrag auf Zuweisung der Wohnung entschieden hat.	**§ 620 c ZPO [Sofortige Beschwerde; Unanfechtbarkeit]** Hat das Gericht des ersten Rechtszuges auf Grund mündlicher Verhandlung die elterliche Sorge für ein gemeinschaftliches Kind geregelt, die Herausgabe des Kindes an den anderen Elternteil angeordnet, über einen Antrag nach den §§ 1 und 2 des Gewaltschutzgesetzes oder über einen Antrag auf Zuweisung der Ehewohnung entschieden, so findet die sofortige Beschwerde statt. Im übrigen sind die Entscheidungen nach den §§ 620, 620 b unanfechtbar.

Neues Recht (FamFG)	Altes Recht
Abschnitt 5. Rechtsmittel **Unterabschnitt 1. Beschwerde** **§ 58 Statthaftigkeit der Beschwerde** (1) Die Beschwerde findet gegen die im ersten Rechtszug ergangenen Endentscheidungen der Amtsgerichte und Landgerichte in Angelegenheiten nach diesem Gesetz statt, sofern durch Gesetz nichts Anderes bestimmt ist. (2) Der Beurteilung des Beschwerdegerichts unterliegen auch die nicht selbstständig anfechtbaren Entscheidungen, die der Endentscheidung vorausgegangen sind.	**§ 621e ZPO [Befristete Beschwerde; Rechtsbeschwerde]** (1) Gegen die ersten Rechtszug ergangenen Endentscheidungen über Familiensachen des § 621 Abs. 1 Nr. 1 bis 3, 6, 7, 9, 10 in Verfahren nach § 1598a Abs. 2 und 4 und § 1600e Abs. 2 Bürgerlichen Gesetzbuchs, Nr. 12 sowie 13 findet die Beschwerde statt. (2)–(4) *Im FGG bisher nicht geregelt.*
§ 59 Beschwerdeberechtigte (1) Die Beschwerde steht demjenigen zu, der durch den Beschluss in seinen Rechten beeinträchtigt ist. (2) Wenn ein Beschluss nur auf Antrag erlassen werden kann und der Antrag zurückgewiesen worden ist, steht die Beschwerde nur dem Antragsteller zu. (3) Die Beschwerdeberechtigung von Behörden bestimmt sich nach den besonderen Vorschriften dieses oder eines anderen Gesetzes.	**§ 20 FGG [Beschwerdeberechtigte]** (1) Die Beschwerde steht jedem zu, dessen Recht durch die Verfügung beeinträchtigt ist. (2) Soweit eine Verfügung nur auf Antrag erlassen werden kann und der Antrag zurückgewiesen worden ist, steht die Beschwerde nur dem Antragsteller zu. *Bisher keine allgemeine Regelung.* **§ 69g FGG [Beschwerde]** (1) Die Beschwerde gegen die Bestellung eines Betreuers von Amts wegen, die Anordnung eines Einwilligungsvorbehalts und eine Entscheidung, durch die die Bestellung eines Betreuers oder die Anordnung eines Einwilligungsvorbehalts abgelehnt wird, steht unbeschadet des § 20 dem Ehegatten des Betroffenen, dem Lebenspartner des Betroffenen, denjenigen, die mit dem Betroffenen in gerader Seitenlinie verwandt oder verschwägert, in der Seitenlinie bis zum dritten Grad verwandt sind, sowie der zuständigen Behörde zu. Macht der Vertreter der Staatskasse geltend, der Betreuer haben eine Abrechnung vorsätzlich falsch erteilt oder der Betreute könne anstelle eines nach § 1897 Abs. 6 Satz 1 des Bürgerlichen Gesetzbuchs bestellten Betreuers durch eine oder mehrere andere geeignete Personen außerhalb einer Berufsausübung betreut werden, so steht ihm gegen einen die Entlassung des Betreuers ablehnenden Beschluss die Beschwerde zu. (2)–(5) ...
§ 60 Beschwerderecht Minderjähriger Ein Kind, für das die elterliche Sorge besteht, oder ein unter Vormundschaft stehender Mündel kann in allen seine Person betreffenden Angelegenheiten ohne Mitwirkung seines gesetzlichen Vertreters das Beschwerderecht ausüben. Das Gleiche gilt in sonstigen Angelegenheiten,	**§ 59 FGG [Beschwerderecht des Kindes oder Mündels]** (1) Ein Kind, für das die elterliche Sorge besteht, oder ein unter Vormundschaft stehender Mündel kann in allen seine Person betreffenden Angelegenheiten ohne Mitwirkung seines gesetzlichen Vertreters das Beschwerderecht ausüben. Das gleiche gilt in sonstigen Angelegen-

Neues Recht (FamFG)	Altes Recht
in denen das Kind oder der Mündel vor einer Entscheidung des Gerichts gehört werden soll. Dies gilt nicht für Personen, die geschäftsunfähig sind oder bei Erlass der Entscheidung das 14. Lebensjahr nicht vollendet haben.	heiten, in denen das Kind oder der Mündel vor einer Entscheidung des Gerichts gehört werden soll. (2)–(3) …

§ 61 Beschwerdewert; Zulassungsbeschwerde

(1) In vermögensrechtlichen Angelegenheiten ist die Beschwerde nur zulässig, wenn der Wert des Beschwerdegegenstandes sechshundert Euro übersteigt.

(2) Übersteigt der Beschwerdegegenstand nicht den in Absatz 1 genannten Betrag, ist die Beschwerde zulässig, wenn das Gericht des ersten Rechtszuges die Beschwerde zugelassen hat.

(3) Das Gericht des ersten Rechtszuges lässt die Beschwerde zu, wenn

1. die Rechtssache grundsätzliche Bedeutung hat oder die Fortbildung des Rechts oder die Sicherung einer einheitlichen Rechtsprechung eine Entscheidung des Beschwerdegericht erfordert und
2. der Beteiligte durch den Beschluss mit nicht mehr als sechshundert Euro beschwert ist.

Das Beschwerdegericht ist an die Zulassung gebunden.

Altes Recht:

Bislang keine allgemeine Regelung, sondern ausschließlich Spezialregelung im Bereich des Vormundschaftsrechts.

§ 56g FGG [Festsetzung von Vorschuss, Aufwendungsersatz, Aufwandsentschädigung, Vergütung und Abschlagszahlung]

(1)–(4) …

(5) Gegen die Entscheidungen nach Absatz 1 Satz 1 bis 3 und den Absätzen 2 und 3 findet die sofortige Beschwerde statt, wenn der Wert des Beschwerdegegenstands 150 Euro übersteigt oder das Gericht sie wegen der grundsätzlichen Bedeutung der Rechtssache zulässt. …

(6)–(7) …

§ 62 Statthaftigkeit der Beschwerde nach Erledigung der Hauptsache

(1) Hat sich die angefochtene Entscheidung in der Hauptsache erledigt, spricht das Beschwerdegericht auf Antrag aus, dass die Entscheidung des Gerichts des ersten Rechtszugs den Beschwerdeführer in seinen Rechten verletzt hat, wenn der Beschwerdeführer einen berechtigtes Interesse an der Feststellung hat.

(2) Ein berechtigtes Interesse liegt in der Regel vor, wenn

1. schwerwiegende Grundrechtseingriffe vorliegen oder
2. eine Wiederholung konkret zu erwarten ist.

Die Statthaftigkeit der Beschwerde nach Erledigung der Hauptsache war bislang nicht gesetzlich geregelt.

§ 63 Beschwerdefrist

(1) Die Beschwerde ist, soweit gesetzliche keine andere Frist bestimmt ist, binnen einer Frist von einem Monat einzulegen.

(2) Die Beschwerde ist binnen einer Frist von zwei Wochen einzulegen, wenn sie sich gegen eine einstweilige Anordnung oder einen Beschluss, der die Genehmigung eines Rechtsgeschäfts zum Inhalt hat, richtet.

(3) Die Frist beginnt jeweils mit der schriftlichen Bekanntgabe des Beschlusses an die Beteiligten. Kann die schriftliche Bekanntgabe an einen Beteiligten nicht bewirkt werden, beginnt die Frist spätestens mit Ablauf von fünf Monaten nach Erlass des Beschlusses.

§ 19 FGG [Beschwerde]

(1) Gegen die Verfügungen des Gerichts erster Instanz findet das Rechtsmittel der Beschwerde statt.

(2) …

§ 22 FGG [Frist für die sofortige Beschwerde]

(1) Die sofortige Beschwerde ist binnen einer Frist von zwei Wochen einzulegen. Die Frist beginnt mit dem Zeitpunkt, in welchem die Verfügung dem Beschwerdeführer bekanntgemacht worden ist.

(2) …

Neues Recht (FamFG)	Altes Recht
§ 64 Einlegung der Beschwerde	**§ 21 FGG [Einlegung der Beschwerde]**
(1) Die Beschwerde ist bei dem Gericht einzulegen, dessen Beschluss angefochten wird.	(1) Die Beschwerde kann bei dem Gerichte, dessen Verfügung angefochten wird, oder bei dem Beschwerdegericht eingelegt werden.
(2) Die Beschwerde wird durch die Einreichung einer Beschwerdeschrift oder zur Niederschrift der Geschäftsstelle eingelegt. Die Beschwerde muss die Bezeichnung des angefochtenen Beschlusses sowie die Erklärung enthalten, dass Beschwerde gegen diesen Beschluss eingelegt wird. Sie ist von dem Beschwerdeführer oder seinem Bevollmächtigten zu unterzeichnen.	(2) Die Einlegung erfolgt durch Einreichung einer Beschwerdeschrift oder durch Erklärung zu Protokoll der Geschäftsstelle desjenigen Gerichts, dessen Verfügung angefochten wird, oder der Geschäftsstelle des Beschwerdegerichts. Die Beschwerde kann auch entsprechend den Regelungen der Zivilprozessordnung betreffend die Übermittlung von Anträgen und Erklärungen als elektronisches Dokument eingelegt werden.
	§ 621e ZPO [Befristete Beschwerde, Rechtsbeschwerde]
	(1)–(2) ...
	(3) Die Beschwerde wird durch Einreichung der Beschwerdeschrift bei dem Beschwerdegericht eingelegt. ...
	§ 24 FGG [Aufschiebende Wirkung]
	(1)–(2) ...
(3) Das Beschwerdegericht kann vor der Entscheidung eine einstweilige Anordnung erlassen; es kann insbesondere anordnen, dass die Vollziehung des angefochtenen Beschlusses auszusetzen ist.	(3) Das Beschwerdegericht kann vor der Entscheidung eine einstweilige Anordnung erlassen; es kann insbesondere anordnen, dass die Vollziehung der angefochtenen Verfügung auszusetzen ist.
§ 65 Beschwerdebegründung	
(1) Die Beschwerde soll begründet werden.	*Bislang im FGG keine ausdrückliche Regelung, aber entsprechende Rechtslage.*
(2) Das Gericht kann dem Beschwerdeführer eine Frist zur Begründe der Beschwerde einräumen.	*Bislang im FGG keine ausdrückliche Regelung, aber entsprechende Rechtslage.*
(3) Die Beschwerde kann auf neue Tatsachen und Beweismittel gestützt werden.	**§ 23 FGG [Neues Vorbringen]**
	Die Tatsache kann auf neue Tatsachen und Beweise gestützt werden.
	Bislang im FGG keine Regelung.
(4) Die Beschwerde kann nicht darauf gestützt werden, dass das Gericht des ersten Rechtszuges seine Zuständigkeit zu Unrecht angenommen hat.	**§ 621e ZPO [Befristete Beschwerde; Rechtsbeschwerde]**
	(1)–(3) ...
	(4) Die Beschwerde kann nicht darauf gestützt werden, dass das Gericht des ersten Rechtszuges seine Zuständigkeit zu Unrecht angenommen oder verneint hat.
§ 66 Anschlussbeschwerde	
Ein Beschwerdeberechtigter kann sich der Beschwerde anschließen, wenn er auf die Beschwerde verzichtet hat oder die Beschwerdefrist verstrichen ist; die Anschließung erfolgt durch Einreichung der Beschwerdeanschlussschrift bei dem Beschwerdegericht. Die An-	*Bislang im FGG keine Regelung.*

Neues Recht (FamFG)	Altes Recht
schließung verliert ihre Wirkung, wenn die Beschwerde zurückgenommen oder als unzulässig verworfen wird.	
§ 67 Verzicht auf die Beschwerde; Rücknahme der Beschwerde	
(1) Die Beschwerde ist unzulässig, wenn der Beschwerdeführer hierauf nach Bekanntgabe des Beschlusses durch Erklärung gegenüber dem Gericht verzichtet hat.	*Bislang im FGG keine Regelung*
(2) Die Anschlussbeschwerde ist unzulässig, wenn der Anschlussbeschwerdeführer hierauf nach Einlegung des Hauptrechtsmittels durch Erklärung gegenüber dem Gericht verzichtet hat.	
(3) Der gegenüber einem anderen Beteiligten erklärte Verzicht hat die Unzulässigkeit der Beschwerde nur dann zur Folge, wenn dieser sich darauf beruft.	
(4) Der Beschwerdeführer kann die Beschwerde bis zum Erlass der Beschwerdeentscheidung zurücknehmen.	
§ 68 Gang des Beschwerdeverfahrens	**§ 18 FGG [Änderung einer Verfügung]**
(1) Hält das Gericht, dessen Beschluss angefochten wird, die Beschwerde für begründet, hat es ihr abzuhelfen; anderenfalls ist die Beschwerde unverzüglich dem Beschwerdegericht vorzulegen. Das Gericht ist zur Abhilfe nicht befugt, wenn die Beschwerde sich gegen eine Endentscheidung in einer Familiensache richtet.	(1) Erachtet das Gericht eine von um erlassene Verfügung nachträglich für ungerechtfertigt, so ist es berechtigt, sie zu ändern; soweit eine Verfügung nur auf Antrag erlassen werden kann und der Antrag zurückgewiesen worden ist, darf die Änderung nur auf Antrag erfolgen.
	(2) Zu der Änderung einer Verfügung, die der sofortigen Beschwerde unterliegt, ist das Gericht nicht befugt.
	§ 621e ZPO [Befristete Beschwerde; Rechtsbeschwerde]
	(1)–(2) ...
	(3) ... Die §§ 318, 517, 518, 520 Abs. 1, 2 und 3 Satz 1, Absatz 4, §§ 521, 522 Abs. 1, §§ 526, 527, 548 und 551 Abs. 1, 2 und 4 gelten entsprechend.
	§ 318 ZPO [Bindung des Gerichts]
	Das Gericht ist an die Entscheidung, die in dem von erlassenen End- und Zwischenurteilen enthalten ist, gebunden.
(2) Das Beschwerdegericht hat zu prüfen, ob die Beschwerde an sich statthaft und ob sie in der gesetzlichen Form und Frist eingelegt ist. Mangelt es an einem dieser Erfordernisse, ist die Beschwerde als unzulässig zu verwerfen.	*Bislang im FGG nicht geregelt, jedoch entsprechende Rechtslage.*
(3) Das Beschwerdeverfahren bestimmt sich im Übrigen nach den Vorschriften über das Verfahren im ersten Rechtszug.	
Das Beschwerdegericht kann von der Durchführung eines Termins, einer mündlichen Verhandlung oder einzelner Verfahrenshandlungen absehen, wenn diese bereits im ersten Rechtszug vorgenommen wurden und von einer er-	*Bislang keine allgemeine Reglung im FGG, die Vorschrift ist jedoch der Spezialvorschrift des § 69g Abs. 5 Satz 3 FGG nachgebildet.*

Neues Recht (FamFG)	Altes Recht
neuten Vornahme keine zusätzlichen Erkenntnisse zu erwarten sind.	**§ 69 g FGG [Beschwerde]** (1) – (4) ... (5) ... Das Gericht kann von solchen Verfahrenshandlungen absehen, wenn diese bereits im ersten Rechtszug vorgenommen worden oder von einer erneuten Verhandlung keine zusätzlichen Erkenntnisse zu erwarten sind. Das Beschwerdegericht kann seine Entscheidung auf im ersten Rechtszug eingeholte Gutachten oder vorgelegte ärztliche Zeugnisse stützen.
(4) Das Beschwerdegericht kann die Beschwerde durch Beschluss einem seiner Mitglieder zur Entscheidung als Einzelrichter übertragen; § 526 der Zivilprozessordnung gilt mit der Maßgabe entsprechend, dass eine Übertragung auf einen Richter auf Probe ausgeschlossen ist.	**§ 30 FGG [Beschwerdegericht]** (1) ... Entscheidet über die Beschwerde die Zivilkammer des Landgerichts, findet § 526 ZPO der Zivilprozessordnung entsprechende Anwendung. (2) ...
§ 69 Beschwerdeentscheidung (1) Das Beschwerdegericht hat in der Sache selbst zu entscheiden. Es darf die Sache unter Aufhebung des angefochtenen Beschlusses und des Verfahrens nur dann an das Gericht des ersten Rechtszuges zurückverweisen, wenn dieses in der Sache noch nicht entschieden hat. Das Gleiche gilt, soweit das Verfahren an einem wesentlichen Mangel leidet und zur Entscheidung eine umfangreiche oder aufwändige Beweiserhebung notwendig wäre und ein Beteiligter die Zurückverweisung beantragt. Das Gericht des ersten Rechtszuges hat die rechtliche Beurteilung, die das Beschwerdegericht der Aufhebung zu Grunde gelegt hat, auch seiner Entscheidung zugrunde zu legen.	*Bisher keine Regelung im FGG; nur ausnahmsweise Zulässigkeit der Zurückverweisung.*
(2) Der Beschluss des Beschwerdegerichts ist zu begründen.	**§ 25 FGG [Gründe der Beschwerdeentscheidung]** Die Entscheidung des Beschwerdegerichts ist mit Gründen zu versehen.
(3) Für die Beschwerdeentscheidung gelten im Übrigen die Vorschriften über den Beschluss im ersten Rechtszug entsprechend.	
§ 70 Statthaftigkeit der Rechtsbeschwerde (1) Die Rechtsbeschwerde eines Beteiligten ist statthaft, wenn sie das Beschwerdegericht oder das Oberlandesgericht im ersten Rechtszug in dem Beschluss zugelassen hat.	**§ 27 FGG [Weitere Beschwerde]** (1) Gegen die Entscheidung des Beschwerdegerichts ist das Rechtsmittel der weiteren Beschwerde zulässig, wenn die Entscheidung auf einer Verletzung des Rechts beruht. Die Vorschriften der §§ 546, 547, 559, 561 der Zivilprozessordnung finden entsprechende Anwendung. (2) In den Fällen des § 20 a Abs. 1 Satz 2, Abs. 2 gilt Absatz 1 nur, wenn das Beschwerdegericht erstmals eine Entscheidung über den Kostenpunkt getroffen hat.

Neues Recht (FamFG)	Altes Recht
	§ 621e ZPO [Befristete Beschwerde; Rechtsbeschwerde] (1) ... (2) In den Familiensachen des § 621 Abs. 1, Nr. 1 bis 3, 6 und 10 in Verfahren nach § 1598 Abs. 2 und 4 und § 1600e Abs. 2 des Bürgerlichen Gesetzbuchs sowie Nr. 12 findet die Rechtsbeschwerde statt, wenn sie 1. das Beschwerdegericht in dem Beschluss oder 2. auf Beschwerde gegen die Nichtzulassung durch das Beschwerdegericht das Rechtsbeschwerdegericht zugelassen hat; § 543 Abs. 2 und § 544 gelten entsprechend. Die Rechtsbeschwerde kann nur darauf gestützt werden, dass die Entscheidung auf einer Verletzung des Rechts beruht.
(2) Die Rechtsbeschwerde ist zuzulassen, wenn 1. die Rechtssache grundsätzliche Bedeutung hat oder 2. die Fortbildung des Rechts oder die Sicherung einer einheitlichen Rechtsprechung eine Entscheidung des Rechtsbeschwerdegerichts erfordert. Das Rechtsbeschwerdegericht ist an die Zulassung gebunden. (3) Die Rechtsbeschwerde gegen einen Beschluss des Beschwerdegerichts ist ohne Zulassung statthaft in 1. Betreuungssachen zur Bestellung eines Betreuers, zur Aufhebung einer Betreuung, zur Anordnung oder Aufhebung eines Einwilligungsvorbehaltes, 2. Unterbringungssachen sowie Freiheitsentziehungssachen. (4) Gegen den Beschluss im Verfahren über die Anordnung, Abänderung oder Aufhebung einer einstweiligen Anordnung oder eines Arrests findet die Rechtsbeschwerde nicht statt.	
§ 71 Frist und Form der Rechtsbeschwerde (1) Die Rechtsbeschwerde ist binnen einer Frist von einem Monat nach der schriftlichen Bekanntgabe des Beschlusses durch Einreichung einer Beschwerdeschrift bei dem Rechtsbeschwerdegericht einzulegen. Die Rechtsbeschwerdeschrift muss enthalten: 1. die Bezeichnung des Beschlusses gegen den die Rechtsbeschwerde gerichtet wird und 2. die Erklärung, dass gegen diesen Beschluss Rechtsbeschwerde eingelegt werde. Die Rechtsbeschwerdeschrift ist zu unterschreiben. Mit der Rechtsbeschwerdeschrift soll eine Ausfertigung oder beglaubigte Abschrift des angefochtenen Beschlusses vorgelegt werden.	*Bislang keine Regelung im FGG.*

Neues Recht (FamFG)	Altes Recht
(2) Die Rechtsbeschwerde ist, sofern die Beschwerdeschrift keine Begründung enthält, binnen einer Frist von einem Monat zu begründen. Die Frist beginnt mit der schriftlichen Bekanntgabe des Beschlusses. § 551 Abs. 2 Satz 5 und 6 der Zivilprozessordnung gilt entsprechend.	*Bisher keine Regelung im FGG, da bisher andere Rechtslage.*
(3) Die Begründung der Rechtsbeschwerde muss enthalten:	*Bisher keine Regelung im FGG, da bisher andere Rechtslage.*
1. Die Erklärung, inwieweit der Beschluss angefochten und dessen Aufhebung beantragt werde (Rechtsbeschwerdeanträge),	
2. die Angabe der Rechtsbeschwerdegründe, und zwar	
a) die bestimmte Bezeichnung der Umstände, aus denen sich die Rechtsverletzung ergibt;	
b) soweit die Rechtsbeschwerde darauf gestützt wird, dass das Gesetz in Bezug auf das Verfahren verletzt sei, die Bezeichnung der Tatsachen, die den Mangel ergeben.	
(4) Die Rechtsbeschwerde- und die Begründungsschrift sind den anderen Beteiligten bekannt zu geben.	
§ 72 Gründe der Rechtsbeschwerde (1) Die Rechtsbeschwerde kann nur darauf gestützt werden, dass die angefochtene Entscheidung auf einer Verletzung des Rechts beruht. Das Recht ist verletzt, wenn eine Rechtsnorm nicht oder nicht richtig angewendet worden ist.	**§ 27 FGG [Weitere Beschwerde]** (1) Gegen die Entscheidungen des Beschwerdegerichts ist das Rechtsmittel der weiteren Beschwerde zulässig, wenn die Entscheidung auf einer Verletzung des Gesetzes beruht. Die Vorschriften der §§ 550, 551, 561, 563 der Zivilprozessordnung finden entsprechende Anwendung. (2) ...
(2) Die Rechtsbeschwerde kann nicht darauf gestützt werden, dass das Gericht des ersten Rechtszuges seine Zuständigkeit zu Unrecht angenommen hat. (3) Die Vorschriften der §§ 547, 556 und 560 der Zivilprozessordnung gelten entsprechend.	**§ 546 ZPO [Begriff der Rechtsverletzung]** Das Recht ist verletzt, wenn eine Rechtsnorm nicht oder nicht richtig angewendet worden ist. *Bislang keine Regelung im FGG.* **§ 621e ZPO [Befristete Beschwerde; Rechtsbeschwerde]** (1)–(3) ... (4) ... Die Rechtsbeschwerde kann nicht darauf gestützt werden, dass das Gericht des ersten Rechtszuges seine Zuständigkeit zu Unrecht angenommen oder verneint hat. **§ 27 FGG [Weitere Beschwerde]** (1) ... Die Vorschriften der §§ 550, 551, 561, 563 der Zivilprozessordnung finden entsprechende Anwendung. (2) ...
§ 73 Anschlussrechtsbeschwerde Ein Beteiligter kann sich bis zum Ablauf einer Frist von einem Monat nach der Bekanntgabe der Begründungsschrift der Rechtsbeschwerde durch Einreichen einer Anschlussschrift beim	*Bislang keine Regelung im FGG.*

Neues Recht (FamFG)	Altes Recht
Rechtsbeschwerdegericht anschließen, auch wenn er auf die Rechtsbeschwerde verzichtet hat, die Rechtsbeschwerdefrist verstrichen oder die Rechtsbeschwerde nicht zugelassen worden ist. Die Anschlussrechtsbeschwerde ist in der Anschlussschrift zu begründen und zu unterschreiben. Die Anschließung verliert ihre Wirkung, wenn die Rechtsbeschwerde zurückgenommen oder als unzulässig verworfen wird.	
§ 74 Entscheidung über die Rechtsbeschwerde	
(1) Das Rechtsbeschwerdegericht hat zu prüfen, ob die Rechtsbeschwerde an sich statthaft ist und ob sie in der gesetzlichen Form und Frist eingelegt und begründet ist. Mangelt es an einem dieser Erfordernisse, ist die Rechtsbeschwerde als unzulässig zu verwerfen.	*Bislang nicht ausdrücklich im FGG geregelt.*
	§ 27 FGG [Weitere Beschwerde]
	(1) Gegen die Entscheidungen des Beschwerdegerichts ist das Rechtsmittel der weiteren Beschwerde zulässig, wenn die Entscheidung auf einer Verletzung des Gesetzes beruht. Die Vorschriften der §§ 550, 551, 561, 563 der Zivilprozessordnung finden entsprechende Anwendung.
	(2) ...
(2) Ergibt die Begründung des angefochtenen Beschlusses zwar eine Rechtsverletzung, stellt sich die Entscheidung aber aus anderen Gründen als richtig dar, ist die Rechtsbeschwerde zurückzuweisen.	**§ 561 ZPO [Revisionszurückweisung]** Ergibt die Begründung des Berufungsurteils zwar eine Rechtsverletzung, stellt die Entscheidung selbst aber aus anderen Gründen sich als richtig dar, so ist die Revision zurückzuweisen. *Bisher keine Regelung im FGG.*
(3) Der Prüfung des Rechtsbeschwerdegerichts unterliegen nur die von den Beteiligten gestellten Anträge.	*Bisher keine Regelung im FGG, künftige Handhabung entspricht aber der bisherigen Rechtslage.*
Das Rechtsbeschwerdegericht ist an die geltend gemachten Rechtsbeschwerdegründe nicht gebunden. Auf Verfahrensmängel, die nicht von Amts wegen zu berücksichtigen sind, darf die angefochtene Entscheidung nur geprüft werden, wenn die Mängel nach § 71 Abs. 3 und § 73 Satz 2 gerügt worden sind. §§ 569, 564 der Zivilprozessordnung gelten entsprechend.	**§ 27 FGG [Weitere Beschwerde]** (1) ... Die Vorschriften der §§ 546, 547, 559, 561 der Zivilprozessordnung finden entsprechende Anwendung. (2) ...
(4) Auf das weitere Verfahren sind, soweit sich Abweichungen aus den Vorschriften dieses Unterabschnitts ergeben, die im ersten Rechtszug geltenden Vorschriften entsprechend anzuwenden.	*Bisher keine Regelung im FGG notwendig. Die Ehe- und Familienstreitsachen waren bisher nicht erfasst, sondern unterlagen direkt den Revisionsvorschriften.*
(5) Soweit die Rechtsbeschwerde begründet ist, ist der angefochtene Beschluss aufzuheben.	*Bisher keine Regelung im FGG, aber entsprechende Rechtslage.*
(6) Das Rechtsbeschwerdegericht entscheidet in der Sache selbst, wenn diese zur Endentscheidung reif ist. Andernfalls verweist es die Sache unter Aufhebung des angefochtenen Beschlusses und des Verfahrens zur anderweitigen Behandlung und Entscheidung an das Beschwerdegericht, oder, wenn dies aus besonde-	*Bisher keine Regelung im FGG, aber entsprechende Rechtslage.*

Neues Recht (FamFG)	Altes Recht
ren Gründen geboten erscheint, an das Gericht des ersten Rechtszuges zurück. Die Zurückverweisung kann an einen anderen Spruchkörper des Gerichts erfolgen, das die angefochtene Entscheidung erlassen hat. Das Gericht, an das die Sache zurückverwiesen ist, hat die rechtliche Beurteilung, die der Aufhebung zugrunde liegt, auch seiner Entscheidung zugrunde zu legen.	
(7) Von einer Begründung der Entscheidung kann abgesehen werden, wenn sie nicht geeignet wäre, zur Klärung von Rechtsfragen grundsätzlicher Bedeutung, zur Fortbildung des Rechts oder zur Sicherung einer einheitlichen Rechtsprechung beizutragen.	*Bisher keine Regelung im FGG.*
§ 74a Zurückweisungsbeschluss (1) Das Rechtsbeschwerdegericht weist die vom Beschwerdegericht zugelassene Rechtsbeschwerde durch einstimmigen Beschluss ohne mündliche Verhandlung oder Erörterung im Termin zurück, wenn es davon überzeugt ist, dass die Voraussetzungen für die Zulassung der Rechtsbeschwerde nicht vorliegen und die Rechtsbeschwerde keine Aussicht auf Erfolg hat. (2) Das Rechtsbeschwerdegericht oder der Vorsitzende hat zuvor die Beteiligten auf die beabsichtigte Zurückweisung der Rechtsbeschwerde und die Gründe hierfür hinzuweisen und dem Rechtsbeschwerdeführer binnen einer zu bestimmenden Frist Gelegenheit zur Stellungnahme zu geben. (3) Der Beschluss nach Absatz 1 ist zu begründen, soweit die Gründe für die Zurückweisung nicht bereits in dem Hinweis nach Absatz 2 enthalten sind.	*Hierzu gab es bislang keine Regelung im FGG.*
§ 75 Sprungrechtsbeschwerde (1) Gegen die im ersten Rechtszug erlassenen Beschlüsse, die ohne Zulassung der Beschwerde unterliegen, findet auf Antrag unter Übergehung der Beschwerdeinstanz unmittelbar die Rechtsbeschwerde (Sprungrechtsbeschwerde) statt, wenn 1. die Beteiligten in die Übergehung der Beschwerdeinstanz einwilligen und 2. das Rechtsbeschwerdegericht die Sprungrechtsbeschwerde zulässt. Der Antrag auf Zulassung der Sprungrechtsbeschwerde und die Erklärung der Einwilligung gelten als Verzicht auf das Rechtsmittel der Beschwerde. (2) Für weitere Verfahren gilt § 566 Abs. 2 bis 8 der Zivilprozessordnung entsprechend.	*Hierzu gab es bislang keine Regelung im FGG.*

Neues Recht (FamFG)	Altes Recht
Abschnitt 6. **Verfahrenskostenhilfe**	
§ 76 Voraussetzungen (1) Auf die Bewilligung von Verfahrenskostenhilfe finden die Vorschriften der Zivilprozessordnung über die Prozesskostenhilfe entsprechende Anwendung, soweit nachfolgend nichts Abweichendes bestimmt ist. (2) Ein Beschluss, der im Verfahrenskostenhilfeverfahren ergeht, ist mit der sofortigen Beschwerde in entsprechender Anwendung der §§ 567 bis 572 Abs. 2 bis 4 der Zivilprozessordnung anfechtbar.	**§ 14 FGG [Prozesskostenhilfe]** Die Vorschriften der Zivilprozessordnung über die Prozesskostenhilfe finden entsprechende Anwendung.
§ 77 Bewilligung (1) Vor der Bewilligung der Verfahrenskostenhilfe kann das Gericht den übrigen Beteiligten Gelegenheit zur Stellungnahme geben. In Antragsverfahren ist dem Antragsteller Gelegenheit zur Stellungnahme zu geben, wenn dies nicht aus besonderen Gründen unzweckmäßig erscheint. (2) Die Bewilligung von Verfahrenskostenhilfe für die Vollstreckung in das bewegliche Vermögen umfasst alle Vollstreckungshandlungen im Bezirk des Vollstreckungsgerichts einschließlich des Verfahrens auf Abgabe der Versicherung an Eides statt.	*Gleiche Rechtslage bei Anwendung von § 118 ZPO.* **§ 118 ZPO [Bewilligungsverfahren]** (1) Vor der Bewilligung der Prozesskostenhilfe ist dem Gegner Gelegenheit zur Stellungnahme zu geben, wenn dies nicht aus besonderen Gründen unzweckmäßig erscheint. Die Stellungnahme kann vor der Geschäftsstelle zu Protokoll erklärt werden. Das Gericht kann die Parteien zur mündlichen Erörterung laden, wenn eine Einigung zu erwarten ist; ein Vergleich ist zu gerichtlichem Protokoll zu nehmen. Dem Gegner entstandene Kosten werden nicht erstattet. Die durch die Vernehmung von Zeugen und Sachverständigen nach Absatz 2 und 3 entstandenen Auslagen sind als Gerichtskosten von der Partei zu tragen, der die Kosten des Rechtsstreits auferlegt sind. (2)–(3) ... *Gleiche Rechtslage bei Anwendung von § 119 Abs. 2 ZPO.* **§ 119 Bewilligung** (1) ... (2) Die Bewilligung von Prozesskostenhilfe für die Zwangsvollstreckung in das bewegliche Vermögen umfasst alle Vollstreckungshandlungen im Bezirk des Vollstreckungsgerichts einschließlich des Verfahrens auf Abgabe der eidesstattlichen Versicherung.
§ 78 Beiordnung eines Rechtsanwalts (1) Ist eine Vertretung durch einen Rechtsanwalt vorgeschrieben, wird dem Beteiligten ein zur Vertretung bereiter Rechtsanwalt seiner Wahl beigeordnet.	*Bislang entsprechende Rechtslage bei Anwendung von § 121 Abs. 1 ZPO.* **§ 121 ZPO [Beiordnung eines Rechtsanwalts]** (1) Ist eine Vertretung durch Anwälte vorgeschrieben, wird der Partei ein zur Vertretung bereiter Rechtsanwalt ihrer Wahl beigeordnet. (2)–(5) ...

Neues Recht (FamFG)	Altes Recht
(2) Ist eine Vertretung durch einen Rechtsanwalt nicht vorgeschrieben, wird dem Beteiligten auf seinen Antrag ein zur Vertretung bereiter Rechtsanwalt seiner Wahl beigeordnet, wenn wegen der Schwierigkeit der Sach- und Rechtslage die Vertretung durch einen Rechtsanwalt geboten erscheint.	*Bislang war streitig, ob § 121 Abs. 2 ZPO in diesen Konstellationen anwendbar ist.* **§ 121 ZPO [Beiordnung eines Rechtsanwalts]** (1) ... (2) Ist eine Vertretung durch Anwälte nicht vorgeschrieben, wird der Partei auf ihren Antrag ein zur Vertretung bereiter Rechtsanwalt ihrer Wahl beigeordnet, wenn die Vertretung durch einen Rechtsanwalt erforderlich erscheint oder der Gegner durch einen Rechtsanwalt vertreten ist.
(3) Ein nicht in dem Bezirk des Verfahrensgerichts niedergelassener Rechtsanwalt kann nur beigeordnet werden, wenn hierdurch besondere Kosten nicht entstehen.	(3) Ein nicht in dem Bezirk des Prozessgerichts niedergelassener Rechtsanwalt kann nur beigeordnet werden, wenn dadurch weitere Kosten nicht entstehen.
(4) Wenn besondere Umstände dies erfordern, kann dem Beteiligten auf seinen Antrag ein zur Vertretung bereiter Rechtsanwalt seiner Wahl zur Wahrnehmung eines Termins zur Beweisaufnahme vor dem ersuchten Richter oder zur Vermittlung des Verkehrs mit dem Verfahrensbevollmächtigten beigeordnet werden.	(4) Wenn besondere Umstände dies erfordern, kann der Partei auf ihren Antrag ein zur Vertretung bereiter Rechtsanwalt ihrer Wahl zur Wahrnehmung eines Termins zur Beweisaufnahme vor dem ersuchten Richter oder zur Vermittlung des Verkehrs mit dem Prozessbevollmächtigten beigeordnet werden.
(5) Findet der Beteiligte keinen zur Vertretung bereiten Anwalt, ordnet der Vorsitzende ihm auf Antrag einen Rechtsanwalt bei.	(5) Findet die Partei keinen zur Vertretung bereiten Anwalt, ordnet der Vorsitzende ihr auf Antrag einen Rechtsanwalt bei.
§ 79 *(entfällt)*	
Abschnitt 7. Kosten **§ 80 Umfang der Kostenpflicht** Kosten sind die Gerichtskosten (Gebühren und Auslagen) und die zur Durchführung des Verfahrens notwendigen Aufwendungen der Beteiligten. § 91 Abs. 1 Satz 2 der Zivilprozessordnung gilt entsprechend.	*Bisher keine ausdrückliche Regelung im FGG.* **§ 13 a FGG [Kostenerstattung]** (1)–(2) (3) Die Vorschriften des § 91 Abs. 1 Satz 2 und der §§ 103 bis 107 der Zivilprozessordnung gelten entsprechend. (4) ...
§ 81 Grundsatz der Kostenpflicht (1) Das Gericht kann die Kosten des Verfahrens nach billigem Ermessen den Beteiligten ganz oder zum Teil auferlegen. Es kann auch anordnen, dass von der Erhebung der Kosten abzusehen ist. In Familiensachen ist stets über die Kosten zu entscheiden.	*Bislang existierte im FGG keine allgemeine Regelung der Verfahrenskosten. Kostentragungsregelungen bislang nur in Spezialbereichen.*
(2) Das Gericht soll die Kosten des Verfahrens ganz oder teilweise einem Beteiligten auferlegen, wenn 1. der Beteiligte durch grobes Verschulden Anlass für das Verfahren gegeben hat; 2. der Antrag des beteiligten von vornherein keine Aussicht auf Erfolg hatte und der Beteiligte dies erkennen musste; 3. der Beteiligte zu einer wesentlichen Tatsache schuldhaft unwahre Angaben gemacht hat;	*Anknüpfung an § 13 a Abs. 2 FGG, der allerdings außergerichtliche Kosten betrifft.*

Neues Recht (FamFG)	Altes Recht
4. der Beteiligte einer richterlichen Anordnung zur Teilnahme an einer Beratung nach § 156 Abs. 1 Satz 4 nicht nachgekommen ist, sofern der Beteiligte dies nicht genügend entschuldigt hat.	
(3) Einem minderjährigen Beteiligten können Kosten in Verfahren, die seine Person betreffen, nicht auferlegt werden.	**§ 94 KostO [Einzelne Verrichtungen des Vormundschaftsgerichts und des Familiengerichts]** (1)–(2) … (3) … In den Fällen des Ansatzes 1 Nr. 3–6 ist nur der Beteiligte, ausgenommen das Kind, zahlungspflichtig, den das Gericht nach billigem Ermessen bestimmt; es kann auch anordnen, dass von der Erhebung der Kosten abzusehen ist.
(4) Einem Dritten können Kosten des Verfahrens nur auferlegt werden, soweit die Tätigkeit des Gerichts durch ihn veranlasst wurde und ihn ein grobes Verschulden trifft.	*Verallgemeinerung des bisherigen § 13 a Abs. 2 Satz 2 FGG, der sich ausschließlich auf Betreuungs- und Unterbringungssachen bezieht.*
(5) Bundesrechtliche Vorschriften, die die Kostenpflicht abweichend regeln, bleiben unberührt.	**§ 13 a FGG [Kostenerstattung]** … (4) Unberührt bleiben bundesrechtliche Vorschriften, die die Kostenerstattung abweichend regeln.
§ 82 Zeitpunkt der Kostenentscheidung Ergeht eine Entscheidung über die Kosten, hat das Gericht hierüber in der Endentscheidung zu entscheiden.	*Bislang keine Regelung im FGG.*
§ 83 Kostenpflicht bei Vergleich, Erledigung und Rücknahme (1) Wird das Verfahren durch Vergleich erledigt und haben die Beteiligten keine Bestimmung über die Kosten getroffen, fallen die Gerichtskosten jedem Teil zu gleichen Teilen zur Last. Die außergerichtlichen Kosten trägt jeder Beteiligte selbst. (2) Ist das Verfahren auf sonstige Weise erledigt oder wird der Antrag zurückgenommen, gilt § 81 entsprechend.	*Bislang keine Regelung im FGG. Es gab bislang auch keine allgemeine Regelung über Vergleiche im FGG.*
§ 84 Rechtsmittelkosten Das Gericht soll die Kosten eines ohne Erfolg eingelegten Rechtsmittels dem Beteiligten auferlegen, der es eingelegt hat.	**§ 13 a FGG [Kostenerstattung]** (1) … Hat ein Beteiligter Kosten durch ein unbegründetes Rechtsmittel oder durch grobes Verschulden veranlasst, so sind ihm die Kosten aufzuerlegen. (2)–(5) …
§ 85 Kostenfestsetzung Die §§ 103 bis 107 der Zivilprozessordnung über die Festsetzung des zu erstattenden Betrags sind entsprechend anzuwenden.	**§ 13 a FGG [Kostenerstattung]** … (3) Die Vorschriften des § 91 Abs. 1 Satz 2 und der §§ 103 bis 107 der Zivilprozessordnung gelten entsprechend.

Neues Recht (FamFG)	Altes Recht
Abschnitt 8. Vollstreckung **Unterabschnitt 1. Allgemeine Vorschriften** **§ 86 Vollstreckungstitel** (1) Die Vollstreckung findet statt aus 1. gerichtlichen Beschlüssen 2. gerichtlich gebilligten Vergleichen (156 Abs. 2) 3. weiteren Vollstreckungstiteln im Sinne des § 794 der Zivilprozessordnung, soweit die Beteiligten über den Gegenstand des Verfahrens verfügen können. (2) Beschlüsse sind mit Wirksamwerden vollstreckbar. (3) Vollstreckungstitel bedürfen der Vollstreckungsklausel nur, wenn die Vollstreckung nicht durch das Gericht erfolgt, das den Titel erlassen hat.	*Bislang keine Regelung im FGG.*
§ 87 Verfahren; Beschwerde (1) Das Gericht wird in Verfahren, die von Amts wegen eingeleitet werden können, von Amts wegen tätig und bestimmt die im Fall der Zuwiderhandlung vorzunehmenden Vollstreckungsmaßnahmen. Der Berechtigte kann die Vornahme von Vollstreckungshandlungen beantragen; entspricht das Gericht dem Antrag nicht, entscheidet es durch Beschluss. (2) Die Vollstreckung darf nur beginnen, wenn der Beschluss bereits zugestellt ist oder gleichzeitig zugestellt wird. (3) Der Gerichtsvollzieher ist befugt, erforderlichenfalls die Unterstützung der polizeilichen Vollzugsorgane nachzusuchen. § 758 Abs. 1 und 2 sowie die §§ 759 bis 763 der Zivilprozessordnung gelten entsprechend. (4) Ein Beschluss, der im Vollstreckungsverfahren ergeht, ist mit der sofortigen Beschwerde in entsprechender Anwendung der §§ 567 bis 572 der Zivilprozessordnung anfechtbar. (5) Für die Kostenentscheidung gelten die §§ 80 bis 82 und entsprechend.	*Bislang keine Regelung im FGG.* *Bislang keine Regelung im FGG.* *Bisher nur Regelung für einen Spezialfall in § 33 Abs. 2 Satz 2 FGG.* **§ 33 FGG [Zwangsgeld – unmittelbarer Zwang]** ... (2) ... Der Vollstreckungsbeamte ist befugt, erforderlichenfalls die Unterstützung der polizeilichen Vollzugsorgane nachzusuchen ... *Bislang keine Regelung im FGG.* **§ 24 FGG [Aufschiebende Wirkung]** (1) Die Beschwerde hat nur dann aufschiebende Wirkung, wenn sie gegen eine Verfügung gerichtet ist, durch die ein Ordnungs- oder Zwangsmittel festgesetzt wird. Bei der Anordnung von Zwangshaft (§ 33 Abs. 1) hat die Beschwerde keine aufschiebende Wirkung. (2)–(3)... *Bislang keine Regelung im FGG.*

Neues Recht (FamFG)	Altes Recht
Unterabschnitt 2. Vollstreckung von Entscheidungen über die Herausgabe von Personen und die Regelung des Umgangs **§ 88 Grundsätze** (1) Die Vollstreckung erfolgt durch das Gericht, in dessen Bezirk die Person zum Zeitpunkt der Einleitung der Vollstreckung ihren gewöhnlichen Aufenthalt hat. (2) Das Jugendamt leistet dem Gericht in geeigneten Fällen Unterstützung.	*Bisher keine besondere Regelung im FGG.*
§ 89 Ordnungsmittel (1) Bei der Zuwiderhandlung gegen einen Vollstreckungstitel zur Herausgabe von Personen und zur Regelung des Umgangs kann das Gericht gegenüber dem Verpflichteten Ordnungsgeld und für den Fall, dass dieses nicht beigetrieben werden kann, Ordnungshaft anordnen. Verspricht die Anordnung eines Ordnungsgeldes keinen Erfolg, kann das Gericht Ordnungshaft anordnen. Die Anordnungen ergehen durch Beschluss.	**§ 33 FGG [Zwangsgeld – unmittelbarer Zwang]** (1) Ist jemandem durch eine Verfügung des Gerichts die Verpflichtung auferlegt, eine Handlung vorzunehmen, die ausschließlich von seinem Willen abhängt, oder eine Handlung zu unterlassen oder die Vornahme einer Handlung zu dulden, so kann ihn das Gericht, soweit sich aus dem Gesetz ein anderes ergibt, zur Befolgung seiner Anordnung durch Festsetzung von Zwangsgeld anhalten. Ist eine Person herauszugeben, kann das Gericht unabhängig von der Festsetzung eines Zwangsgeldes die Zwangshaft anordnen. Bei Festsetzung des Zwangsmittels sind dem Beteiligten sogleich die Kosten des Verfahrens aufzuerlegen. (2) Soll eine Sache oder eine Person herausgegeben oder eine Sache vorgelegt werden oder ist eine Anordnung ohne Gewalt nicht durchzuführen, so kann auf Grund einer besonderen Verfügung des Gerichts unabhängig von den gemäß Absatz 1 festgesetzten Zwangsmitteln auch Gewalt gebraucht werden. Eine Gewaltanwendung gegen ein Kind darf nicht zugelassen werden, wenn das Kind herausgegeben werden soll, um das Umgangsrecht auszuüben. Der Vollstreckungsbeamte ist befugt, erforderlichenfalls die Unterstützung der polizeilichen Vollzugsorgane nachzusuchen. Die Kosten fallen dem Verpflichteten zur Last. Wird die Sache oder Person nicht vorgefunden, so kann das Gericht den Verpflichteten anhalten, eine eidesstattliche Versicherung über ihren Verbleib abzugeben. Der § 883 Abs. 2 bis 4, der § 900 Abs. 1 und die §§ 901, 902, 904 bis 910, 913 der Zivilprozessordnung sind entsprechend anzuwenden. (3) ...
(2) Der Beschluss, der die Herausgabe der Person oder die Regelung des Umgangs anordnet, hat auf die Folgen einer Zuwiderhandlung gegen den Vollstreckungstitel hinzuweisen. (3) Das einzelne Ordnungsgeld darf den Betrag von fünfundzwanzigtausend Euro nicht übersteigen.	**§ 33 FGG [Zwangsgeld – unmittelbarer Zwang]** (1)–(2) ... (3) ... Die besondere Verfügung (Absatz 2) soll in der Regel, bevor sie erlassen wird, angedroht werden. Das einzelne Zwangsgeld darf

175

Neues Recht (FamFG)	Altes Recht
Für den Vollzug der Haft gelten die §§ 901 Satz 2, 904 bis 906, 909, 910 und 913 der Zivilprozessordnung entsprechend. (4) Die Festsetzung eines Ordnungsmittels unterbleibt, wenn der Verpflichtete Gründe vorträgt, aus denen sich ergibt, dass er die Zuwiderhandlung nicht zu vertreten hat. Werden Gründe, aus denen sich das fehlende Vertretenmüssen ergibt, nachträglich vorgetragen, wird die Festsetzung aufgehoben.	den Betrag von fünfundzwanzigtausend Euro nicht übersteigen … … Für den Vollzug der Haft gelten die §§ 901, 904 bis 906, 909 Abs. 1 und 2, 910, 913 der Zivilprozessordnung entsprechend. *Neue Regelung, bisher im FGG nicht geregelt.*
§ 90 Anwendung unmittelbaren Zwangs (1) Das Gericht kann durch ausdrücklichen Beschluss zur Vollstreckung unmittelbaren Zwang anordnen, wenn 1. die Festsetzung von Ordnungsmitteln erfolglos geblieben ist; 2. die Festsetzung von Ordnungsmitteln keinen Erfolg verspricht; 3. eine alsbaldige Vollstreckung der Entscheidung unbedingt geboten ist. (2) Anwendung unmittelbaren Zwangs gegen ein Kind darf nicht zugelassen werden, wenn das Kind herausgegeben werden soll, um das Umgangsrecht auszuüben. Im Übrigen darf unmittelbarer Zwang gegen ein Kind nur zugelassen werden, wenn dies unter Berücksichtigung des Kindeswohls gerechtfertigt ist und eine Durchsetzung der Verpflichtung mit milderen Mitteln nicht möglich ist.	**§ 33 FGG [Zwangsgeld – unmittelbarer Zwang]** … (2) Soll eine Sache oder eine Person herausgegeben werden oder eine Sache vorgelegt werden oder ist eine Anordnung von Gewalt nicht durchzuführen, so kann auf Grund einer besonderen Verfügung des Gerichts unabhängig von den gemäß Absatz 1 festgesetzten Zwangsmitteln auch Gewalt gebraucht werden … … eine Gewaltanwendung gegen ein Kind darf nicht zugelassen werden, wenn das Kind herausgegeben werden soll, um das Umgangsrecht auszuüben …
§ 91 Richterlicher Durchsuchungsbeschluss (1) Die Wohnung des Verpflichteten darf ohne dessen Einwilligung nur aufgrund eines richterlichen Beschlusses durchsucht werden. Dies gilt nicht, wenn der Erlass des Beschlusses den Erfolg der Durchsuchung gefährden würde. (2) Auf die Vollstreckung eines Haftbefehls nach § 94 in Verbindung mit § 901 der Zivilprozessordnung ist Absatz 1 nicht anzuwenden. (3) Willigt der Verpflichtete in die Durchsuchung ein oder ist ein Beschluss gegen ihn nach Absatz 1 Satz 1 entbehrlich, haben Personen, die Mitgewahrsam an der Wohnung des Verpflichteten haben, die Durchsuchung zu dulden. Unbillige Härten gegenüber Mitgewahrsamsinhabern sind zu vermeiden. (4) Der Beschluss nach Absatz 1 ist bei der Vollstreckung vorzulegen.	*Bisher keine ausdrückliche Regelung im FGG.*
§ 92 Vollstreckungsverfahren (1) Vor der Festsetzung von Ordnungsmitteln ist der Verpflichtete zu hören. Dies gilt auch für die Anordnung von unmittelbarem Zwang, es sei denn, dass hierdurch die Vollstreckung vereitelt oder wesentlich erschwert werden würde.	*Bisher keine ausdrückliche Regelung im FGG.*

Neues Recht (FamFG)	Altes Recht
(2) Dem Verpflichteten sind mit der Festsetzung von Ordnungsmitteln oder der Anordnung von unmittelbarem Zwang die Kosten des Verfahrens aufzuerlegen.	**§ 33 FGG [Zwangsgeld – unmittelbarer Zwang]** (1) ... Bei Festsetzung des Zwangsmittels sind dem Beteiligten zugleich die Kosten des Verfahrens aufzuerlegen.
(3) Die vorherige Durchführung eines Verfahrens nach § 165 ist nicht Voraussetzung für die Festsetzung von Ordnungsmitteln oder die Anordnung von unmittelbarem Zwang. Die Durchführung eines solchen Verfahrens steht der Festsetzung von Ordnungsmitteln oder der Anordnung von unmittelbarem Zwang nicht entgegen.	*Bislang nicht geregelt und streitig.*
§ 93 Einstellung der Vollstreckung (1) Das Gericht kann durch Beschluss die Vollstreckung einstweilen einstellen oder beschränken und Vollstreckungsmaßregeln aufheben, wenn 1. Wiedereinsetzung in den vorigen Stand beantragt wird; 2. Wiederaufnahme des Verfahrens beantragt wird; 3. gegen eine Entscheidung Beschwerde eingelegt wird; 4. die Abänderung einer Entscheidung beantragt wird; 5. die Durchführung eines Vermittlungsverfahrens (§ 165) beantragt wird. In der Beschwerdeinstanz ist über die einstweilige Einstellung der Vollstreckung vorab zu entscheiden. Der Beschluss ist nicht anfechtbar. (2) Für die Einstellung oder Beschränkung der Vollstreckung und die Aufhebung von Vollstreckungsmaßregeln gelten die §§ 775 Nr. 1 und 2 und 776 der Zivilprozessordnung entsprechend.	*Bislang keine Regelung im FGG.*
§ 94 Eidesstattliche Versicherung Wird eine herauszugebende Person nicht vorgefunden, kann das Gericht anordnen, dass der Verpflichtete eine eidesstattliche Versicherung über ihren Verbleib abzugeben hat. § 883 Abs. 2 bis 4, § 900 Abs. 1 und §§ 901, 902, 904 bis 910 sowie 913 der Zivilprozessordnung gelten entsprechend.	**§ 33 FGG** (2) ... Wird die Sache oder die Person nicht vorgefunden, so kann das Gericht den Verpflichteten anhalten, eine eidesstattliche Versicherung über ihren Verbleib abzugeben. Der § 883 Abs. 2 bis 4, der § 900 Abs. 1 und die §§ 901, 902, 904 bis 910, 913 der Zivilprozessordnung sind entsprechend anzuwenden.
Unterabschnitt 3. Vollstreckung nach der Zivilprozessordnung **§ 95 Anwendung der Zivilprozessordnung** (1) Soweit in den vorstehenden Unterabschnitten nichts Abweichendes bestimmt ist, sind auf die Vollstreckung 1. wegen einer Geldforderung, 2. zur Herausgabe einer beweglichen oder unbeweglichen Sache,	**§ 33 FGG [Zwangsgeld – unmittelbarer Zwang]** (1) Ist jemandem durch eine Verfügung des Gerichts die Verpflichtung auferlegt, eine Handlung vorzunehmen, die ausschließlich von seinem Willen abhängt, oder eine Handlung zu unterlassen oder die Vornahme einer Handlung zu dulden, so kann ihn das Gericht, soweit sich

Neues Recht (FamFG)	Altes Recht
3. zur Vornahme einer vertretbaren oder nicht vertretbaren Handlung, 4. zur Erzwingung von Duldungen und Unterlassungen oder 5. zur Abgabe einer Willenserklärung die Vorschriften der Zivilprozessordnung über die Zwangsvollstreckung entsprechend anzuwenden.	nicht aus dem Gesetz ein anderes ergibt, zur Befolgung seiner Anordnung durch Festsetzung von Zwangsgeld anhalten. Ist eine Person herauszugeben, kann das Gericht unabhängig von der Festsetzung eines Zwangsgeldes die Zwanghaft anordnen. Bei Festsetzung des Zwangsmittels sind dem Beteiligten zugleich die Kosten des Verfahrens aufzuerlegen. (2) Soll eine Sache oder eine Person herausgegeben oder ein Sache vorgelegt werden oder ist eine Anordnung ohne Gewalt nicht durchzuführen, so kann auf Grund einer besonderen Verfügung des Gerichts unabhängig von den gemäß Absatz 1 festgesetzten Zwangsmitteln auch Gewalt gebraucht werden. Eine Gewaltanwendung gegen ein Kind darf nicht zugelassen werden, wenn das Kind herausgegeben werden soll, um das Umgangsrecht auszuüben. Der Vollstreckungsbeamte ist befugt, erforderlichenfalls die Unterstützung der polizeilichen Vollzugsorgane nachzusuchen. Die Kosten fallen dem Verpflichteten zur Last. Wird die Sache oder die Person nicht vorgefunden, so kann das Gericht den Verpflichteten anhalten, eine eidesstattliche Versicherung über ihren Verbleib abzugeben. Der § 883 Abs. 2 bis 4, der § 900 Abs. 1 und die §§ 901, 902, 904 bis 910, 913 der Zivilprozessordnung sind entsprechend anzuwenden ...
(2) An die Stelle des Urteils tritt der Beschluss nach den Vorschriften dieses Gesetzes. (3) Macht der aus einem Titel wegen einer Geldforderung Verpflichtete glaubhaft, dass die Vollstreckung ihm einen nicht zu ersetzenden Nachteil bringen würde, hat das Gericht auf seinen Antrag die Vollstreckung vor Eintritt der Rechtskraft in der Entscheidung auszuschließen. In den Fällen des § 707 Abs. 1 und des § 719 Abs. 1 der Zivilprozessordnung kann die Vollstreckung nur unter derselben Voraussetzung eingestellt werden. (4) Ist die Verpflichtung zur Herausgabe oder Vorlage einer Sache oder zur Vornahme einer vertretbaren Handlung zu vollstrecken, so kann das Gericht durch Beschluss neben oder anstelle einer Maßnahme nach den §§ 883, 885 bis 887 der Zivilprozessordnung vorgesehenen Maßnahmen anordnen, soweit ein Gesetz nicht etwas Anderes bestimmt.	
§ 96 Vollstreckung in Verfahren nach dem Gewaltschutzgesetz und in Wohnungszuweisungsverfahren (1) Handelt der Verpflichtete einer Anordnung nach § 1 des Gewaltschutzgesetzes zuwider, eine Handlung zu unterlassen, kann der Berechtigte zur Beseitigung einer jeden andauernden Zuwiderhandlung einen Gerichtsvollzieher zuziehen. Der Gerichtsvollzieher hat nach § 758 Abs. 3 und § 759 der Zivilprozessordnung	**§ 892 a [Unmittelbarer Zwang in Verfahren nach dem Gewaltschutzgesetz]** Handelt der Schuldner einer Verpflichtung aus einer Anordnung nach § 1 des Gewaltschutzgesetzes zuwider, eine Handlung zu unterlassen, kann der Gläubiger zur Beseitigung einer jeden andauernden Zuwiderhandlung einen Gerichtsvollzieher zuziehen. Der Gerichtsvollzieher hat nach § 758 Abs. 3 und § 759 zu

Neues Recht (FamFG)	Altes Recht
zu verfahren. Die §§ 890 und 891 der Zivilprozessordnung bleiben daneben anwendbar.	verfahren. §§ 890 und 891 bleiben daneben anwendbar.
(2) Bei einer einstweiligen Anordnung in Gewaltschutzsachen, soweit Gegenstand des Verfahrens Regelungen aus dem Bereich der Wohnungszuweisungssachen sind, und in Wohnungszuweisungssachen ist die mehrfache Einweisung des Besitzes im Sinne des § 885 Abs. 1 der Zivilprozessordnung während der Geltungsdauer möglich. Einer erneuten Zustellung an den Verpflichteten bedarf es nicht.	**§ 885 ZPO [Herausgabe von Grundstücken oder Schiffen]** (1) ... Bei einer einstweiligen Anordnung nach dem § 620 Nr. 7, 9 oder dem § 621 g Satz 1, soweit Gegenstand des Verfahrens Regelungen nach der Verordnung über die Behandlung der Ehewohnung und des Hausrats sind, ist die mehrfache Vollziehung während der Geltungsdauer möglich. Einer erneuten Zustellung an den Schuldner bedarf es nicht. ...
§ 96 a Vollstreckung in Abstammungssachen (1) Die Vollstreckung eines durch rechtskräftigen Beschluss oder gerichtlichen Vergleich titulierten Anspruchs nach § 1598 a des Bürgerlichen Gesetzbuchs auf Duldung einer nach den anerkannten Grundsätzen der Wissenschaft durchgeführten Probeentnahme, insbesondere die Entnahme einer Speichel- oder Blutprobe, ist ausgeschlossen, wenn die Art der Probeentnahme der zu untersuchenden Person nicht zugemutet werden kann. (2) Bei wiederholter unberechtigter Verweigerung der Untersuchung kann auch unmittelbarer Zwang angewendet werden, insbesondere die zwangsweise Vorführung zur Untersuchung angeordnet werden.	**§ 56 FGG [Abstammungssachen]** (1)–(3) (4) Die Vollstreckung eines durch rechtskräftige Entscheidung oder gerichtlichen Vergleich titulierten Anspruchs nach § 1598a des Bürgerlichen Gesetzbuchs auf Duldung einer nach den anerkannten Grundsätzen der Wissenschaft durchgeführten Probeentnahme, insbesondere die Entnahme einer Speichel- oder Blutprobe, ist ausgeschlossen, wenn die Art der Probeentnahme der zu untersuchenden Person nicht zugemutet werden kann. Über die Rechtmäßigkeit einer Verweigerung entscheidet das Gericht, das die Entscheidung erlassen hat, nach Anhörung der Parteien durch Beschluss. Bei wiederholter unberechtigter Verweigerung der Untersuchung kann auch unmittelbarer Zwang angewendet werden, insbesondere die zwangsweise Vorführung zur Untersuchung angeordnet werden. § 33 bleibt unberührt.
Abschnitt 9. **Verfahren mit Auslandsbezug** **Unterabschnitt 1. Verhältnis zu völkerrechtlichen Vereinbarungen und Rechtsakten der Europäischen Gemeinschaft** **§ 97 Vorrang und Unberührtheit** (1) Regelungen in völkerrechtlichen Vereinbarungen gehen, soweit sie unmittelbar anwendbares innerstaatliches Recht geworden sind, den Vorschriften dieses Gesetzes vor. Regelungen in Rechtsakten der Europäischen Gemeinschaft bleiben unberührt. (2) Die zur Umsetzung und Ausführung von Vereinbarungen und Rechtsakten im Sinn des Absatzes 1 erlassenen Bestimmungen bleiben unberührt.	*Bisher keine Regelung im FGG.*
Unterabschnitt 2. **Internationale Zuständigkeit** **§ 98 Ehesachen; Verbund von Scheidungs- und Folgesachen** (1) Die deutschen Gerichte sind für Ehesachen zuständig, wenn	**§ 606 a ZPO [Internationale Zuständigkeit]** (1) Für Ehesachen sind die deutschen Gerichte zuständig,

179

Neues Recht (FamFG)	Altes Recht
1. ein Ehegatte Deutscher ist oder bei der Eheschließung war; 2. beide Ehegatten ihren gewöhnlichen Aufenthalt im Inland haben; 3. ein Ehegatte Staatenloser mit gewöhnlichem Aufenthalt im Inland ist; 4. ein Ehegatte seinen gewöhnlichen Aufenthalt im Inland hat, es sei denn, dass die zu fällende Entscheidung offensichtlich nach dem Recht keines der Staaten anerkannt würde, denen einer der Ehegatten angehört.	1. wenn eine Ehegatte Deutscher ist oder bei der Eheschließung war, 2. wenn beide Ehegatten ihren gewöhnlichen Aufenthalt im Inland haben, 3. wenn ein Ehegatte Staatenloser mit gewöhnlichem Aufenthalt im Inland ist 4. wenn ein Ehegatte seinen gewöhnlichen Aufenthalt im Inland hat, es sei denn, dass die zu fällende Entscheidung offensichtlich nach dem Recht keines der Staaten anerkannt würde, denen einer der Ehegatten angehört. Diese Zuständigkeit ist nicht ausschließlich. (2) Der Anerkennung einer ausländischen Entscheidung steht Absatz 1 Satz 1 Nr. 4 nicht entgegen, wenn der Ehegatte seinen gewöhnlichen Aufenthalt in dem Staat hatte, dessen Gerichte entschieden haben. Wird eine ausländische Entscheidung von den Staaten anerkannt, denen die Ehegatten angehören, so steht Absatz 1 der Anerkennung der Entscheidung nicht entgegen.
(2) Die Zuständigkeit der deutschen Gerichte nach Absatz 1 erstreckt sich im Fall des Verbunds von Scheidungs- und Folgesachen auf die Folgesachen.	*Bislang nicht ausdrücklich geregelt.*
§ 99 Kindschaftssachen (1) Die deutschen Gerichte sind außer in Verfahren nach § 151 Nr. 7 zuständig, wenn das Kind 1. Deutscher ist, 2. seinen gewöhnlichen Aufenthalt im Inland hat oder 3. soweit es der Fürsorge durch ein deutsches Gericht bedarf. (2) Sind für die Anordnung einer Vormundschaft sowohl die deutschen Gerichte als auch die Gerichte eines anderen Staates zuständig und ist die Vormundschaft in dem anderen Staat anhängig, kann die Anordnung der Vormundschaft in dem anderen Staat anhängig, kann die Anordnung der Vormundschaft im Inland unterbleiben, wenn dies im Interesse des Mündels liegt.	**§ 35 b FGG [Zuständigkeit deutscher Gerichte]** (1) Für Verrichtungen, die eine Vormundschaft oder Pflegschaft betreffen, sind die deutschen Gerichte zuständig wenn der Mündel oder Pflegling 1. Deutscher ist oder 2. seinen gewöhnlichen Aufenthalt im Inland hat. (2) Die deutschen Gerichte sind ferner zuständig, soweit der Mündel oder Pflegling der Fürsorge auch ein deutsches Gericht bedarf. (3) Die Zuständigkeit nach den Absätzen 1 und 2 ist nicht ausschließlich. **§ 43 FGG [Zuständigkeit für weitere Aufgaben des Vormundschaftsgerichts]** (1) Die Zuständigkeit für eine Verrichtung des Vormundschaftsgerichts, die nicht eine Vormundschaft oder Pflegschaft betrifft, bestimmt sich, soweit sich nicht aus dem Gesetz ein anderes ergibt, nach den Vorschriften der §§ 35 b, 36 Abs. 1 bis 3; maßgebend ist für jede einzelne Angelegenheit der Zeitpunkt, in welchem das Gericht mit ihr befasst wird.
(3) Sind für die Anordnung einer Vormundschaft sowohl die deutschen Gerichte als auch die Gerichte eines anderen Staates zuständig und besteht die Vormundschaft im Inland, kann das Gericht, bei dem die Vormundschaft anhängig ist, sie an den Staat, dessen Gerichte für die Anordnung der Vormundschaft zuständig	**§ 47 [Vormundschaft für im Ausland wohnhafte Deutsche]** (1) Sind für die Anordnung einer Vormundschaft sowohl die deutschen Gerichte wie die Gerichte eines anderen Staates zuständig und ist die Vormundschaft in dem anderen Staat anhängig, so kann die Anordnung der Vor-

Neues Recht (FamFG)	Altes Recht
sind, abgeben, wenn dies im Interesse des Mündels liegt, der Vormund seine Zustimmung erteilt und dieser Staat sich zur Übernahme bereit erklärt. Verweigert der Vormund oder, wenn mehrere Vormünder die Vormundschaft gemeinschaftlich führen, einer von ihnen seine Zustimmung, so entscheidet an Stelle des Gerichts, bei dem die Vormundschaft anhängig ist, das im ersten Rechtszug übergeordnete Gericht. Der Beschluss ist nicht anfechtbar.	mundschaft im Inland unterbleiben, wenn dies im Interesse des Mündels liegt.
	(2) Sind für die Anordnung einer Vormundschaft sowohl die deutschen Gerichte wie die Gerichte eines anderen Staates zuständig und besteht die Vormundschaft im Inland, so kann das Gericht, bei dem die Vormundschaft anhängig ist, sie an den Staat, dessen Gerichte für die Anordnung der Vormundschaft zuständig sind, abgeben, wenn dies im Interesse des Mündels liegt, der Vormund seine Zustimmung erteilt und dieser Staat sich zur Übernahme bereit erklärt. Verweigert der Vormund oder, wenn mehrere Vormünder die Vormundschaft gemeinschaftlich führen, einer von ihnen seine Zustimmung, so entscheidet an Stelle des Gerichts, bei dem die Vormundschaft anhängig ist, das im Instanzenzug vorgeordnete Gericht. Eine Anfechtung der Entscheidung findet nicht statt.
(4) Die Absätze 2 und 3 gelten entsprechend für Verfahren nach § 151 Nr. 5 und 6 Buchstabe a.	(3) Diese Vorschriften gelten auch für die Pflegschaft.
§ 100 Abstammungssachen Die deutschen Gerichte sind zuständig, wenn das Kind, die Mutter, der Vater oder der Mann, der an Eides statt versichert, der Mutter während der Empfängniszeit beigewohnt zu haben, 1. Deutscher ist oder 2. seinen gewöhnlichen Aufenthalt im Inland hat.	**§ 640 a ZPO [Zuständigkeit]** (1) Ausschließlich zuständig ist das Gericht, in dessen Bezirk das Kind seinen Wohnsitz oder bei Fehlen eines inländischen Wohnsitzes seinen gewöhnlichen Aufenthalt hat. Erhebt die Mutter die Klage, so ist auch das Gericht zuständig, in dessen Bezirk die Mutter ihren Wohnsitz oder bei Fehlen eines inländischen Wohnsitzes der gewöhnliche Aufenthalt des Mannes maßgebend. Ist eine Zuständigkeit eines Gerichts nach diesen Vorschriften nicht begründet, so ist das Familiengericht beim Amtsgericht Schöneberg in Berlin ausschließlich zuständig. Die Vorschriften sind auf Verfahren nach § 1615 o des Bürgerlichen Gesetzbuchs entsprechend anzuwenden. (2) Die deutschen Gerichte sind zuständig, wenn eine der Parteien 1. Deutscher ist oder 2. ihren gewöhnlichen Aufenthalt im Inland hat. Diese Zuständigkeit ist nicht ausschließlich.
§ 101 Adoptionssachen Die deutschen Gerichte sind zuständig, wenn der Annehmende, einer der annehmenden Ehegatten oder das Kind 1. Deutscher ist oder 2. seinen gewöhnlichen Aufenthalt im Inland hat.	**§ 43 b [Zuständigkeit bei Kindesannahme]** (1) Für Angelegenheiten, welche die Annahme eines Kindes betreffen, sind die deutschen Gerichte zuständig, wenn der Annehmende, einer der annehmenden Ehegatten oder das Kind 1. Deutscher ist oder 2. seinen gewöhnlichen Aufenthalt im Inland hat. Diese Zuständigkeit ist nicht ausschließlich. (2)–(4) ...

Neues Recht (FamFG)	Altes Recht
§ 102 Versorgungsausgleichssachen Die deutschen Gerichte sind zuständig, wenn 1. der Antragsteller oder der Antragsgegner seinen gewöhnlichen Aufenthalt im Inland hat, 2. über inländische Anrechte zu entscheiden ist oder 3. ein deutsches Gericht die Ehe zwischen Antragsteller und Antragsgegner geschieden hat.	*Bisher keine eigenständige Regelung, jedoch Anwendung von § 606 Abs. 1 ZPO.* **§ 606 a ZPO [Internationale Zuständigkeit]** (1) Für Ehesachen sind die deutschen Gerichte zuständig, 1. wenn eine Ehegatte Deutscher ist oder bei der Eheschließung war, 2. wenn beide Ehegatten ihren gewöhnlichen Aufenthalt im Inland haben, 3. wenn ein Ehegatte Staatenloser mit gewöhnlichem Aufenthalt im Inland ist 4. wenn ein Ehegatte seinen gewöhnlichen Aufenthalt im Inland hat, es sei denn, dass die zu fällende Entscheidung offensichtlich nach dem Recht keines des Staaten anerkannt würde, denen einer der Ehegatten angehört. Diese Zuständigkeit ist nicht ausschließlich. (2) ...
§ 103 Lebenspartnerschaftssachen (1) Die deutschen Gerichte sind in Lebenspartnerschaftssachen, die die Aufhebung der Lebenspartnerschaft aufgrund des Lebenspartnerschaftsgesetzes oder die Feststellung des Bestehens oder Nichtbestehens einer Lebenspartnerschaft zum Gegenstand haben, zuständig, wenn 1. ein Lebenspartner Deutscher ist oder bei Begründung der Lebenspartnerschaft war, 2. einer der Lebenspartner seinen gewöhnlichen Aufenthalt im Inland hat oder 3. die Lebenspartnerschaft vor einer zuständigen deutschen Stelle begründet worden ist. (2) Die Zuständigkeit der deutschen Gerichte nach Absatz 1 erstreckt sich im Falle des Verbundes von Aufhebungs- und Folgesachen auf die Folgesachen. (3) Die §§ 99, 101, 102 und 105 gelten entsprechend.	**§ 661 ZPO [Lebenspartnerschaftssachen]** ... (3) § 606 a gilt mit den folgenden Maßgaben entsprechend: 1. Die deutschen Gerichten sind auch dann zuständig, wenn a) einer der Lebenspartner seinen gewöhnlichen Aufenthalt im Inland hat, die Voraussetzungen des Absatzes 1 Satz 1 Nr. 4 jedoch nicht erfüllt sind, oder b) die Lebenspartnerschaft von einem deutschen Standesbeamten begründet worden ist. 2. Absatz 2 Satz 1 findet keine Anwendung. 3. In Absatz 2 Satz 2 tritt an die Stelle der Staaten, denen die Ehegatten angehören, der Register führende Staat. *Bislang keine Regelung im FGG.*
§ 104 Betreuungs- und Unterbringungssachen; Pflegschaft für Erwachsene (1) Die deutschen Gerichte sind zuständig, wenn der Betroffene oder der volljährige Pflegling 1. Deutscher ist, 2. seinen gewöhnlichen Aufenthalt im Inland hat oder 3. soweit er der Fürsorge durch ein deutsches Gericht bedarf. (2) § 99 Abs. 2 und 3 gilt entsprechend.	**§ 35 b FGG [Zuständigkeit deutscher Gerichte]** (1) Für Verrichtungen, die eine Vormundschaft oder Pflegschaft betreffen, sind die deutschen Gerichte zuständig, wenn der Mündel oder Pflegling 1. Deutscher ist oder 2. seinen gewöhnlichen Aufenthalt im Inland hat.

Neues Recht (FamFG)	Altes Recht
(3) Die Absätze 1 und 2 sind im Fall einer Unterbringung nach § 312 Nr. 3 nicht anzuwenden.	(2) Die deutschen Gerichte sind ferner zuständig, soweit der Mündel oder Pflegling der Fürsorge auch ein deutsches Gericht bedarf. (3) Die Zuständigkeit nach den Absätzen 1 und 2 ist nicht ausschließlich. **§ 70 FGG [Unterbringungsmaßnahmen; Gerichtszuständigkeiten]** (1) – (3) ... (4) Für Unterbringungsmaßnahmen nach Absatz 1 Satz 2 Nr. 1 und 2 gelten die §§ 35b und 47 entsprechend. ...
§ 105 Andere Verfahren In anderen Verfahren nach diesem Gesetz sind die deutschen Gerichte zuständig, wenn ein deutsches Gericht örtlich zuständig ist.	*Bislang im FGG nicht geregelt, die Rechtslage war aber bislang entsprechend.*
§ 106 Keine ausschließliche Zuständigkeit Die Zuständigkeiten in diesem Unterabschnitt sind nicht ausschließlich.	*Bislang bei den einzelnen Zuständigkeitsregelungen angesiedelt.*
Unterabschnitt 3. **Anerkennung und Vollstreckbarkeit ausländischer Entscheidungen** **§ 107 Anerkennung ausländischer Entscheidungen in Ehesachen** (1) Entscheidungen, durch die im Ausland eine Ehe für nichtig erklärt, aufgehoben, dem Ehebande nach oder unter Aufrechterhaltung des Ehebandes geschieden oder durch die das Bestehen oder Nichtbestehen einer Ehe zwischen den Beteiligten festgestellt worden ist, werden nur anerkannt, wenn die Landesjustizverwaltung festgestellt hat, dass die Voraussetzungen für die Anerkennung vorliegen. Hat ein Gericht oder eine Behörde des Staates entschieden, dem beide Ehegatten zur Zeit der Entscheidung angehört haben, hängt die Anerkennung nicht von einer Feststellung der Landesjustizverwaltung ab. (2) Zuständig ist die Justizverwaltung des Landes, in dem ein Ehegatte seinen gewöhnlichen Aufenthalt hat. Hat keiner der Ehegatten seinen gewöhnlichen Aufenthalt im Inland, ist die Justizverwaltung des Landes zuständig, in dem eine neue Ehe geschlossen oder eine Lebenspartnerschaft begründet werden soll; die Landesjustizverwaltung kann den Nachweise verlangen, dass die Eheschließung oder die Begründung der Lebenspartnerschaft angemeldet ist. Wenn eine andere Zuständigkeit nicht gegeben ist, ist die Justizverwaltung des Landes Berlin zuständig.	**Art. 7 § 1 FamRÄndG** (1) Entscheidungen, durch die im Ausland eine Ehe für nichtig erklärt, aufgehoben, dem Ehebande nach oder unter Aufrechterhaltung des Ehebandes geschieden oder durch die das Bestehen oder Nichtbestehen einer Ehe zwischen den Beteiligten festgestellt worden ist, werden nur anerkannt, wenn die Landesjustizverwaltung festgestellt hat, dass die Voraussetzungen für die Anerkennung vorliegen. Die Verbürgung der Gegenseitigkeit ist nicht Voraussetzung für die Anerkennung. Hat ein Gericht oder eine Behörde des Staates entschieden, dem beide Ehegatten zur Zeit der Entscheidung angehört haben, hängt die Anerkennung nicht von einer Feststellung der Landesjustizverwaltung ab. (2) Zuständig ist die Justizverwaltung des Landes, in dem ein Ehegatte seinen gewöhnlichen Aufenthalt hat. Hat keiner der Ehegatten seinen gewöhnlichen Aufenthalt im Inland, ist die Justizverwaltung des Landes zuständig, in dem eine neue Ehe geschlossen werden soll; die Justizverwaltung kann den Nachweis verlangen, dass die Eheschließung angemeldet ist. Soweit eine Zuständigkeit nicht gegeben ist, ist die Justizverwaltung des Landes Berlin zuständig.

Neues Recht (FamFG)	Altes Recht
(3) Die Landesregierungen können die Landesjustizverwaltungen nach dieser Vorschrift zustehenden Befugnisse durch Rechtsverordnung auf einen oder mehrere Präsidenten der Oberlandesgerichte übertragen. Die Landesgierungen können die Ermächtigung nach Satz 1 durch Rechtsverordnung auf die Landesjustizverwaltungen übertragen.	(2a) Die Landesregierungen können die Landesjustizverwaltungen nach diese Gesetz zustehenden Befugnisse durch Rechtsverordnung auf einen oder mehrere Präsidenten des Oberlandesgerichts übertragen. Die Landesregierungen können die Ermächtigung auf die Landesjustizverwaltungen übertragen.
(4) Die Entscheidung ergeht auf Antrag. Den Antrag kann stellen, wer ein rechtliches Interesse an der Anerkennung glaubhaft macht.	(3) Die Entscheidung ergeht auf Antrag. Den Antrag kann stellen, wer ein rechtliches Interesse an der Anerkennung glaubhaft macht.
(5) Lehnt die Landesjustizverwaltung den Antrag ab, kann der Antragsteller beim Oberlandesgericht die Entscheidung beantragen.	(4) Lehnt die Landesjustizverwaltung den Antrag ab, so kann der Antragsteller die Entscheidung des Oberlandesgerichts beantragen.
(6) Stellt die Landesjustizverwaltung fest, dass die Voraussetzungen für die Anerkennung vorliegen, kann ein Ehegatte, der den Antrag nicht gestellt hat, beim Oberlandesgericht die Entscheidung beantragen. Die Entscheidung der Landesjustizverwaltung wird mit der Bekanntgabe an den Antragsteller wirksam. Die Landesjustizverwaltung kann jedoch in ihrer Entscheidung bestimmen, dass die Entscheidung erst nach Ablauf einer von ihr bestimmten Frist wirksam wird.	(5) Stellt die Landesjustizverwaltung fest, dass die Voraussetzungen für die Anerkennung vorliegen, so kann ein Ehegatte, der den Antrag nicht gestellt hat, die Entscheidung des Oberlandesgerichts beantragen. Die Entscheidung der Landesjustizverwaltung wird mit der Bekanntmachung an den Antragsteller wirksam. Die Landesjustizverwaltung kann jedoch in ihrer Entscheidung bestimmen, dass die Entscheidung erst nach Ablauf einer von ihr bestimmten Frist wirksam wird.
(7) Zuständig ist ein Zivilsenat des Oberlandesgerichts, in dessen Bezirk die Landesjustizverwaltung ihren Sitz hat. Der Antrag auf gerichtliche Entscheidung hat keine aufschiebende Wirkung. Für das Verfahren gelten die Abschnitte 4 und 5 sowie § 14 Abs. 1 und 2 und § 48 Abs. 2 entsprechend.	(6) Das Oberlandesgericht entscheidet im Verfahren der freiwilligen Gerichtsbarkeit. Zuständig ist das Oberlandesgericht, in dessen Bezirk die Landesjustizverwaltung ihren Sitz hat. Der Antrag auf gerichtliche Entscheidung hat keine aufschiebende Wirkung. § 21 Abs. 2, §§ 23, 24 Abs. 3, §§ 25, 28 Abs. 2, 3, § 30 Abs. 1 Satz 1 und § 199 Abs. 1 des Gesetzes über die Angelegenheiten der freiwilligen Gerichtsbarkeit geltend sinngemäß. Die Entscheidung des Oberlandesgerichts ist endgültig.
(8) Die vorstehenden Vorschriften sind entsprechend anzuwenden, wenn die Feststellung begehrt wird, dass die Voraussetzungen für die Anerkennung einer Entscheidung nicht vorliegen.	(7) Die vorstehenden Vorschriften sind sinngemäß anzuwenden, wenn die Feststellung begehrt wird, dass die Voraussetzungen für die Anerkennung einer Entscheidung nicht vorliegen.
(9) Die Feststellung, dass die Voraussetzungen für die Anerkennung vorliegen oder nicht vorliegen, ist für Gerichte und Verwaltungsbehörden bindend.	(8) Die Feststellung, dass die Voraussetzungen für die Anerkennung vorliegen oder nicht vorliegen, ist für Gerichte und Verwaltungsbehörden bindend.
(10) War am 1. November 1941 in einem deutschen Familienbuch (Heiratsregister) auf Grund einer ausländischen Entscheidung die Nichtigerklärung, Aufhebung, Scheidung oder Trennung oder das Bestehen oder Nichtbestehen einer Ehe vermerkt, steht der Vermerk einer Anerkennung nach dieser Vorschrift gleich.	
§ 108 Anerkennung anderer ausländischer Entscheidungen (1) Abgesehen von Entscheidungen in Ehesachen werden ausländische Entscheidungen anerkannt, ohne dass es hierfür eines besonderen Verfahrens bedarf.	**§ 16a FGG [Keine Anerkennung ausländischer Entscheidungen]** Die Anerkennung einer ausländischen Entscheidung ist ausgeschlossen: 1. wenn die Gerichte des anderen Staates nach deutschem Recht nicht zuständig sind;

Neues Recht (FamFG)	Altes Recht
	2. wenn einem Beteiligten, der sich zur Hauptsache nicht geäußert hat und sich hierauf beruft, das verfahrenseinleitende Schriftstück nicht ordnungsgemäß oder nicht so rechtzeitig mitgeteilt worden ist, dass er seine Rechte wahrnehmen konnte;
	3. wenn die Entscheidung mit einer hier erlassenen oder anzuerkennenden früheren ausländischen Entscheidung oder wenn das ihr zugrunde liegende Verfahren mit einem früher hier rechtshängig gewordenen Verfahren unvereinbar ist;
	4. wenn die Anerkennung der Entscheidung zu einem Ergebnis führt, das mit wesentlichen Grundsätzen des deutschen Rechts offensichtlich unvereinbar ist, insbesondere wenn die Anerkennung mit den Grundrechten unvereinbar ist.
	§ 328 ZPO [Anerkennung ausländischer Urteile]
	(1) Die Anerkennung des Urteils eines ausländischen Gerichts ist ausgeschlossen:
	1. wenn die Gerichte des Staates, dem das ausländische Gericht angehört, nach den deutschen Gesetzen nicht zuständig sind;
	2. wenn dem Beklagten, der sich auf das Verfahren nicht eingelassen hat und sich hierauf beruft, das verfahrenseinleitende Dokument nicht ordnungsgemäß oder nicht so rechtzeitig zugestellt worden ist, dass er sich verteidigen konnte;
	3. wenn das Urteil mit einem hier erlassenen oder einem anzuerkennenden früheren ausländischen Urteil oder wenn das ihm zugrunde liegende Verfahren mit einem früher hier rechtshängig gewordenen Verfahren unvereinbar ist;
	4. wenn die Anerkennung des Urteils zu einem Ergebnis führt, das mit wesentlichen Grundsätzen des deutschen Rechts offensichtlich unvereinbar ist, insbesondere wenn die Anerkennung mit den Grundrechten unvereinbar ist;
	5. wenn die Gegenseitigkeit nicht verbürgt ist.
(2) Beteiligte, die ein rechtliches Interesse haben, können eine Entscheidung über die Anerkennung oder Nichtanerkennung einer ausländischen Entscheidung nicht vermögensrechtlichen Inhalts beantragen. § 107 Abs. 9 gilt entsprechend. Für die Anerkennung oder Nichtanerkennung einer Annahme als Kind gelten jedoch die §§ 2, 4 und 5 des Adoptionswirkungsgesetzes, wenn der Angenommene zur Zeit der Annahme das 18. Lebensjahr nicht vollendet hatte.	*Bislang nicht geregelt.*
(3) Für die Entscheidung über den Antrag nach Absatz 2 Satz 1 ist das Gericht örtlich zu-	*Bislang nicht geregelt.*

Neues Recht (FamFG)	Altes Recht
ständig, in dessen Bezirk zum Zeitpunkt der Antragstellung 1. der Antragsteller oder die Person, auf die sich die Entscheidung bezieht, sich gewöhnlich aufhält oder 2. bei Fehlen einer Zuständigkeit nach Nummer 1 das Interesse an der Feststellung bekannt wird oder das Bedürfnis der Fürsorge besteht. Diese Zuständigkeiten sind ausschließlich.	
§ 109 Anerkennungshindernisse (1) Die Anerkennung einer ausländischen Entscheidung ist ausgeschlossen, 1. wenn die Gerichte des anderen Staates nach deutschem Recht nicht zuständig sind; 2. wenn einem Beteiligten, der sich zur Hauptsache nicht geäußert hat und sich hierauf beruft, das verfahrensleitende Dokument nicht ordnungsgemäß oder nicht so rechtzeitig mitgeteilt worden ist, dass er seine Rechte wahrnehmen konnte; 3. wenn die Entscheidung mit einer hier erlassenen oder anzuerkennenden früheren ausländischen Entscheidung oder wenn das ihr zugrunde liegende Verfahren mit einem früher hier rechtshängig gewordenen Verfahren unvereinbar ist; 4. wenn die Anerkennung der Entscheidung zu einem Ergebnis führt, das mit wesentlichen Grundsätzen des deutschen Rechts offensichtlich unvereinbar ist, insbesondere wenn die Anerkennung mit den Grundrechten unvereinbar ist.	**§ 16a FGG [Keine Anerkennung ausländischer Entscheidungen]** **§ 328 ZPO [Anerkennung ausländischer Urteile]**
(2) Der Anerkennung einer ausländischen Entscheidung in einer Ehesache steht § 98 Abs. 1 Nr. 4 nicht entgegen, wenn ein Ehegatte seinen gewöhnlichen Aufenthalt in dem Staat hatte, dessen Gerichte entschieden haben. Wird eine ausländische Entscheidung in einer Ehesache von den Staaten anerkannt, denen die Ehegatten angehören, steht § 98 der Anerkennung der Entscheidung nicht entgegen.	**§ 606a [Internationale Zuständigkeit]**
(3) § 103 steht der Anerkennung einer ausländischen Lebenspartnerschaftssache nicht entgegen, wenn der Register führende Staat die Entscheidung anerkennt.	**§ 661 [Lebenspartnerschaften]**
(4) Die Anerkennung einer ausländischen Entscheidung, die 1. Familienstreitsachen, 2. die Verpflichtung zur Fürsorge und Unterstützung in der partnerschaftlichen Lebensgemeinschaft, 3. die Regelung der Rechtsverhältnisse an der gemeinsamen Wohnung und am Hausrat der Lebenspartner oder 4. Entscheidungen nach § 6 Satz 2 des Lebenspartnerschaftsgesetzes in Verbindung mit §§ 1382 und 1383 des Bürgerlichen Gesetzbuchs,	**§ 328 [Anerkennung ausländischer Urteile]**

Neues Recht (FamFG)	Altes Recht
5. Entscheidungen nach § 7 Satz 2 des Lebenspartnerschaftsgesetzes in Verbindung mit §§ 1426, 1430 und 1452 des Bürgerlichen Gesetzbuchs	
betrifft, ist auch dann ausgeschlossen, wenn die Gegenseitigkeit nicht verbürgt ist.	
(5) Eine Überprüfung der Gesetzmäßigkeit der ausländischen Entscheidung findet nicht statt.	*Bislang keine Regelung im FGG.*
§ 110 Vollstreckbarkeit ausländischer Entscheidungen	
(1) Eine ausländische Entscheidung ist nicht vollstreckbar, wenn sie nicht anzuerkennen ist.	*Bislang keine Regelung im FGG, aber entsprechende Rechtslage.*
(2) Soweit die ausländische Entscheidung eine in § 95 Abs. 1 genannte Verpflichtung zum Inhalt hat, ist die Vollstreckbarkeit durch Beschluss auszusprechen. Der Beschluss ist zu begründen.	*Bislang keine Regelung im FGG.*
(3) Zuständig für den Beschluss nach Absatz 2 ist das Amtsgericht, bei dem der Schuldner seinen allgemeinen Gerichtsstand hat, und sonst das Amtsgericht, bei dem nach § 23 der Zivilprozessordnung gegen den Schuldner Klage erhoben werden kann. Der Beschluss ist erst zu erlassen, wenn die Entscheidung des ausländischen Gerichts nach dem für dieses Gericht geltenden Recht die Rechtskraft erlangt hat.	*Bislang keine Regelung im FGG.*
Buch 2. Verfahren in Familiensachen **Abschnitt 1. Allgemeine Vorschriften** **§ 111 Familiensachen** Familiensachen sind 1. Ehesachen,	**§ 606 ZPO [Zuständigkeit]** (1) Für Verfahren auf Scheidung oder Aufhebung einer Ehe, auf Feststellung des Bestehens oder Nichtbestehens einer Ehe zwischen den Parteien oder auf Herstellung des ehelichen Lebens (Ehesachen) ist das Familiengericht ausschließlich zuständig, in dessen Bezirk die Ehegatten ihren gemeinsamen gewöhnlichen Aufenthalt haben ...

2. Kindschaftssachen,
3. Abstammungssachen,
4. Adoptionssachen,
5. Wohnungszuweisungs- und Hausratssachen,
6. Gewaltschutzsachen,
7. Versorgungsausgleichssachen,
8. Unterhaltssachen,
9. sonstige Familiensachen,
10. Lebenspartnerschaftssachen.
	§ 621 ZPO [Zuständigkeit des Familiengerichts; Verweisung oder Abgabe an Gericht der Ehesache]
	(1) Für Familiensachen, die
	  1. die elterliche Sorge für ein Kind, soweit nach den Vorschriften des Bürgerlichen Gesetzbuchs hierfür das Familiengericht zuständig ist,
	
	  2. die Regelung des Umgangs mit einem Kind, soweit nach den Vorschriften des Bürgerlichen Gesetzbuchs hierfür das Familiengericht zuständig ist,
	  3. die Herausgabe eines Kindes, für das die elterliche Sorge besteht,

Neues Recht (FamFG)	Altes Recht
	4. die durch Verwandtschaft begründete gesetzliche Unterhaltspflicht, 5. die durch Ehe begründete gesetzliche Unterhaltspflicht, 6. den Versorgungsausgleich, 7. Regelungen nach der Verordnung über die Behandlung der Ehewohnung und des Hausrats, 8. Ansprüche aus dem ehelichen Güterrecht, auch wenn Dritte am Verfahren beteiligt sind, 9. Verfahren nach den §§ 1382 und 1383 des Bürgerlichen Gesetzbuchs, 10. Kindschaftssachen, 11. Ansprüche nach den §§ 1615l, 1615m des Bürgerlichen Gesetzbuchs, 12. Verfahren nach § 1303 Abs. 2 bis 4, § 1308 Abs. 2 und § 1315 Abs. 1 Satz 1 Nr. 1, Satz 3 des Bürgerlichen Gesetzbuchs, 13. Maßnahmen nach den §§ 1 und 2 des Gewaltschutzgesetzes, wenn die Beteiligten einen auf Dauer angelegten gemeinsamen Haushalt führen oder innerhalb sechs Monaten vor Antragstellung geführt haben, betreffen, ist das Familiengericht ausschließlich zuständig. ...
§ 112 Familienstreitsachen Familienstreitsachen sind folgende Familiensachen: 1. Unterhaltssachen nach § 231 Abs. 1 und Lebenspartnerschaftssachen nach § 269 Abs. 1 Nr. 7 und 8, 2. Güterrechtssachen nach § 261 Abs. 1 und Lebenspartnerschaftssachen nach § 269 Abs. 1 Nr. 9 sowie 3. sonstige Familiensachen nach § 266 Abs. 1 und Lebenspartnerschaftssachen nach § 269 Abs. 2	*Neuer Rechtsbegriff, bislang keine entsprechende Regelung im FGG.*
§ 113 Anwendung von Vorschriften der Zivilprozessordnung (1) In Ehesachen und Familienstreitsachen sind die §§ 2 bis 37, 40 bis 48 sowie 76 bis 96 nicht anzuwenden. Es gelten die Allgemeinen Vorschriften der Zivilprozessordnung über das Verfahren vor den Landgerichten entsprechend.	**§ 608 ZPO [Anzuwendende Vorschriften]** Für Ehesachen gelten im ersten Rechtszug die Vorschriften über das Verfahren vor den Landgerichten entsprechend. **§ 621a ZPO [Anzuwendende Verfahrensvorschriften]** (1) Für die Familiensachen des § 621 Abs. 1 Nr. 1 bis 3, 6, 7, 9, 10 in Verfahren nach § 1598a Abs. 2 und 4 und § 1600e Abs. 2 des Bürgerlichen Gesetzbuchs, Nr. 12 sowie 12 bestimmt sich, soweit sich aus diesem Gesetz oder dem Gerichtsverfassungsgesetz nichts Besonderes ergibt, das Verfahren nach den Vorschriften des Gesetzes über die Angelegenheiten der freiwilligen Gerichtsbarkeit und nach den Vor-

Neues Recht (FamFG)	Altes Recht
	schriften der Verordnung über die Behandlung der Ehewohnung und des Hausrats. ... **§ 621 b ZPO [Güterrechtliche Streitigkeiten]** In Familiensachen des § 621 Abs. 1 Nr. 8 gelten die Vorschriften über das Verfahren vor den Landgericht entsprechend.
(2) In Familienstreitsachen gelten die Vorschriften der Zivilprozessordnung über den Urkunden- und Wechselprozess und über das Mahnverfahren entsprechend.	*Bislang keine Regelung. Die Anwendung der ZPO verstand sich in ZPO-Familiensachen von selbst.*
(3) In Ehesachen und Familienstreitsachen ist § 227 Abs. 3 der Zivilprozessordnung nicht anzuwenden.	**§ 227 ZPO [Terminsänderung]** (1)–(2) (3) Ein für die Zeit vom 1. Juli bis 21. August bestimmter Termin, mit Ausnahme eines Termins zur Verkündung einer Entscheidung, ist auf Antrag innerhalb einer Woche nach Zugang der Ladung oder Terminsbestimmung zu verlegen. Dies gilt nicht für ... 3. Streitigkeiten in Familiensachen ...
(4) In Ehesachen sind die Vorschriften der Zivilprozessordnung über 1. die Folgen der unterbliebenen oder verweigerten Erklärung über Tatsachen, 2. die Voraussetzungen einer Klageänderung, 3. die Bestimmung der Verfahrensweise, den frühen ersten Termin, das schriftliche Vorverfahren und die Klageerwiderung, 4. die Güteverhandlung, 5. die Wirkung des gerichtlichen Geständnisses, 6. das Anerkenntnis, 7. die Folgen der unterbliebenen oder verweigerten Erklärung über die Echtheit von Urkunden, 8. den Verzicht auf die Beeidigung des Gegners sowie von Zeugen oder Sachverständigen nicht anzuwenden.	**§ 617 ZPO [Einschränkung der Parteiherrschaft]** Die Vorschriften über die Wirkung eines Anerkenntnisses, über die Folgen der unterbliebenen oder verweigerten Erklärung über Tatsachen oder über die Echtheit von Urkunden, die Vorschriften über den Verzicht der Parteien auf die Beeidigung der Gegenpartei oder von Zeugen und Sachverständigen und die Vorschriften über die Wirkung eines gerichtlichen Geständnisses sind nicht anzuwenden.
(5) Bei der Anwendung der Zivilprozessordnung tritt an die Stelle der Bezeichnung 1. Prozess oder Rechtsstreit die Bezeichnung Verfahren, 2. Klage die Bezeichnung Antrag, 3. Kläger die Bezeichnung Antragsteller, 4. Beklagter die Bezeichnung Antragsgegner, 5. Partei die Bezeichnung Beteiligter.	**§ 622 ZPO [Scheidungsantrag]** ... (3) Bei der Anwendung der allgemeinen Vorschriften treten an die Stelle der Bezeichnungen Kläger und Beklagter die Bezeichnungen Antragsteller und Antragsgegner.
§ 114 Vertretung durch einen Rechtsanwalt; Vollmacht (1) Vor dem Familiengericht und dem Oberlandesgericht müssen sich die Ehegatten in Ehesachen und Folgesachen und die Beteiligten in	**§ 78 ZPO [Anwaltsprozess]** (1) Vor den Landgerichten und den Oberlandesgerichten müssen sich die Parteien durch einen Rechtsanwalt vertreten lassen. Ist in ei-

Neues Recht (FamFG)	Altes Recht

Neues Recht (FamFG)

selbstständigen Familienstreitsachen durch einen Rechtsanwalt vertreten lassen.

(2) Vor dem Bundesgerichtshof müssen sich die Beteiligten durch einem beim Bundesgerichtshof zugelassenen Rechtsanwalt vertreten lassen.

(3) Behörden und juristische Personen des öffentlichen Rechts einschließlich der von ihnen zur Erfüllung ihrer öffentlichen Aufgaben gebildeten Zusammenschlüsse können sich durch eigene Beschäftigte oder Beschäftigte der zuständigen Aufsichtsbehörde oder des kommunalen Spitzenverbandes des Landes, dem sie angehören, vertreten lassen. Vor dem Bundesgerichtshof müssen die zur Vertretung berechtigten Personen die Befähigung zum Richteramt haben.

(4) Der Vertretung durch einen Rechtsanwalt bedarf es nicht,

1. im Verfahren der einstweiligen Anordnung,
2. wenn ein Beteiligter durch das Jugendamt als Beistand vertreten ist,
3. für die Zustimmung zur Scheidung und zur Rücknahme des Scheidungsantrags und für den Widerruf der Zustimmung zur Scheidung,
4. für einen Antrag auf Abtrennung einer Folgesache von der Scheidung,
5. im Verfahren über die Verfahrenskostenhilfe sowie
6. in den Fällen des § 78 Abs. 3 der Zivilprozessordnung.

(5) Der Bevollmächtigte in Ehesachen bedarf einer besonderen auf das Verfahren gerichteten Vollmacht. Die Vollmacht für die Scheidungssache erstreckt sich auch auf die Folgesachen.

Altes Recht

nem Land auf Grund des § 8 Einführungsgesetzes zum Gerichtsverfassungsgesetz ein oberstes Landesgericht errichtet, so müssen sich die Parteien vor diesem ebenfalls durch einen Rechtsanwalt vertreten lassen. Vor dem Bundesgerichtshof müssen sich die Parteien durch einen bei dem Bundesgerichtshof zugelassenen Rechtsanwalt vertreten lassen. Die Sätze 1 bis 3 gelten entsprechend für die Beteiligten und beteiligte Dritte in Familiensachen.

(2) Vor den Familiengerichten müssen sich die Ehegatten in Ehesachen und Folgesachen, Lebenspartner in Lebenspartnerschaftssachen nach § 661 Abs. 1 Nr. 1 bis 3 und Folgesachen und die Parteien und am Verfahren beteiligte Dritte in selbständigen Familiensachen des § 621 Abs. 1 Nr. 8 und des § 661 Abs. 1 Nr. 6 durch einen zugelassenen Rechtsanwalt vertreten lassen.

(3) Am Verfahren über Folgesachen beteiligte Dritte und die Beteiligten in selbstständigen Familiensachen des § 621 Abs. 1 Nr. 1 bis 3, 6, 7, 9, 10, soweit es sich um ein Verfahren nach § 1600e Abs. 2 des Bürgerlichen Gesetzbuchs handelt, sowie Nr. 12, 13 und des § 661 Abs. 1 Nr. 5 und 7 brauchen sich vor den Oberlandesgerichten nicht durch einen Rechtsanwalt vertreten zu lassen.

(4) Das Jugendamt, die Träger der gesetzlichen Rentenversicherungen sowie sonstige Körperschaft, Anstalten oder Stiftungen des öffentlichen Rechts und deren Verbände einschließlich der Spitzenverbände und ihrer Arbeitsgemeinschaften brauchen sich als Beteiligte für die Nichtzulassungsbeschwerde und die Rechtsbeschwerde nach § 621e Abs. 2 nicht durch einen Rechtsanwalt vertreten zu lassen.

(5) Diese Vorschriften sind auf Verfahren vor einem beauftragten oder ersuchten Richter sowie auf Prozesshandlungen, die vor dem Urkundsbeamten der Geschäftsstelle vorgenommen werden können, nicht anzuwenden.

(6) Ein Rechtsanwalt, der nach Maßgabe der Absätze 1 und 2 zur Vertretung berechtigt ist, kann sich selbst vertreten.

§ 609 ZPO [Besondere Prozessvollmacht]

Der Bevollmächtigte bedarf einer besonderen, auf das Verfahren gerichteten Vollmacht.

§ 624 ZPO [Besondere Verfahrensvorschriften]

(1) Die Vollmacht für die Scheidungssache erstreckt sich auf die Folgesachen. ...

Neues Recht (FamFG)	Altes Recht
§ 115 Zurückweisung von Angriffs- und Verteidigungsmitteln In Ehesachen und Familienstreitsachen können Angriffs- und Verteidigungsmittel, die nicht rechtzeitig vorgebracht werden, zurückgewiesen werden, wenn ihre Zulassung nach der freien Überzeugung des Gerichts die Erledigung des Verfahrens verzögern würde und die Verspätung auf grober Nachlässigkeit beruht. Im Übrigen sind die Angriffs- und Verteidigungsmittel abweichend von den allgemeinen Vorschriften zuzulassen.	**§ 615 ZPO [Zurückweisung von Angriffs- und Verteidigungsmitteln]** (1) Angriffs- und Verteidigungsmittel, die nicht rechtzeitig vorgebracht werden, können zurückgewiesen werden, wenn ihre Zulassung nach der freien Überzeugung des Gerichts die Erledigung des Rechtsstreits verzögern würde und die Verspätung auf grober Nachlässigkeit beruht. (2) Im Übrigen sind die Angriffs- und Verteidigungsmittel abweichend von den allgemeinen Vorschriften zuzulassen. **§ 621d ZPO [Zurückweisung von Angriffs- und Verteidigungsmitteln]** In Familiensachen des § 621 Abs. 1 Nr. 4, 5, 8 und 11 können Angriffs- und Verteidigungsmittel, die nicht rechtzeitig vorgebracht werden, zurückgewiesen werden, wenn ihre Zulassung nach der freien Überzeugung des Gerichts die Erledigung des Rechtsstreits verzögern würde und die Verspätung auf grober Nachlässigkeit beruht. Im Übrigen sind die Angriffs- und Verteidigungsmittel abweichend von den allgemeinen Vorschriften zulassen.
§ 116 Entscheidung durch Beschluss; Wirksamkeit (1) Das Gericht entscheidet in Familiensachen durch Beschluss. (2) Endentscheidungen in Ehesachen werden mit Rechtskraft wirksam. (3) Endentscheidungen in Familienstreitsachen werden mit Rechtskraft wirksam. Das Gericht kann die sofortige Wirksamkeit anordnen. Soweit die Endentscheidung eine Verpflichtung zur Leistung von Unterhalt enthält, soll das Gericht die sofortige Wirksamkeit anordnen.	*Bislang andere Rechtslage.*
§ 117 Rechtsmittel in Ehe- und Familienstreitsachen (1) In Ehesachen und Familienstreitsachen hat der Beschwerdeführer zur Begründung der Beschwerde einen bestimmten Sachantrag zu stellen und diesen zu begründen. Die Frist zur Begründung der Beschwerde beträgt zwei Monate und beginnt mit der schriftlichen Bekanntgabe des Beschlusses, spätestens mit Ablauf von fünf Monaten nach Erlass des Beschlusses. § 520 Abs. 2 Satz 2 und 3 sowie § 522 Abs. 1 Satz 1, 2 und 4 der Zivilprozessordnung gelten entsprechend. (2) Die §§ 514, 524 Abs. 2 Satz 2 und 3, die §§ 528, 538 Abs. 2 und 539 der Zivilprozessordnung gelten im Beschwerdeverfahren entsprechend. Einer Güteverhandlung bedarf es im Beschwerde- und Rechtsbeschwerdeverfahren nicht.	**§ 621e ZPO [Befristete Beschwerde; Rechtsbeschwerde]** (1) Gegen die im ersten Rechtszug ergangenen Endentscheidungen über Familiensachen des § 621 Abs. 1 Nr. 1 bis 3, 6, 7, 9, 10 in Verfahren nach § 1598a Abs. 2 und 4 und § 1600e Abs. 2 des Bürgerlichen Gesetzbuchs, Nr. 12 sowie 13 findet die Beschwerde statt. (2) In den Familiensachen des § 621 Abs. 1 Nr. 1 bis 3, 6 und 10 in Verfahren nach § 1598a Abs. 2 und 4 und § 1600e Abs. 2 des Bürgerlichen Gesetzbuchs sowie Nr. 12 findet die Rechtsbeschwerde statt, wenn sie 1. das Beschwerdegericht in dem Beschluss oder 2. auf Beschwerde gegen die Nichtzulassung durch das Beschwerdegericht das Rechtsbeschwerdegericht

Neues Recht (FamFG)	Altes Recht
(3) Beabsichtigt das Beschwerdegericht von einzelnen Verfahrensschritten nach § 68 Abs. 3 Satz 2 abzusehen, hat das Gericht die Beteiligten zuvor darauf hinzuweisen. (4) Wird die Endentscheidung in dem Termin, in dem die mündliche Verhandlung geschlossen wurde, verkündet, kann die Begründung auch in die Niederschrift aufgenommen werden. (5) Für die Wiedereinsetzung gegen die Versäumung der Fristen zur Einlegung und Begründung der Beschwerde und Rechtsbeschwerde gelten die §§ 233 und 234 Abs. 1 Satz der Zivilprozessordnung entsprechend.	zugelassen hat; § 543 Abs. 2 und § 544 gelten entsprechend. Die Rechtsbeschwerde kann nur darauf gestützt werden, dass die Entscheidung auf einer Verletzung des Rechts beruht. (3) Die Beschwerde wird durch Einreichung der Beschwerdeschrift bei dem Beschwerdegericht eingelegt. Die §§ 318, 517, 518, 520 Abs. 1, 2 und 3 Satz 1, Abs. 4, §§ 521, 522 Abs. 1, §§ 526, 527, 548 und 551 Abs. 1, 2 und 4 gelten entsprechend. ...
§ 118 Wiederaufnahme Für die Wiederaufnahme des Verfahrens in Ehesachen und Familienstreitsachen gelten die §§ 578 bis 591 der Zivilprozessordnung entsprechend.	*Ergab sich aus der Anwendung der ZPO-Vorschriften.*
§ 119 Einstweilige Anordnung und Arrest (1) In Familienstreitsachen sind die Vorschriften dieses Gesetzes über die einstweilige Anordnung anzuwenden. In Familienstreitsachen nach § 112 Nr. 2 und 3 gilt § 945 der Zivilprozessordnung entsprechend. (2) Das Gericht kann in Familienstreitsachen den Arrest anordnen. Die §§ 916 bis 934 und §§ 943 bis 945 der Zivilprozessordnung entsprechend.	**§ 620 ZPO [Einstweilige Anordnungen]** Das Gericht kann im Wege der einstweiligen Anordnung auf Antrag regeln: 1. die elterliche Sorge für ein gemeinschaftliches Kind; 2. den Umgang eines Elternteils mit dem Kind; 3. die Herausgabe des Kindes an den anderen Elternteil; 4. die Unterhaltspflicht gegenüber einem minderjährigen Kind; 5. das Getrenntleben der Ehegatten; 6. den Unterhalt eines Ehegatten; 7. die Benutzung der Ehewohnung und des Hausrats; 8. die Herausgabe oder Benutzung der zum persönlichen Gebrauch eines Ehegatten oder eines Kindes bestimmten Sachen; 9. die Maßnahmen nach den §§ 1 und 2 des Gewaltschutzgesetzes, wenn die Beteiligten einen auf Dauer angelegten gemeinsamen Haushalt führen oder innerhalb von sechs Monaten vor Antragstellung geführt haben; 10. die Verpflichtung zur Leistung eines Kostenvorschusses für die Ehesache und Folgesachen. **§ 644 ZPO [Einstweilige Anordnung]** Ist eine Klage nach § 621 Abs. 1 Nr. 4, 5 oder 11 anhängig oder ist ein Antrag auf Bewilligung von Prozesskostenhilfe für eine solche Klage eingereicht, kann das Gericht der Unterhalt auf Antrag durch einstweilige Anordnung regeln. Die §§ 620a bis 620g gelten entsprechend. **§ 127a ZPO [Prozesskostenvorschuss in einer Unterhaltssache]** (1) In einer Unterhaltssache kann das Prozessgericht auf Antrag einer Partei durch einst-

Neues Recht (FamFG)	Altes Recht
	weilige Anordnung die Verpflichtung zur Leistung eines Prozesskostenvorschusses für diesen Rechtsstreit unter den Parteien regeln.
	(2) Die Entscheidung nach Absatz 1 ist unanfechtbar. Im Übrigen gelten die §§ 620 a bis 620 g entsprechend.
	§ 1615 o BGB [Einstweilige Verfügung]
	(1) Auf Antrag des Kindes kann durch einstweilige Verfügung angeordnet werden, dass der Mann, der die Vaterschaft anerkannt hat oder der nach § 1600 d Abs. 2 als Vater vermutet wird, den für die ersten drei Monate dem Kind zu gewährenden Unterhalt zu zahlen hat. Der Antrag kann bereits vor der Geburt des Kindes durch die Mutter oder einen für die Leibesfrucht bestellten Pfleger gestellt werden; in diesem Falle kann angeordnet werden, dass der erforderliche Betrag angemessene Zeit vor der Geburt zu hinterlegen ist.
	(2) Auf Antrag der Mutter kann durch einstweilige Verfügung angeordnet werden, dass der Mann, der die Vaterschaft anerkannt hat oder der nach § 1600 d Abs. 2 als Vater vermutet wird, die nach § 1615 l Abs. 1 voraussichtlich zu leistenden Beträge an die Mutter zu zahlen hat; auch kann die Hinterlegung eines angemessenen Betrags angeordnet werden.
	(3) Eine Gefährdung des Anspruchs braucht nicht glaubhaft gemacht zu werden.
§ 120 Vollstreckung	
(1) Die Vollstreckung in Ehesachen und Familienstreitsachen erfolgt entsprechend den Vorschriften der Zivilprozessordnung über die Zwangsvollstreckung.	*Verstand sich von selbst, da ein ZPO-Verfahren nach ZPO-Vorschriften vollstreckt wird.*
(2) Endentscheidungen sind mit Wirksamwerden vollstreckbar. Macht der Verpflichtete glaubhaft, dass die Vollstreckung ihm einen nicht zu ersetzenden Nachteil bringen würde, hat das Gericht auf seinen Antrag die Vollstreckung vor Eintritt der Rechtskraft in der Endentscheidung einzustellen oder zu beschränken. In den Fällen des § 707 Abs. 1 und § 719 Abs. 1 der Zivilprozessordnung kann die Vollstreckung nur unter denselben Voraussetzungen eingestellt oder beschränkt werden.	
(3) Die Verpflichtung zur Eingehung der Ehe und zur Herstellung des ehelichen Lebens unterliegt nicht der Vollstreckung.	**§ 888 ZPO [Nicht vertretbare Handlungen]** (1) – (2) (3) Diese Vorschriften kommen im Falle der Verurteilung zur Eingehung einer Ehe, im Falle der Verurteilung zur Herstellung des ehelichen Lebens und im Falle der Verurteilung zur Leistung von Diensten aus einem Dienstvertrag nicht zur Anwendung.

193

Neues Recht (FamFG)	Altes Recht
Abschnitt 2. **Verfahren in Ehesachen; Verfahren in Scheidungssachen und Folgesachen** **Unterabschnitt 1.** **Verfahren in Ehesachen** **§ 121 Ehesachen** Ehesachen sind Verfahren 1. auf Scheidung der Ehe (Scheidungssachen), 2. auf Aufhebung der Ehe und 3. auf Feststellung des Bestehens oder Nichtbestehens einer Ehe zwischen den Beteiligten.	**§ 606 ZPO [Zuständigkeit]** (1) Für Verfahren auf Scheidung oder Aufhebung einer Ehe, auf Feststellung des Bestehens oder Nichtbestehens einer Ehe zwischen den Parteien oder auf Herstellung des ehelichen Lebens (Ehesachen) ist das Familiengericht ausschließlich zuständig, in dessen Bezirk die Ehegatten ihren gemeinsamen gewöhnlichen Aufenthalt haben ...
§ 122 Örtliche Zuständigkeit Ausschließlich zuständig ist in dieser Rangfolge: 1. das Gericht, in dessen Bezirk einer der Ehegatten mit allen gemeinschaftlichen Kindern seinen gewöhnlichen Aufenthalt hat, 2. das Gericht, in dessen Bezirk einer der Ehegatten mit einem Teil der gemeinschaftlichen minderjährigen Kinder seinen gewöhnlichen Aufenthalt hat, sofern bei dem anderen Ehegatten keine gemeinschaftlichen minderjährigen Kinder ihren gewöhnlichen Aufenthalt haben, 3. das Gericht, in dessen Bezirk die Ehegatten ihren gemeinsamen gewöhnlichen Aufenthalt zuletzt gehabt haben, wenn einer der Ehegatten bei Eintritt der Rechtshängigkeit im Bezirk dieses Gerichts seinen gewöhnlichen Aufenthalt hat, 4. das Gericht, in dessen Bezirk der Antragsgegner seinen gewöhnlichen Aufenthalt hat, 5. das Gericht, in dessen Bezirk der Antragsteller seinen gewöhnlichen Aufenthalt hat, 6. das Amtsgericht Schöneberg in Berlin.	**§ 606 ZPO [Zuständigkeit]** (1) Für Verfahren auf Scheidung oder Aufhebung einer Ehe, auf Feststellung des Bestehens oder Nichtbestehens einer Ehe zwischen den Parteien oder auf Herstellung des ehelichen Lebens (Ehesachen) ist das Familiengericht ausschließlich zuständig, in dessen Bezirk die Ehegatten ihren gemeinsamen gewöhnlichen Aufenthalt haben. Fehlt es bei Eintritt der Rechtshängigkeit an einem solchen Aufenthalt im Inland, so ist das Familiengericht ausschließlich zuständig, in dessen Bezirk einer der Ehegatten mit den gemeinsamen minderjährigen Kindern den gewöhnlichen Aufenthalt hat. (2) Ist eine Zuständigkeit nach Absatz 1 nicht gegeben, so ist das Familiengericht ausschließlich zuständig, in dessen Bezirk die Ehegatten ihren gemeinsamen gewöhnlichen Aufenthalt zuletzt gehabt haben, wenn einer der Ehegatten bei Eintritt der Rechtshängigkeit im Bezirk dieses Gerichts seinen gewöhnlichen Aufenthalt hat. Fehlt ein solcher Gerichtsstand, so ist das Familiengericht ausschließlich zuständig, in dessen Bezirk der gewöhnliche Aufenthaltsort des Beklagten oder, fehlt ein solcher im Inland, der gewöhnliche Aufenthaltsort des Klägers gelegen ist. ... (3) Ist die Zuständigkeit eines Gerichts nach diesen Vorschriften nicht begründet, so ist das Familiengericht beim Amtsgericht Schöneberg in Berlin ausschließlich zuständig.
§ 123 Abgabe bei Anhängigkeit mehrerer Ehesachen Sind Ehesachen, die dieselbe Ehe betreffen, bei verschiedenen Gerichten im ersten Rechtszug anhängig, sind, wenn nur eines der Verfahren eine Scheidungssache ist, die übrigen Ehesachen von Amts wegen an das Gericht der Scheidungssache abzugeben. Ansonsten erfolgt die Abgabe an das Gericht der Ehesache, die	**§ 606 ZPO [Zuständigkeit]** (1) ... (2) ... Haben beide Ehegatten das Verfahren rechtshängig gemacht, so ist von den Gerichten, die nach Satz 2 zuständig wären, das Gericht ausschließlich zuständig, bei dem das Verfahren zuerst rechtshängig geworden ist; dies gilt auch, wenn die Verfahren nicht miteinander verbunden werden können. Sind die Verfahren

Neues Recht (FamFG)	Altes Recht
zuerst rechtshängig geworden ist. § 281 Abs. 2 und 3 Satz 1 der Zivilprozessordnung gilt entsprechend.	am selben Tag rechtshängig geworden, so ist § 36 entsprechend anzuwenden. (3) ...

§ 124 Antrag

Das Verfahren in Ehesachen wird durch Einreichung einer Antragsschrift anhängig. Die Vorschriften der Zivilprozessordnung über die Klageschrift gelten entsprechend.

§ 622 ZPO [Scheidungsantrag]

(1) Das Verfahren auf Scheidung wird durch Einreichung einer Antragsschrift anhängig.

...

§ 125 Verfahrensfähigkeit

(1) In Ehesachen ist ein in der Geschäftsfähigkeit beschränkter Ehegatte verfahrensfähig.

(2) Für einen geschäftsunfähigen Ehegatten wird das Verfahren durch den gesetzlichen Vertreter geführt. Der gesetzliche Vertreter bedarf für den Antrag auf Scheidung oder Aufhebung der Ehe der Genehmigung des Familiengerichts.

§ 607 ZPO [Prozessfähigkeit; gesetzliche Vertretung]

(1) In Ehesachen ist ein in der Geschäftsfähigkeit beschränkter Ehegatte prozessfähig.

(2) Für einen geschäftsunfähigen Ehegatten wird das Verfahren durch den gesetzlichen Vertreter geführt. Der gesetzliche Vertreter ist jedoch zur Erhebung der Klage auf Herstellung des ehelichen Lebens nicht befugt; für den Antrag auf Scheidung oder Aufhebung der Ehe bedarf es der Genehmigung des Vormundschaftsgerichts.

§ 126 Mehrere Ehesachen; Ehesachen und andere Verfahren

(1) Ehesachen, die dieselbe Ehe betreffen, können miteinander verbunden werden.

(2) Eine Verbindung von Ehesachen mit anderen Verfahren ist unzulässig. § 137 bleibt unberührt.

(3) Wird in demselben Verfahren Aufhebung und Scheidung beantragt und sind beide Anträge begründet, so ist nur die Aufhebung der Ehe auszusprechen.

§ 610 [Verbindung von Verfahren; Widerklage]

(1) Die Verfahren auf Herstellung des ehelichen Lebens, auf Scheidung und auf Aufhebung können miteinander verbunden werden.

(2) Die Verbindung eines anderen Verfahrens mit den erwähnten Verfahren, insbesondere durch die Erhebung einer Widerklage anderer Art, ist unstatthaft. § 623 bleibt unberührt.

(3) Wird in demselben Verfahren Aufhebung und Scheidung beantragt und sind beide Anträge begründet, so ist nur die Aufhebung der Ehe auszusprechen.

§ 127 Eingeschränkte Amtsermittlung

(1) Das Gericht hat von Amts wegen die zur Feststellung der entscheidungserheblichen Tatsachen erforderlichen Ermittlungen durchzuführen.

(2) In Verfahren auf Scheidung oder Aufhebung der Ehe dürfen von den Beteiligten nicht vorgebrachte Tatsachen nur berücksichtigt werden, wenn die geeignet sind, der Aufrechterhaltung der Ehe zu dienen oder wenn der Antragsteller einer Berücksichtigung nicht widerspricht.

(3) In Verfahren auf Scheidung kann das Gericht außergewöhnliche Umstände nach § 1568 des Bürgerlichen Gesetzbuchs nur berücksichtigen, wenn sie von dem Ehegatten, der die Scheidung ablehnt, vorgebracht worden sind.

§ 616 ZPO [Untersuchungsgrundsatz]

(1) Das Gericht kann auch von Amts wegen die Aufnahme von Beweisen anordnen und nach Anhörung der Ehegatten auch solche Tatsachen berücksichtigen, die von ihnen nicht vorgebracht sind.

(2) Im Verfahren auf Scheidung oder Aufhebung der Ehe oder auf Herstellung des ehelichen Lebens kann das Gericht gegen den Widerspruch des die Auflösung der Ehe begehrenden oder ihre Herstellung verweigernden Ehegatten Tatsachen, die nicht vorgebracht sind, nur insoweit berücksichtigen, als sie geeignet sind, der Aufrechterhaltung der Ehe zu dienen.

(3) In Verfahren auf Scheidung kann das Gericht außergewöhnliche Umstände nach § 1568 des Bürgerlichen Gesetzbuchs nur berücksichtigen, wenn sie von dem Ehegatten, der die Scheidung ablehnt, vorgebracht sind.

Neues Recht (FamFG)	Altes Recht
§ 128 Persönliches Erscheinen der Ehegatten	**§ 613 ZPO [Persönliches Erscheinen der Ehegatten; Parteivernehmung]**
(1) Das Gericht soll das persönliche Erscheinen der Ehegatten anordnen und sie anhören. Die Anhörung eines Ehegatten hat in Abwesenheit des anderen Ehegatten stattzufinden, falls dies zum Schutz des anzuhörenden Ehegatten oder aus anderen Gründen erforderlich ist. Das Gericht kann von Amts wegen einen oder beide Ehegatten als Beteiligte vernehmen, auch wenn die Voraussetzungen des § 448 der Zivilprozessordnung nicht gegeben sind.	(1) Das Gericht soll das persönliche Erscheinen der Ehegatten anordnen und sie anhören; es kann sie als Parteien vernehmen. Sind gemeinschaftliche minderjährige Kinder vorhanden, hört das Gericht die Ehegatten auch zur elterliche Sorge an und weist auf bestehende Möglichkeiten der Beratung durch die Beratungsstellen und Dienste der Träger der Jugendhilfe hin. Ist ein Ehegatte am Erscheinen vor dem Prozessgericht verhindert oder hält er sich in so großer Entfernung von dessen Sitz auf, dass ihm das Erscheinen nicht zugemutet werden kann, so kann er durch einen ersuchten Richter angehört oder vernommen werden.
(2) Sind gemeinschaftliche minderjährige Kinder vorhanden, hat das Gericht die Ehegatten auch zur elterlichen Sorge und zum Umgangsrecht anzuhören und auf bestehende Möglichkeiten der Beratung hinzuweisen.	
(3) Ist ein Ehegatte am Erscheinen verhindert oder hält er sich in so großer Entfernung vom Sitz des Gerichts auf, dass ihm das Erscheinen nicht zugemutet werden kann, kann die Anhörung oder Vernehmung durch einen ersuchten Richter erfolgen.	
(4) Gegen einen nicht erschienenen Ehegatten ist wie gegen einen im Vernehmungstermin nicht erschienenen Zeugen zu verfahren; die Ordnungshaft ist ausgeschlossen.	(4) Gegen einen zur Anhörung oder zur Vernehmung nicht erschienenen Ehegatten ist wie gegen einen im Vernehmungstermin nicht erschienenen Zeugen zu verfahren; auf Ordnungshaft darf nicht erkannt werden.
§ 129 Mitwirkung der Verwaltungsbehörde oder dritter Personen	**§ 631 ZPO [Aufhebung einer Ehe]**
	(1)–(2)
(1) Beantragt die zuständige Verwaltungsbehörde oder bei Verstoß gegen § 1306 des Bürgerlichen Gesetzbuchs die dritte Person die Aufhebung der Ehe, ist der Antrag gegen beide Ehegatten zu richten.	(3) Beantragt die zuständige Verwaltungsbehörde oder bei Verstoß gegen § 1306 des Bürgerlichen Gesetzbuchs der Dritte die Aufhebung der Ehe, ist der Antrag gegen beide Ehegatten zu richten.
(2) Hat in den Fällen des § 1316 Abs. 1 Nr. 1 des Bürgerlichen Gesetzbuchs ein Ehegatte oder die dritte Person den Antrag gestellt, ist die zuständige Verwaltungsbehörde über den Antrag zu unterrichten. Die zuständige Verwaltungsbehörde kann in diesen Fällen, auch wenn sie den Antrag nicht gestellt hat, das Verfahren betreiben, insbesondere selbstständig Anträge stellen oder Rechtsmittel einlegen.	(4) Hat in den Fällen des § 1316 Abs. 1 Nr. 1 des Bürgerlichen Gesetzbuchs ein Ehegatte oder die dritte Person den Antrag gestellt, ist die zuständige Verwaltungsbehörde über den Antrag zu unterrichten. Die zuständige Verwaltungsbehörde kann in diesen Fällen, auch wenn sie den Antrag nicht gestellt hat, das Verfahren betreiben, insbesondere selbstständig Anträge stellen oder Rechtsmittel einlegen.
Im Fall eines Antrags auf Feststellung des Bestehens oder Nichtbestehens einer Ehe zwischen den Beteiligten gelten die Sätze 1 und 2 entsprechend.	**§ 632 ZPO [Feststellung des Bestehens oder Nichtbestehens einer Ehe]** ... (3) § 631 Abs. 4 gilt entsprechend.
§ 130 Säumnis der Beteiligten	
(1) Die Versäumnisentscheidung gegen den Antragsteller ist dahin zu erlassen, dass der Antrag als zurückgenommen gilt.	*In Scheidungs- und Aufhebungssachen bisher Anwendung des § 330 ZPO, d. h. Abweisung des Antrags.*

Neues Recht (FamFG)	Altes Recht
	§ 632 ZPO [Feststellung des Bestehens oder Nichtbestehens einer Ehe]
	(1)–(3) ...
	(4) Das Versäumnisurteil gegen dem im Termin zur mündlichen Verhandlung nicht erschienenen Kläger ist dahin zu erlassen, dass die Klage als zurückgenommen gilt.
(2) Eine Versäumnisentscheidung gegen den Antragsgegner sowie eine Entscheidung nach Aktenlage ist unzulässig.	**§ 612 ZPO [Termine; Ladungen; Versäumnisurteil]**
	(1)–(3) ...
	(4) Ein Versäumnisurteil gegen den Beklagten ist unzulässig.
§ 131 Tod eines Ehegatten	**§ 619 ZPO [Tod eines Ehegatten]**
Stirbt ein Ehegatte, bevor die Endentscheidung in der Ehesache rechtskräftig ist, gilt das Verfahren als in der Hauptsache erledigt.	Stirbt einer der Ehegatten, bevor das Urteil rechtskräftig ist, so ist das Verfahren in der Hauptsache als erledigt anzusehen.
§ 132 Kosten bei Aufhebung der Ehe	**§ 93 a ZPO [Kosten in Ehesachen]**
(1) Wird die Aufhebung der Ehe ausgesprochen, sind die Kosten des Verfahrens gegeneinander aufzuheben. Erscheint dies im Hinblick darauf, dass bei der Eheschließung ein Ehegatte allein die Aufhebbarkeit der Ehe gekannt hat oder ein Ehegatte durch arglistige Täuschung oder widerrechtliche Drohung seitens des anderen Ehegatten oder mit dessen Wissen zur Eingehung der Ehe bestimmt worden ist, als unbillig, kann das Gericht die Kosten nach billigem Ermessen anderweitig verteilen.	(1)–(2) ...
	(3) Wird eine Ehe aufgehoben, so sind die Kosten des Rechtsstreits gegeneinander aufzuheben. Das Gericht kann die Kosten nach billigem Ermessen anderweitig verteilen, wenn eine Kostenverteilung nach Satz 1 einen der Ehegatten in seiner Lebensführung unverhältnismäßig beeinträchtigen würde oder wenn eine solche Kostenverteilung im Hinblick darauf als unbillig erscheint, dass bei der Eheschließung ein Ehegatte allein die Aufhebbarkeit der Ehe gekannt hat oder ein Ehegatte durch arglistige Täuschung oder widerrechtliche Drohung seitens des anderen Ehegatten oder mit dessen Wissen zur Eingehung der Ehe bestimmt worden ist.
(2) Absatz 1 ist nicht anzuwenden, wenn eine Ehe auf Antrag der zuständigen Verwaltungsbehörde oder bei Verstoß gegen § 1306 des Bürgerlichen Gesetzbuchs auf Antrag des Dritten aufgehoben wird.	(4) Wird eine Ehe auf Antrag der zuständigen Verwaltungsbehörde oder bei Verstoß gegen § 1306 des Bürgerlichen Gesetzbuchs auf Antrag des Dritten aufgehoben, so ist Absatz 3 nicht anzuwenden.
Unterabschnitt 2. **Verfahren in Scheidungssachen und Folgesachen**	
§ 133 Inhalt der Antragsschrift	**§ 622 ZPO [Scheidungsantrag]**
(1) Die Antragsschrift muss enthalten:	(1) ...
1. Namen und Geburtsdaten der gemeinschaftlichen minderjährigen Kinder sowie die Mitteilung ihres gewöhnlichen Aufenthalts,	(2) Die Antragsschrift muss vorbehaltlich des § 630 Angaben darüber enthalten, ob
2. die Erklärung, ob die Ehegatten eine Regelung über die elterliche Sorge, den Umgang und die Unterhaltpflicht gegenüber den gemeinschaftlichen minderjährigen Kindern sowie die durch Ehe begründete gesetzliche Unterhaltspflicht, die Rechtsverhältnisse an der Ehewohnung und am Hausrat getroffen haben und	1. gemeinschaftliche minderjährige Kinder vorhanden sind, 2. Familiensachen der in § 621 Abs. 2 Satz 1 bezeichneten Art anderweitig anhängig sind. Im Übrigen gelten die Vorschriften über die Klageschrift entsprechend.

197

Neues Recht (FamFG)	Altes Recht
3. die Angabe, ob Familiensachen, an denen beide Ehegatten beteiligt sind, anderweitig anhängig sind. (2) Der Antragsschrift sollen die Heiratsurkunde und die Geburtsurkunden der gemeinschaftlichen minderjährigen Kinder beigefügt werden.	
§ 134 Zustimmung zur Scheidung und zur Rücknahme, Widerruf (1) Die Zustimmung zur Scheidung und zur Rücknahme des Scheidungsantrags kann zur Niederschrift der Geschäftsstelle oder in der mündlichen Verhandlung zur Niederschrift des Gerichts erklärt werden. (2) Die Zustimmung zur Scheidung kann bis zum Schluss der mündlichen Verhandlung, auf die über die Scheidung der Ehe entschieden wird, widerrufen werden. Der Widerruf kann zur Niederschrift der Geschäftsstelle oder in der mündlichen Verhandlung zur Niederschrift des Gerichts erklärt werden.	**§ 630 ZPO [Einverständliche Scheidung]** (1) ... (2) Die Zustimmung zur Scheidung kann bis zum Schluss der mündlichen Verhandlung, auf die über die Scheidung der Ehe entschieden wird, widerrufen werden. Die Zustimmung und der Widerruf können zu Protokoll der Geschäftsstelle oder in der mündlichen Verhandlung zur Niederschrift des Gerichts erklärt werden. (3) Das Gericht soll dem Scheidungsantrag erst stattgeben, wenn die Ehegatten über die in Absatz 1 Nr. 3 bezeichneten Gegenstände einen vollstreckbaren Schuldtitel herbeigeführt haben.
§ 135 Außergerichtliche Streitbeilegung über Folgesachen (1) Das Gericht kann anordnen, dass die Ehegatten einzeln oder gemeinsam an einem kostenfreien Informationsgespräch über Mediation oder eine sonstige Möglichkeit der außergerichtlichen Streitbeilegung anhängiger Folgesachen bei einer von dem Gericht benannten Person oder Stelle teilnehmen und eine Bestätigung hierüber vorlegen. Die Anordnung ist nicht selbstständig anfechtbar und nicht mit Zwangsmitteln durchsetzbar. (2) Das Gericht soll in geeigneten Fällen den Ehegatten eine außergerichtliche Streitbeilegung anhängiger Folgesachen vorschlagen.	*Bislang keine Regelung im FGG.*
§ 136 Aussetzung des Verfahrens (1) Das Gericht soll das Verfahren von Amts wegen aussetzen, wenn nach seiner freien Überzeugung, Aussicht auf Fortsetzung der Ehe besteht. Leben die Ehegatten länger als ein Jahr getrennt, darf das Verfahren nicht gegen den Widerspruch beider Ehegatten ausgesetzt werden. (2) Hat der Antragsteller die Aussetzung des Verfahrens beantragt, darf das Gericht die Scheidung der Ehe nicht aussprechen, bevor das Verfahren ausgesetzt war. (3) Die Aussetzung darf nur einmal wiederholt werden. Sie darf insgesamt die Dauer von einem Jahr, bei einer mehr als dreijährigen Trennung die Dauer von sechs Monaten nicht überschreiten.	**§ 614 ZPO [Aussetzung des Verfahrens]** (1) ... (2) Das Verfahren auf Scheidung soll das Gericht von Amts wegen aussetzen, wenn nach seiner freien Überzeugung Aussicht auf Fortsetzung der Ehe besteht. Leben die Ehegatten länger als ein Jahr getrennt, so darf das Verfahren nicht gegen den Widerspruch beider Ehegatten ausgesetzt werden. (3) Hat der Kläger die Aussetzung des Verfahrens beantragt, so darf das Gericht über die Herstellungsklage nicht entscheiden oder auf Scheidung nicht erkennen, bevor das Verfahren ausgesetzt war. (4) Die Aussetzung darf nur einmal wiederholt werden. Sie darf insgesamt die Dauer von einem Jahr, bei einer mehr als dreijährigen Trennung die Dauer von sechs Monaten nicht überschreiten.

Neues Recht (FamFG)	Altes Recht
(4) Mit der Aussetzung soll das Gericht in der Regel den Ehegatten nahe legen, eine Eheberatung in Anspruch zu nehmen.	(5) Mit der Aussetzung soll das Gericht in der Regel den Ehegatten nahe legen, eine Eheberatung in Anspruch zu nehmen

§ 137 Verbund von Scheidungs- und Folgesachen

(1) Über Scheidung und Folgesachen ist zusammen zu verhandeln und zu entscheiden (Verbund).

(2) Folgesachen sind

1. Versorgungsausgleichssachen,
2. Unterhaltssachen, sofern sie die Unterhaltspflicht gegenüber einem gemeinschaftlichen Kind oder die durch Ehe begründete Unterhaltpflicht betreffen mit Ausnahme des vereinfachten Verfahrens über den Unterhalt Minderjähriger,
3. Wohnungszuweisungs- und Hausratssachen und
4. Güterrechtssachen,

wenn eine Entscheidung für den Fall der Scheidung zu treffen ist und die Familiensache spätestens zwei Wochen vor der mündlichen Verhandlung in ersten Rechtszug in der Scheidungssache von einem Ehegatten anhängig gemacht wird. Für die Durchführung des Versorgungsausgleichs in den Fällen des § 1587 b des Bürgerlichen Gesetzbuchs und des § 1 des Gesetzes zur Regelung von Härten im Versorgungsausgleich bedarf es keines Antrags.

(3) Folgesachen sind auch Kindschaftssachen, die die Übertragung oder Entziehung der elterlichen Sorge, das Umgangsrecht oder die Herausgabe eines gemeinschaftlichen Kindes eines Ehegatten oder das Umgangsrecht eines Ehegatten mit dem Kind des anderen Ehegatten betreffen, wenn ein Ehegatte vor Schluss der mündlichen Verhandlung im ersten Rechtszug in der Scheidungssache die Einbeziehung in den Verbund beantragt, es sei denn, das Gericht hält die Einbeziehung aus Gründen des Kindeswohls nicht für sachgerecht.

(4) Im Fall der Verweisung oder Abgabe werden Verfahren, die die Voraussetzungen der Absätze 2 oder des Absatzes 3 erfüllen, mit Anhängigkeit bei dem Gericht der Scheidungssache zu Folgesachen.

(5) Abgetrennte Folgesachen nach Absatz 2 bleiben Folgesachen; sind mehrere Folgesachen abgetrennt, besteht der Verbund auch unter ihnen fort. Folgesachen nach Absatz 3 werden nach der Abtrennung als selbstständige Verfahren fortgeführt.

§ 623 ZPO [Verbund von Scheidungs- und Folgesachen]

(1) Soweit in Familiensachen des § 621 Abs. 1 Nr. 5 bis 9 und Abs. 2 Satz 1 Nr. 4 eine Entscheidung für den Fall der Scheidung zu treffen ist und von einem Ehegatten rechtzeitig begehrt wird, ist hierüber gleichzeitig und zusammen mit der Scheidungssache zu verhandeln und, sofern dem Scheidungsantrag stattgegeben wird, zu entscheiden (Folgesachen). Wird bei einer Familiensache des § 621 Abs. 1 Nr. 5 und 8 und Abs. 2 Satz 1 Nr. 4 ein Dritter Verfahrensbeteiligter, so wird diese Familiensache abgetrennt. Für die Durchführung des Versorgungsausgleichs in den Fällen des § 1587 b des Bürgerlichen Gesetzbuchs bedarf es keines Antrags.

(2) Folgesachen sind auch rechtzeitig von einem Ehegatten anhängig gemachte Familiensachen nach

1. § 621 Abs. 2 Satz 1 Nr. 1 im Fall eines Antrags nach § 1671 Abs. 1 des Bürgerlichen Gesetzbuchs,
2. § 621 Abs. 2 Satz 1 Nr. 2, soweit deren Gegenstand der Umgang eines Ehegatten mit einem gemeinschaftlichen Kind oder einem Kind des anderen Ehegatten ist,

und

3. § 621 Abs. 2 Satz 1 Nr. 3.

Auf Antrag eines Ehegatten trennt das Gericht eine Folgesache nach den Nummern 1 bis 3 von der Scheidungssache ab. Ein Antrag auf Abtrennung einer Folgesache nach Nummer 1 kann mit einem Antrag auf Abtrennung einer Folgesache nach § 621 Abs. 1 Nr. 5 und Abs. 2 Satz 1 Nr. 4 verbunden werden. Im Fall der Abtrennung wird die Folgesache als selbstständige Familiensache fortgeführt; § 626 Abs. 2 Satz 2 gilt entsprechend.

(3) Folgesachen sind auch rechtzeitig eingeleitete Verfahren betreffend die Übertragung der elterlichen Sorge oder eines Teils der elterlichen Sorge wegen Gefährdung des Kindeswohls auf einen Elternteil, einen Vormund oder einen Pfleger. Das Gericht kann anordnen, dass ein Verfahren nach Satz 1 von der Scheidungssache abgetrennt wird. Absatz 2 Satz 3 gilt entsprechend.

(4) Das Verfahren muss bis zum Schluss der mündlichen Verhandlung erster Instanz in der Scheidungssache anhängig gemacht oder eingeleitet sein. Satz 1 gilt entsprechend, wenn die Scheidungssache nach § 629 b an das Gericht des ersten Rechtszuges zurückverwiesen ist.

199

Neues Recht (FamFG)	Altes Recht
	(5) Die vorstehenden Vorschriften gelten auch für Verfahren der in den Absätzen 1 bis 3 genannten Art, die nach § 621 Abs. 3 an das Gericht der Ehesache übergeleitet worden sind. In den Fällen des Absatzes 1 gilt dies nur, soweit eine Entscheidung für den Fall der Scheidung zu treffen ist.

§ 138 Beiordnung eines Rechtsanwalts

(1) Ist in einer Scheidungssache der Antragsgegner nicht anwaltlich vertreten, hat das Gericht ihm für die Scheidungssache und eine Kindschaftssache als Folgesache von Amts wegen zur Wahrnehmung seiner Rechte im ersten Rechtszug einen Rechtsanwalt beizuordnen, wenn diese Maßnahme nach der freien Überzeugung des Gerichts zum Schutz des Beteiligten unabweisbar erscheint; § 78 c Abs. 1 und 3 der Zivilprozessordnung gilt entsprechend. Vor einer Beiordnung soll der Beteiligte persönliche angehört und dabei darauf hingewiesen werden, dass und unter welchen Voraussetzungen Familiensachen gleichzeitig mit der Scheidungssache verhandelt und entschieden werden können.

(2) Der beigeordnete Rechtsanwalt hat die Stellung eines Beistands.

§ 625 ZPO [Beiordnung eines Rechtsanwalts]

(1) Hat in einer Scheidungssache der Antragsgegner keinen Rechtsanwalt als Bevollmächtigten bestellt, so ordnet das Prozessgericht ihm von Amts wegen zur Wahrnehmung seiner Rechte im ersten Rechtszug hinsichtlich des Scheidungsantrag und eines Antrags nach § 1671 Abs. 1 des Bürgerlichen Gesetzbuchs einen Rechtsanwalt bei, wenn diese Maßnahme nach der freien Überzeugung des Gerichts zum Schutz des Antragsgegners unabweisbar erscheint; § 78 a Abs. 1 gilt sinngemäß. Vor einer Beiordnung soll der Antragsgegner persönlich angehört und darauf hingewiesen werden, dass die Familiensachen des § 621 Abs. 1 gleichzeitig mit der Scheidungssache verhandelt und entschieden werden können.

(2) Der beigeordnete Rechtsanwalt hat die Stellung eines Beistands.

§ 139 Einbeziehung weiterer Beteiligter und dritter Personen

(1) Sind außer den Ehegatten weitere Beteiligte vorhanden, werden vorbereitende Schriftsätze, Ausfertigungen oder Abschriften diesen nur insoweit mitgeteilt oder zugestellt, als der Inhalt des Schriftstücks sie betrifft. Dasselbe gilt für die Zustellung von Entscheidungen an dritte Personen, die zur Einlegung von Rechtsmitteln berechtigt sind.

(2) Die weiteren Beteiligten können von der Teilnahme an der mündlichen Verhandlung insoweit ausgeschlossen werden, als die Familiensache, an der sie beteiligt sind, nicht Gegenstand der Verhandlung ist.

§ 624 ZPO [Besondere Verfahrensvorschriften]

(1)–(3) …

(4) Vorbereitende Schriftsätze, Ausfertigungen oder Abschriften werden am Verfahren beteiligten Dritten nur insoweit mitgeteilt oder zugestellt, als das mitzuteilende oder zuzustellende Dokument sie betrifft. Dasselbe gilt für die Zustellung von Entscheidungen an Dritte, die zur Einlegung von Rechtsmitteln berechtigt sind.

§ 140 Abtrennung

(1) Wird in einer Unterhaltsfolgesache oder Güterrechtsfolgesache außer den Ehegatten eine weitere Person Beteiligter des Verfahrens, ist die Folgesache abzutrennen.

(2) Das Gericht kann eine Folgesache vom Verbund abtrennen. Dies ist nur zulässig, wenn

1. in einer Versorgungsausgleichsfolgesache oder Güterrechtsfolgesache vor der Auflösung der Ehe eine Entscheidung nicht möglich ist,

§ 623 ZPO [Verbund von Scheidungs- und Folgesachen]

(1) … Wird bei einer Familiensache des § 621 Abs. 1 Nr. 5 und 8 und Abs. 2 Satz 1 Nr. 4 ein Dritter Verfahrensbeteiligter, so wird diese Familiensache abgetrennt.

(2)–(5) …

§ 628 ZPO [Scheidungsurteil vor Folgesachenentscheidung]

Das Gericht kann dem Scheidungsantrag vor der Entscheidung über eine Folgesache stattgeben, soweit

Neues Recht (FamFG)	Altes Recht
2. in einer Versorgungsausgleichsfolgesache das Verfahren ausgesetzt ist, weil ein Rechtsstreit über den Bestand oder die Höhe eines Anrechts vor einem anderen Gericht anhängig ist,	1. in einer Folgesache nach § 621 Abs. 1 Nr. 6 oder 8 vor der Auflösung der Ehe eine Entscheidung nicht möglich ist,
	2. in einer Folgesache nach § 621 Abs. 1 Nr. 6 das Verfahren ausgesetzt ist, weil ein Rechtsstreit über den Bestand oder die Höhe einer auszugleichenden Versorgung vor einem anderen Gericht anhängig ist,
	3. in einer Folgesache nach § 623 Abs. 2 Satz 1 Nr. 1 und 2 das Verfahren ausgesetzt ist, oder ...
3. in einer Kindschaftsfolgesache das Gericht dies aus Gründen des Kindeswohls für sachgerecht hält oder das Verfahren ausgesetzt ist,	**§ 627 ZPO [Vorwegentscheidung über elterliche Sorge]** (1) Beabsichtigt das Gericht, von dem Antrag eines Ehegatten nach § 1671 Abs. 1 des Bürgerlichen Gesetzbuchs, dem der andere Ehegatte zustimmt, abzuweichen, so ist die Entscheidung vorweg zu treffen. (2) Über andere Folgesachen und die Scheidungssache wird erst nach Rechtskraft des Beschlusses entschieden.
4. seit der Zustellung des Scheidungsantrags ein Zeitraum von drei Monaten verstrichen ist, beide Ehegatten die erforderlichen Mitwirkungshandlungen in der Versorgungsausgleichfolgesache vorgenommen haben und beide übereinstimmend deren Abtrennung beantragen oder	
5. wenn sich der Scheidungsausspruch so außergewöhnlich verzögern würde, dass ein weiterer Aufschub unter Berücksichtigung der Bedeutung der Folgesache eine unzumutbare Härte darstellen würde, und eine Ehegatte die Abtrennung beantragt.	**§ 628 ZPO [Scheidungsurteil vor Folgesachenentscheidung]** Das Gericht kann dem Scheidungsantrag vor der Entscheidung über eine Folgesache stattgeben, soweit ... 4. die gleichzeitige Entscheidung über die Folgesache den Scheidungsausspruch so außergewöhnlich verzögern würde, dass der Aufschub auch unter Berücksichtigung der Bedeutung des Folgesache eine unzumutbare Härte darstellen würde. ...
(3) Im Fall des Absatzes 2 Nr. 3 kann das Gericht auf Antrag eines Ehegatten auch eine Unterhaltsfolgesache abtrennen, wenn dies wegen des Zusammenhangs mit der Kindschaftsfolgesache geboten erscheint.	**§ 623 ZPO [Verbund von Scheidungs- und Folgesachen]** (1) ... (2) ... Ein Antrag auf Abtrennung einer Folgesache nach Nummer 1 kann mit einem Antrag auf Abtrennung einer Folgesache nach § 621 Abs. 1 Nr. 5 und Absatz 2 Satz 1 Nr. 4 verbunden werden. ...
(4) In den Fällen des Absatzes 2 Nr. 4 und 5 bleibt der vor Ablauf des ersten Jahres seit Eintritt des Getrenntlebens liegende Zeitraum außer Betracht. Dies gilt nicht, sofern die Voraussetzungen des § 1165 Abs. 2 des Bürgerlichen Gesetzbuchs vorliegen.	
(5) Der Antrag auf Abtrennung kann zur Niederschrift der Geschäftsstelle oder in der	

Neues Recht (FamFG)	Altes Recht
mündlichen Verhandlung zur Niederschrift des Gerichts gestellt werden. (6) Die Entscheidung erfolgt durch gesonderten Beschluss; sie ist nicht selbstständig anfechtbar.	
§ 141 Rücknahme des Scheidungsantrags Wird ein Scheidungsantrag zurückgenommen, erstrecken sich die Wirkungen der Rücknahme auch auf die Folgesache. Dies gilt nicht für Folgesachen, die die Übertragung der elterlichen Sorge oder eines Teils der elterlichen Sorge wegen Gefährdung des Kindeswohls auf einen Elternteil, einen Vormund oder Pfleger betreffen, sowie für Folgesachen, hinsichtlich derer ein Beteiligter vor Wirksamwerden der Rücknahme ausdrücklich erklärt hat, sie fortführen zu wollen. Diese werden als selbstständige Familiensachen fortgeführt.	**§ 626 Zurücknahme des Scheidungsantrag** (1) Wird ein Scheidungsantrag zurückgenommen, so gilt § 269 Abs. 3 bis 5 auch für die Folgesachen, soweit sie nicht die Übertragung der elterlichen Sorge oder eines Teil der elterlichen Sorge wegen Gefährdung des Kindeswohls auf einen Elternteil, einen Vormund oder einen Pfleger betreffen; in diesem Fall wird die Folgesache als selbstständige Familiensache fortgeführt. ... (2) Auf Antrag einer Partei ist ihr durch Beschluss vorzubehalten, eine Folgesache als selbstständige Familiensache fortzuführen. In der selbstständige Familiensache wird über die Kosten besonders entschieden.
§ 142 Einheitliche Endentscheidung; Abweisung des Scheidungsantrags (1) Im Fall der Scheidung ist über sämtliche im Verbund stehende Familiensachen durch einheitlichen Beschluss zu entscheiden. Dies gilt auch, soweit eine Versäumnisentscheidung zu treffen ist. (2) Wird der Scheidungsantrag abgewiesen, werden die Folgesachen gegenstandslos. Dies gilt nicht für Folgesachen nach § 137 Abs. 3 sowie für Folgesachen, hinsichtlich derer ein Beteiligter vor der Entscheidung ausdrücklich erklärt hat, sie fortführen zu wollen. Diese werden als selbstständige Familiensachen fortgeführt.	**§ 629 ZPO [Einheitliche Endentscheidung; Vorbehalt bei abgewiesenem Scheidungsantrag]** (1) Ist dem Scheidungsantrag stattzugeben und gleichzeitig über Folgesachen zu entscheiden, so ergeht die Entscheidung einheitlich durch Urteil. (2) Absatz 1 gilt auch, soweit es sich um ein Versäumnisurteil handelt. ... (3) Wird ein Scheidungsantrag abgewiesen, so werden die Folgesachen gegenstandslos, soweit sie nicht die Übertragung der elterlichen Sorge oder eines Teils der elterlichen Sorge wegen Gefährdung des Kindeswohls auf einen Elternteil, einen Pfleger oder einen Vormund betreffen; in diesem Fall wird die Folgesache als selbstständige Familiensache fortgeführt. Im Übrigen ist einer Partei auf Antrag in dem Urteil vorzubehalten, eine Folgesache als selbstständige Familiensache fortzusetzen. § 626 Abs. 2 Satz 2 gilt entsprechend.
§ 143 Einspruch Wird im Fall des § 142 Abs. 1 Satz 2 gegen die Versäumnisentscheidung Einspruch und gegen den Beschluss im Übrigen ein Rechtsmittel eingelegt, ist zunächst über den Einspruch und die Versäumnisentscheidung zu verhandeln und zu entscheiden.	**§ 629 ZPO [Einheitliche Endentscheidung; Vorbehalt bei abgewiesenem Scheidungsantrag]** ... (2) ... Wird hiergegen Einspruch und auch gegen das Urteil im Übrigen ein Rechtsmittel eingelegt, so ist zunächst über den Einspruch und das Versäumnisurteil zu verhandeln und zu entscheiden.
§ 144 Verzicht auf Anschlussrechtsmittel Haben die Ehegatten auf Rechtsmittel gegen den Scheidungsausspruch verzichtet, können sie auch auf dessen Anfechtung im Wege der Anschließung an ein Rechtmittel in einer Folge-	**§ 629 a [Rechtsmittel]** (1)–(3) ... (4) Haben die Ehegatten auf Rechtsmittel gegen den Scheidungsausspruch verzichtet, so können sie auf dessen Anfechtung im Wege der

Neues Recht (FamFG)	Altes Recht
sache verzichten, bevor ein solches Rechtsmittel eingelegt ist.	Anschließung an ein Rechtsmittel in einer Folgesache verzichten, bevor ein solches Rechtsmittel eingelegt ist.
§ 145 Befristung von Rechtsmittelerweiterung und Anschlussrechtsmittel (1) Ist eine nach § 142 einheitlich ergangene Entscheidung teilweise durch Beschwerde oder Rechtsbeschwerde angefochten worden, können Teile der einheitlichen Entscheidung, die eine andere Familiensache betreffen, durch Erweiterung des Rechtsmittels oder im Wege der Anschließung an das Rechtsmittel nur noch bis zum Ablauf eines Monats nach Zustellung der Rechtsmittelbegründung angefochten werden; bei mehreren Zustellungen ist die letzte maßgeblich. (2) Erfolgt innerhalb dieser Frist eine solche Erweiterung des Rechtsmittels oder Anschließung an das Rechtsmittel, so verlängert sich die Frist um einen weiteren Monat. Im Fall einer erneuten Erweiterung des Rechtsmittels oder Anschließung an das rechtsmittel innerhalb der verlängerten Frist gilt Satz 1 entsprechend.	**§ 629 a ZPO [Rechtsmittel]** (1)–(2) (3) Ist eine nach § 629 Abs. 1 einheitlich ergangene Entscheidung teilweise durch Berufung, Beschwerde, Revision oder Rechtsbeschwerde angefochten worden, so kann eine Änderung von Teilen der einheitlichen Entscheidung, die eine andere Familiensache betreffen, nur noch bis zum Ablauf eines Monats nach Zustellung der Rechtsmittelbegründung, bei mehreren Zustellungen bis zum Ablauf eines Monats nach der letzten Zustellung beantragt werden. Wird in dieser Frist eine Abänderung beantragt, so verlängert sich die Frist um einen weiteren Monat. Satz 2 gilt entsprechend, wenn in der verlängerten Frist erneut eine Abänderung beantragt wird. Die §§ 517, 548 und 621 e Abs. 3 Satz 2 in Verbindung mit den §§ 517 und 548 bleiben unberührt. (4) ...
§ 146 Zurückverweisung (1) Wird eine Entscheidung aufgehoben, durch die der Scheidungsantrag abgewiesen wurde, soll das Rechtsmittelgericht die Sache an das Gericht zurückverweisen, das die Abweisung ausgesprochen hat, wenn dort eine Folgesache zur Entscheidung ansteht. Das Gericht hat die rechtliche Beurteilung, die der Aufhebung zugrunde gelegt wurde, auch seiner Entscheidung zugrunde zu legen. (2) Das Gericht, an das die Sache zurückverwiesen wurde, kann, wenn gegen die Aufhebungsentscheidung Rechtsbeschwerde eingelegt wird, auf Antrag anordnen, dass über die Folgesache verhandelt wird.	**§ 629 b ZPO [Zurückverweisung]** (1) Wird ein Urteil aufgehoben, durch das der Scheidungsantrag abgewiesen wird, so ist die Sache an das Gericht zurückzuverweisen, das die Abweisung ausgesprochen hat, wenn bei diesem Gericht eine Folgesache zur Entscheidung ansteht. Dieses Gericht hat die rechtliche Beurteilung, die der Aufhebung zugrunde gelegt ist, auch seiner Entscheidung zugrunde zu legen. (2) Das Gericht, an das die Sache zurückverwiesen ist, kann, wenn gegen das Aufhebungsurteil Revision oder Beschwerde gegen die Nichtzulassung der Revision eingelegt wird, auf Antrag anordnen, dass über die Folgesachen verhandelt wird.
§ 147 Erweiterte Aufhebung Wird eine Entscheidung auf Rechtsbeschwerde teilweise aufgehoben, kann das Rechtsbeschwerdegericht auf Antrag eines Beteiligten die Entscheidung auch insoweit aufheben und die Sache zur anderweitigen Verhandlung und Entscheidung an das Beschwerdegericht zurückverweisen, als dies wegen des Zusammenhangs mit der aufgehobenen Entscheidung geboten erscheint. Eine Aufhebung des Scheidungsausspruchs kann nur innerhalb eines Monats nach Zustellung der Rechtsmittelbegründung oder des Beschlusses über die Zulassung der Rechtsbeschwerde, bei mehreren Zustellungen bis zum Ablauf eines Monats nach der letzten Zustellung, beantragt werden.	**§ 629 c ZPO [Erweiterte Aufhebung]** Wird eine Entscheidung auf Revision oder Rechtsbeschwerde teilweise aufgehoben, so kann das Gericht auf Antrag einer Partei die Entscheidung auch insoweit aufheben und die Sache zur anderweitigen Verhandlung und Entscheidung an das Berufungs- oder Beschwerdegericht zurückverweisen, als dies wegen des Zusammenhangs mit der aufgehobenen Entscheidung geboten erscheint. Eine Aufhebung des Scheidungsausspruchs kann nur innerhalb eines Monats nach Zustellung der Rechtsmittelbegründung oder des Beschlusses über die Zulassung der Revision oder der Rechtsbeschwerde, bei mehreren Zustellungen bis zum Ablauf eines Monats nach der letzten Zustellung, beantragt werden.

Neues Recht (FamFG)	Altes Recht
§ 148 Wirksamwerden von Entscheidungen in Folgesachen Vor Rechtskraft des Scheidungsausspruchs werden die Entscheidungen in Folgesachen nicht wirksam.	**§ 629 d ZPO [Wirksamwerden der Entscheidungen in Folgesachen]** Vor der Rechtskraft des Scheidungsausspruchs werden die Entscheidungen in Folgesachen nicht wirksam.
§ 149 Erstreckung der Bewilligung von Prozesskostenhilfe Die Bewilligung der Prozesskostenhilfe für die Scheidungssache erstreckt sich auf eine Versorgungsausgleichsfolgesache, sofern nicht eine Erstreckung ausdrücklich ausgeschlossen wird.	**§ 624 ZPO [Besondere Verfahrensvorschriften]** (1) ... (2) Die Bewilligung der Prozesskostenhilfe für die Scheidungssache erstreckt sich auf Folgesachen nach § 621 Abs. 1 Nr. 6, soweit sie nicht ausdrücklich ausgenommen werden. (3)–(4) ...
§ 150 Kosten in Scheidungssachen und Folgesachen (1) Wird die Scheidung der Ehe ausgesprochen, sind die Kosten der Scheidungssache und der Folgesachen gegeneinander aufzuheben. (2) Wird der Scheidungsantrag abgewiesen oder zurückgenommen, trägt der Antragsteller die Kosten der Scheidungssache und der Folgesachen. Werden Scheidungsanträge beider Ehegatten zurückgenommen oder abgewiesen oder ist das Verfahren in der Hauptsache erledigt, sind die Kosten der Scheidungssache und der Folgesachen gegeneinander aufzuheben. (3) Sind in einer Folgesache, die nicht nach § 140 Abs. 1 abzutrennen ist, außer den Ehegatten weitere Beteiligte vorhanden, tragen diese ihre außergerichtlichen Kosten selbst. (4) Erscheint in den Fällen der Absätze 1 bis 3 die Kostenverteilung insbesondere im Hinblick auf eine Versöhnung der Ehegatten oder auf das Ergebnis einer Folgesache geführten Unterhaltssache oder Güterrechtssache als unbillig, kann das Gericht die Kosten nach billigem Ermessen anderweitig verteilen. Es kann dabei auch berücksichtigen, ob ein Beteiligter einer richterlichen Anordnung zur Teilnahme an einem Informationsgespräch nach § 135 Abs. 1 nicht nachgekommen ist, sofern der Beteiligte dies nicht genügend entschuldigt hat. Haben die Beteiligten eine Vereinbarung über die Kosten getroffen, soll das Gericht sie ganz oder teilweise der Entscheidung zugrunde legen. (5) Die Vorschriften der Absätze 1 bis 4 gelten auch hinsichtlich der Folgesachen, über die infolge einer Abtrennung gesondert zu entscheiden ist. Werden Folgesachen als selbstständige Familiensachen fortgeführt, sind die hierfür jeweils geltenden Kostenvorschriften anzuwenden.	**§ 93 a ZPO [Kosten in Ehesachen]** (1) Wird auf Scheidung einer Ehe erkannt, so sind die Kosten der Scheidungssache und der Folgesachen, über die gleichzeitig entschieden wird oder über die nach § 627 Abs. 1 vorweg entschieden worden ist, gegeneinander aufzuheben; die Kosten einer Folgesache sind auch dann gegeneinander aufzuheben, wenn über die Folgesache infolge einer Abtrennung nach § 628 Abs. 1 Satz 1 gesondert zu entscheiden ist. Das Gericht kann die Kosten nach billigem Ermessen anderweitig verteilen, wenn 1. eine Kostenverteilung nach Satz 1 einen der Ehegatten in seiner Lebensführung unverhältnismäßig beeinträchtigen würde; die Bewilligung von Prozesskostenhilfe ist dabei nicht zu berücksichtigen; 2. eine Kostenverteilung nach Satz 1 im Hinblick darauf als unbillig erscheint, dass ein Ehegatte in Folgesachen der in § 621 Abs. 1 Nr. 4,5,8 bezeichneten Art ganz oder teilweise unterlegen ist. Haben die Parteien eine Vereinbarung über die Kosten getroffen, so kann das Gericht sie ganz oder teilweise der Entscheidung zugrunde legen. (2) Wird ein Scheidungsantrag abgewiesen, so hat der Antragsteller auch die Kosten der Folgesachen zu tragen, die infolge der Abweisung gegenstandslos werden; dies gilt auch für die Kosten einer Folgesache, über die infolge einer Abtrennung nach § 623 Abs. 1 Satz 2 oder nach § 628 Abs. 1 Satz 1 gesondert zu entscheiden ist. (3)–(5) ...

Neues Recht (FamFG)	Altes Recht
Verfahren in Kindschaftssachen **§ 151 Kindschaftssachen** Kindschaftssachen sind die dem Familiengericht zugewiesenen Verfahren, die 1. elterliche Sorge, 2. das Umgangsrecht, 3. die Kindesherausgabe,	**§ 621 ZPO [Zuständigkeit des Familiengerichts; Verweisung oder Abgabe an Gericht der Ehesache]** (1) Für Familiensachen, die 1. die elterliche Sorge für ein Kind, soweit nach den Vorschriften des Bürgerlichen Gesetzbuchs hierfür das Familiengericht zuständig ist, 2. die Regelung des Umgangs mit einem Kind, soweit nach den Vorschriften des Bürgerlichen Gesetzbuchs hierfür das Familiengericht zuständig ist, 3. die Herausgabe eines Kindes, für das die elterliche Sorge besteht, betreffen, ist das Familiengericht ausschließlich zuständig. *Bisher Zuständigkeit des Vormundschaftsgerichts.*
4. die Vormundschaft, 5. die Pflegschaft oder die gerichtliche Bestellung eines sonstigen Vertreters für einen Minderjährigen oder eine Leibesfrucht, 6. die Genehmigung der freiheitsentziehenden Unterbringung eines Minderjährigen (§§ 1631 b, 1800 und 1915 des Bürgerlichen Gesetzbuchs), 7. die Anordnung der freiheitsentziehenden Unterbringung eines Minderjährigen nach den Landesgesetzen über die Unterbringung psychisch Kranker oder 8. die Aufgaben nach dem Jugendgerichtsgesetz betreffen.	
§ 152 Örtliche Zuständigkeit (1) Während der Anhängigkeit einer Ehesache ist unter den deutschen Gerichten das Gericht, bei dem die Ehesache im ersten Rechtszug anhängig ist oder war, ausschließlich zuständig für Kindschaftssachen, sofern sie gemeinschaftliche Kinder der Ehegatten betreffen. (2) Ansonsten ist das Gericht zuständig, in dessen Bezirk das Kind seinen gewöhnlichen Aufenthalt hat. (3) Ist die Zuständigkeit eines deutschen Gerichts nach Absatz 1 und 2 nicht gegeben, ist das Gericht zuständig, in dessen Bezirk das Bedürfnis der Fürsorge bekannt wird.	**§ 621 ZPO [Zuständigkeit des Familiengerichts; Verweisung oder Abgabe an Gericht der Ehesache]** (1) ... (2) Während der Anhängigkeit einer Ehesache ist unter den deutschen Gerichten das Gericht, bei dem die Ehesache im ersten Rechtszug anhängig ist oder war, ausschließlich zuständig für Familiensachen nach Absatz 1 Nr. 5 bis 9; für Familiensachen nach Absatz 1 Nr. 1 bis 4 und 13 gilt dies nur, soweit sie betreffen 1. in den Fällen der Nummer 1 die elterliche Sorge für ein gemeinschaftliches Kind einschließlich der Übertragung der elterlichen Sorge oder eines Teils der elterlichen Sorge wegen Gefährdung des Kindeswohls auf einen Elternteil, Vormund oder Pfleger. 2. in den Fällen der Nummer 2 die Regelung des Umgangs mit einem gemeinschaftlichen Kind der Ehegatten nach den §§ 1684 und 1685 des Bürgerlichen Gesetzbuchs oder des Umgangs eines Ehegatten mit einem Kind des anderen Ehegatten nach § 1685 Abs. 2 des Bürgerlichen Gesetzbuchs,

Neues Recht (FamFG)	Altes Recht
	3. in den Fällen der Nummer die Herausgabe eines Kindes an den anderen Elternteil,
	4. in den Fällen der Nummer 4 die Unterhaltspflicht gegenüber einem gemeinschaftlichen Kind mit Ausnahmen von Vereinfachten Verfahren zur Abänderung von Unterhaltstiteln,
	5. in den Fällen der Nummer 13 Anordnungen gegenüber dem anderen Ehegatten.
	Ist eine Ehesache nicht anhängig, so richtet sich die örtliche Zuständigkeit nach den allgemeinen Vorschriften.
	Die neue Vorschrift ersetzt einen Reihe von Einzelvorschriften, weil es nunmehr einen einheitlichen Begriff der Kindschaftssachen gibt, was bislang nicht der Fall war.
	§ 36 FGG [Örtliche Zuständigkeit]
	(1) Für die Vormundschaft ist das Gericht zuständig, in dessen Bezirk der Mündel zu der Zeit, in der die Anordnung der Vormundschaft erforderlich wird oder in der die Vormundschaft kraft Gesetzes eintritt, seinen Wohnsitz oder bei Fehlen eines inländischen Wohnsitzes seinen Aufenthalt hat. Wird die Anordnung einer Vormundschaft über Geschwister erforderlich, die in den Bezirken verschiedener Vormundschaftsgerichte ihren Wohnsitz haben, so ist, wenn für einen der Mündel schon eine Vormundschaft anhängig ist, das für diese zuständige Gericht, anderenfalls dasjenige Gericht, in dessen Bezirk der jüngste Mündel seinen Aufenthalt hat, für alle Geschwister maßgebend.
	(2) Ist der Mündel Deutscher und hat er im Inland weder Wohnsitz noch Aufenthalt, so ist das Amtsgericht Schöneberg in Berlin-Schöneberg zuständig. Es kann die Sache aus wichtigen Gründen an ein anderes Gericht abgeben; die Abgabeverfügung ist für dieses Gericht bindend.
	(3) Ist der Mündel nicht Deutscher und ist eine Zuständigkeit nach Absatz 1 nicht begründet, so ist das Gericht zuständig, in dessen Bezirk das Bedürfnis der Fürsorge hervortritt.
(4) Für die in den §§ 1693 und 1846 des Bürgerlichen Gesetzbuchs und in Artikel 24 Abs. 3 des Einführungsgesetzes zum Bürgerlichen Gesetzbuch bezeichneten Maßnahmen ist auch das Gericht zuständig, in dessen Bezirk das Bedürfnis der Fürsorge bekannt wird. Es soll die angeordnete Maßnahmen dem Gericht mitteilen, bei dem eine Vormundschaft oder Pflegschaft anhängig ist.	**§ 44 FGG [Zuständigkeit für Fürsorgemaßregen]**
	Für die in den §§ 1693, 1846 des Bürgerlichen Gesetzbuchs und im Artikel 24 Abs. 3 des Einführungsgesetzes zum Bürgerlichen Gesetzbuche bezeichneten Maßregeln ist auch das Gericht zuständig, in dessen Bezirk das Bedürfnis der Fürsorge hervortritt. Das Gericht soll, wenn eine Vormundschaft oder Pflegschaft anhängig ist, von den angeordneten Maßregeln dem nach § 43 Abs. 2 zuständigen Gerichte Mitteilung machen.

Neues Recht (FamFG)	Altes Recht
§ 153 Abgabe an das Gericht der Ehesache Wird eine Ehesache rechtshängig, während eine Kindschaftssache, die ein gemeinschaftliches Kind der Ehegatten betrifft, bei einem anderen Gericht im ersten Rechtszug anhängig ist, ist diese von Amts wegen an das Gericht der Ehesache abzugeben. § 281 Abs. 2 und 3 Satz 1 der Zivilprozessordnung gilt entsprechend.	**§ 621 ZPO [Zuständigkeit des Familiengerichts; Verweisung oder Abgabe an das Gericht der Ehesache]** (1)–(2) (3) Wird eine Ehesache rechtshängig, während eine Familiensache der in Absatz 2 Satz 1 genannten Art bei einem anderen Gericht im ersten Rechtszug anhängig ist, so ist diese von Amts wegen an das Gericht der Ehesache zu verweisen oder abzugeben. § 281 Abs. 2, 3 Satz 1 gilt entsprechend.
§ 154 Verweisung bei einseitiger Änderung des Aufenthalts des Kindes Das nach § 152 Abs. 2 zuständige Gericht kann ein Verfahren an das Gericht des früheren gewöhnlichen Aufenthalts des Kindes verweisen, wenn ein Elternteil den Aufenthalt des Kindes ohne vorherige Zustimmung des anderen geändert hat. Dies gilt nicht, wenn dem anderen Elternteil das Recht der Aufenthaltsbestimmung nicht zusteht oder die Änderung des Aufenthaltsorts zum Schutz des Kindes oder des betreuenden Elternteils erforderlich war.	*Bisher keine Regelung im FGG.*
§ 155 Vorrang- und Beschleunigungsgebot (1) Kindschaftssachen, die den Aufenthalt des Kindes, das Umgangsrecht oder die Herausgabe des Kindes betreffen, sowie Verfahren wegen Gefährdung des Kindeswohl sind vorrangig und beschleunigt durchzuführen. (2) Das Gericht erörtert in Verfahren nach Absatz 1 die Sache mit den Beteiligten in einem Termin. Der Termin soll spätestens einen Monat nach Beginn des Verfahrens stattfinden. Das Gericht hört in diesem Termin das Jugendamt an. Eine Verlegung des Termins ist nur aus zwingenden Gründen zulässig. Der Verlegungsgrund ist mit dem Verlegungsgesuch glaubhaft zu machen. (3) Das Gericht soll das persönliche Erscheinen der verfahrensfähigen Beteiligten zu dem Termin anordnen.	**§ 52 FGG [Außergerichtliche Beratung]** (1) In einem die Person eines Kindes betreffenden Verfahren soll das Gericht so früh wie möglich und in jeder Lage des Verfahrens auf ein Einvernehmen der Beteiligten hinwirken. Es soll die Beteiligten so früh wie möglich anhören auf bestehende Möglichkeiten der Beratung durch die Beratungsstellen und -dienste der Träger der Jugendhilfe insbesondere zur Entwicklung eines einvernehmlichen Konzepts für die Wahrnehmung der elterlichen Sorge und der elterlichen Verantwortung hinweisen. (2)–(3) ...
§ 156 Hinwirken auf Einvernehmen (1) Das Gericht soll in Kindschaftssachen, die die elterliche Sorge bei Trennung und Scheidung, den Aufenthalt des Kindes, das Umgangsrecht oder die Herausgabe des Kindes betreffen, in jeder Lage des Verfahrens auf ein Einvernehmen der Beteiligten hinwirken, wenn dies dem Kinderwohl nicht widerspricht. Es weist auf Möglichkeiten der Beratung durch die Beratungsstellen und -dienste der Träger Kin-	**§ 52 FGG [Außergerichtliche Beratung]** (1) In einem die Person eines Kindes betreffenden Verfahren soll das Gericht so früh wie möglich und in jeder Lage des Verfahrens auf ein Einvernehmen der Beteiligten hinwirken. Es soll die Beteiligten so früh wie möglich anhören auf bestehende Möglichkeiten der Beratung durch die Beratungsstellen und -dienste der Träge der Jugendhilfe insbesondere zur Entwicklung eines einvernehmlichen Konzepts für die

Neues Recht (FamFG)	Altes Recht
der- und Jugendhilfe insbesondere zur Entwicklung eines Konzepts für die Wahrnehmung der elterlichen Sorge und der elterlichen Verantwortung hin. Das Gericht soll in geeigneten Fällen auf die Möglichkeiten der Mediation oder der sonstigen außergerichtlichen Streitbeilegung hinweisen. Es kann anordnen, dass die Eltern an einer Beratung nach Satz 2 teilnehmen. Die Anordnung ist nicht selbstständig anfechtbar und nicht mit Zwangsmitteln durchsetzbar.	Wahrnehmung der elterlichen Sorge und der elterlichen Verantwortung hinweisen. (2) – (3) …
(2) Erzielen die Beteiligten Einvernehmen über den Umgang oder die Herausgabe des Kindes, ist die einvernehmliche Regelung als Vergleich aufzunehmen, wenn das Gericht diese billigt (gerichtlich gebilligter Vergleich). Das Gericht billigt die Umgangsregelung, wenn sie dem Kindeswohl nicht widerspricht.	**§ 52a FGG [Vermittlungsverfahren]** (1) – (3) (4) Das Gericht soll darauf hinwirken, dass die Eltern Einvernehmen über die Ausübung des Umgangs erzielen. Das Ergebnis der Vermittlung ist im Protokoll festzuhalten. Soweit die Eltern Einvernehmen über eine von der gerichtlichen Verfügung abweichende Regelung des Umgangs erzielen und diese dem Wohl des Kindes nicht widerspricht, ist die Umgangsregelung als Vergleich zu protokollieren; dieser tritt an die Stelle der bisherigen gerichtlichen Verfügung. Wird ein Einvernehmen nicht erzielt, sind die Streitpunkte im Protokoll festzuhalten.
(3) Kann in Kindschaftssachen, die den Aufenthalt des Kindes, das Umgangsrecht oder die Herausgabe betreffen, eine einvernehmliche Regelung im Termin nach § 155 Abs. 2 nicht erreicht werden, hat das Gericht mit den Beteiligten und dem Jugendamt den Erlass einer einstweiligen Anordnung zu erörtern. Wird die Teilnahme an einer Beratung oder eine schriftliche Begutachtung angeordnet, soll das Gericht in Kindschaftssachen, die das Umgangsrecht betreffen, den Umgang durch einstweilige Anordnung regeln oder ausschließen. Das Gericht soll das Kind vor dem Erlass einer einstweiligen Anordnung persönlich anhören	
§ 157 Erörterung der Kindeswohlgefährdung; einstweilige Anordnung (1) In Verfahren nach den §§ 1666 und 1666a des Bürgerlichen Gesetzbuchs soll das Gericht mit den Eltern und in geeigneten Fällen auch mit dem Kind erörtern, wie einer möglichen Gefährdung des Kindeswohls, insbesondere durch öffentliche Hilfen, begegnet werden und welche Folgen die Nichtannahme notwendiger Hilfen haben kann. Das Gericht soll das Jugendamt zu dem Termin laden.	*Bislang keine Regelung im FGG.*
(2) Das Gericht hat das persönliche Erscheinen der Eltern zu dem Termin nach Absatz 1 anzuordnen. Das Gericht führt die Erörterung in Abwesenheit eines Elternteils durch, wenn dies zum Schutz eines Beteiligten oder aus anderen Gründen erforderlich ist.	
(3) In Verfahren nach den §§ 1666 und 1666a des Bürgerlichen Gesetzbuchs hat das Gericht unverzüglich den Erlass einer einstweiligen Anordnung zu prüfen.	

Neues Recht (FamFG)	Altes Recht
§ 158 Verfahrensbeistand	**§ 50 FGG [Bestellung eines Pflegers]**
(1) Das Gericht hat dem minderjährigen Kind in Kindschaftssachen, die seine Person betreffen, einen geeigneten Verfahrensbeistand zu bestellen, soweit dies zur Wahrnehmung seiner Interessen erforderlich ist.	(1) Das Gericht kann dem minderjährigen Kind einen Pfleger für ein seine Person betreffendes Verfahren bestellen, soweit dies zur Wahrnehmung seiner Interessen erforderlich ist.
(2) Die Bestellung ist in der Regel erforderlich,	(2) Die Bestellung ist in der Regel erforderlich, wenn
1. wenn das Interesse des Kindes zu dem seiner gesetzlichen Vertreter in erheblichem Gegensatz steht,	1. das Interesse des Kindes zu dem seiner gesetzlichen Vertreter in erheblichem Gegensatz steht,
2. in Verfahren nach den §§ 1666 und 1666 a des Bürgerlichen Gesetzbuchs, wenn die teilweise oder vollständige Entziehung der Personensorge in Betracht kommt,	2. Gegenstand des Verfahrens Maßnahmen wegen Gefährdung des Kindeswohls sind, mit denen die Trennung des Kindes von seiner Familie oder die Entziehung der gesamten Personensorge ist (§§ 1666, 1666 a des Bürgerlichen Gesetzbuchs), oder
3. wenn eine Trennung des Kindes von der Person erfolgen soll, in deren Obhut es sich befindet,	3. Gegenstand des Verfahrens die Wegnahme des Kindes von der Pflegeperson (§ 1632 Abs. 4 des Bürgerlichen Gesetzbuchs) oder von dem Ehegatten, dem Lebenspartner oder Umgangsberechtigten (§ 1682 des Bürgerlichen Gesetzbuchs) ist.
4. in Verfahren, die die Herausgabe des Kindes oder eine Verbleibensanordnung zum Gegenstand haben oder	Sieht das Gericht in diesen Fällen von der Bestellung eines Pflegers für das Verfahren ab, so ist dies in der Entscheidung zu begründen, die die Person des Kindes betreffen.
5. wenn der Ausschluss oder eine wesentliche Beschränkung des Umgangsrechts in Betracht kommt.	
(3) Der Verfahrensbeistand ist so früh wie möglich zu bestellen. Er wird durch seine Bestellung als Beteiligter zum Verfahren hinzugezogen. Sieht das Gericht in den Fällen des Absatzes 2 von der Bestellung eines Verfahrensbeistands ab, ist dies in der Endentscheidung zu begründen. Die Bestellung eines Verfahrensbeistands oder deren Aufhebung sowie die Ablehnung einer derartigen Maßnahme sind nicht selbstständig anfechtbar.	
(4) Der Verfahrensbeistand hat das Interesse des Kindes festzustellen und im gerichtlichen Verfahren zur Geltung zu bringen. Er hat das Kind über Gegenstand, Ablauf und möglichen Ausgang des Verfahrens in geeigneter Weise zu informieren. Soweit nach den Umständen des Einzelfalls ein Erfordernis besteht, kann das Gericht dem Verfahrensbeistand die zusätzliche Aufgabe übertragen, Gespräche mit den Eltern und weiteren Bezugspersonen des Kindes zu führen sowie am Zustandekommen einer einvernehmlichen Regelung über die Verfahrensgegenstand mitzuwirken. Das Gericht hat Art und Umfang der Beauftragung konkret festzulegen und die Beauftragung zu begründen. Der Verfahrensbeistand kann im Interesse des Kindes Rechtsmittel einlegen. Er ist nicht gesetzlicher Vertreter des Kindes.	
(5) Die Bestellung soll unterbleiben oder aufgehoben werden, wenn die Interessen des Kindes von einem Rechtsanwalt oder einem anderen geeigneten Verfahrensbevollmächtigten angemessen vertreten werden.	(3) Die Bestellung soll unterbleiben oder aufgehoben werden, wenn die Interessen des Kindes von einem Rechtsanwalt oder einem anderen Verfahrensbevollmächtigten angemessen vertreten werden.

Neues Recht (FamFG)	Altes Recht
(6) Die Bestellung endet, sofern sie nicht vorher aufgehoben wird, 1. mit der Rechtskraft der das Verfahren abschließenden Entscheidung oder 2. mit dem sonstigen Abschluss des Verfahrens. (7) Für den Ersatz von Aufwendungen des nicht berufsmäßigen Verfahrensbeistands gilt § 277 Abs. 1 entsprechend. Wird die Verfahrensbeistandschaft berufsmäßig geführt, erhält der Verfahrensbeistand eine einmalige Vergütung in Höhe von 350 Euro. Im Fall der Übertragung von Aufgaben nach Absatz 4 Satz 3 erhöht sich die Vergütung auf 550 Euro. Die Vergütung gilt auch Ansprüche auf Ersatz anlässlich der Verfahrensbeistandschaft entstandener Aufwendungen sowie die auf die Vergütung anfallende Umsatzsteuer ab. Der Aufwendungsersatz und die Vergütung sind stets aus der Staatskasse zu zahlen. Im Übrigen gilt § 168 Abs. 1 entsprechend. (8) Dem Verfahrensbeistand sind keine Kosten aufzuerlegen.	(4) Die Bestellung endet, sofern sie nicht vorher aufgehoben wird, 1. mit der Rechtskraft der das Verfahren abschließenden Entscheidung oder 2. mit dem sonstigen Abschluss des Verfahrens. (5) Der Ersatz von Aufwendungen und die Vergütung des Pflegers bestimmen sich entsprechend § 67 a.
§ 159 Persönliche Anhörung des Kindes (1) Das Gericht hat das Kind persönlich anzuhören, wenn es das 14. Lebensjahr vollendet hat. Betrifft das Verfahren ausschließlich das Vermögen des Kindes, kann von einer persönlichen Anhörung abgesehen werden, wenn eine solche nach der Art der Angelegenheit nicht angezeigt ist. (2) Hat das Kind das 14. Lebensjahr noch nicht vollendet, ist es persönlich anzuhören, wenn die Neigungen, Bindungen oder der Wille des Kindes für die Entscheidung von Bedeutung sind oder wenn eine persönliche Anhörung aus sonstigen Gründen angezeigt ist. (3) Von einer persönlichen Anhörung nach Absatz 1 oder Absatz 2 darf das Gericht aus schwerwiegenden Gründen absehen. Unterbleibt eine Anhörung allein wegen Gefahr im Verzug, ist sie unverzüglich nachzuholen. (4) Das Kind soll über den Gegenstand, Ablauf und möglichen Ausgang des Verfahrens in einer geeigneten und seinem Alter entsprechenden Weise informiert werden, soweit nicht Nachteile für seine Entwicklung, Erziehung oder Gesundheit zu befürchten sind. Ihm ist Gelegenheit zur Äußerung zu geben. Hat das Gericht dem Kind nach § 158 einen Verfahrensbeistand bestellt, soll die persönliche Anhörung in dessen Anwesenheit stattfinden. Im Übrigen steht die Gestaltung der persönlichen Anhörung im Ermessen des Gerichts.	**§ 50 b FGG [Anhörung des Kindes]** (1) Das Gericht hört in einem Verfahren, das die Personen- oder Vermögenssorge betrifft, das Kind persönlich an, wenn die Neigungen, Bindungen oder der Wille des Kindes für die Entscheidung von Bedeutung sind oder wenn es zur Feststellung des Sachverhalts angezeigt erscheint, dass sich das Gericht von dem Kind einen unmittelbaren Eindruck verschafft. (2) Hat ein Kind das vierzehnte Lebensjahr vollendet und ist es nicht geschäftsunfähig, so hört das Gericht in einem Verfahren, das die Personensorge betrifft, das Kind stets persönlich an. In vermögensrechtlichen Angelegenheiten soll das Kind persönliche angehört werden, wenn dies nach der Art der Angelegenheit angezeigt erscheint. Bei der Anhörung soll das Kind, soweit nicht Nachteile für seine Entwicklung oder Erziehung zu befürchten sind, über den Gegenstand und möglichen Ausgang des Verfahrens in geeigneter Weise unterrichtet werden. Ihm ist Gelegenheit zur Äußerung zu geben. (3) In den Fällen des Absatzes 1 und des Absatzes 2 Satz 1 darf das Gericht von der Anhörung nur aus schwerwiegenden Gründen absehen. Unterbleibt die Anhörung allein wegen Gefahr im Verzuge, so ist sie unverzüglich nachzuholen. (4) Die Absätze 1 und 3 gelten für Mündel entsprechend.

Neues Recht (FamFG)	Altes Recht
§ 160 Anhörung der Eltern (1) In Verfahren, die die Person des Kindes betreffen, soll das Gericht die Eltern persönlich anhören. In Verfahren nach den §§ 1666, 1666 a des Bürgerlichen Gesetzbuchs sind die Eltern persönlich anzuhören. (2) In sonstigen Kindschaftssachen hat das Gericht die Eltern anzuhören. Dies gilt nicht für einen Elternteil, dem die elterliche Sorge nicht zusteht, sofern von der Anhörung eine Aufklärung nicht erwartet werden kann. (3) Von der Anhörung darf nur aus schwerwiegenden Gründen abgesehen werden. (4) Unterbleibt die Anhörung allein wegen Gefahr im Verzug, ist sie unverzüglich nachzuholen.	**§ 50 a FGG [Anhörung der Eltern]** (1) Das Gericht hört in einem Verfahren, das die Personen- oder Vermögenssorge für ein Kind betrifft, die Eltern an. In Angelegenheiten der Personensorge soll das Gericht die Eltern in der Regel persönlich anhören. In den Fällen der §§ 1666, 1666 a des Bürgerlichen Gesetzbuchs sind die Eltern stets persönlich anzuhören, um mit ihnen zu klären, wie die Gefährdung des Kindeswohls abgewendet werden kann. (2) Einen Elternteil, dem die Sorge nicht zusteht, hört das Gericht an, es sei denn, dass von der Anhörung eine Aufklärung nicht erwartet werden kann. (3) Das Gericht darf von der Anhörung nur aus schwerwiegenden Gründen absehen. Unterbleibt die Anhörung allein wegen Gefahr im Verzuge, ist sie unverzüglich nachzuholen. (4) Die Absätze 2 und 3 gelten für die Eltern des Mündels entsprechend.
§ 161 Mitwirkung der Pflegeperson (1) Das Gericht kann in Verfahren, die die Person des Kindes betreffen, die Pflegeperson im Interesse des Kindes als Beteiligte hinzuziehen, wenn das Kind seit längerer Zeit in Familienpflege lebt. Satz 1 gilt entsprechend, wenn das Kind auf Grund einer Entscheidung nach § 1682 des Bürgerlichen Gesetzbuchs bei dem dort genannten Ehegatten, Lebenspartner oder Umgangsberechtigten lebt. (2) Die in Absatz 1 genannten Personen sind anzuhören, wenn das Kind seit längerer Zeit in Familienpflege lebt.	**§ 50 c FGG [Anhörung der Pflegeperson]** Lebt ein Kind seit längerer Zeit in Familienpflege, so hört das Gericht in allen die Person des Kindes betreffenden Angelegenheiten auch die Pflegeperson an, es sei denn, dass davon eine Aufklärung nicht erwartet werden kann. Satz 1 gilt entsprechend, wenn das Kind auf Grund einer Entscheidung nach § 1682 des Bürgerlichen Gesetzbuchs bei dem dort genannten Ehegatten, Lebenspartner oder Umgangsberechtigten lebt.
§ 162 Mitwirkung des Jugendamts (1) Das Gericht hat in Verfahren, die die Person des Kindes betreffen, das Jugendamt anzuhören. Unterbleibt die Anhörung wegen Gefahr im Verzug, ist sie unverzüglich nachzuholen.	**§ 49 a FGG [Anhörung des Jugendamtes]** (1) Das Familiengericht hört das Jugendamt vor einer Entscheidung nach folgendes Vorschriften des Bürgerlichen Gesetzbuchs: 1. Befreiung vom Erfordernis der Volljährigkeit (§ 1303 Abs. 2), 2. Ersetzung der Zustimmung zur Bestätigung der Ehe (§ 1315 Abs. 1 Satz 3 zweiter Halbsatz), 3. Übertragung von Angelegenheiten der elterlichen Sorge auf die Pflegeperson (§ 1630 Abs. 3), 4. Unterstützung der Eltern bei der Ausübung der Personensorge (§ 1631 Abs. 3), 5. Unterbringung, die mit Freiheitsentziehung verbunden ist (§§ 1631 b, 1800, 1915), 6. Herausgabe des Kindes, Wegnahme von der Pflegeperson (§ 1632 Abs. 1, 4) oder von dem Ehegatten oder Umgangsberechtigten (§ 1682), 7. Umgang mit dem Kind (§ 1632 Abs. 1, §§ 1684,1685), 8. Gefährdung des Kindeswohls (§ 1666),

Neues Recht (FamFG)	Altes Recht
	9. Sorge bei Getrenntleben der Eltern (§§ 1671, 1672 Abs. 1 des Bürgerlichen Gesetzbuchs, Artikel 224 § 2 Abs. 3 des Einführungsgesetzes zum Bürgerliche Gesetzbuche),
	10. Ruhen der elterlichen Sorge (§ 1678 Abs. 2),
	11. elterliche Sorge nach Tod eines Elternteils (§§ 1680 Abs. 2, 1681),
	12. elterliche Sorge nach Entziehung (§ 1680 Abs. 3).
(2) Das Jugendamt ist auf seinen Antrag an dem Verfahren zu beteiligen.	(2) Das Familiengericht soll das Jugendamt in Verfahren über die Überlassung der Ehewohnung (§ 1361 b des Bürgerlichen Gesetzbuchs) oder nach § 2 des Gewaltschutzgesetzes vor einer ablehnenden Entscheidung anhören, wenn Kinder im Haushalt der Beteiligten leben.
(3) Dem Jugendamt sind alle Entscheidungen des Gerichts bekannt zu machen, zu denen es nach Absatz 1 Satz 1 zu hören war. Gegen den Beschluss steht dem Jugendamt die Beschwerde zu.	(2 a) Das Familiengericht kann vor einer Entscheidung über die Ersetzung der Einwilligung in eine genetische Abstammungsuntersuchung eines minderjährigen Kindes und die Anordnung der Duldung einer Probenentnahme (§ 1598 a Abs. 2 des Bürgerlichen Gesetzbuchs) das Jugendamt anhören.
	(3) § 49 Abs. 3 und 4 gilt entsprechend.
§ 163 Fristsetzung bei schriftlicher Begutachtung; Inhalt des Gutachtenauftrags; Vernehmung des Kindes (1) Wird schriftliche Begutachtung angeordnet, setzt das Gericht dem Sachverständigen zugleich eine Frist, innerhalb derer er das Gutachten einzureichen hat.	**§ 411 ZPO [Schriftliches Gutachten]** (1) Wird schriftliche Begutachtung angeordnet, soll das Gericht dem Sachverständigen eine Frist einräumen, innerhalb derer er das von ihm unterschriebene Gutachten zu übermitteln hat. ... *Bisher keine ausdrückliche Regelung im FGG.*
(2) Das Gericht kann in Verfahren, die die Person des Kindes betreffen, anordnen, dass der Sachverständige bei der Erstellung des Gutachtenauftrags auch auf die Herstellung des Einvernehmens zwischen den Beteiligten hinwirken soll.	
(3) Eine Vernehmung des Kindes als Zeuge findet nicht statt.	
§ 164 Bekanntgabe der Entscheidung an das Kind Die Entscheidung, gegen die das Kind das Beschwerderecht ausüben kann, ist dem Kind selbst bekannt zu machen, wenn es das 14. Lebensjahr vollendet hat und nicht geschäftsunfähig ist. Eine Begründung soll dem Kind nicht mitgeteilt werden, wenn Nachteile für dessen Entwicklung, Erziehung oder Gesundheit zu befürchten sind. § 38 Abs. 4 Nr. 2 ist nicht anzuwenden.	**§ 59 FGG [Beschwerderecht des Kindes oder Mündels]** (1) ... (2) Die Entscheidung, gegen die das Kind oder der Mündel das Beschwerderecht ausüben kann, ist dem Kind oder Mündel auch selbst bekanntzumachen. Eine Begründung soll dem Kind oder Mündel nicht mitgeteilt werden, wenn Nachteile für dessen Entwicklung, Erziehung oder Gesundheitszustand zu befürchten sind; die Entscheidung hierüber ist nicht anfechtbar. (3) ...

Neues Recht (FamFG)	Altes Recht
§ 165 Vermittlungsverfahren	**§ 52 a FGG [Vermittlungsverfahren]**
(1) Macht ein Elternteil geltend, dass der andere Elternteil die Durchführung einer gerichtlichen Entscheidung oder eines gerichtlich gebilligten Vergleichs über den Umgang mit dem gemeinschaftlichen Kind vereitelt oder erschwert, vermittelt das Gericht auf Antrag eines Elternteil zwischen den Eltern. Das Gericht kann die Vermittlung ablehnen, wenn bereits ein Vermittlungsverfahren oder eine anschließende außergerichtliche Beratung erfolglos geblieben ist.	(1) Macht ein Elternteil geltend, dass der andere Elternteil die Durchführung einer gerichtlichen Verfügung oder eines gerichtlich gebilligten Vergleichs über den Umgang mit dem gemeinschaftlichen Kind vereitelt oder erschwert, vermittelt das Gericht auf Antrag eines Elternteil zwischen den Eltern. Das Gericht kann die Vermittlung ablehnen, wenn bereits ein Vermittlungsverfahren oder eine anschließende außergerichtliche Beratung erfolglos geblieben ist.
(2) Das Gericht lädt die Eltern unverzüglich zu einem Vermittlungstermin. Zu diesem Termin ordnet das Gericht das persönliche Erscheinen der Eltern an. In der Ladung weist das Gericht darauf hin, welche Rechtsfolgen ein erfolgloses Vermittlungsverfahren nach Absatz 5 haben kann. In geeigneten Fällen lädt das Gericht auch das Jugendamt zu dem Termin.	(2) Das Gericht hat die Eltern alsbald zu einem Vermittlungstermin zu laden. Zu diesem Termin soll das Gericht das persönliche Erscheinen der Eltern anordnen. In der Ladung weist das Gericht auf die möglichen Rechtsfolgen eines erfolglose Vermittlungsverfahrens nach Absatz 5 hin. In geeigneten Fällen bittet das Gericht das Jugendamt um Teilnahmen an dem Termin.
(3) In dem Termin erörtert das Gericht mit den Eltern, welche Folgen das Unterbleiben des Umgangs für das Wohl des Kindes haben kann. Es weist auf die Rechtsfolgen hin, die sich ergeben können, wenn der Umgang vereitelt oder erschwert wird, insbesondere darauf, dass Ordnungsmittel verhängt werden können oder die elterliche Sorge eingeschränkt oder entzogen werden kann. Es weist die Eltern auf die bestehenden Möglichkeiten der Beratung durch die Beratungsstellen und -dienste der Träger der Kinder- und Jugendhilfe hin.	(3) In dem Termin erörtert das Gericht mit den Eltern, welche Folgen das Unterbleiben des Umgangs für das Wohl des Kindes haben kann. Es weist auf die Rechtsfolgen hin, die sich aus einer Vereitelung oder Erschwerung des Umgangs ergeben können, insbesondere auf die Möglichkeiten der Durchsetzung mit Zwangsmitteln nach § 33 oder der Einschränkung und des Entzug der Sorge unter den Voraussetzungen der §§ 1666, 1671 und 1696 des Bürgerlichen Gesetzbuchs. Es weist die Eltern auf die bestehenden Möglichkeiten der Beratung durch die Beratungsstellen und -dienste der Träger der Jugendhilfe hin.
(4) Das Gericht soll darauf hinwirken, dass die Eltern Einvernehmen über die Ausübung des Umgangs erzielen. Kommt ein gerichtlich gebilligter Vergleich zustande, tritt dieser an die Stelle der bisherigen Regelung. Wird ein Einvernehmen nicht erzielt, sind die Streitpunkte im Vermerk festzuhalten.	(4) Das Gericht soll darauf hinwirken, dass die Eltern Einvernehmen über die Ausübung des Umgangs erzielen. Das Ergebnis der Vermittlung ist im Protokoll festzuhalten. Soweit die Eltern Einvernehmen über eine von der gerichtlichen Verfügung abweichende Regelung des Umgangs erzielen und diese dem Wohl des Kindes nicht widerspricht, ist die Umgangsregelung als Vergleich zu protokollieren; dieser tritt an die Stelle der bisherigen gerichtlichen Verfügung. Wird ein Einvernehmen nicht erzielt, sind die Streitpunkte im Protokoll festzuhalten.
(5) Wird weder eine einvernehmliche Regelung des Umgangs noch Einvernehmen über eine nachfolgende Inanspruchnahme außergerichtlicher Beratung erreicht oder erscheint mindestens ein Elternteil in dem Vermittlungstermin nicht, stellt das Gericht durch unanfechtbaren Beschluss fest, dass das Vermittlungsverfahren erfolglos geblieben ist. In diesem Fall prüft das Gericht, ob Ordnungsmittel ergriffen, Änderungen der Umgangsregelung vorgenommen oder Maßnahmen in Bezug auf die Sorge ergriffen werden sollen. Wird ein entspre-	(5) Wird weder eine einvernehmliche Regelung des Umgangs noch Einvernehmen über eine nachfolgende Inanspruchnahme außergerichtlicher Beratung erreicht oder erscheint mindestens ein Elternteil in dem Vermittlungstermin nicht, so stellt das Gericht durch unanfechtbaren Beschluss fest, dass das Vermittlungsverfahren erfolglos geblieben ist. In diesem Fall prüft das Gericht, ob Zwangsmittel ergriffen, Änderungen der Umgangsregelung vorgenommen oder Maßnahmen in Bezug auf die Sorge ergriffen werden sollen. Wird ein entsprechendes

Neues Recht (FamFG)	Altes Recht
chendes Verfahren von Amts wegen oder auf einen binnen eines Monats gestellten Antrag eines Elternteils eingeleitet, werden die Kosten des Vermittlungsverfahrens als Teil der Kosten des anschließenden Verfahrens behandelt.	Verfahren von Amts wegen oder auf einen binnen eines Monats gestellten Antrag eines Elternteils eingeleitet, werden die Kosten des Vermittlungsverfahrens als Teil der Kosten des anschließenden Verfahrens behandelt.
§ 166 Abänderung und Überprüfung von Entscheidungen und gerichtlich gebilligten Vergleichen	**§ 1696 BGB [Abänderung und Überprüfung gerichtlicher Entscheidungen]**
(1) Das Gericht ändert eine Entscheidung oder einen gerichtlichen Vergleich nach Maßgabe des § 1696 des Bürgerlichen Gesetzbuchs.	(1) Das Vormundschaftsgericht und das Familiengericht haben ihre Anordnungen zu ändern, wenn dies aus triftigen, das Wohl des Kindes nachhaltig berührenden Gründen angezeigt ist.
(2) Eine länger dauernde kinderschutzrechtliche Maßnahme hat das Gericht in angemessenen Zeitabständen zu überprüfen.	(2) Maßnahmen nach den §§ 1666 bis 1667 sind aufzuheben, wenn eine Gefahr für das Wohl des Kindes nicht mehr besteht.
(3) Sieht das Gericht von einer Maßnahme nach den §§ 1666 bis 1667 des Bürgerlichen Gesetzbuchs ab, soll es seine Entscheidung in einem angemessenen Zeitabstand, in der Regel nach drei Monaten, überprüfen.	(3) Länger andauernde Maßnahmen nach den §§ 1666 bis 1667 hat das Gericht in angemessenen Zeitabständen zu überprüfen. Sieht das Familiengericht von Maßnahmen nach den §§ 1666 bis 1667 ab, soll es seine Entscheidung in angemessenem Zeitabstand, in der Regel nach drei Monaten, überprüfen.
§ 167 Anwendbare Vorschriften bei Unterbringung Minderjähriger	
(1) In Verfahren nach § 151 Nr. 6 sind die für Unterbringungssachen nach § 312 Nr. 1, in Verfahren nach § 151 Nr. 1 die für Unterbringungssachen nach § 151 Nr. 7 die für die Unterbringungssachen nach § 312 Nr. 3 geltenden Vorschriften anzuwenden. An die Stelle des Verfahrenspflegers tritt der Verfahrensbeistand.	*Bisher keine besondere Regelung für die Unterbringung Minderjähriger.*
(2) Ist für eine Kindschaftssache nach Absatz 1 ein anderes Gericht zuständig als dasjenige bei dem eine Vormundschaft oder eine die Unterbringung erfassende Pflegschaft für den Minderjährigen eingeleitet ist, teilt dieses Gericht dem für das Verfahren nach Absatz 1 zuständigen Gericht die Anordnung und Aufhebung der Vormundschaft oder Pflegschaft, den Wegfall des Aufgabenbereichs Unterbringung und einen Wechsel in der Person des Vormunds oder Pflegers mit; das für das Verfahren nach Absatz 1 zuständige Gericht teilt dem anderen Gericht die Unterbringungsmaßnahme, ihre Änderung, Verlängerung und Aufhebung mit.	**§ 70 FGG [Unterbringungsmaßnahmen; Gerichtszuständigkeiten]** (1)–(6) … (7) Ist für die Unterbringungsmaßnahme ein anderes Gericht zuständig als dasjenige, bei dem eine Vormundschaft oder eine die Unterbringung erfassende Betreuung oder Pflegschaft anhängig ist, so teilt dieses Gericht dem für die Unterbringungsmaßnahme zuständigen Gericht die Aufhebung der Vormundschaft, Betreuung, Pflegschaft, den Wegfall des Aufgabenbereichs Unterbringung und einen Wechsel in der Person des Vormunds, Betreuers oder Pflegers mit; das für die Unterbringungsmaßnahme zuständige Gericht teilt dem anderen Gericht die Unterbringungsmaßnahme, ihre Änderung, Verlängerung und Aufhebung mit.
(3) Der Betroffene ist ohne Rücksicht auf seine Geschäftsfähigkeit verfahrensfähig, wenn er das 14. Lebensjahr vollendet hat.	**§ 70 a FGG [Verfahrensfähigkeit]** Der Betroffene ist ohne Rücksicht auf seine Geschäftsfähigkeit verfahrensfähig, wenn er das vierzehnte Lebensjahr vollendet hat.
(4) In den in Absatz 1 Satz 1 genannten Verfahren sind die Elternteilen, denen die Personensorge zusteht, der gesetzliche Vertreter in persönlichen Angelegenheiten sowie die Pflegeeltern persönlich anzuhören.	

Neues Recht (FamFG)	Altes Recht
(5) Das Jugendamt hat die Eltern, den Vormund oder den Pfleger auf deren Wunsch bei der Zuführung zur Unterbringung zu unterstützen.	**§ 70 d FGG [Äußerungsrechte Dritter]** (1) … (2) Ist der Betroffene minderjährig, sind die Elternteile, denen die Personensorge zusteht, der gesetzliche Vertreter in persönlichen Angelegenheiten und die Pflegeltern persönlich anzuhören. **§70 g FGG [Bekanntmachung und Wirksamkeit der Entscheidung]** (1)–(4) …
(6) In Verfahren nach § 151 Nr. 6 und 7 soll der Sachverständige Arzt für Kinder- und Jugendpsychiatrie und -psychotherapie sein. In Verfahren nach § 151 Nr. 6 kann das Gutachten auch durch einen in Fragen der Heimerziehung ausgewiesenen Psychotherapeuten, Psychologen, Pädagogen oder Sozialpädagogen erstattet werden.	(5) Die zuständige Behörde hat den Betreuer, die Eltern, den Vormund oder den Pfleger auf ihren Wunsch bei der Zuführung zur Unterbringung nach § 70 Abs. 1 Satz 2 Nr. 1 zu unterstützen. *Bisher keine ausdrückliche Regelung.*
§ 168 Beschluss über Zahlungen des Mündels	**§ 56 g FGG [Festsetzung von Vorschuss, Aufwendungsersatz, Aufwandsentschädigung, Vergütung und Abschlagszahlung]**
(1) Das Gericht setzt durch Beschluss fest, wenn der Vormund, Gegenvormund oder Mündel die gerichtliche Festsetzung beantragt oder das Gericht sie für angemessen hält:	(1) Das Vormundschaftsgericht setzt durch gerichtlichen Beschluss fest, wenn der Vormund, Gegenvormund oder Mündel die gerichtliche Festsetzung beantragt oder das Gericht sie für angemessen hält:
1. Vorschuss, Ersatz von Aufwendungen, Aufwandsentschädigung, soweit der Vormund oder Gegenvormund sie aus der Staatskasse verlangen kann (§§ 1835 Abs. 4 und 1835 a Abs. 3 des Bürgerlichen Gesetzbuchs) oder ihm nicht die Vermögenssorge übertragen wurde; 2. eine dem Vormund oder Gegenvormund zu bewilligende Vergütung oder Abschlagszahlung (§ 1836 des Bürgerlichen Gesetzbuchs).	1. Vorschuss, Ersatz von Aufwendungen, Aufwandsentschädigung, soweit der Vormund oder Gegenvormund sie aus der Staatskasse verlangen kann (§§ 1835 Abs. 4 und 1835 a Abs. 3 des Bürgerlichen Gesetzbuchs) oder ihm nicht die Vermögenssorge übertragen wurde; 2. eine dem Vormund oder Gegenvormund zu bewilligende Vergütung oder Abschlagszahlung (§ 1836 des Bürgerlichen Gesetzbuchs).
Mit der Festsetzung bestimmt das Gericht Höhe und Zeitpunkt der Zahlungen, die der Mündel an die Staatskasse nach den §§ 1836 c und 1836 e des Bürgerlichen Gesetzbuchs zu leisten hat. Es kann die Zahlungen gesondert festsetzen, wenn diese zweckmäßig ist. Erfolgt keine Festsetzung nach Satz 1 und richten sich die in Satz 1 bezeichneten Ansprüche gegen die Staatskasse, gelten die Vorschriften über das Verfahren bei der Entschädigung von Zeugen hinsichtlich ihrer Auslagen sinngemäß.	Mit der Festsetzung bestimmt das Gericht Höhe und Zeitpunkt der Zahlungen, die der Mündel an die Staatskasse nach den §§ 1836 c, 1836 e des Bürgerlichen Gesetzbuchs zu leisten hat. Es kann die Zahlungen gesondert festsetzen, wenn die zweckmäßig ist. Erfolgt keine Festsetzung nach Satz 1 und richten sich die in Satz 1 bezeichneten Ansprüche gegen die Staatskasse, gelten die Vorschriften über das Verfahren bei der Entschädigung von Zeugen hinsichtlich ihrer Auslagen sinngemäß.
(2) In dem Antrag sollen die persönlichen und wirtschaftlichen Verhältnisse des Mündels dargestellt werden. § 118 Abs. 2 Satz 1 und 2 sowie § 120 Abs. 2 bis 4 Satz 1 und 2 der Zivilprozessordnung sind entsprechend anzuwenden. Steht nach der freien Überzeugung des Gerichts der Aufwand zur Ermittlung der persönlichen und wirtschaftlichen Verhältnisse des Mündels außer Verhältnis zur Höhe des aus der Staatskasse zu begleichenden Anspruchs oder zur Höhe der voraussichtlich vom Mündel zu	(2) In dem Antrag sollen die persönlichen und wirtschaftlichen Verhältnisse des Mündels dargestellt werden. § 118 Abs. 2 Satz 1 und 2 sowie § 120 Abs. 2 bis 4 Satz 1 und 2 der Zivilprozessordnung sind entsprechend anzuwenden. Steht nach der freien Überzeugung des Gerichts der Aufwand zur Ermittlung der persönlichen und wirtschaftlichen Verhältnisse des Mündels außer Verhältnis zur Höhe des aus der Staatskasse zu begleichenden Anspruchs oder zur Höhe der voraussichtlich vom Mündel zu

Neues Recht (FamFG)	Altes Recht
leistenden Zahlungen, kann das Gericht ohne weitere Prüfung den Anspruch festsetzen oder von einer Festsetzung dem vom Mündel zu leistenden Zahlungen absehen.

(3) Nach dem Tode des Mündels bestimmt das Gericht Höhe und Zeitpunkt der Zahlungen, die der Erbe des Mündels nach § 1836 e des Bürgerlichen Gesetzbuchs an die Staatskasse zu leisten hat. Der Erbe ist verpflichtet, dem Gericht über den Bestand des Nachlasses Auskunft zu erteilen. Er hat dem Gericht auf Verlangen ein Verzeichnis der zur Erbschaft gehörenden Gegenstände vorzulegen und an Eides Statt zu versichern, dass er nach bestem Wissen und Gewissen den Bestand so vollständig angegeben habe, als er dazu imstande sei.

(4) Der Mündel ist zu hören, bevor nach Absatz 1 eine von ihm zu leistende Zahlung festgesetzt wird. Vor einer Entscheidung nach Absatz 3 ist der Erbe zu hören.

(5) Auf die Pflegschaft sind die Absätze 1 bis 4 entsprechend anzuwenden. | leistenden Zahlungen, kann das Gericht ohne weitere Prüfung den Anspruch festsetzen oder von einer Festsetzung dem vom Mündel zu leistenden Zahlungen absehen.

(3) Nach dem Tode des Mündels bestimmt das Gericht Höhe und Zeitpunkt der Zahlungen, die der Erbe des Mündels nach § 1836 e des Bürgerlichen Gesetzbuchs an die Staatskasse zu leisten hat. Der Erbe ist verpflichtet, dem Gericht über den Bestand des Nachlasses Auskunft zu erteilen. Er hat dem Gericht auf Verlangen ein Verzeichnis der zur Erbschaft gehörenden Gegenstände vorzulegen und an Eides Statt zu versichern, dass er nach bestem Wissen und Gewissen den Bestand so vollständig angegeben habe, als er dazu imstande sei.

(4) Der Mündel ist zu hören, bevor nach Absatz 1 eine von ihm zu leistende Zahlung festgesetzt wird. Vor einer Entscheidung nach Absatz 3 ist der Erbe zu hören.

(5)–(6)

(7) Auf die Pflegschaft sind die Absätze 1 bis 6 entsprechend anzuwenden. |
| **§ 168 a Mitteilungspflichten des Standesamts**

(1) Wird dem Standesamt der Tod einer Person, die ein minderjähriges Kind hinterlassen hat, oder die Geburt eines Kindes nach dem Tod des Vaters oder das Auffinden eines Minderjährigen, dessen Familienstand nicht zu ermitteln ist, angezeigt, hat das Standesamt dies dem Familiengericht mitzuteilen.

(2) Führen Eltern, die gemeinsam für ein Kind sorgeberechtigt sind, keinen Ehenamen und ist von ihnen binnen eines Monats nach der Geburt des Kindes des Geburtsname des Kindes nicht bestimmt worden, teilt das Standesamt dies dem Familiengericht mit. | **§ 48 FGG [Anzeigepflicht des Standesbeamten]**

Wird einem Standesamt der Tod einer Person, die ein minderjähriges Kind hinterlassen hat, oder die Geburt eines Kindes nach dem Tod des Vaters oder die Auffindung eines Minderjährigen, dessen Familienstand nicht zu ermitteln ist, angezeigt, so hat das Standesamt dies dem Vormundschaftsgericht mitzuteilen.

§ 64 c FGG [Mitteilung des Standesamts]

Führen Eltern, die gemeinsam für ein Kind sorgeberechtigt sind, keinen Ehenamen und ist von ihnen binnen eines Monats nach der Geburt des Kindes der Geburtsname des Kindes nicht bestimmt worden, teilt das Standesamt dies dem für den Wohnsitz oder den gewöhnlichen Aufenthalt des Kindes zuständigen Familiengericht mit. |
| **Abschnitt 4:**
Verfahren in Abstammungssachen

§ 169 Abstammungssachen

Abstammungssachen sind Verfahren

1. auf Feststellung des Bestehens oder Nichtbestehens eines Eltern-Kind-Verhältnisses, insbesondere der Wirksamkeit oder Unwirksamkeit einer Anerkennung der Vaterschaft,
2. auf Ersetzung der Einwilligung in eine genetische Abstammungsuntersuchung und Anordnung der Duldung einer Probeentnahme,
3. auf Einsicht in ein Abstammungsgutachten oder Aushändigung einer Abschrift oder
4. auf Anfechtung der Vaterschaft. | **§ 640 ZPO [Kindschaftssachen]**

(1) ...

(2) Kindschaftssachen sind Verfahren, welche zum Gegenstand haben
1. die Feststellung des Bestehens oder Nichtbestehens eines Eltern-Kind-Verhältnisses; hierunter fällt auch die Feststellung der Wirksamkeit oder Unwirksamkeit einer Anerkennung der Vaterschaft,
2. die Ersetzung der Einwilligung in eine genetische Abstammungsuntersuchung und Anordnung der Duldung einer Probeentnahme, |

216

Neues Recht (FamFG)	Altes Recht
	3. auf Einsicht in ein Abstammungsgutachten oder Aushändigung einer Abschrift, 4. die Anfechtung der Vaterschaft oder 5. die Feststellung des Bestehens oder Nichtbestehens der elterlichen Sorge der einen Parteien für die andere.
§ 170 Örtliche Zuständigkeit (1) Ausschließlich zuständig ist das Gericht, in dessen Bezirk das Kind seinen gewöhnlichen Aufenthalt hat. (2) Ist die Zuständigkeit eines deutschen Gerichts nach Absatz 1 nicht gegeben, ist der gewöhnliche Aufenthalt der Mutter, ansonsten der des Vaters maßgebend. (3) Ist eine Zuständigkeit nach den Absätzen 1 und 2 nicht gegeben, ist das Amtsgericht Schöneberg in Berlin ausschließlich zuständig.	**§ 640 a ZPO [Zuständigkeit]** (1) Ausschließlich zuständig ist das Gericht, in dessen Bezirk das Kind seinen Wohnsitz oder bei Fehlen eines inländischen Wohnsitzes seinen gewöhnlichen Aufenthalt hat. Erhebt die Mutter die Klage, so ist auch das Gericht zuständig, in dessen Bezirk die Mutter ihren Wohnsitz oder bei Fehlen eines inländischen Wohnsitzes ihren gewöhnlichen Aufenthalt hat. Haben das Kind und die Mutter im Inland keinen Wohnsitz oder gewöhnlichen Aufenthalt, so ist der Wohnsitz oder bei Fehlen eines inländischen Wohnsitzes der gewöhnliche Aufenthalt des Mannes maßgebend. Ist eine Zuständigkeit eines Gerichts nach diesen Vorschriften nicht begründet, so ist das Familiengericht beim Amtsgericht Schöneberg in Berlin ausschließlich zuständig. Die Vorschriften sind auf Verfahren nach § 1615o des Bürgerlichen Gesetzbuchs entsprechend anzuwenden. (2) ...
171 Antrag (1) Das Verfahren wird durch einen Antrag eingeleitet. (2) In dem Antrag sollen das Verfahrensziel und die betroffenen Personen bezeichnet werden. In einem Verfahren auf Anfechtung der Vaterschaft nach § 1600 Abs. 1 Nr. 1 bis 4 des Bürgerlichen Gesetzbuchs sollen die Umstände angegeben werden, die gegen die Vaterschaft sprechen, sowie der Zeitpunkt, in dem diese Umstände bekannt wurden. In einem Verfahren auf Anfechtung der Vaterschaft nach § 1600 Abs. 1 Nr. 5 des Bürgerlichen Gesetzbuchs müssen die Umstände angegeben werden, die die Annahme rechtfertigen, dass die Voraussetzungen des § 1600 Abs. 3 des Bürgerlichen Gesetzbuchs vorliegen, sowie der Zeitpunkt, in dem diese Umstände bekannt wurden.	*Bisher keine gesonderte Regelung, ZPO-Regeln fanden Anwendung.*
§ 172 Beteiligte (1) Zu beteiligen sind 1. das Kind, 2. die Mutter, 3. der Vater. (2) Das Jugendamt ist in den Fällen des § 176 Abs. 1 Satz 1 auf seinen Antrag zu beteiligen.	**§ 640 e ZPO [Beiladung; Streitverkündung]** (1) Ist an dem Rechtsstreit ein Elternteil oder das Kind nicht als Partei beteiligt, so ist der Elternteil oder das Kind unter Mitteilung der Klage zum Termin zur mündlichen Verhandlung zu laden. Der Elternteil oder das Kind kann der einen oder anderen Partei zu ihrer Unterstützung beitreten. (2) ...

Neues Recht (FamFG)	Altes Recht
§ 173 Vertretung eines Kindes durch einen Beistand Wird das Kind durch das Jugendamt als Beistand vertreten, ist die Vertretung durch den sorgeberechtigten Elternteil ausgeschlossen.	**§ 53a ZPO [Vertretung eines Kindes durch Beistand]** Wird in einem Rechtsstreit ein Kind durch einen Beistand vertreten, so ist die Vertretung durch den sorgeberechtigten Elternteil ausgeschlossen.
§ 174 Verfahrensbeistand Das Gericht hat einem minderjährigen Beteiligten in Abstammungssachen einen Verfahrensbeistand zu bestellen, sofern dies zur Wahrnehmung seiner Interessen erforderlich ist. § 158 Abs. 2 Nr. 1 sowie Abs. 3 bis 7 gilt entsprechend.	*Bisher keine Regelung.*
§ 175 Erörterungstermin; persönliche Anhörung (1) Das Gericht soll vor einer Beweisaufnahme über die Abstammung die Angelegenheit in einem Termin erörtern. Es soll das persönliche Erscheinen der verfahrensfähigen Beteiligten anordnen. (2) Das Gericht soll vor einer Entscheidung über die Ersetzung der Einwilligung in eine genetische Abstammungsuntersuchung und die Anordnung der Duldung der Probeentnahme (§ 1598a Abs. 2 des Bürgerlichen Gesetzbuchs) die Eltern und ein Kind, das das 14. Lebensjahr vollendet hat, persönlich anhören. Ein jüngeres Kind kann das Gericht persönlich anhören.	*Bisher keine Regelung.*
§ 176 Anhörung des Jugendamts (1) Das Gericht soll im Fall einer Anfechtung nach § 1600 Abs. 1 Nr. 2 und 5 des Bürgerlichen Gesetzbuchs sowie im Fall einer Anfechtung nach § 1600 Abs. 1 Nr. 4 des Bürgerlichen Gesetzbuchs, wenn die Anfechtung durch den gesetzlichen Vertreter erfolgt, das Jugendamt anhören. Im Übrigen kann das Gericht das Jugendamt anhören, wenn ein Beteiligter minderjährig ist. (2) Das Gericht hat dem Jugendamt in den Fällen einer Anfechtung nach Absatz 1 Satz 1 sowie einer Anhörung nach Absatz 1 Satz 2 die Entscheidung mitzuteilen. Gegen den Beschluss steht dem Jugendamt die Beschwerde zu.	**§ 640d ZPO [Einschränkung des Untersuchungsgrundsatzes; Beteiligung des Jugendamts]** (1) ... (2) Das Gericht hört das Jugendamt vor einer Entscheidung im Fall der Anfechtung nach § 1600 Abs. 1 Nr. 5 des Bürgerlichen Gesetzbuchs an. § 49a des Gesetzes über die Angelegenheiten der freiwilligen Gerichtsbarkeit gilt entsprechend. *Bisher keine Regelung.*
§ 177 Eingeschränkte Amtsermittlung; förmliche Beweisaufnahme (1) In Verfahren auf Anfechtung der Vaterschaft dürfen von den beteiligten Personen nicht vorgebrachte Tatsachen nur berücksichtigt werden, wenn sie geeignet sind, dem Fortbestand der Vaterschaft zu dienen, oder wenn der die Vaterschaft Anfechtende einer Berücksichtigung nicht widerspricht.	**§ 640d ZPO [Einschränkung des Untersuchungsgrundsatzes; Beteiligung des Jugendamts]** (1) Ist die Vaterschaft angefochten, so kann das Gericht gegen den Widerspruch des Anfechtenden Tatsachen, die von den Parteien nicht vorgebracht sind, nur insoweit berücksichtigen, als sie geeignet sind, der Anfechtung entgegengesetzt zu werden. (2) ...

Neues Recht (FamFG)	Altes Recht
(2) Über die Abstammung in Verfahren nach § 169 Nr. 1 und 4 hat eine förmliche Beweisaufnahme stattzufinden. Die Begutachtung durch einen Sacheverständigen kann durch die Verwertung eines von einem Beteiligten mit Zustimmung der anderen Beteiligten eingeholten Gutachtens über die Abstammung ersetzt werden, wenn das Gericht keine Zweifel an der Richtigkeit und Vollständigkeit der im Gutachten getroffenen Feststellungen hat und die Beteiligten zustimmen.	*Verstand sich bisher aufgrund des ZPO-Verfahrens von selbst.*
§ 178 Untersuchungen zur Feststellung der Abstammung (1) Soweit es zur Feststellung der Abstammung erforderlich ist, hat jede Person Untersuchungen, insbesondere die Entnahme von Blutproben, zu dulden, es sei denn, dass ihr die Untersuchung nicht zugemutet werden kann.	**§ 372 ZPO [Untersuchungen zur Feststellung der Abstammung]** (1) Soweit es in den Fällen der §§ 1600 c und 1600 d des Bürgerlichen Gesetzbuchs oder in anderen Fällen zur Feststellung der Abstammung erforderlich ist, hat jede Person Untersuchungen, insbesondere die Entnahme von Blutproben zum zwecke der Blutgruppenuntersuchung zu dulden, soweit die Untersuchung nach den anerkannten Grundsätzen der Wissenschaft eine Aufklärung des Sachverhalts verspricht und dem zu Untersuchenden nach der Art der Untersuchung, nach den Folgen ihres Ergebnisses für ihn oder einen der im § 383 Abs. 1 Nr. 1 bis 3 bezeichneten Angehörigen und ohne Nachteil für seine Gesundheit zugemutet werden kann.
(2) Die §§ 386 bis 390 der Zivilprozessordnung gelten entsprechend. Bei wiederholter unberechtigter Verweigerung der Untersuchung kann auch unmittelbarer Zwang angewendet, insbesondere die zwangsweise Vorführung zur Untersuchung angeordnet werden.	(2) Die Vorschriften der §§ 386 bis 390 sind entsprechend anzuwenden. Bei wiederholter unberechtigter Verweigerung der Untersuchung kann auch unmittelbarer Zwang angewendet, insbesondere die zwangsweise Vorführung zum Zwecke der Untersuchung angeordnet werden.
§ 179 Mehrheit von Verfahren (1) Abstammungssachen, die dasselbe Kind betreffen, können miteinander verbunden werden. Mit einem Verfahren auf Feststellung des Bestehens der Vaterschaft kann eine Unterhaltssache nach § 237 verbunden werden- (2) Im Übrigen ist eine Verbindung von Abstammungssache miteinander oder mit anderen Verfahren unzulässig.	**§ 640 c ZPO [Klagenverbindung; Widerklage]** (1) Mit einer der im § 640 bezeichneten Klagen kann eine Klage anderer Art nicht verbunden werden. Eine Widerklage anderer Art kann nicht erhoben werden. § 653 Abs. 1 bleibt unberührt. (2) ...
§ 180 Erklärungen zur Niederschrift des Gerichts Die Anerkennung der Vaterschaft, die Zustimmung der Mutter sowie der Widerruf der Anerkennung können auch in einem Erörterungstermin zur Niederschrift des Gerichts erklärt werden. Das Gleiche gilt für die etwa erforderliche Zustimmung des Mannes, der im Zeitpunkt der Geburt mit der Mutter des Kindes verheiratet ist, des Kindes oder eines gesetzlichen Vertreters.	**§ 641 c ZPO [Beurkundung]** Die Anerkennung der Vaterschaft, die Zustimmung der Mutter sowie der Widerruf der Anerkennung können auch in der mündlichen Verhandlung zur Niederschrift des Gerichts erklärt werden. Das Gleiche gilt für die etwa erforderliche Zustimmung des Mannes, der im Zeitpunkt der Geburt mit der Mutter des Kindes verheiratet ist, des Kindes oder eines gesetzlichen Vertreters.

Neues Recht (FamFG)	Altes Recht
§ 181 Tod eines Beteiligten	**§ 640 ZPO [Kindschaftssachen]**
Stirbt ein Beteiligter vor Rechtskraft der Endentscheidung, hat das Gericht die übrigen Beteiligten darauf hinzuweisen, dass das Verfahren nur fortgesetzt wird, wenn ein Beteiligter innerhalb einer Frist von einem Monat dies durch Erklärung gegenüber dem Gericht verlangt. Verlangt kein Beteiligter innerhalb dem Gericht gesetzten Frist die Fortsetzung des Verfahrens, gilt dieses als in der Hauptsache erledigt.	(1) Die Vorschriften dieses Abschnitts sind in Kindschaftssachen mit Ausnahme der Verfahren nach § 1598 a Abs. 2 und 4 und § 1600 e Abs. 2 des Bürgerlichen Gesetzbuchs anzuwenden; die §§ 609, 611 Abs. 2, die §§ 612, 613, 615, 616 Abs. 1 und die §§ 617, 618, 619 und 632 Abs. 4 sind entsprechend anzuwenden.
	(2) ...
	§ 619 ZPO [Tod eines Ehegatten]
	Stirbt einer der Ehegatten, bevor das Urteil rechtskräftig ist, so ist das Verfahren in der Hauptsache als erledigt anzusehen.
	§ 640 g ZPO [Tod der klagenden Partei im Anfechtungsprozess]
	Hat das Kind oder die Mutter die Klage auf Anfechtung oder Feststellung der Vaterschaft erhoben und stirbt die klagende Partei vor Rechtskraft des Urteils, so ist § 619 nicht anzuwenden, wenn der andere Klageberechtigte das Verfahren aufnimmt. Wird das Verfahren nicht binnen eines Jahres aufgenommen, so ist der Rechtsstreit in der Hauptsache als erledigt anzusehen.
§ 182 Inhalt des Beschlusses	**§ 640 f ZPO [Wirkungen des Urteils]**
(1) Ein rechtskräftiger Beschluss, der das Nichtbestehen einer Vaterschaft nach § 1592 des Bürgerlichen Gesetzbuchs infolge der Anfechtung nach § 1600 Abs. 1 Nr. 2 des Bürgerlichen Gesetzbuchs feststellt, enthält die Feststellung der Vaterschaft des Anfechtenden. Diese Wirkung ist in der Beschlussformel von Amts wegen auszusprechen.	(1) ...
	(2) Ein rechtskräftiges Urteil, welches das Nichtbestehen einer Vaterschaft nach § 1592 des Bürgerlichen Gesetzbuchs infolge der Anfechtung nach § 1600 Abs. 1 Nr. 2 des Bürgerlichen Gesetzbuchs feststellt, beinhaltet die Feststellung der Vaterschaft des Anfechtenden. Diese Wirkung ist im Tenor des Urteils von Amts wegen auszusprechen.
	§ 641 h [Inhalt der Urteilsformel]
(2) Weist das Gericht einen Antrag auf Feststellung des Nichtbestehens der Vaterschaft ab, weil es den Antragsteller oder einen anderen Beteiligten als Vater festgestellt hat, spricht es dies in der Beschlussformel aus.	Weist das Gericht eine Klage auf Feststellung des Nichtbestehens der Vaterschaft ab, weil es den Kläger oder den Beklagten als Vater festgestellt hat, so spricht es dies in der Urteilsformel aus.
§ 183 Kosten bei Anfechtung der Vaterschaft	**§ 93 c [Kosten bei Klage auf Anfechtung der Vaterschaft]**
Hat ein Antrag auf Anfechtung der Vaterschaft Erfolg, tragen die Beteiligten, mit Ausnahme des minderjährigen Kindes, die Gerichtskosten zu gleichen Teilen; die Beteiligten tragen ihre außergerichtlichen Kosten selbst.	Hat eine Klage auf Anfechtung der Vaterschaft Erfolg, so sind die Kosten gegeneinander aufzuheben. ...
§ 184 Wirksamkeit des Beschlusses, Abschluss der Abänderung, ergänzende Vorschriften über die Beschwerde	**§ 55 b [Verfahren zur Feststellung der Vaterschaft]**
(1) Die Endentscheidung in Abstammungssachen wird mit Rechtskraft wirksam. Eine Abänderung ist ausgeschlossen.	(1) ...
	(2) Eine Verfügung, durch die das Familiengericht über den Antrag auf Vaterschaft entscheidet, wird erst mit der Rechtskraft wirksam.

Neues Recht (FamFG)	Altes Recht
(2) Soweit über die Abstammung entschieden ist, wirkt der Beschluss für und gegen alle.	**§ 640 h [Wirkungen des Urteils]** (1) Das Urteil wirkt, sofern es bei Lebzeiten der Parteien rechtskräftig wird, für und gegen alle. Ein Urteil, welches das Bestehen des Eltern-Kind-Verhältnisses oder der elterlichen Sorge feststellt, wirkt jedoch gegenüber einem Dritten, der das elterliche Verhältnis oder die elterliche Sorge für sich in Anspruch nimmt, nur dann, wenn er an dem Rechtsstreit teilgenommen hat. Satz 2 ist auf solche rechtskräftigen Urteile nicht anzuwenden, die das Bestehen der Vaterschaft nach § 1600 d des Bürgerlichen Gesetzbuchs feststellen.
(3) Gegen Endentscheidungen in Abstammungssachen steht auch demjenigen die Beschwerde zu, der an dem Verfahren beteiligt war oder zu beteiligen gewesen wäre.	(2) ...
§ 185 Wiederaufnahme des Verfahrens (1) Der Restitutionsantrag gegen einen rechtskräftigen Beschluss, in dem über die Abstammung entschieden ist, ist auch statthaft, wenn ein Beteiligter ein neues Gutachten über die Abstammung vorlegt, das allein oder in Verbindung mit den in früheren Verfahren erhobenen Beweisen eine andere Entscheidung herbeigeführt haben würde.	**§ 641 i ZPO [Restitutionsklage]** (1) Die Restitutionsklage gegen ein rechtskräftiges Urteil, in dem über die Abstammung entschieden ist, findet außer in den Fällen des § 580 statt, wenn die Partei ein neues Gutachten über die Abstammung vorlegt, das allein oder in Verbindung mit den in dem früheren Verfahren erhobenen Beweisen eine andere Entscheidung herbeigeführt haben würde.
(2) Der Antrag auf Wiederaufnahme kann auch von dem Beteiligten erhoben werden, der in den früheren Verfahren obsiegt hat.	(2) Die Klage kann auch von der Partei erhoben werden, die in dem früheren Verfahren obsiegt hat.
(3) Für den Antrag ist das Gericht ausschließlich zuständig, das im ersten Rechtszug entschieden hat; ist der angefochtene Beschluss von dem Beschwerdegericht oder dem Rechtsbeschwerdegericht erlassen, ist das Beschwerdegericht zuständig. Wird der Antrag mit einem Nichtigkeitsantrag oder mit einem Restitutionsantrag nach § 580 der Zivilprozessordnung verbunden, ist § 584 der Zivilprozessordnung anzuwenden.	(3) Für die Klage ist das Gericht ausschließlich zuständig, das im ersten Rechtszug erkannt hat; ist das angefochtene Urteil von dem Berufungs- oder Revisionsgericht zuständig. Wird die Klage mit einer Nichtigkeitsklage oder mit einer Restitutionsklage nach § 580 verbunden, so bewendet es bei § 584.
(4) § 586 der Zivilprozessordnung ist nicht anzuwenden.	(4) § 586 ist nicht anzuwenden.
Verfahren in Adoptionssachen **§ 186 Adoptionssachen** Adoptionssachen sind Verfahren, die 1. die Annahme als Kind, 2. die Ersetzung der Einwilligung zur Annahme als Kind, 3. die Aufhebung des Annahmeverhältnisses oder 4. die Befreiung vom Eheverbot des § 1308 Abs. 1 des Bürgerlichen Gesetzbuchs betreffen.	*Bisher keine gesetzliche Definition der Adoptionssachen.*

Neues Recht (FamFG)	Altes Recht
§ 187 Örtliche Zuständigkeit (1) Für Verfahren nach § 186 Nr. 1 bis 3 ist das Gericht ausschließlich zuständig, in dessen Bezirk der Annehmende oder einer der Annehmenden seinen gewöhnlichen Aufenthalt hat. (2) Ist die Zuständigkeit eines deutschen Gerichts nach Absatz 1 nicht gegeben, ist der gewöhnliche Aufenthalt des Kindes maßgebend. (3) Für Verfahren nach § 184 Nr. 4 ist das Gericht ausschließlich zuständig, in dessen Bezirk einer der Verlobten seinen gewöhnlichen Aufenthalt hat. (4) Ist nach den Absätzen 1 bis 3 eine Zuständigkeit nicht gegeben, ist das Amtsgericht Schöneberg in Berlin zuständig. Es kann die Sache aus wichtigem Grund an ein anderes Gericht verweisen.	**§ 43 b FGG [Zuständigkeit bei Kindesannahme]** (1) Für Angelegenheiten, welche die Annahme eines Kindes betreffen, sind die deutschen Gerichte zuständig, wenn der Annehmende, einer der annehmenden Ehegatten oder das Kind 1. Deutscher ist oder 2. seinen gewöhnlichen Aufenthalt im Inland hat ... (2) (3) Ist der Annehmende oder einer der annehmenden Ehegatten Deutscher und hat er im Inland weder Wohnsitz noch Aufenthalt, so ist das Amtsgericht Schöneberg in Berlin-Schöneberg zuständig. Es kann die Sache aus wichtigen Gründen an ein anderes Gericht abgeben; die Abgabeverfügung ist für dieses Gericht bindend. (4) Hat der Annehmende oder einer der anderen annehmenden Ehegatten im Inland weder Wohnsitz noch Aufenthalt, so ist das Gericht zuständig, in dessen Bezirk das Kind seinen Wohnsitz oder, falls ein solcher im Inland fehlt, Aufenthalt hat. Ist das Kind Deutscher und hat es im Inland weder Wohnsitz noch Aufenthalt, so ist das Amtsgericht Schöneberg in Berlin-Schöneberg zuständig. Es kann die Sache aus wichtigen Gründen an ein anderes Gericht abgeben; die Abgabeverfügung ist für dieses Gericht bindend. **§ 44 a FGG [Zuständigkeit für Befreiung vom Eheverbot]** (1) Für die Befreiung vom Eheverbot wegen der durch die Annahme als Kind begründeten Verwandtschaft in der Seitenlinie ist das Gericht zuständig, in dessen Bezirk einer der Verlobten seinen gewöhnlichen Aufenthalt hat. Hat keiner von ihnen seinen gewöhnlichen Aufenthalt im Inland, so ist das Amtsgericht Schöneberg in Berlin-Schöneberg zuständig. Es kann die Sache aus wichtigen Gründen an ein anderes Gericht abgeben; die Abgabeverfügung ist für dieses Gericht bindend. (2) ...

§ 188 Beteiligte
 	
(1) Zu beteiligen sind
 	
1. in Verfahren nach § 186 Nr. 1
 	
  a) der Annehmende und der Anzunehmende,
 	
  b) die Eltern des Anzunehmenden, wenn dieser entweder minderjährig ist und ein Fall des § 1747 Abs. 2 Satz 2 oder Abs. 4 des Bürgerlichen Gesetzbuchs nicht vorliegt oder im Fall des § 1772 des Bürgerlichen Gesetzbuchs,
	Bisher keine Regelung.

Neues Recht (FamFG)	Altes Recht
c) der Ehegatte des Annehmenden und der Ehegatte des Anzunehmenden, sofern nicht ein Fall des § 1749 Abs. 3 des Bürgerlichen Gesetzbuchs vorliegt,	
2. in Verfahren nach § 186 Nr. 2 derjenige, dessen Einwilligung ersetzt werden soll,	
3. in Verfahren nach § 186 Nr. 3 a) der Annehmende und der Angenommene, b) die leiblichen Eltern des minderjährigen Angenommenen.	
4. in Verfahren nach § 186 Nr. 4 die Verlobten.	
(2) Das Jugendamt und das Landesjugendamt sind auf ihren Antrag zu beteiligen.	
§ 189 Fachliche Äußerungen einer Adoptionsvermittlungsstelle Wird ein Minderjähriger als Kind angenommen, hat das Gericht eine fachliche Äußerung der Adoptionsvermittlungsstelle, die das Kind vermittelt hat, einzuholen, ob das Kind und die Familie des Annehmenden für die Annahme geeignet sind. Ist keine Adoptionsstelle tätig geworden, ist eine fachliche Äußerung des Jugendamt oder einer Adoptionsvermittlungsstelle einzuholen. Die fachliche Äußerung ist kostenlos abzugeben.	**§ 56d FGG [Gutachten einer Adoptionsvermittlungstelle]** Wird ein Minderjähriger als Kind angenommen, so hat das Gericht eine gutachtliche Äußerung der Adoptionsvermittlungsstelle, die das Kind vermittelt hat, einzuholen, ob das Kind und die Familie des Annehmenden für die Annahme geeignet sind. Ist keine Adoptionsvermittlungsstelle tätig geworden, ist eine gutachtliche Äußerung des Jugendamts · oder einer Adoptionsvermittlungsstelle einzuholen. Die gutachtliche Äußerung ist kostenlos zu erstatten.
§ 190 Bescheinigung über den Eintritt der Vormundschaft Ist das Jugendamt nach § 1751 Abs. 1 Satz 1 und 2 des Bürgerlichen Gesetzbuchs Vormund geworden, hat das Familiengericht ihm unverzüglich eine Bescheinigung über den Eintritt der Vormundschaft zu erteilen; § 1791 des Bürgerlichen Gesetzbuchs ist nicht anzuwenden.	**§ 1751 BGB [Wirkung der elterlichen Einwilligung, Verpflichtung zum Unterhalt]** (1) ... Das Vormundschaftsgericht hat dem Jugendamt unverzüglich eine Bescheinigung über den Eintritt der Vormundschaft zu erteilen; § 1791 ist nicht anzuwenden. ... (2)–(4) ...
§ 191 Verfahrensbeistand Das Gericht hat einem minderjährigen Beteiligten in Adoptionssachen einen Verfahrensbeistand zu bestellen, sofern dies zur Wahrnehmung seiner Interessen erforderlich ist. § 158 Abs. 2 Nr. 1 sowie Abs. 3 bis 7 gilt entsprechend.	**§ 56f FGG [Aufhebung des Annahmeverhältnisses]** (1) ... (2) Ist das Kind minderjährig oder geschäftsunfähig und ist der Annehmende sein gesetzlicher Vertreter, so hat das Gericht dem Kind für das Aufhebungsverfahren einen Pfleger zu bestellen. § 50 Abs. 3 bis 5 gilt entsprechend. (3) ...
§ 192 Anhörung der Beteiligten (1) Das Gericht hat in Verfahren auf Annahme als Kind oder auf Aufhebung des Annahmeverhältnisses des Annehmenden und das Kind persönlich anzuhören.	**§ 55c FGG [Verfahren zur Ehelicherklärung oder Adoption]** In Verfahren, die die Annahme eines Minderjährigen als Kind betreffen, gelten für die Anhörung eines minderjährigen Kindes die Vorschriften des § 50b Abs. 1, 2 Satz 1, Abs. 3 entsprechend.

Neues Recht (FamFG)	Altes Recht
	§ 50 b FGG [Anhörung des Kindes] (1) Das Gericht hört in einem Verfahren, das die Personen- oder Vermögenssorge betrifft, das Kind persönlich an, wenn die Neigungen, Bindungen oder der Wille des Kindes für die Entscheidung von Bedeutung sind oder wenn es zur Feststellung des Sachverhalts angezeigt erscheint, dass sich das Gericht von dem Kind einen unmittelbaren Eindruck verschafft. (2) Hat ein Kind das vierzehnte Lebensjahr vollendet und ist es nicht geschäftsunfähig, so hört das Gericht in einem Verfahren, das die Personensorge betrifft, das Kind stets persönlich an. ... (3) In den Fällen des Absatzes 1 und des Absatzes 2 Satz 1 darf das Gericht von der Anhörung nur aus schwerwiegenden Gründen absehen. Unterbleibt die Anhörung alleine wegen Gefahr im Verzuge, so ist sie unverzüglich nachzuholen.
§ 193 Anhörung weiterer Personen Das Gericht hat in Verfahren auf Annahme als Kind die Kinder des Annehmenden und des Anzunehmenden anzuhören. § 192 Abs. 3 gilt entsprechend.	*Bislang keine Regelung.*
§ 194 Anhörung des Jugendamts (1) In Adoptionssachen hat das Gericht das Jugendamt anzuhören, sofern der Anzunehmende oder Angenommene minderjährig ist. Dies gilt nicht, wenn das Jugendamt nach § 189 eine fachliche Äußerung abgegeben hat. (2) Das Gericht hat dem Jugendamt in den Fällen, in denen dieses angehört wurde oder eine fachliche Äußerung abgegeben hat, die Entscheidung mitzuteilen. Gegen den Beschluss steht dem Jugendamt die Beschwerde zu.	**§ 49 FGG [Anhörung des Jugendamtes]** (1) Das Vormundschaftsgericht hört das Jugendamt vor einer Entscheidung nach folgenden Vorschriften des Bürgerlichen Gesetzbuchs: 1. Annahme als Kind (§ 1741), sofern das Jugendamt nicht eine gutachtliche Äußerung nach § 56 d abgegeben hat, 2. Ersetzung der Einwilligung eines Elternteils in die Annahme als Kind (§ 1748), 3. Aufhebung des Annahmeverhältnisses (§§ 1760 und 1763), 4. Rückübertragung der elterlichen Sorge (§ 1751 Abs. 3, § 1764 Abs. 4) (2) ... (3) Dem Jugendamt und dem Landesjugendamt sind alle Entscheidungen des Gerichts bekannt zu machen, zu denen sie nach dieser Vorschrift zu hören waren.
§ 195 Anhörung des Landesjugendamts (1) In den Fällen des § 11 Abs. 1 Nr. 2 und 3 des Adoptionsvermittlungsgesetzes hat das Gericht vor dem Ausspruch der Annahme auch die zentrale Adoptionsstelle des Landesjugendamts anzuhören, die nach § 11 Abs. 2 des Adoptionsvermittlungsgesetzes beteiligt worden ist. Ist eine zentrale Adoptionsstelle nicht beteiligt worden, tritt an seine Stelle das Landesjugendamt, in dessen Bereich das Jugendamt liegt, das nach § 194 Gelegenheit zur Äußerung erhält	**§ 49 FGG [Anhörung des Jugendamtes]** (1) ... (2) In den Fällen des § 11 Abs. 1 Nr. 2 und 3 des Adoptionsvermittlungsgesetzes hört das Vormundschaftsgericht vor dem Ausspruch der Annahme außerdem die zentrale Adoptionsstelle des Landesjugendamts, die nach § 11 Abs. 2 des Adoptionsvermittlungsgesetzes beteiligt worden ist. Ist eine zentrale Adoptionsstelle nicht beteiligt worden, so tritt an seine Stelle das Landesjugendamt, in dessen Bereich das

Neues Recht (FamFG)	Altes Recht
oder das nach § 189 eine fachliche Äußerung abgegeben hat.	Jugendamt liegt, das nach Absatz 1 Gelegenheit zur Äußerung erhält oder das eine gutachtliche Äußerung nach § 56 d abgegeben hat.
(2) Das Gericht hat dem Landesjugendamt alle Entscheidungen mitzuteilen, zu denen dieses nach Absatz 1 anzuhören war. Gegen den Beschluss steht dem Landesjugendamt die Beschwerde zu.	(3) Dem Jugendamt und dem Landesjugendamt sind alle Entscheidungen des Gerichts bekannt zu machen, zu denen sie nach dieser Vorschrift zu hören waren.
§ 196 Unzulässigkeit der Verbindung	
Eine Verbindung von Adoptionssachen mit anderen Verfahren ist unzulässig.	*Bisher keine besondere Regelung.*
§ 197 Beschluss über die Annahme als Kind	**§ 56 a FGG [Beschluss über Kindesannahme]**
(1) In einem Beschluss, durch den das Gericht die Annahme als Kind ausspricht, ist anzugeben, auf welche gesetzlichen Vorschriften sich die Annahme gründet. Wurde die Einwilligung eines Elternteils nach § 1747 Abs. 4 des Bürgerlichen Gesetzbuchs nicht für erforderlich erachtet, ist dies ebenfalls in dem Beschluss anzugeben.	In einem Beschluss, durch den das Gericht die Annahme als Kind ausspricht, ist anzugeben, auf welche Gesetzesvorschriften sich die Annahme gründet; wenn die Einwilligung eines Elternteils nach § 1747 Abs. 4 des Bürgerlichen Gesetzbuchs nicht für erforderlich erachtet wurde, ist dies ebenfalls in dem Beschluss anzugeben.
(2) In den Fällen des Absatzes 1 wird der Beschluss mit der Zustellung an den Annehmenden, nach dem Tod des Annehmenden mit der Zustellung an das Kind wirksam.	Der Beschluss wird mit der Zustellung an den Annehmenden, nach dem Tod des Annehmenden mit der Zustellung an das Kind wirksam.
(3) Der Beschluss ist nicht anfechtbar. Eine Abänderung oder Wiederaufnahme ist ausgeschlossen.	Er ist unanfechtbar; das Gericht kann ihn nicht ändern.
§ 198 Beschluss in weiteren Verfahren	**§ 53 FGG [Wirksamwerden sonstiger Verfügungen]**
(1) Der Beschluss über die Ersetzung einer Einwilligung oder Zustimmung zur Annahme als Kind wird erst mit Rechtskraft wirksam. Bei Gefahr im Verzug kann das Gericht die sofortige Wirksamkeit des Beschlusses anordnen. Der Beschluss wird mit Bekanntgabe an den Antragsteller wirksam. Eine Abänderung oder Wiederaufnahme ist ausgeschlossen.	(1) Eine Verfügung, durch die auf Antrag die Ermächtigung oder die Zustimmung eines anderen zu einem Rechtsgeschäft ersetzt oder die Beschränkung der Ausschließung der Berechtigung des Ehegatten, Geschäfte mit Wirkung für den anderen Ehegatten zu besorgen (§ 1357 Abs. 2 Satz 1 des Bürgerlichen Gesetzbuchs), aufgehoben wird, wird erst mit der Rechtskraft wirksam. Das gleiche gilt von einer Verfügung, durch die die Einwilligung oder Zustimmung eines Elternteils, des Vormundes oder Pflegers oder eines Ehegatten zu einer Annahme als Kind ersetzt wird.
	(2) Bei Gefahr im Verzuge kann das Gericht die sofortige Wirksamkeit der Verfügung anordnen. Die Verfügung wird mit der Bekanntmachung an den Antragsteller wirksam.
(2) Der Beschluss, durch den das Gericht das Annahmeverhältnis aufhebt, wird erst mit Rechtskraft wirksam; eine Abänderung oder Wiederaufnahme ist ausgeschlossen.	**§ 56 f FGG [Aufhebung des Annahmeverhältnisses]** (1)–(2) … (3) Der Beschluss, durch den das Gericht das Annahmeverhältnis aufhebt, wird erst mit der Rechtskraft wirksam.

Neues Recht (FamFG)	Altes Recht
	§ 18 FGG [Änderung einer Verfügung] (1) ... (2) Zu der Änderung einer Verfügung, die der sofortigen Beschwerde unterliegt, ist das Gericht nicht befugt.
(3) Der Beschluss, durch den die Befreiung vom Eheverbot nach § 1308 Abs. 1 des Bürgerlichen Gesetzbuchs erteilt wird, ist nicht anfechtbar; eine Abänderung oder Wiederaufnahme ist ausgeschlossen, wenn die Ehe geschlossen worden ist.	**§ 60 FGG [Sofortige Beschwerde]** (1) Die sofortige Beschwerde findet statt ... 6. gegen Verfügungen, die erst mit der Rechtskraft wirksam werden...
	§ 44 a FGG [Zuständigkeit für Befreiung vom Eheverbot] (1) ... (2) Die Verfügung, durch die das Gericht die Befreiung erteilt, ist unanfechtbar. Das Gericht darf sie nicht mehr ändern, wenn die Ehe geschlossen worden ist.
§ 199 Anwendung des Adoptionswirkungsgesetzes Die Vorschriften des Adoptionswirkungsgesetzes bleiben unberührt.	*Bislang keine Regelung.*
Abschnitt 6. **Verfahren in Wohnungszuweisungssachen und Hausratssachen** **§ 200 Wohnungszuweisungssachen; Hausratssachen** (1) Wohnungszuweisungssachen sind Verfahren 1. nach § 1361 b des Bürgerlichen Gesetzbuchs, 2. nach den §§ 2 bis 6 der Verordnung über die Behandlung der Ehewohnung und des Hausrats.	*Bislang keine Regelung.*
(2) Hausratssachen sind Verfahren 1. nach § 1361 a des Bürgerlichen Gesetzbuchs, 2. nach den §§ 2 und 8 bis 10 der Verordnung über die Behandlung der Ehewohnung und des Hausrats.	*Bislang keine Regelung.*
§ 201 Örtliche Zuständigkeit Ausschließlich zuständig ist in dieser Rangfolge: 1. während der Anhängigkeit einer Ehesache das Gericht, bei dem die Ehesache im ersten Rechtszug anhängig ist oder war, 2. das Gericht, in dessen Bezirk sich die gemeinsame Wohnung der Ehegatten befindet, 3. das Gericht, in dessen Bezirk der Antragsgegner seinen gewöhnlichen Aufenthalt hat, 4. das Gericht, in dessen Bezirk der Antragsteller seinen gewöhnlichen Aufenthalt hat.	**§ 11 HausratsVO [Zuständigkeit]** (1) Zuständig ist das Gericht der Ehesache des ersten Rechtszuges (Familiengericht). (2) Ist eine Ehesache nicht anhängig, so ist das Familiengericht zuständig, in dessen Bezirk sich die gemeinsame Wohnung der Ehegatten befindet. § 606 Abs. 2, 3 der Zivilprozessordnung gilt entsprechend. (3) ...
§ 202 Abgabe an das Gericht der Ehesache Wird eine Ehesache rechtshängig, während eine Wohnungszuweisungssache oder Hausratssache bei einem anderen Gericht im ersten	**§ 11 HausratsVO [Zuständigkeit]** ... (3) Wird, nachdem ein Antrag bei dem nach Absatz 2 zuständigen Gericht gestellt worden

Neues Recht (FamFG)	Altes Recht
Rechtszug anhängig ist, ist diese von Amts wegen an das Gericht der Ehesache abzugeben. § 281 Abs. 2 und 3 Satz 1 gilt entsprechend.	ist, eine Ehesache bei einem anderen Familiengericht rechtshängig, so gibt das Gericht im ersten Rechtszug das bei ihm anhängige Verfahren von Amts wegen an das Gericht der Ehesache ab. § 281 Abs. 2, 3 Satz 1 der Zivilprozessordnung gilt entsprechend.
§ 203 Antrag (1) Das Verfahren wird durch den Antrag eines Ehegatten eingeleitet.	**§ 1 HausratsVO [Aufgabe des Richters]** (1) Können sich die Ehegatten anlässlich der Scheidung nicht darüber einigen, wer von ihnen die Ehewohnung künftig bewohnen und wer die Wohnungseinrichtung und den sonstigen Hausrat erhalten soll, so regelt auf Antrag der Richter die Rechtsverhältnisse an der Wohnung und am Hausrat. (2) ...
(2) Der Antrag in Hausratssachen soll die Angabe der Gegenstände enthalten, deren Zuteilung begehrt wird. Dem Antrag in Hausratssachen nach § 200 Abs. 2 Nr. 2 soll zudem eine Aufstellung sämtlicher Hausratsgegenstände beigefügt werden, die auch deren genaue Bezeichnung enthält.	*Bisher keine ausdrückliche Regelung.*
(3) Der Antrag in Wohnungszuweisungssachen soll die Angabe enthalten, ob Kinder im Haushalt der Ehegatten leben.	*Bisher keine ausdrückliche Regelung.*
§ 204 Beteiligte (1) In Wohnungszuweisungssachen nach § 200 Abs. 1 Nr. 2 sind auch der Vermieter der Wohnung, der Grundstückseigentümer, der Dritte (§ 4 der Verordnung über die Behandlung der Ehewohnung und des Hausrats) und Personen, mit denen die Ehegatten oder einer von ihnen hinsichtlich der Wohnung in Rechtsgemeinschaft stehen, zu beteiligen.	**§ 7 HausratsVO [Beteiligte]** Außer den Ehegatten sind im gerichtlichen Verfahren auch der Vermieter der Ehewohnung, der Grundstückseigentümer, der Dienstherr (§ 4) und Personen, mit denen die Ehegatten oder einer von ihnen hinsichtlich der Wohnung in Rechtsgemeinschaft stehen, Beteiligte.
(2) Das Jugendamt ist in Wohnungszuweisungssache auf seinen Antrag zu beteiligen, wenn Kinder im Haushalt der Ehegatten leben.	**§ 49a FGG [Anhörung des Jugendamtes]** (1) ... (2) Das Familiengericht soll das Jugendamt in Verfahren über die Überlassung der Ehewohnung (§ 1361b des Bürgerlichen Gesetzbuchs) oder nach § 2 des Gewaltschutzgesetzes vor einer ablehnenden Entscheidung, wenn Kinder im Haushalt der Beteiligten leben. (2a)–(3) ...
§ 205 Anhörung des Jugendamts in Wohnungszuweisungssachen (1) In Wohnungszuweisungssachen soll das Gericht das Jugendamt anhören, wenn Kinder im Haushalt der Ehegatten leben. Unterbleibt die Anhörung allein wegen Gefahr im Verzug, ist sie unverzüglich nachholen.	**§ 49a FGG [Anhörung des Jugendamts durch das Familiengericht]** (1) ... (2) Das Familiengericht soll das Jugendamt in Verfahren über die Überlassung der Ehewohnung (§ 1361b BGB des Bürgerlichen Gesetzbuchs) oder nach § 2 des Gewaltschutzgesetzes vor einer ablehnenden Entscheidung anhören, wenn Kinder im Haushalt der Beteiligten leben. ...

Neues Recht (FamFG)	Altes Recht
	§ 49 FGG [Anhörung des Jugendamts durch das Vormundschaftsgericht] (1)–(2) ...
(2) Das Gericht hat in den Fällen des Absatzes 1 Satz 1 dem Jugendamt die Entscheidung mitzuteilen. Gegen den Beschluss steht dem Jugendamt die Beschwerde zu.	(3) Dem Jugendamt und dem Landesjugendamt sind alle Entscheidungen des Gerichts bekannt zu machen, zu denen sie nach dieser Vorschrift zu hören waren. (4) Bei Gefahr im Verzuge kann das Vormundschaftsgericht einstweilige Anordnungen schon vor Anhörung des Jugendamts treffen. Die Anhörung ist unverzüglich nachzuholen.
§ 206 Besondere Vorschriften in Hausratssachen (1) Das Gericht kann in Hausratssachen jedem Ehegatten aufgeben 1. die Hausratsgegenstände anzugeben, deren Zuteilung er begehrt, 2. eine Aufstellung sämtlicher Hausratsgegenstände einschließlich deren genauer Bezeichnung vorzulegen oder eine vorgelegte Aufstellung zu ergänzen, 3. sich über bestimmte Umstände zu erklären, eigene Angaben zu ergänzen oder zum Vortrag eines anderen Beteiligten Stellung zu nehmen oder 4. bestimmte Belege vorzulegen, um ihm hierzu eine angemessene Frist zu setzen.	*Bisher keine entsprechende Regelung.*
(2) Umstände, die erst nach Ablauf einer Frist nach Absatz 1 vorgebracht werden, können nur berücksichtigt werden, wenn dadurch nach der freien Überzeugung des Gerichts die Erledigung des Verfahrens nicht verzögert wird oder wenn die Ehegatte die Verspätung genügend entschuldigt.	*Präklusionsregelung ist neu, aber angelehnt an § 296 ZPO [Zurückweisung verspäteten Vorbringens]* **§ 296 ZPO [Zurückweisung verspäteten Vorbringens]** (1) Angriffs- und Verteidigungsmittel, die erst nach Ablauf einer hierfür gesetzten Frist (§ 273 Abs. 2 Nr. 1 und soweit die Fristsetzung gegenüber einer Partei ergeht, Nr. 5, § 275 Abs. 1 S. 1, Abs. 3, 4, § 276 Abs. 1 Satz 2, Abs. 3, § 277) vorgebracht werden, sind nur zuzulassen, wenn nach der freien Überzeugung des Gerichts ihre Zulassung die Erledigung des Rechtsstreits nicht verzögern würde oder wenn die Partei die Verspätung genügend entschuldigt.
(3) Kommt ein Ehegatte einer Auflage nach Absatz 1 nicht nach oder sind nach Absatz 2 Umstände nicht zu berücksichtigen, ist das Gericht insoweit zur weiteren Aufklärung des Sachverhalts nicht verpflichtet.	*Bisher keine entsprechende Regelung.*
§ 207 Erörterungstermin Das Gericht soll die Angelegenheit mit den Ehegatten in einem Termin erörtern. Es soll das persönliche Erscheinen der Ehegatten anordnen.	**§ 13 HausratsVO [Allgemeine Verfahrensvorschriften]** (1) ... (2) Der Richter soll mit den Beteiligten in der Regel mündlich verhandeln und hierbei darauf hinwirken, dass sie sich gütlich einigen. (3)–(4) ...

Neues Recht (FamFG)	Altes Recht
§ 208 Tod eines Ehegatten Stirbt einer der Ehegatten vor Abschluss des Verfahrens, gilt dieses als in der Hauptsache erledigt.	*Bisher keine Regelung.*
§ 209 Durchführung der Entscheidung, Wirksamkeit (1) Das Gericht soll mit der Endentscheidung die Anordnungen treffen, die zur ihrer Durchsicht erforderlich sind. (2) Die Endentscheidung in Wohnungszuweisungs- und Hausratssachen wird mit Rechtskraft wirksam. Das Gericht soll in Wohnungszuweisungssachen nach § 200 Abs. 1 Nr. 1 die sofortige Wirksamkeit anordnen. (3) Mit der Anordnung der sofortigen Wirksamkeit kann das Gericht auf die Zulässigkeit der Vollstreckung vor der Zustellung an den Antragsgegner anordnen. In diesem Fall tritt die Wirksamkeit in dem Zeitpunkt ein, in dem die Entscheidung der Geschäftsstelle des Gerichts zur Bekanntmachung übergeben wird. Dieser Zeitpunkt ist auf der Entscheidung zu vermerken.	**§ 15 HausratsVO [Durchführung der Entscheidung]** Der Richter soll in seiner Entscheidung die Anordnung treffen, die zu ihrer Durchführung nötig sind. **§ 16 HausratsVO [Rechtskraft und Vollstreckung]** (1) Die Entscheidungen des Richters werden mit der Rechtskraft wirksam. ... *Bisher keine Regelung.* **§ 64b FGG [Verfahren nach dem Gewaltschutzgesetz]** (1) ... (2) ... Das Gericht kann jedoch die sofortige Wirksamkeit und die Zulässigkeit der Vollstreckung vor der Zustellung an den Antragsgegner anordnen. In diesem Falle werden die Entscheidungen auch in dem Zeitpunkt wirksam, in dem sie der Geschäftsstelle des Gerichts zur Bekanntmachung übergeben werden; dieser Zeitpunkt ist auf der Entscheidung zu vermerken ...
Abschnitt 7. **Verfahren in Gewaltschutzsachen** **§ 210 Gewaltschutzsachen** Gewaltschutzsachen sind Verfahren nach den §§ 1 und 2 des Gewaltschutzgesetzes.	**§ 64b FGG [Verfahren nach dem Gewaltschutzgesetz]** (1) Soweit Verfahren nach den §§ 1 und 2 des Gewaltschutzgesetzes den Familiengerichten zugewiesen sind, gelten die §§ 12 bis 16, 32 und 35 der Zivilprozessordnung entsprechend; zuständig ist darüber hinaus das Familiengericht, in dessen Bezirk sich die gemeinsame Wohnung der Beteiligten befindet. (2)–(4) ...
§ 211 Örtliche Zuständigkeit Ausschließlich zuständig ist nach Wahl des Antragstellers 1. das Gericht, in dessen Bezirk die Tat begangen wurde, 2. das Gericht, in dessen Bezirk sich die gemeinsame Wohnung des Antragsgegners befindet oder 3. das Gericht, in dessen Bezirk der Antragsgegner einen gewöhnlichen Aufenthalt hat.	**§ 64b FGG [Verfahren nach dem Gewaltschutzgesetz]** (1) Soweit Verfahren nach den §§ 1 und 2 des Gewaltschutzgesetzes den Familiengerichten zugewiesen sind, gelten die §§ 12 bis 16, 32 und 35 der Zivilprozessordnung entsprechend; zuständig ist darüber hinaus das Familiengericht, in dessen Bezirk sich die gemeinsame Wohnung der Beteiligten befindet. (2)–(4) ...

Neues Recht (FamFG)	Altes Recht
§ 212 Beteiligte In Verfahren nach § 2 des Gewaltschutzgesetzes ist das Jugendamt auf seinen Antrag zu beteiligen, wenn ein Kind in dem Haushalt lebt.	*Bisher keine Regelung.*
§ 213 Anhörung des Jugendamts (1) In Verfahren nach § 2 des Gewaltschutzgesetzes soll das Gericht das Jugendamt anhören, wenn Kinder in dem Haushalt leben. Unterbleibt die Anhörung allein wegen Gefahr im Verzug, ist sie unverzüglich nachzuholen. (2) Das Gericht hat in den Fällen des Absatzes 1 Satz 1 dem Jugendamt die Entscheidung mitzuteilen. Gegen den Beschluss steht dem Jugendamt die Beschwerde zu.	**§ 49 a FGG [Anhörung des Jugendamts durch das Familiengericht]** (1) ... (2) Das Familiengericht soll das Jugendamt in Verfahren über die Überlassung der Ehewohnung (§ 1361 b BGB des Bürgerlichen Gesetzbuchs) oder nach § 2 des Gewaltschutzgesetzes vor einer ablehnenden Entscheidung anhören, wenn Kinder im Haushalt der Beteiligten leben. (2 a) ... (3) § 49 Abs. 3 und 4 gilt entsprechend. **§ 49 FGG [Anhörung des Jugendamts durch das Vormundschaftsgericht]** (1)–(2) ... (3) Dem Jugendamt und dem Landesjugendamt sind alle Entscheidungen des Gerichts bekannt zu machen, zu denen sie nach dieser Vorschrift zu hören waren. (4) Bei Gefahr im Verzuge kann das Vormundschaftsgericht einstweilige Anordnungen schon vor Anhörung des Jugendamts treffen. Die Anhörung ist unverzüglich nachzuholen.
§ 214 Einstweilige Anordnung (1) Auf Antrag kann das Gericht durch einstweilige Anordnung eine vorläufige Regelung nach § 1 oder § 2 des Gewaltschutzgesetzes treffen. Ein dringendes Bedürfnis für ein sofortiges Tätigwerden liegt in der Regel vor, wenn eine Tat nach § 1 des Gewaltschutzgesetzes begangen wurde oder aufgrund konkreter Umstände mit einer Begehung zu rechnen ist. (2) Der Antrag auf Erlass der einstweiligen Anordnung gilt im Fall des Erlasses ohne mündliche Erörterung zugleich als Auftrag zur Zustellung durch den Gerichtsvollzieher unter Vermittlung der Geschäftsstelle und als Auftrag zur	**§ 64 b FGG [Verfahren nach dem Gewaltschutzgesetz]** (1)–(2) ... (3) Ist ein Verfahren nach den §§ 1 und 2 des Gewaltschutzgesetzes anhängig oder ist ein Antrag auf Bewilligung von Prozesskostenhilfe für ein solches Verfahren eingereicht, kann das Familiengericht auf Antrag im Wege einer einstweiligen Anordnung vorläufige Regelungen erlassen. Die §§ 620 a bis 620 g der Zivilprozessordnung gelten entsprechend. *Bisher keine entsprechende Regelung.* Das Gericht kann anordnen, dass die Vollziehung der einstweiligen Anordnung vor ihrer Zustellung an den Antragsgegner zulässig ist. Im Falle des Erlasses der einstweiligen Anordnung ohne mündliche Verhandlung wird die Anord-

Neues Recht (FamFG)	Altes Recht
Vollstreckung; auf Verlangen des Antragstellers darf die Zustellung nicht vor der Vollstreckung erfolgen.	nung auch mit Übergabe an die Geschäftsstelle zum Zwecke der Bekanntmachung wirksam. Das Gericht hat den Zeitpunkt der Übergabe auf der Entscheidung zu vermerken. Der Antrag auf Erlass der einstweiligen Anordnung gilt im Falles des Erlasses ohne mündliche Verhandlung als Auftrag zur Zustellung durch den Gerichtsvollzieher unter Vermittlung der Geschäftsstelle und zur Vollziehung; auf Verlagen des Antragstellers darf die Zustellung nicht vor der Vollziehung erfolgen.
§ 215 Durchführung der Endentscheidung In Verfahren nach § 2 des Gewaltschutzgesetzes soll das Gericht in der Endentscheidung die zu ihrer Durchführung erforderlichen Anordnungen treffen.	**§ 64 b FGG [Verfahren nach dem Gewaltschutzgesetz]** (1) ... (2) ... In Verfahren nach § 2 des Gewaltschutzgesetzes gelten § 13 Abs. 1, 3 und 4, §§ 15, 17 Abs. 1 Satz 1 und Abs. 2 der Verordnung über die Behandlung der Ehewohnung und des Hausrats entsprechend. **§ 15 HausratsVO [Durchführung der Entscheidung]** Der Richter soll in seiner Entscheidung die Anordnungen treffen, die zur ihrer Durchführung notwendig sind.
§ 216 Wirksamkeit, Vollstreckung vor Zustellung (1) Die Endentscheidung in Gewaltschutzsachen wird mit Rechtskraft wirksam. Das Gericht soll die sofortige Wirksamkeit anordnen. (2) Mit der Anordnung der sofortigen Wirksamkeit kann das Gericht auch die Zulässigkeit der Vollstreckung vor der Zustellung an den Antragsgegner anordnen. In diesem Fall tritt die Wirksamkeit in dem Zeitpunkt an, in dem die Entscheidung der Geschäftsstelle des Gerichts zur Bekanntmachung übergeben wird; dieser Zeitpunkt ist auf der Entscheidung zu vermerken.	**§ 64 b FGG [Verfahren nach dem Gewaltschutzgesetz]** (2) Entscheidungen des Familiengerichts in Verfahren nach den §§ 1 und 2 des Gewaltschutzgesetzes werden erst mit der Rechtskraft wirksam. Das Gericht kann jedoch die sofortige Wirksamkeit und die Zulässigkeit der Vollstreckung vor der Zustellung an den Antragsgegner anordnen. In diesem Falle werden die Entscheidungen auch, in dem Zeitpunkt wirksam, in dem sie der Geschäftsstelle des Gerichts zur Bekanntmachung übergeben werden; dieser Zeitpunkt ist auf der Entscheidung zu vermerken. In Verfahren nach § 2 des Gewaltschutzgesetzes gelten § 13 Abs. 1, 3 und 4, §§ 15, 17 Abs. 1 Satz 1 und Abs. 2 der Verordnung über die Behandlung der Ehewohnung und des Hausrats entsprechend.
§ 216 a Mitteilung von Entscheidungen Das Gericht teilt Anordnungen nach den §§ 1 und 2 des Gewaltschutzgesetzes sowie deren Änderung oder Aufhebung der zuständigen Polizeibehörde und anderen öffentlichen Stellen,	*Bisher keine Regelung.*

231

Neues Recht (FamFG)	Altes Recht
die von der Durchführung der Anordnung betroffen sind, unverzüglich mit, soweit nicht schutzwürdige Interessen eines Beteiligten an dem Ausschluss der Übermittlung, das Schutzbedürfnis anderer Beteiligter oder das öffentliche Interesse an der Übermittlung überwiegen. Die Beteiligten sollen über die Mitteilung unterrichtet werden.	
Abschnitt 8. Verfahren in Versorgungsausgleichssachen **§ 217 Versorgungsausgleichssachen** Versorgungsausgleichssachen sind Verfahren, die den Versorgungsausgleich betreffen.	**§ 621 ZPO [Zuständigkeit des Familiengerichts; Verweisung des Familiengerichts; Verweisung oder Abgabe an Gericht der Ehesache]** (1) Für Familiensachen, die ... 6. den Versorgungsausgleich, betreffen, ist das Familiengericht ausschließlich zuständig. (2)–(3) ...
§ 218 Örtliche Zuständigkeit Ausschließlich zuständig ist in dieser Rangfolge: 1. während der Anhängigkeit einer Ehesache das Gericht, bei dem die Ehesache im ersten Rechtszug anhängig ist oder war, 2. das Gericht, in dessen Bezirk die Ehegatten ihren gemeinsamen gewöhnlichen Aufenthalt haben oder zuletzt gehabt haben, wenn ein Ehegatte dort weiterhin seinen gewöhnlichen Aufenthalt hat, 3. das Gericht, in dessen Bezirk ein Antragsgegner seinen gewöhnlichen Aufenthalt oder Sitz hat, 4. das Amtsgericht Schöneberg in Berlin.	**§ 621 ZPO [Zuständigkeit des Familiengerichts; Verweisung des Familiengerichts; Verweisung oder Abgabe an Gericht der Ehesache]** (1) ... (2) Während der Anhängigkeit einer Ehesache ist unter den deutschen Gerichten das Gericht, bei die Ehesache im ersten Rechtszug anhängig ist oder war, ausschließlich zuständig für Familiensachen nach Absatz 1 Nr. 5–9; ... Ist eine Ehesache nicht anhängig, so richtet sich die örtliche Zuständigkeit nach den allgemeinen Vorschriften. **§ 45 FGG [Zuständigkeit für Angelegenheiten der Ehegatten]** (1) Wird in einer Angelegenheit, welche die persönlichen Rechtsbeziehungen der Ehegatten oder der geschiedenen Ehegatten zueinander, das eheliche Güterrecht oder den Versorgungsausgleich betrifft, eine Tätigkeit des Vormundschaftsgerichts oder des Familiengerichts erforderlich, so ist das Gericht zuständig, in dessen Bezirk die Ehegatten ihren gemeinsamen gewöhnlichen Aufenthalt haben oder zuletzt gehabt haben. (2) Hat keiner der Ehegatten im Bezirk dieses Gerichts seinen gewöhnlichen Aufenthalt oder haben sie einen gemeinsamen gewöhnlichen Aufenthalt im Inland nicht gehabt, so ist das Gericht zuständig, in dessen Bezirk der Ehegatte seinen gewöhnlichen Aufenthalt hat, dessen Recht durch die beantragte Verfügung beeinträchtigt würde. Hat dieser seinen gewöhnlichen Aufenthalt nicht im Inland oder lässt sich sein gewöhnlicher Aufenthalt im In-

Neues Recht (FamFG)	Altes Recht
	land nicht feststellen, so ist das Gericht zuständig, in dessen Bezirk der Antragsteller seinen gewöhnlichen Aufenthalt hat. (3) Ist ein Ehegatte verstorben, so ist das Gericht zuständig, in dessen Bezirk der überlebende Ehegatte seinen gewöhnlichen Aufenthalt hat oder zuletzt gehabt hat. (4) Ist die Zuständigkeit eines Gerichts nach den vorstehenden Vorschriften nicht begründet, so ist das Amtsgericht Schöneberg in Berlin-Schöneberg zuständig. (5) Für die Zuständigkeit ist in jeder einzelnen Angelegenheit der Zeitpunkt maßgebend, in dem das Gericht mit ihr befasst wird. (6) ...
§ 219 Beteiligte Zu beteiligen sind neben den Ehegatten 1. in den Fällen des Ausgleichs durch Übertragung oder Begründung von Anrechten der Versorgungsträger a) bei dem ein auszugleichendes oder nach § 3 b Abs. 1 Nr. 1 des Gesetzes zur Regelung von Härten im Versorgungsausgleich zum Ausgleich heranzuziehendes Anrecht besteht, b) auf den ein Anrecht zu übertragen ist, c) bei dem ein Anrecht zu begründen ist oder d) an den Zahlungen zur Begründung von Anrechten zu leisten sind, 2. in den Fällen des § 3 a des Gesetzes zur Regelung von Härten im Versorgungsausgleich a) der Versorgungsträger, gegen den der Anspruch gerichtet ist sowie b) bei Anwendung dessen Absatz 1 auch die Witwe oder der Witwer des Verpflichteten, 3. in den Fällen des § 10 a des Gesetzes zur Regelung von Härten im Versorgungsausgleich a) die Versorgungsträger nach Nummer 1 sowie b) die Hinterbliebenen der Ehegatten.	**§ 53 b FGG [Verfahren über den Versorgungsausgleich]** (1) ... (2) In den Fällen des § 1587 b Abs. 1, 2 des Bürgerlichen Gesetzbuchs hat das Gericht die Träger der gesetzlichen Rentenversicherungen, in den Fällen des § 1587b Abs. 2 des Bürgerlichen Gesetzbuchs auch die Träger der Versorgungslast zu beteiligen. ... (3) – (4) ... **§ 3 a VAHRG [Verlängerung des schuldrechtlichen Versorgungsausgleichs]** (1) – (8) ... (9) Über Streitigkeiten entscheidet das Familiengericht. In den Fällen des Absatzes hat das Gericht die Witwe oder den Witwer des Verpflichteten, in den Fällen des Absatzes 4 den Berechtigten zu beteiligen. ... **§ 10 a VAHRG [Abänderung von Entscheidungen über den Versorgungsausgleich]** (1) – (3) ... (4) Antragsberechtigt sind die Ehegatten, ihre Hinterbliebenen und die betroffenen Versorgungsträger. (5) – (12) ...
§ 220 Verfahrensrechtliche Auskunftspflicht (1) In Versorgungsausgleichssachen kann das Gericht über Grund und Höhe der Anrechte Auskünfte einholen bei 1. den Ehegatten und ihren Hinterbliebenen, 2. Versorgungsträgern und 3. sonstigen Stellen, die zur Erteilung der Auskünfte in der Lage sind.	**§ 53 b FGG [Verfahren über den Versorgungsausgleich]** (1) ... (2) Im Verfahren über den Versorgungsausgleich kann das Gericht über Grund und Höhe der Versorgungsanwartschaften bei den hierfür zuständigen Behörden, Rentenversicherungsträgern, Arbeitgebern, Versicherungsgesellschaften und sonstigen Stellen Auskünfte einholen. Die in Satz 2 bezeichneten Stellen sind verpflichtet, den gerichtlichen Ersuchen Folge zu leisten. (3) – (4) ...

Neues Recht (FamFG)	Altes Recht
	§ 11 VAHRG [Auskunftspflicht im Versorgungsausgleich] (1) ... (2) Das Gericht kann über Grund und Höhe der Versorgungsanwartschaften und Versorgungen von den hierfür zuständigen Behörden, Rentenversicherungsträgern, Arbeitgebern, Versicherungsunternehmen und sonstigen Stellen, sowie von den Ehegatten und ihren Hinterbliebenen Auskünfte einholen. Die in Satz 1 bezeichneten Stellen, die Ehegatten und ihre Hinterbliebenen, sind verpflichtet, den gerichtlichen Ersuchen Folge zu leisten.
Übersendet das Gericht zur Auskunftserteilung ein amtliches Formular, ist dieses zu verwenden.	*Bisher keine entsprechende Regelung.*
(2) Das Gericht kann anordnen, dass die Ehegatten oder ihre Hinterbliebenen gegenüber dem Versorgungsträger bestimmte für die Feststellung der in den Versorgungsausgleich einzubeziehenden Anrechte erforderliche Mitwirkungshandlungen zu erbringen haben. Das Gericht kann insbesondere anordnen, dass alle erheblichen Tatsachen anzugeben, die notwendigen Urkunden und Beweismittel beizubringen, die für die Feststellung der einzubeziehenden Anrechte erforderlichen Anträge zu stellen und dass dabei die vorgesehenen Formulare zu verwenden sind.	*Bisher keine entsprechende Regelung.*
(3) Die in dieser Vorschrift genannten Personen und Stellen sind verpflichtet, den gerichtlichen Ersuchen und Anordnungen Folge zu leisten.	**§ 53 b FGG [Verfahren über den Versorgungsausgleich]** (1) ... (2) ... Die in Satz 2 bezeichneten Stellen sind verpflichtet, den gerichtlichen Ersuchen Folge zu leisten. (3) – (4) ... **§ 11 VAHRG [Auskunftspflicht im Versorgungsausgleich]** (1) ... (2) ... Die in Satz 1 bezeichneten Stellen, die Ehegatten und ihre Hinterbliebenen sind verpflichtet, den gerichtlichen Ersuchen Folge zu leisten.
§ 221 Aussetzung des Verfahrens über den Versorgungsausgleich (1) Besteht Streit über den Bestand oder die Höhe eines in den Versorgungsausgleich einzubeziehenden Anrechts, kann das Gericht das Verfahren über den Versorgungsausgleich aussetzen und einem oder beiden Ehegatten eine Frist zur Erhebung der Klage bestimmen. Wird die Klage nicht vor Ablauf der bestimmten Frist erhoben, kann das Gericht im weiteren Verfahren das Vorbringen unberücksichtigt lassen, das mit der Klage hätte geltend gemacht werden können	**§ 53 c FGG [Verfahrensaussetzung]** (1) Besteht Streit unter den Beteiligten über den Bestand oder die Höhe einer Anwartschaft oder einer Aussicht auf eine Versorgung, so kann das Gericht das Verfahren über den Versorgungsausgleich aussetzen und einem oder beiden Ehegatten eine Frist zur Erhebung der Klage bestimmen. Wird die Klage nicht vor Ablauf der bestimmten Frist erhoben, so kann das Gericht im weiteren Verfahren das Vorbringen eines Beteiligten, das er mit einer Klage hätte geltend machen können, unberücksichtigt lassen.

Neues Recht (FamFG)	Altes Recht
(2) Das Gericht hat das Verfahren auszusetzen, wenn ein Rechtsstreit über ein in den Versorgungsausgleich einzubeziehendes Anrecht anhängig ist. Ist die Klage erst nach Ablauf der nach Absatz 1 Satz 1 bestimmten Frist erhoben worden, kann das Gericht das Verfahren aussetzen.	(2) Das Gericht hat das Verfahren auszusetzen, wenn ein Rechtsstreit über eine Anwartschaft oder eine Aussicht auf eine Versorgung anhängig ist. Ist die Klage erst nach Ablauf der nach Absatz 1 Satz 1 bestimmten Frist erhoben worden, so steht die Aussetzung im Ermessen des Gerichts.
§ 222 Erörterungstermin	**§ 53 b FGG [Verfahren über den Versorgungsausgleich]**
In den Verfahren nach den §§ 1587 b und 1587 f des Bürgerlichen Gesetzbuchs und in den Fällen des § 230 soll das Gericht die Angelegenheit mit den Ehegatten in einem Termin erörtern.	(1) In den Verfahren nach § 1587 b und nach § 1587 f des Bürgerlichen Gesetzbuchs soll das Gericht mit den Beteiligten mündlich verhandeln. (2)–(4) ...
§ 223 Vereinbarung über den Versorgungsausgleich	**§ 53 d FGG [Vereinbarung über Versorgungsausgleich]**
(1) Ein Versorgungsausgleich durch Übertragung oder Begründung von Anrechten findet insoweit nicht statt, als die Ehegatten den Versorgungsausgleich nach § 1408 Abs. 2 des Bürgerlichen Gesetzbuchs ausgeschlossen oder nach § 1587 o des Bürgerlichen Gesetzbuchs einen Vereinbarung geschlossen haben und das Gericht die Vereinbarung genehmigt hat.	Eine Entscheidung über den Versorgungsausgleich nach § 1587 b des Bürgerlichen Gesetzbuchs findet insoweit nicht statt, als die Ehegatten den Versorgungsausgleich nach § 1408 Abs. 2 des Bürgerlichen Gesetzbuchs ausgeschlossen oder nach § 1587 o des Bürgerlichen Gesetzbuchs eine Vereinbarung geschlossen haben und das Gericht die Vereinbarung genehmigt hat.
(2) Die Verweigerung der Genehmigung ist nicht selbstständig anfechtbar.	Die Verweigerung der Genehmigung ist nicht selbstständig anfechtbar.
§ 224 Zahlungen zur Begründung von Rentenanwartschaften	**§ 53 e FGG [Zahlungen zur Begründung von Rentenanwartschaften]**
(1) In der Entscheidung nach § 3 b Abs. 1 Nr. 2 des Gesetzes zur Regelung von Härten im Versorgungsausgleich ist der Träger der gesetzlichen Rentenversicherung, an die Zahlung zu leisten ist, zu bezeichnen.	(1) In der Entscheidung nach § 1587 b Abs. 3 Satz 1 erster Halbsatz des Bürgerlichen Gesetzbuchs ist der Träger der gesetzlichen Rentenversicherung, an den die Zahlung zu leisten ist, zu bezeichnen.
(2) Ist ein Ehegatte auf Grund einer Vereinbarung, die das Gericht nach § 1587 o Abs. 2 des Bürgerlichen Gesetzbuchs genehmigt hat, verpflichtet, für den anderen Zahlungen zur Begründung von Rentenanwartschaften in der gesetzlichen Rentenversicherung zu leisten, wird der für die Begründung dieser Rentenanwartschaften erforderliche Betrag gesondert festgesetzt. Absatz 1 gilt entsprechend.	(2) Ist ein Ehegatte auf Grund einer Vereinbarung, die das Gericht nach § 1587 o Abs. 2 des Bürgerlichen Gesetzbuchs genehmigt hat, verpflichtet, für den anderen Zahlungen zur Begründung von Rentenanwartschaften in einer gesetzlichen Rentenversicherung zu leisten, so wird der für die Begründung dieser Rentenanwartschaften erforderliche Betrag gesondert festgesetzt. Absatz 1 gilt entsprechend.
(3) Werden die Berechnungsgrößen geändert, nach denen sich der Betrag errechnet, den in den Fällen der Absätze 1 und 2 zu leisten ist, hat das Gericht den zu leistenden Betrag auf Antrag neu festzusetzen.	(3) Werden die Berechnungsgrößen geändert, nach denen sich der Betrag, der nach § 1587 b Abs. 3 Satz 1 erster Halbsatz des Bürgerlichen Gesetzbuchs oder nach Absatz 2 Satz 1 zu leisten ist, errechnet, so wird der zu leistende Betrag auf Antrag neu festgesetzt.
§ 225 Aufhebung der früheren Entscheidung bei schuldrechtlichem Versorgungsausgleich	**§ 53 f FGG [Auswirkungen eines schuldrechtlichen Versorgungsausgleichs]**
Soweit der Versorgungsausgleich nach § 1587 f Nr. 3 des Bürgerlichen Gesetzbuchs stattfindet, hat das Gericht die auf § 1587 b	Soweit der Versorgungsausgleich nach § 1587 f Nr. 3 des Bürgerlichen Gesetzbuchs stattfindet, hebt das Gericht die auf § 1587 b

Neues Recht (FamFG)	Altes Recht
Abs. 3 des Bürgerlichen Gesetzbuchs oder auf § 3 b Abs. 1 Nr. 2 des Gesetzes zur Regelung von Härten Im Versorgungsausgleich gegründete Entscheidung aufzuheben.	Abs. 3 des Bürgerlichen Gesetzbuchs gegründete Entscheidung auf.
§ 226 Einstweilige Anordnung Das Gericht kann durch einstweilige Anordnung abweichend von § 49 auf Antrag des Berechtigten oder der Witwe oder des Witwers des Verpflichteten die Zahlung der Ausgleichsrente nach § 3a Abs. 1 und 5 des Gesetzes zur Regelung von Härten im Versorgungsausgleich und die an die Witwe oder den Witwer zu zahlende Hinterbliebenenversorgung regeln.	**§ 3 a VAHRG [Verlängerung des schuldrechtlichen Versorgungsausgleichs)** (1) – (8) ... Das Gericht kann auf Antrag des Berechtigten oder der Witwe oder des Witwers des Verpflichteten im Wege der einstweiligen Anordnung die Zahlung der Ausgleichsrente nach den Absätzen 1 und 5 und die an die Witwe oder den Witwer des Verpflichteten zu zahlende Hinterbliebenenversorgung regeln. Die Entscheidung nach Satz 3 ist unanfechtbar; im übrigen gelten die §§ 620a bis 620g der Zivilprozeßordnung entsprechend.
§ 227 Entscheidung über den Versorgungsausgleich Endentscheidungen, die den Versorgungsausgleich betreffen, werden erst mit Rechtskraft wirksam. Die Entscheidung ist zu begründen.	**§ 53 g FGG [Wirksamwerden – weitere Beschwerde – Vollstreckung]** (1) Entscheidungen, die den Versorgungsausgleich betreffen, werden erst mit der Rechtskraft wirksam. (2)–(3) ... **§ 53 b FGG [Verfahren über den Versorgungsausgleich]** (1) – (2) ... (3) Die Entscheidung des Gerichts über den Versorgungsausgleich ist zu begründen. (4) ...
§ 228 Zulässigkeit der Beschwerde In Versorgungsausgleichssachen gilt § 61 nur im Fall der Anfechtung einer Kostenentscheidung.	*Bisher keine Regelung.*
§ 229 Ausschluss der Rechtsbeschwerde Gegen Entscheidungen nach den §§ 1587 d, 1587 g Abs. 3, 1587 i Abs. 3 und 1587 l Abs. 3 Satz 3 des Bürgerlichen Gesetzbuchs sowie nach § 224 Abs. 2 und 3 ist die Rechtsbeschwerde ausgeschlossen.	**§ 53 g FGG [Wirksamwerden – weitere Beschwerde – Vollstreckung]** (1) ... (2) Gegen Entscheidungen nach § 1587 d, § 1587 g Abs. 3, § 1587 i Abs. 3, § 1587 l Abs. 3 Satz 3 des Bürgerlichen Gesetzbuchs nach § 53 e Abs. 2, 3 ist die Rechtsbeschwerde ausgeschlossen. (3) ...
§ 230 Abänderung von Entscheidungen und Vereinbarungen (1) Das Gericht ändert auf Auftrag eine Entscheidung zum Versorgungsausgleich, die nach § 1587 b des Bürgerlichen Gesetzbuchs oder nach §§ 1, 3 b des Gesetzes zur Regelung von Härten im Versorgungsausgleich getroffen wurde, oder eine Vereinbarung im Versorgungsausgleich nach Maßgabe des § 10 a des Gesetzes zur Regelung von Härten im Versorgungsausgleich ab.	*Bisher keine gesonderte Regelung.*

Neues Recht (FamFG)	Altes Recht
(2) Das Gericht ändert auf Antrag eine Entscheidung zum schuldrechtlichen Versorgungsausgleich nach Maßgabe von § 1587g Abs. 3 und § 1587d Abs. 2 des Bürgerlichen Gesetzbuchs und eine Entscheidung zum verlängerten schuldrechtlichen Versorgungsausgleich nach Maßgabe des § 3a Abs. 6 des Gesetzes zur Regelung von Härten im Versorgungsausgleich in Verbindung mit § 1587d Abs. 2 des Bürgerlichen Gesetzbuchs.	
(3) Das Gericht ändert auf Antrag eine Entscheidung nach § 1587d Abs. 1, § 1587i des Bürgerlichen Gesetzbuchs und § 3b Abs. 1 Nr. 2 Satz 2 des Gesetzes zur Regelung von Härten im Versorgungsausgleich nach Maßgabe des § 1587d Abs. 2 des Bürgerlichen Gesetzbuchs ab.	
Abschnitt 9. **Verfahren in Unterhaltssachen** **Unterabschnitt 1.** **Besondere Verfahrensvorschriften** **§ 231 Unterhaltssachen** (1) Unterhaltssachen sind Verfahren, die 1. die durch Verwandtschaft begründete gesetzliche Unterhaltspflicht, 2. die durch Ehe begründete gesetzliche Unterhaltspflicht, 3. die Ansprüche nach § 1615l oder § 1615m des Bürgerlichen Gesetzbuchs betreffen.	**§ 621 ZPO [Zuständigkeit des Familiengerichts; Verweisung oder Abgabe an Gericht der Ehesache]** (1) Für Familiensachen, die ... 4. die durch Verwandtschaft begründete gesetzliche Unterhaltspflicht, 5. die durch Ehe begründete gesetzliche Unterhaltspflicht, ... 11. Ansprüche nach den §§ 1615l, 1615m des Bürgerlichen Gesetzbuchs ... betreffen, ist das Familiengericht ausschließlich zuständig.
(2) Unterhaltssachen sind auch Verfahren nach § 3 Abs. 2 Satz 3 des Bundeskindergeldgesetzes und § 64 Abs. 2 Satz 3 des Einkommensteuergesetzes. Die §§ 235 und 245 sind nicht anzuwenden.	*Diese Streitigkeiten fielen bislang nicht in die Zuständigkeit der Familiengerichte.*
§ 232 Örtliche Zuständigkeit (1) Ausschließlich zuständig ist 1. für Unterhaltssachen, die die Unterhaltspflicht für ein gemeinschaftliches Kind der Ehegatten betreffen, mit Ausnahme des vereinfachten Verfahrens über den Unterhalt Minderjähriger, oder die die durch die Ehe begründete Unterhaltspflicht betreffen, während der Anhängigkeit einer Ehesache das Gericht, bei dem die Ehesache im ersten Rechtszug anhängig ist oder war, 2. für Unterhaltssachen, die die Unterhaltspflicht für ein minderjähriges Kind oder ein nach § 1603 Abs. 2 Satz 2 des Bürgerlichen Gesetzbuchs gleichgestelltes Kind betreffen, das Gericht, in dessen Bezirk das Kind oder	**§ 621 ZPO [Zuständigkeit des Familiengerichts; Verweisung oder Abgabe an das Gericht der Ehesache]** (1) ... (2) Während der Anhängigkeit einer Ehesache ist unter den deutschen Gerichten das Gericht, bei dem die Ehesache im ersten Rechtszug anhängig ist oder war, ausschließlich zuständig für Familiensachen nach Absatz 1 Nr. 5 bis 9; für Familiensachen nach Absatz 1 Nr. 1 bis 4 und 13 gilt dies nur, soweit sie betreffen .... 4. in den Fällen der Nummer 4 die Unterhaltspflicht gegenüber einem gemeinschaftlichen Kind mit Ausnahme von Vereinfachten Verfahren zur Abänderung von Unterhaltstiteln,

Neues Recht (FamFG)	Altes Recht
der Elternteil, der auf Seiten des minderjährigen Kindes zu handeln befugt ist, seinen gewöhnlichen Aufenthalt hat; dies gilt nicht, wenn das Kind oder ein Elternteil seinen gewöhnlichen Aufenthalt im Ausland hat.	in den Fällen der Nummer 4 die Unterhaltspflicht gegenüber einem gemeinschaftlichen Kind mit Ausnahme von Vereinfachten Verfahren zur Abänderung von Unterhaltstiteln, ...
	Ist eine Ehesache nicht anhängig, so richtet sich die örtliche Zuständigkeit nach den allgemeinen Vorschriften.
	(3) ...
(2) Eine Zuständigkeit nach Absatz 1 geht der ausschließlichen Zuständigkeit eines anderen Gericht vor.	
(3) Sofern eine Zuständigkeit nach Absatz 1 nicht besteht, bestimmt sich die Zuständigkeit nach den Vorschriften der Zivilprozessordnung mit der Maßgabe, dass in den Vorschriften über den allgemeinen Gerichtsstand an die Stelle des Wohnsitzes der gewöhnliche Aufenthalt tritt.	**§ 621 ZPO [Zuständigkeit des Familiengerichts; Verweisung oder Abgabe an das Gericht der Ehesache]** (1) ... (2) ... Ist eine Ehesache nicht anhängig, so richtet sich die örtliche Zuständigkeit nach den allgemeinen Vorschriften.
Nach Wahl des Antragstellers ist auch zuständig	**§ 642 ZPO [Zuständigkeit]** (1)–(2) ...
1. für den Antrag eines Elternteils gegen den anderen Elternteil wegen eines Anspruchs, der die durch Ehe begründete gesetzliche Unterhaltspflicht betrifft, oder wegen eines Anspruchs nach § 1615l des Bürgerlichen Gesetzbuchs das Gericht, bei dem Verfahren über den Unterhalt des Kindes im ersten Rechtszug anhängig ist,	(3) Die Klage eines Elternteils gegen den anderen Elternteil wegen eines Anspruchs, der die durch Ehe begründete gesetzliche Unterhaltspflicht betrifft, oder wegen eines Anspruchs nach § 1615l des Bürgerlichen Gesetzbuchs kann auch bei dem Gericht erhoben werden, bei dem ein Verfahren über den Unterhalt des Kindes im ersten Rechtszug anhängig ist.
2. für den Antrag eines Kindes, durch den beide Eltern auf Erfüllung der Unterhaltspflicht in Anspruch genommen werden, das Gericht, das für den Antrag gegen einen Elternteil zuständig ist,	**§ 35a ZPO [Besonderer Gerichtsstand bei Unterhaltsklagen]** Das Kind kann die Klage, durch die beide Eltern auf Erfüllung der Unterhaltspflicht in Anspruch genommen werden, vor dem Gericht erheben, bei dem der Vater oder die Mutter einen Gerichtsstand hat.
3. das Gericht, bei dem der Antragsteller seinen gewöhnlichen Aufenthalt hat, wenn der Antragsgegner im Inland keinen Gerichtsstand hat.	**§ 23a ZPO [Besonderer Gerichtsstand für Unterhaltssachen]** Für Klage in Unterhaltssachen gegen eine Person, die im Inland keinen Gerichtsstand hat, ist das Gericht zuständig, bei dem der Kläger im Inland seinen allgemeinen Gerichtsstand hat.
§ 233 Abgabe an das Gericht der Ehesache	**§ 621 ZPO [Zuständigkeit des Familiengerichts; Verweisung oder Abgabe an das Gericht der Ehesache]** (1)–(2) ...
Wird eine Ehesache rechtshängig, während eine Unterhaltssache nach § 231 Abs. 1 Nr. 1 bei einem anderen Gericht im ersten Rechtszug anhängig ist, ist diese von Amts wegen an das Gericht der Ehesache abzugeben. § 281 Abs. 2 und 3 Satz 1 der Zivilprozessordnung entsprechend.	(3) Wird eine Ehesache rechtshängig, während eine Familiensache der in Absatz 2 Satz 1 genannten Art bei einem anderen Gericht im ersten Rechtszug anhängig ist, so ist diese von Amts wegen an das Gericht der Ehesache zu verweisen oder abzugeben. § 281 Abs. 2 , 3 Satz 1 gilt entsprechend.

Neues Recht (FamFG)	Altes Recht
§ 234 Vertretung eines Kindes durch einen Beistand	**§ 53 a ZPO [Vertretung eines Kindes durch Beistand]**
Wird das Kind durch das Jugendamt als Beistand vertreten, ist die Vertretung durch den sorgeberechtigten Elternteil ausgeschlossen.	Wird in einem Rechtsstreit ein Kind durch einen Beistand vertreten, so ist die Vertretung durch den sorgeberechtigten Elternteil ausgeschlossen.
§ 235 Verfahrensrechtliche Auskunftspflicht der Beteiligten	**§ 643 ZPO [Auskunftsrecht des Gerichts]**
(1) Das Gericht kann anordnen, dass der Antragsteller und der Antragsgegner Auskunft über ihre Einkünfte, ihr Vermögen und ihre persönlichen und wirtschaftlichen Verhältnisse erteilen sowie bestimmte Belege vorlegen, soweit dies für die Bemessung des Unterhalts von Bedeutung ist.	Das Gericht kann den Parteien in Unterhaltsstreitigkeiten des § 621 Abs. 1 Nr. 4, 5 und 11 aufgeben, unter Vorlage entsprechender Belege Auskunft zu erteilen über ihre Einkünfte und, soweit es für die Bemessung des Unterhalts von Bedeutung ist, über ihr Vermögen und ihre persönlichen und wirtschaftlichen Verhältnisse.
	(2) ...
Das Gericht kann anordnen, dass der Antragsteller und der Antragsgegner schriftlich versichern, dass die Auskunft wahrheitsgemäß und vollständig ist; die Versicherung kann nicht durch einen Vertreter erfolgen. Mit der Anordnung nach Satz 1 oder Satz 2 soll das Gericht eine angemessene Frist setzen.	*Bisher keine Regelung.*
Zugleich hat es auf die Verpflichtung nach Absatz 3 und auf die nach §§ 236 und 243 Satz 2 Nr. 3 möglichen Folgen hinzuweisen.	(2) Kommt eine Partei der Aufforderung des Gerichts nach Absatz 1 nicht oder nicht vollständig nach, so kann das Gericht, soweit es zur Aufklärung erforderlich ist, Auskunft einholen ...
	Das Gericht hat die Partei hierauf spätestens bei der Aufforderung hinzuweisen.
(2) Das Gericht hat nach Absatz 1 vorzugehen, wenn ein Beteiligter dies beantragt und der andere Beteiligte vor Beginn des Verfahrens einer nach den Vorschriften des bürgerlichen Rechts bestehenden Auskunftspflicht entgegen einer Aufforderung innerhalb angemessener Frist nicht nachgekommen ist.	*Bisher keine Regelung.*
(3) Antragsteller und Antragsgegner sind verpflichtet, dem Gericht ohne Aufforderung mitzuteilen, wenn sich während des Verfahrens Umstände, die Gegenstand nach Absatz 1 waren, wesentlich verändert haben.	*Bisher keine Regelung.*
(4) Die Anordnungen des Gerichts nach dieser Vorschrift sind nicht selbstständig anfechtbar und nicht mit Zwangsmitteln anfechtbar.	*Bisher keine ausdrückliche Regelung.*
§ 236 Verfahrensrechtliche Auskunftspflicht Dritter	**§ 643 ZPO [Auskunftsersuchen des Gerichts]**
(1) Kommt ein Beteiligter innerhalb der hierfür gesetzten Frist einer Verpflichtung nach § 235 Abs. 1 nicht oder nicht vollständig nach, kann das Gericht, soweit dies für die Bemessung des Unterhalts von Bedeutung ist, über die Höhe der Einkünfte Auskunft und bestimmte Belege anfordern bei	(1) ... (2) Kommt eine Partei der Aufforderung des Gerichts nach Absatz 1 nicht oder nicht vollständig nach, so kann das Gericht, soweit es zur Aufklärung erforderlich ist, Auskunft einholen
1. Arbeitgebern,	1. über die Höhe der bei
2. Sozialleistungsträgern sowie der Künstlersozialkasse,	a) Arbeitgebern,
	b) Sozialleistungsträgern sowie der Künstlersozialkasse,
	c) sonstigen Personen oder Stellen, die Leistungen zur Versorgung im Alter und bei

239

Neues Recht (FamFG)	Altes Recht
3. sonstigen Personen oder Stellen, die Leistungen zur Versorgung im Alter und bei verminderter Erwerbsfähigkeit sowie Leistungen zur Entschädigung und zum Nachteilsausgleich zahlen, 4. Versicherungsunternehmen oder 5. Finanzämtern.	verminderter Erwerbsfähigkeit sowie Leistungen zur Entschädigung oder zum Nachteilsausgleich zahlen, und d) Versicherungsunternehmen, 2. über den zuständigen Rentenversicherungsträger und die Versicherungsnehmer bei der Datenstelle der Rentenversicherungsträger und 3. in Rechtsstreitigkeiten, die den Unterhaltsanspruch eines minderjährigen Kindes betreffen, über die Höhe der Einkünfte und das Vermögen bei Finanzämtern. (3)–(4) ...
(2) Das Gericht hat nach Absatz 1 vorzugehen, wenn dessen Voraussetzungen vorliegen und der andere Beteiligte dies beantragt.	*Bisher keine Regelung.*
(3) Die Anordnung nach Absatz 1 ist den Beteiligten mitzuteilen.	
(4) Die in Absatz 1 bezeichneten Personen und Stellen sind verpflichtet, der gerichtlichen Anordnung Folge zu leisten. § 390 der Zivilprozessordnung gilt entsprechend, wenn nicht eine Behörde betroffen ist.	**§ 643 ZPO [Auskunftsrecht des Gerichts]** ... (3) Die in Absatz 2 bezeichneten Personen und Stellen sind verpflichtet, den gerichtlichen Ersuchen Folge zu leisten. § 390 gilt in den Fällen des § 643 Abs. 2 Nr. 1 entsprechend. (4) ...
(5) Die Anordnungen des Gerichts nach dieser Vorschrift sind für die Beteiligten nicht selbständig anfechtbar.	*Bisher keine ausdrückliche Regelung.*
§ 237 Unterhalt bei Feststellung der Vaterschaft (1) Ein Antrag, durch den ein Mann auf Zahlung von Unterhalt für ein Kind in Anspruch genommen wird, ist, wenn die Vaterschaft des Mannes nach § 1592 Nr. 1 und 2 oder § 1593 des Bürgerlichen Gesetzbuchs nicht besteht, nur zulässig, wenn das Kind minderjährig und ein Verfahren auf Feststellung der Vaterschaft nach § 1600 d des Bürgerlichen Gesetzbuchs anhängig ist.	*Bisher unselbständiger Annex zum Abstammungsverfahren.*
(2) Ausschließlich zuständig ist das Gericht, bei dem das Verfahren auf Feststellung der Vaterschaft im ersten Rechtszug anhängig ist.	**§ 653 ZPO [Unterhalt bei Vaterschaftsfeststellung]**
(3) Im Fall des Absatzes 1 kann Unterhalt lediglich in Höhe des Mindestunterhalts und gemäß den Altersstufen nach § 1612 a Abs. 1 Satz 3 des Bürgerlichen Gesetzbuchs und unter Berücksichtigung der Leistungen nach den §§ 1612 b oder 1612 c des Bürgerlichen Gesetzbuchs beantragt werden. Das Kind kann einen geringeren Unterhalt verlangen. Im Übrigen kann in diesem Verfahren eine Herabsetzung oder Erhöhung des Unterhalts nicht verlangt werden.	(1) Wird auf Klage des Kindes die Vaterschaft festgestellt, hat das Gericht auf Antrag den Beklagten zugleich zu verurteilen, dem Kind Unterhalt in Höhe des Mindestunterhalts und gemäß den Altersstufen nach § 1612 a Abs. 1 Satz 3 des Bürgerlichen Gesetzbuchs und unter Berücksichtigung der Leistungen nach § 1612 b oder § 1612 c des Bürgerlichen Gesetzbuchs zu zahlen. Das Kind kann einen geringeren Unterhalt verlangen. Im Übrigen kann in diesem Verfahren eine Herabsetzung oder Erhöhung des Unterhalts nicht verlangt werden.
(4) Vor Rechtskraft des Beschlusses, der die Vaterschaft feststellt, oder vor Wirksamwerden der Anerkennung der Vaterschaft durch den	(2) Vor Rechtskraft des Urteils, das die Vaterschaft feststellt, wird die Verurteilung zur Leistung des Unterhalts nicht wirksam.

Neues Recht (FamFG)	Altes Recht
Mann wird der Ausspruch, der die Verpflichtung zur Leistung des Unterhalts betrifft, nicht wirksam.	
§ 238 Abänderung gerichtlicher Entscheidungen (1) Enthält eine in der Hauptsache ergangene Endentscheidung des Gerichts eine Verpflichtung zu künftig fällig werdenden wiederkehrenden Leistungen, kann jeder Teil die Abänderung beantragen. Der Antrag ist zulässig, sofern der Antragsteller Tatsachen vorträgt, aus denen sich eine wesentliche Veränderung der der Entscheidungen zugrundeliegenden tatsächlichen oder rechtlichen Verhältnisse ergibt. (2) Der Antrag kann nur auf Gründe gestützt werden, die nach Schluss der Tatsachenverhandlung des vorausgegangenen Verfahrens entstanden sind und deren Geltendmachung durch Einspruch nicht möglich ist oder war. (3) Die Abänderung ist zulässig für die Zeit ab Rechtshängigkeit des Antrags. Ist der Antrag auf Erhöhung des Unterhalts gerichtet, ist er auch zulässig für die Zeit, für die nach den Vorschriften des bürgerlichen Rechts Unterhalt für die Vergangenheit verlangt werden kann. Ist der Antrag auf Herabsetzung des Unterhalts gerichtet, ist er auch zulässig für die Zeit ab dem Ersten des auf ein entsprechendes Auskunfts- oder Verzichtsverlangen des Antragstellers folgenden Monats. Für eine mehr als ein Jahr vor Rechtshängigkeit liegende Zeit kann eine Herabsetzung nicht verlangt werden. (4) Liegt eine wesentliche Veränderung der tatsächlichen oder rechtlichen Verhältnisse vor, ist die Entscheidung unter Wahrung ihrer Grundlagen anzupassen.	**§ 323 ZPO [Abänderungsklage]** (1) Tritt im Falle der Verurteilung zu künftig fällig werdenden wiederkehrenden Leistungen eine wesentliche Änderung derjenigen Verhältnisse ein, die für die Verurteilung zur Entrichtung der Leistungen, für die Bestimmung der Höhe der Leistungen oder der Dauer ihrer Entrichtung maßgebend waren, so ist jeder Teil berechtigt, im Wege der Klage eine entsprechende Abänderung des Urteils zu verlangen. (2) Die Klage ist nur insoweit zulässig, als die Gründe, auf die sie gestützt wird, erst nach dem Schluss der mündlichen Verhandlung, in der eine Erweiterung des Klageantrages oder die Geltendmachung von Einwendungen spätestens hätte erfolgen müssen, entstanden sind und durch Einspruch nicht mehr geltend gemacht werden können. (3) Das Urteil darf nur für die Zeit nach Erhebung der Klage abgeändert werden. Dies gilt nicht, soweit die Abänderung nach § 1360a Abs. 3, § 1361 Abs. 4 Satz 4, § 1585b Abs. 2, § 1613 Abs. 1 des Bürgerlichen Gesetzbuchs zu einem früheren Zeitpunkt verlangt werden kann. (4)–(5) …
§ 239 Abänderung von Vergleichen und Urkunden (1) Enthält ein Vergleich nach § 794 Abs. 1 Nr. 1 der Zivilprozessordnung oder eine vollstreckbare Urkunde eine Verpflichtung zu künftig fällig werdenden wiederkehrenden Leistungen, kann jeder Teil die Abänderung beantragen. Der Antrag ist zulässig, sofern der Antragsteller Tatsachen vorträgt, die die Abänderung rechtfertigen. (2) Die weiteren Voraussetzungen und der Umfang der Abänderung richten sich nach den Vorschriften des bürgerlichen Rechts.	**§ 323 ZPO [Abänderungsklage]** (1)–(3) … (4) Die vorstehenden Vorschriften sind auf die Schuldtitel des § 794 Abs. 1 Nr. 1, 2a und 5, soweit darin Leistungen der im Absatz 1 bezeichneten Art übernommen oder festgesetzt worden sind, entsprechend anzuwenden. (5) … *War bislang nicht ausdrücklich geregelt, aber entsprechende Rechtslage.*
§ 240 Abänderung von Entscheidungen nach den §§ 237 und 253 (1) Enthält eine rechtskräftige Endentscheidung nach § 237 oder § 253 eine Verpflichtung	**§ 654 ZPO [Abänderungsklage]** (1) Ist die Unterhaltsfestsetzung nach § 649 Abs. 1 oder § 653 Abs. 1 rechtskräftig, können

Neues Recht (FamFG)	Altes Recht
zu künftig fällig werdenden Leistungen, kann jeder Teil die Abänderung beantragen, sofern nicht bereits ein Antrag auf Durchführung des streitigen Verfahrens nach § 255 gestellt worden ist. (2) Wird ein Antrag auf Herabsetzung des Unterhalts nicht innerhalb eines Monats nach Rechtskraft gestellt, so ist die Abänderung nur zulässig für die Zeit ab Rechtshängigkeit des Antrags. Ist innerhalb der Monatsfrist ein Antrag des anderen Beteiligten auf Erhöhung des Unterhalts anhängig geworden, läuft die Frist nicht vor Beendigung dieses Verfahrens ab. Der nach Ablauf gestellte Antrag auf Herabsetzung ist auch zulässig für die Zeit ab dem Ersten des auf ein entsprechendes Auskunfts- oder Verzichtsverlangen des Antragstellers folgenden Monats. § 238 Abs. 3 Satz 4 gilt entsprechend.	die Parteien im Wege einer Klage auf Abänderung der Entscheidung verlangen, dass auf höheren Unterhalt oder auf Herabsetzung des Unterhalts erkannt wird. (2) Wird eine Klage auf Herabsetzung des Unterhalts nicht innerhalb eines Monats nach Rechtskraft der Unterhaltsfestsetzung erhoben, darf die Abänderung nur für die Zeit nach Erhebung der Klage erfolgen. Ist innerhalb dieser Frist ein Verfahren nach Absatz 1 anhängig geworden, so läuft die Frist für den Gegner vor Beendigung dieses Verfahrens ab. (3) ...
§ 241 Verschärfte Haftung Die Rechtshängigkeit eines auf Herabsetzung gerichteten Abänderungsantrags steht bei der Anwendung des § 818 Abs. 4 des Bürgerlichen Gesetzbuchs der Rechtshängigkeit einer Klage auf Rückzahlung der geleisteten Beträge gleich.	*Bisher keine Regelung.*
§ 242 Einstweilige Einstellung der Vollstreckung Ist ein Abänderungsantrag auf Herabsetzung anhängig oder hierfür ein Antrag auf Bewilligung von Prozesskostenhilfe eingereicht, gilt § 769 der Zivilprozessordnung entsprechend. Der Beschluss ist nicht anfechtbar.	*Bisher nicht geregelt, entspricht aber der bisherigen Auslegung von § 769 ZPO.*
§243 Kostenentscheidung Abweichend von den Vorschriften der Zivilprozessordnung über die Kostenverteilung entscheidet das Gericht in Unterhaltssachen nach billigem Ermessen über die Verteilung der Kosten des Verfahrens auf die Beteiligten. Es hat hierbei insbesondere zu berücksichtigen 1. das Verhältnis von Obsiegen und Unterliegen der Beteiligten, einschließlich der Dauer der Unterhaltsverpflichtung, 2. den Umstand, dass ein Beteiligter vor Beginn des Verfahrens eines Aufforderung des Gegners zur Erteilung der Auskunft und Vorlage von Belegen über das Einkommen nicht oder nicht vollständig nachgekommen ist, es sei denn, dass eine Verpflichtung hierzu nicht bestand, 3. den Umstand, dass ein Beteiligter einer Aufforderung des Gerichts nach § 235 Abs. 1 innerhalb der gesetzten Frist nicht oder nicht vollständig nachgekommen ist, sowie 4. ein sofortiges Anerkenntnis nach § 93 der Zivilprozessordnung.	*Bisher galten die Vorschriften der §§ 90 ff. ZPO des allgemeinen Kostenrechts.*

Neues Recht (FamFG)	Altes Recht
§ 244 Unzulässiger Einwand der Volljährigkeit Wenn der Verpflichtete dem Kind nach Vollendung des 18. Lebensjahres Unterhalt zu gewähren hat, kann gegen die Vollstreckung eines in einem Titel nach § 794 der Zivilprozessordnung festgestellten Anspruchs auf Unterhalt nach Maßgabe des § 1612 a des Bürgerlichen Gesetzbuchs nicht eingewandt werden, dass die Minderjährigkeit nicht mehr besteht.	**§ 798 a [Zwangsvollstreckung aus Unterhaltstiteln trotz weggefallener Minderjährigkeit]** Soweit der Verpflichtete dem Kind nach Vollendung des 18. Lebensjahres Unterhalt zu gewähren hat, kann gegen den in einem Urteil oder in einem Schuldtitel nach § 794 festgestellten Anspruch auf Unterhalt im Sinne des § 1612 a des Bürgerlichen Gesetzbuchs nicht eingewendet werden, dass Minderjährigkeit nicht mehr besteht.
§ 245 Bezifferung dynamisierter Unterhaltstitel zur Zwangsvollstreckung im Ausland (1) Soll ein Unterhaltstitel, der den Unterhalt nach § 1612 a des Bürgerlichen Gesetzbuchs als Prozentsatz des Mindestunterhalts festsetzt, im Ausland vollstreckt werden, ist auf Antrag der geschuldete Unterhalt auf dem Titel zu beziffern. (2) Für die Bezifferung sind die Gerichte, Behörden oder Notare zuständig, denen die Erteilung einer vollstreckbaren Ausfertigung des Titels obliegt. (3) Auf die Anfechtung der Entscheidung über die Bezifferung sind die Vorschriften über die Anfechtung der Entscheidung über die Erteilung einer Vollstreckungsklausel entsprechend anzuwenden.	**§ 790 ZPO [Bezifferung dynamisierter Unterhaltstitel zur Zwangsvollstreckung im Ausland]** (1) Soll ein Unterhaltstitel, der den Unterhalt nach § 1612 a des Bürgerlichen Gesetzbuchs als Prozentsatz des Mindestunterhalts festsetzt, im Ausland vollstreckt werden, so ist auf Antrag der geschuldete Unterhalt auf dem Titel zu beziffern. (2) Für die Bezifferung sind die Gerichte, Behörden oder Notare zuständig, denen die Erteilung einer vollstreckbaren Ausfertigung des Titels obliegt. (3) Auf die Anfechtung der Entscheidung über die Bezifferung sind die Vorschriften über die Anfechtung der Entscheidung über die Erteilung einer Vollstreckungsklausel entsprechend anzuwenden.
Unterabschnitt 2. **Einstweilige Anordnung** **§ 246 Besondere Vorschriften für die einstweilige Anordnung** (1) Das Gericht kann durch einstweilige Anordnung abweichend von § 49 auf Antrag die Verpflichtung zur Zahlung von Unterhalt oder zur Zahlung eines Kostenvorschusses für ein gerichtliches Verfahren regeln.	**§ 644 [Einstweilige Anordnung]** Ist eine Klage nach § 621 Abs. 1 Nr. 4, 5 oder 11 anhängig oder ist ein Antrag auf Bewilligung von Prozesskostenhilfe für eine solche Klage eingereicht, kann das Gericht den Unterhalt auf Antrag durch einstweilige Anordnung regeln. Die §§ 620 a bis 620 g gelten entsprechend. **§ 127 a [Prozesskostenvorschuss in einer Unterhaltssache]** (1) In einer Unterhaltssache kann das Prozessgericht auf Antrag einer Partei durch einstweilige Anordnung die Verpflichtung zur Leistung eines Prozesskostenvorschusses für diesen Rechtsstreit unter den Parteien regeln. (2) Die Entscheidung nach Absatz 1 ist unanfechtbar. Im Übrigen gelten die §§ 620 a bis 620 g entsprechend.
(2) Die Entscheidung ergeht aufgrund mündlicher Verhandlung, wenn dies zur Aufklärung des Sachverhalts oder für eine gütliche Beilegung des Verfahrens geboten erscheint.	

Neues Recht (FamFG)	Altes Recht
§ 247 Einstweilige Anordnung vor Geburt des Kindes	**§ 1615 o BGB [Einstweilige Verfügung]**
(1) Im Wege der einstweiligen Anordnung kann bereits vor der Geburt des Kindes die Verpflichtung zur Zahlung des für die ersten drei Monate dem Kind zu gewährenden Unterhalts sowie des der Mutter nach § 1615 l Abs. 1 des Bürgerlichen Gesetzbuchs zustehenden Betrags geregelt werden.	(1) Auf Antrag des Kindes kann durch einstweilige Verfügung angeordnet werden, dass der Mann, der die Vaterschaft anerkannt hat oder der nach § 1600 o als Vater vermutet wird, den für die ersten drei Monate dem Kinde zu gewährenden Unterhalt zu zahlen hat. Der Antrag kann bereits vor der Geburt des Kindes durch die Mutter oder einen für die Leibesfrucht bestellten Pfleger gestellt werden, in diesem Falle kann angeordnet werden, dass der erforderliche Betrag angemessene Zeit vor der Geburt zu hinterlegen ist.
(2) Hinsichtlich des Unterhalts für das Kind kann der Antrag auch durch die Mutter gestellt werden. § 1600 d Abs. 2 und 3 des Bürgerlichen Gesetzbuchs gilt entsprechend. In den Fällen des Absatzes kann auch angeordnet werden, dass der Betrag zu einem bestimmten Zeitpunkt vor der Geburt des Kindes zu hinterlegen ist.	(2) Auf Antrag der Mutter kann durch einstweilige Verfügung angeordnet werden, dass der Mann, der die Vaterschaft anerkannt hat oder der nach § 1600 o als Vater vermutet wird, die nach den §§ 1615 k, 1615 l voraussichtlich zu leistenden Beträge an die Mutter zu zahlen hat; auch kann die Hinterlegung eines angemessenen Betrages angeordnet werden.
	(3) Eine Gefährdung des Anspruchs braucht nicht glaubhaft gemacht zu werden.
§ 248 Einstweilige Anordnung bei Feststellung der Vaterschaft	**§ 641 d ZPO [Einstweilige Anordnung]**
(1) Ein Antrag auf Erlass einer einstweiligen Anordnung, durch den ein Mann auf Zahlung von Unterhalt für ein Kind oder dessen Mutter in Anspruch genommen wird, ist, wenn die Vaterschaft des Mannes nach § 1592 Nr. 1 oder 2 oder § 1593 des Bürgerlichen Gesetzbuchs nicht besteht, nur zulässig, wenn ein Verfahren auf Feststellung der Vaterschaft nach § 1600 d des Bürgerlichen Gesetzbuchs anhängig ist.	(1) Sobald ein Rechtsstreit auf Feststellung des Bestehens der Vaterschaft nach § 1600 d des Bürgerlichen Gesetzbuchs anhängig oder ein Antrag auf Bewilligung der Prozesskostenhilfe eingereicht ist, kann das Gericht auf Antrag des Kindes seinen Unterhalt und auf Antrag der Mutter ihren Unterhalt durch eine einstweilige Anordnung regeln. Das Gericht kann bestimmen, dass der Mann Unterhalt zu zahlen oder für den Unterhalt Sicherheit zu leisten hat, und die Höhe des Unterhalts regeln.
(2) Im Fall des Absatzes 1 ist das Gericht zuständig, bei dem das Verfahren auf Feststellung der Vaterschaft im ersten Rechtszug anhängig ist; während der Anhängigkeit beim Beschwerdegericht ist dieses zuständig.	(2) Der Antrag ist zulässig, sobald die Klage eingereicht ist. Er kann vor der Geschäftsstelle zu Protokoll erklärt werden. Der Anspruch und die Notwendigkeit einer einstweiligen Anordnung sind glaubhaft zu machen. Die Entscheidung ergeht auf Grund mündlicher Verhandlung durch Beschluss. Zuständig ist das Gericht des ersten Rechtszuges und, wenn der Rechtsstreit in der Berufungsinstanz schwebt, das Berufungsgericht.
(3) § 1600 d Abs. 2 und 3 des Bürgerlichen Gesetzbuchs gilt entsprechend.	(3) Gegen einen Beschluss, den das Gericht des ersten Rechtszuges erlassen hat, findet die sofortige Beschwerde statt. Schwebt der Rechtsstreit in der Berufungsinstanz, so ist die Beschwerde bei dem Berufungsgericht einzulegen.
(4) Das Gericht kann auch anordnen, dass der Mann für den Unterhalt Sicherheit in bestimmter Höhe zu leisten hat.	(4) Die entstehenden Kosten eines von einer Partei beantragten Verfahrens der einstweiligen Anordnung gelten für die Kostenentscheidung als Teil der Kosten der Hauptsache, diejenigen eines vom Nebenintervenienten beantragten Verfahrens der einstweiligen Anordnung als Teil der Kosten der Nebenintervention; § 96 gilt insoweit sinngemäß.

Neues Recht (FamFG)	Altes Recht
(5) Die einstweilige Anordnung tritt auch außer Kraft, wenn der Antrag auf Feststellung der Vaterschaft zurückgenommen oder rechtskräftig zurückgewiesen worden ist.	**§ 641 f ZPO [Außerkrafttreten bei Klagerücknahme oder Klageabweisung]** Die einstweilige Anordnung tritt ferner außer Kraft, wenn die Klage zurückgenommen wird oder wenn ein Urteil ergeht, das die Klage abweist.
In diesem Fall hat derjenige der die einstweilige Anordnung erwirkt hat, dem Mann den Schaden zu ersetzen, der ihm aus der Vollziehung der einstweiligen Anordnung entstanden ist.	**§ 641 g ZPO [Schadensersatzpflicht des Klägers]** Ist die Klage auf Feststellung des Bestehens des Vaterschaft zurückgenommen oder rechtskräftig abgewiesen, so hat derjenige, der die einstweilige Anordnung erwirkt hat, dem Mann den Schaden zu ersetzen, der ihm aus der Vollziehung der einstweiligen Anordnung entstanden ist.

Unterabschnitt 3.
Vereinfachtes Verfahren über den Unterhalt Minderjähriger

Neues Recht (FamFG)	Altes Recht
§ 249 Statthaftigkeit des vereinfachten Verfahrens (1) Auf Antrag wird der Unterhalt eines minderjährigen Kindes, das mit dem in Anspruch genommenen Elternteil nicht in einem Haushalt lebt, im vereinfachten Verfahren festgesetzt, soweit der Unterhalt vor Berücksichtigung der Leistungen nach § 1612 b oder § 1612 c des Bürgerlichen Gesetzbuchs das 1,2-fache des Mindestunterhalts nach § 1612 a Abs. 1 des Bürgerlichen Gesetzbuchs nicht übersteigt. (2) Das vereinfachte Verfahren findet nicht statt, wenn zum Zeitpunkt, in dem der Antrag oder eine Mitteilung über seinen Inhalt dem Antragsgegner zugestellt wird, über den Unterhaltsanspruch des Kindes entweder ein Gericht entschieden hat, ein gerichtliches Verfahren anhängig ist oder ein zur Zwangsvollstreckung geeigneter Schuldtitel errichtet worden ist.	**§ 645 [Statthaftigkeit des vereinfachten Verfahrens]** (1) Auf Antrag wird der Unterhalt eines minderjährigen Kindes, das mit dem in Anspruch genommenen Elternteil nicht in einem Haushalt lebt, im vereinfachten Verfahren festgesetzt, soweit der Unterhalt vor Berücksichtigung der Leistungen nach § 1612 b oder § 1612 c des Bürgerlichen Gesetzbuchs das 1,2-fache des Mindestunterhalts nach § 1612 a Abs. 1 des Bürgerlichen Gesetzbuchs nicht übersteigt. (2) Das vereinfachte Verfahren findet nicht statt, wenn zum Zeitpunkt der Zustellung des Antrags oder einer Mitteilung über seinen Inhalt an den Antragsgegner ein Gericht über den Unterhaltsanspruch des Kindes entschieden hat, ein gerichtliches Verfahren anhängig ist oder ein zur Zwangsvollstreckung geeigneter Schuldtitel errichtet worden ist.
§ 250 Antrag (1) Der Antrag muss enthalten: 1. die Bezeichnung der Beteiligten, ihrer gesetzlichen Vertreter und der Verfahrensbevollmächtigten; 2. die Bezeichnung des Gerichts, bei dem der Antrag gestellt wird; 3. die Angabe des Geburtsdatums des Kindes; 4. die Angabe, ab welchem Zeitpunkt Unterhalt verlangt wird; 5. für den Fall, dass Unterhalt für die Vergangenheit verlangt wird, die Angabe, wann die Voraussetzungen des § 1613 Abs. 1 oder Abs. 2 Nr. 2 des Bürgerlichen Gesetzbuchs eingetreten sind; 6. die Angabe der Höhe des verlangten Unterhalts; 7. die Angaben über Kindergeld und andere zu berücksichtigende Leistungen (§ 1612 b	**§ 646 ZPO [Antrag]** (1) Der Antrag muss enthalten: 1. die Bezeichnung der Parteien, ihrer gesetzlichen Vertreter und der Prozessbevollmächtigten; 2. die Bezeichnung des Gerichts, bei dem der Antrag gestellt wird; 3. die Angabe des Geburtsdatums des Kindes; 4. die Angabe, ab welchem Zeitpunkt Unterhalt verlangt wird; 5. für den Fall, dass Unterhalt für die Vergangenheit verlangt wird, die Angabe, wann die Voraussetzungen des § 1613 Abs. 1 oder Abs. 2 Nr. 2 des Bürgerlichen Gesetzbuchs eingetreten sind; 6. die Angabe der Höhe des verlangten Unterhalts; 7. die Angaben über Kindergeld und andere zu berücksichtigende Leistungen (§ 1612 b

Neues Recht (FamFG)	Altes Recht
oder § 1612 c des Bürgerlichen Gesetzbuchs); 8. die Erklärung, dass zwischen dem Kind und dem Antragsgegner ein Eltern-Kind-Verhältnis nach den §§ 1591 bis 1593 des Bürgerlichen Gesetzbuchs besteht; 9. die Erklärung, dass das Kind nicht mit dem Antragsgegner in einem Haushalt lebt; 10. die Angabe der Höhe des Kindeseinkommens; 11. eine Erklärung, ob der Anspruch aus eigenem, aus übergangenem oder rückabgetretenen Recht geltend gemacht wird; 12. die Erklärung, dass Unterhalt nicht für Zeiträume verlangt wird, für die das Kind Hilfe nach dem Zwölften Buch Sozialgesetzbuch, Hilfe zur Erziehung oder Eingliederungshilfe nach dem Achten Buch Sozialgesetzbuch, Leistungen nach dem Unterhaltsvorschussgesetz oder Unterhalt nach § 1607 Abs. 2 oder Abs. 3 des Bürgerlichen Gesetzbuchs erhalten hat, oder, soweit Unterhalt aus übergangenem Recht oder nach § 94 Abs. 4 Satz 2 des Zwölften Buches Sozialgesetzbuch, § 33 Abs. 2 Satz 4 des Zweiten Buches Sozialgesetzbuch oder § 7 Abs. 4 Satz 1 Unterhaltsvorschussgesetzes verlangt wird, die Erklärung, dass der beantragte Unterhalt die Leistung an oder für das Kind nicht übersteigt; 13. die Erklärung, dass die Festsetzung im vereinfachten Verfahren nicht nach § 249 Abs. 2 ausgeschlossen ist. (2) Entspricht der Antrag nicht den in Absatz 1 und den in § 249 bezeichneten Voraussetzungen, ist er zurückzuweisen. Vor der Zurückweisung ist der Antragsteller zu hören. Die Zurückweisung ist nicht anfechtbar. (3) Sind vereinfachte Verfahren anderer Kinder des Antragsgegners bei dem Gericht anhängig, so hat es die Verfahren zum Zweck gleichzeitiger Entscheidung zu verbinden.	oder § 1612 c des Bürgerlichen Gesetzbuchs); 8. die Erklärung, dass zwischen dem Kind und dem Antragsgegner ein Eltern-Kind-Verhältnis nach den §§ 1591 bis 1593 des Bürgerlichen Gesetzbuchs besteht; 9. die Erklärung, dass das Kind nicht mit dem Antragsgegner in einem Haushalt lebt; 10. die Angabe der Höhe des Kindeseinkommens; 11. eine Erklärung, ob der Anspruch aus eigenem, aus übergangenem oder rückabgetretenen Recht geltend gemacht wird; 12. die Erklärung, dass Unterhalt nicht für Zeiträume verlangt wird, für die das Kind Hilfe nach dem Zwölften Buch Sozialgesetzbuch, Hilfe zur Erziehung oder Eingliederungshilfe nach dem Achten Buch Sozialgesetzbuch, Leistungen nach dem Unterhaltsvorschussgesetz oder Unterhalt nach § 1607 Abs. 2 oder Abs. 3 des Bürgerlichen Gesetzbuchs erhalten hat, oder, soweit Unterhalt aus übergangenem Recht oder nach § 94 Abs. 4 Satz 2 des Zwölften Buches Sozialgesetzbuch, § 33 Abs. 2 Satz 4 des Zweiten Buches Sozialgesetzbuch oder § 7 Abs. 4 Satz 1 Unterhaltsvorschussgesetzes verlangt wird, die Erklärung, dass der beantragte Unterhalt die Leistung an oder für das Kind nicht übersteigt; 13. die Erklärung, dass die Festsetzung im vereinfachten Verfahren nicht nach § 645 Abs. 2 ausgeschlossen ist. (2) Entspricht der Antrag nicht den in Absatz 1 und den in § 645 bezeichneten Voraussetzungen, ist er zurückzuweisen. Vor der Zurückweisung ist der Antragsteller zu hören. Die Zurückweisung ist nicht anfechtbar. (3) Sind vereinfachte Verfahren anderer Kinder des Antragsgegners bei dem Gericht anhängig, so ordnet es die Verbindung zum Zweck gleichzeitiger Entscheidung an
§ 251 Maßnahmen des Gerichts (1) Erscheint nach dem Vorbringen des Antragstellers das vereinfachte Verfahren zulässig, verfügt das Gericht die Zustellung des Antrags oder einer Mitteilung über seinen Inhalt an den Antragsgegner. Zugleich weist es ihn darauf hin, 1. ab welchem Zeitpunkt und in welcher Höhe der Unterhalt festgesetzt werden kann; hierbei sind zu bezeichnen a) die Zeiträume nach dem Alter des Kindes, für das die Festsetzung des Unterhalts nach dem Mindestunterhalt der ersten, zweiten und dritten Unterhaltsstufe in Betracht kommt;	**§ 647 ZPO [Maßnahmen des Gerichts]** (1) Erscheint nach dem Vorbringen des Antragstellers das vereinfachte Verfahren zulässig, so verfügt das Gericht die Zustellung des Antrags oder einer Mitteilung über seinen Inhalt an den Antragsgegner. Zugleich weist es ihn darauf hin, 1. von wann an und in welcher Höhe der Unterhalt festgesetzt werden kann; hierbei sind zu bezeichnen a) die Zeiträume nach dem Alter des Kindes, für die die Festsetzung des Unterhalts nach dem Mindestunterhalt der ersten, zweiten und dritten Unterhaltsstufe in Betracht kommt;

Neues Recht (FamFG)	Altes Recht
b) im Fall des § 1612 a des Bürgerlichen Gesetzbuchs auch der Prozentsatz des jeweiligen Mindestunterhalts;	b) im Fall des § 1612 a des Bürgerlichen Gesetzbuchs auch der Prozentsatz des jeweiligen Mindestunterhalts;
c) die nach § 1612 b oder § 1612 c des Bürgerlichen Gesetzbuchs zu berücksichtigenden Leistungen;	c) die nach § 1612 b oder § 1612 c des Bürgerlichen Gesetzbuchs zu berücksichtigenden Leistungen;
2. dass das Gericht nicht geprüft hat, ob der verlangte Unterhalt das im Antrag angegebene Kindeseinkommen berücksichtigt;	2. dass das Gericht nicht geprüft hat, ob der verlangte Unterhalt das im Antrag angegebene Kindeseinkommen berücksichtigt;
3. das über den Unterhalt ein Festsetzungsbeschluss ergehen kann, aus dem der Antragsteller die Zwangsvollstreckung betreiben kann, wenn er nicht innerhalb eines Monats Einwendungen in der vorgeschriebenen Form erhebt;	3. das über den Unterhalt ein Festsetzungsbeschluss ergehen kann, aus dem der Antragsteller die Zwangsvollstreckung betreiben kann, wenn er nicht innerhalb eines Monats Einwendungen in der vorgeschriebenen Form erhebt;
4. welche Einwendungen nach § 252 Abs. 1 und 2 erhoben werden können, insbesondere, dass der Einwand eingeschränkter oder fehlender Leistungsfähigkeit nur erhoben werden kann, wenn die Auskunft nach § 252 Abs. 2 Satz 3 in Form eines vollständig ausgefüllten Formulars erteilt wird und Belege über die Einkünfte beigefügt werden;	4. welche Einwendungen nach § 252 Abs. 1 und 2 erhoben werden können, insbesondere, dass der Einwand eingeschränkter oder fehlender Leistungsfähigkeit nur erhoben werden kann, wenn die Auskunft nach § 648 Abs. 2 Satz 3 in Form eines vollständig ausgefüllten Formulars erteilt wird und Belege über die Einkünfte beigefügt werden;
5. dass die Einwendungen, wenn Formulare eingeführt sind, mit einem Formular der beigefügten Art erhoben werden müssen, das auch bei jedem Amtsgericht erhältlich ist.	5. dass die Einwendungen, wenn Formulare eingeführt sind, mit einem Formular der beigefügten Art erhoben werden müssen, das auch bei jedem Amtsgericht erhältlich ist.
Ist der Antrag im Ausland zuzustellen, bestimmt das Gericht die Frist nach Satz 2 Nr. 3	Ist der Antrag im Ausland zuzustellen, bestimmt das Gericht die Frist nach Satz 2 Nr. 3
(2) § 167 der Zivilprozessordnung gilt entsprechend.	(2) § 167 gilt entsprechend.
§ 252 Einwendungen des Antragsgegners	**§ 648 ZPO [Einwendungen des Antragsgegners]**
(1) Der Antragsgegner kann Einwendungen geltend machen gegen	(1) Der Antragsgegner kann Einwendungen geltend machen gegen
1. die Zulässigkeit des vereinfachten Verfahrens,	1. die Zulässigkeit des vereinfachten Verfahrens,
2. den Zeitpunkt, von dem an Unterhalt gezahlt werden soll,	2. den Zeitpunkt, von dem an Unterhalt gezahlt werden soll,
3. die Höhe des Unterhalts, soweit er geltend macht, dass	3. die Höhe des Unterhalts, soweit er geltend macht, dass
a) die nach dem Alter des Kindes zu bestimmenden Zeiträume, für die der Unterhalt nach Mindestunterhalt der ersten, zweiten und dritten Altersstufe festgesetzt werden soll oder der angegebene Mindestunterhalt nicht richtig berechnet ist;	a) die nach dem Alter des Kindes zu bestimmenden Zeiträume, für die der Unterhalt nach Mindestunterhalt der ersten, zweiten und dritten Altersstufe festgesetzt werden soll oder der angegebene Mindestunterhalt nicht richtig berechnet sind;
b) der unterhalt nicht höher als beantragt festgesetzt werden darf;	b) der Unterhalt nicht höher als beantragt festgesetzt werden darf;
c) Leistungen der in § 1612 b oder § 1612 c es Bürgerlichen Gesetzbuchs bezeichneten Art nicht oder nicht richtig berücksichtigt sind.	c) Leistungen der in § 1612 b oder § 1612 c es Bürgerlichen Gesetzbuchs bezeichneten Art nicht oder nicht richtig berücksichtigt worden sind.
Ferner kann, wenn er sich sofort zur Erfüllung des Unterhaltsanspruchs verpflichtet, hinsichtlich der Verfahrenskosten geltend machen, dass er keinen Anlass zur Stellung des Antrags gegeben hat. Nicht begründete Einwendungen nach Satz 1 Nr. 1 und 3 weist das Gericht mit dem	Ferner kann, wenn er sich sofort zur Erfüllung des Unterhaltsanspruchs verpflichtet, hinsichtlich der Verfahrenskosten geltend machen, dass er keinen Anlass zur Stellung des Antrags gegeben hat (§ 93). Nicht begründete Einwendungen nach Satz 1 Nr. 1 und 3 weist das Gericht

Neues Recht (FamFG)	Altes Recht
Festsetzungsbeschluss zurück, ebenso eine Einwendung nach Satz 1 Nr. 2, wenn ihm diese nicht begründet erscheint.	mit dem Festsetzungsbeschluss zurück, ebenso eine Einwendung nach Satz 1 Nr. 2, wenn ihm diese nicht begründet erscheint.
(2) Andere Einwendungen kann der Antragsgegner nur erheben, wenn er zugleich erklärt, inwieweit er zur Unterhaltsleistung bereit ist und dass er sich insoweit zur Erfüllung des Unterhaltsanspruchs verpflichtet. Den Einwand der Erfüllung kann der Antragsgegner nur erheben, wenn er zugleich erklärt, inwieweit er geleistet hat und dass er sich verpflichtet, einen darüber hinausgehenden Unterhaltsrückstand zu begleichen. Den Einwand eingeschränkter oder fehlender Leistungsfähigkeit kann der Antragsgegner nur erheben, wenn er zugleich unter Verwendung des eingeführten Formulars Auskunft über	(2) Andere Einwendungen kann der Antragsgegner nur erheben, wenn er zugleich erklärt, inwieweit er zur Unterhaltsleistung bereit ist und dass er sich insoweit zur Erfüllung des Unterhaltsanspruchs verpflichtet. Den Einwand der Erfüllung kann der Antragsgegner nur erheben, wenn er zugleich erklärt, inwieweit er geleistet hat und dass er sich verpflichtet, einen darüber hinausgehenden Unterhaltsrückstand zu begleichen. Den Einwand eingeschränkter oder fehlender Leistungsfähigkeit kann der Antragsgegner nur erheben, wenn er zugleich unter Verwendung des eingeführten Formulars Auskunft über
1. seine Einkünfte, 2. sein Vermögen und 3. seine persönlichen und wirtschaftlichen Verhältnisse im Übrigen	1. seine Einkünfte, 2. sein Vermögen und 3. seine persönlichen und wirtschaftlichen Verhältnisse im Übrigen
erteilt und über seine Einkünfte Belege vorlegt.	erteilt und über seine Einkünfte Belege vorlegt.
(3) Die Einwendungen sind nur zu berücksichtigen, solange der Festsetzungsbeschluss nicht verfügt ist.	(3) Die Einwendungen sind nur zu berücksichtigen, solange der Festsetzungsbeschluss nicht verfügt ist.
§ 253 Festsetzungsbeschluss (1) Werden keine oder lediglich nach § 252 Abs. 1 Satz 3 zurückweisende oder nach § 252 Abs. 2 unzulässige Einwendungen erhoben, wird der Unterhalt nach Ablauf der in § 251 Abs. 1 Satz 2 Nr. 3 bezeichneten Frist durch Beschluss festgesetzt. In dem Beschluss ist auszusprechen, dass der Antragsgegner den festgesetzten Unterhalt an den Unterhaltsberechtigten zu zahlen hat. In dem Beschluss sind auch die bis dahin entstandenen erstattungsfähigen Kosten des Verfahrens festzusetzen, soweit sie ohne weiteres ermittelt werden können; es genügt, wenn der Antragsteller die zu ihrer Berechnung notwendigen Angaben dem Gericht mitteilt. (2) In dem Beschluss ist darauf hinzuweisen, welche Einwendungen mit der sofortigen Beschwerde geltend gemacht werden können und unter welchen Voraussetzungen eine Abänderung verlangt werden kann.	**§ 649 ZPO [Festsetzungsbeschluss]** (1) Werden keine oder lediglich nach § 648 Abs. 1 Satz 3 zurückweisende oder nach § 648 Abs. 2 unzulässige Einwendungen erhoben, wird der Unterhalt nach Ablauf der in § 647 Abs. 1 Satz 2 Nr. 3 bezeichneten Frist durch Beschluss festgesetzt. In dem Beschluss ist auszusprechen, dass der Antragsgegner den festgesetzten Unterhalt an den Unterhaltsberechtigten zu zahlen hat. In dem Beschluss sind auch die bis dahin entstandenen erstattungsfähigen Kosten des Verfahrens festzusetzen, soweit sie ohne weiteres ermittelt werden können; es genügt, wenn der Antragsteller die zu ihrer Berechnung notwendigen Angaben dem Gericht mitteilt. (2) In dem Beschluss ist darauf hinzuweisen, welche Einwendungen mit der sofortigen Beschwerde geltend gemacht werden können und unter welchen Voraussetzungen eine Abänderung im Wege der Klage nach § 654 verlangt werden kann.
§ 254 Mitteilungen über Einwendungen Sind Einwendungen erhoben worden, die nach § 252 Abs. 1 Satz 3 nicht zurückzuweisen oder die nach § 252 Abs. 2 zulässig sind, teilt das Gericht dem Antragsteller dies mit. Er setzt auf seinen Antrag den Unterhalt durch Beschluss fest, soweit sich der Antragsgegner nach § 252 Abs. 2 Satz 1 und 2 zur Zahlung von Unterhalt verpflichtet hat. In der Mitteilung nach Satz 1 ist darauf hinzuweisen.	**§ 650 ZPO [Mitteilungen über Einwendungen]** Sind Einwendungen erhoben, die nach § 648 Abs. 1 Satz 3 nicht zurückzuweisen oder die nach § 648 Abs. 2 zulässig sind, teilt das Gericht dem Antragsteller dies mit. Er setzt auf seinen Antrag den Unterhalt durch Beschluss fest, soweit sich der Antragsgegner nach § 252 Abs. 2 Satz 1 und 2 zur Zahlung von Unterhalt verpflichtet hat. In der Mitteilung nach Satz 1 ist darauf hinzuweisen.

Neues Recht (FamFG)	Altes Recht
§ 255 Streitiges Verfahren	**§ 651 ZPO [Streitiges Verfahren]**
(1) Im Fall des § 254 wird auf Antrag einer Partei das streitige Verfahren durchgeführt. Darauf ist in der Mitteilung nach § 254 Satz 1 hinzuweisen.	(1) Im Falle des § 650 wird auf Antrag einer Partei das streitige Verfahren durchgeführt. Darauf ist in der Mitteilung nach § 650 hinzuweisen.
(2) Beantragt ein Beteiligter die Durchführung des streitigen Verfahrens, ist wie nach Eingang eines Antrags in einer Unterhaltssache weiter zu verfahren. Einwendungen nach § 252 gelten als Erwiderung.	(2) Beantragt eine Partei die Durchführung des streitigen Verfahrens, so ist wie nach Eingang eine Klage weiter zu verfahren. Einwendungen nach § 648 gelten als Klageerwiderung.
(3) Das Verfahren gilt als mit der Zustellung des Festsetzungsantrags (§251 Abs. 1 Satz 1) rechtshängig geworden.	(3) Der Rechtsstreit gilt als mit der Zustellung des Festsetzungsantrags (§ 647 Abs. 1 Satz 1) rechtshängig geworden.
(4) Ist ein Festsetzungsbeschluss nach § 254 Satz 2 vorausgegangen, soll für zukünftige wiederkehrende Leistungen der Unterhalt in einem Gesamtbetrag bestimmt und der Festsetzungsbeschluss insoweit aufgehoben werden.	(4) Ist ein Festsetzungsbeschluss nach § 650 Satz 2 vorausgegangen, soll für zukünftige wiederkehrende Leistungen der Unterhalt in einem Gesamtbetrag bestimmt und der Festsetzungsbeschluss insoweit aufgehoben werden.
(5) Die Kosten des vereinfachten Verfahrens werden als Teil der Kosten des streitigen Verfahrens behandelt.	(5) Die Kosten des vereinfachten Verfahrens werden als Teil der Kosten des streitigen Verfahrens behandelt.
(6) Wird der Antrag auf Durchführung des streitigen Verfahrens nicht vor Ablauf von sechs Monaten nach Zugang der Mitteilung nach § 254 Satz 1 gestellt, gilt der über den Festsetzungsbeschluss nach § 254 Satz 2 oder die Verpflichtungserklärung des Antragsgegners nach § 252 Abs. 2 Satz 1 und 2 hinausgehende Festsetzungsantrag als zurückgenommen.	(6) Wird der Antrag auf Durchführung des streitigen Verfahrens nicht vor Ablauf von sechs Monaten nach Zugang der Mitteilung nach § 650 Satz 1 gestellt, gilt der über den Festsetzungsbeschluss nach § 650 Satz 2 oder die Verpflichtungserklärung des Antragsgegners nach § 648 Abs. 2 Satz 1 und 2 hinausgehende Festsetzungsantrag als zurückgenommen.
§ 256 Beschwerde	**§ 652 ZPO [Sofortige Beschwerde]**
Mit der Beschwerde können nur die in § 252 Abs. 1 bezeichneten Einwendungen, die Zulässigkeit von Einwendungen nach § 252 Abs. 2 sowie die Unrichtigkeit der Kostenentscheidung oder Kostenfestsetzung, sofern sie nach allgemeinen Grundsätzen anfechtbar sind, geltend gemacht werden. Auf Einwendungen nach § 252 Abs. 2, die nicht erhoben waren, bevor der Festsetzungsbeschluss verfügt war, kann die Beschwerde nicht gestützt werden.	(1) Gegen den Festsetzungsbeschluss findet die sofortige Beschwerde statt.
	(2) Mit der sofortigen Beschwerde können nur die in § 648 Abs. 1 bezeichneten Einwendungen, die Zulässigkeit von Einwendungen nach § 648 Abs. 2 sowie die Unrichtigkeit der Kostenentscheidung oder Kostenfestsetzung, sofern sie nach allgemeinen Grundsätzen anfechtbar sind, geltend gemacht werden. Auf Einwendungen nach § 648 Abs. 2, die nicht erhoben waren, bevor der Festsetzungsbeschluss verfügt war, kann die sofortige Beschwerde nicht gestützt werden.
§ 257 Besondere Verfahrensvorschriften	**§ 657 ZPO [Besondere Verfahrensvorschriften]**
In vereinfachten Verfahren können die Anträge und Erklärungen vor dem Urkundsbeamten der Geschäftsstelle abgegeben werden. Soweit Formulare eingeführt sind, werden dies ausgefüllt; der Urkundsbeamte vermerkt unter Angabe des Gerichts und des Datums, dass er den Antrag oder die Erklärung aufgenommen hat.	In vereinfachten Verfahren können die Anträge und Erklärungen vor dem Urkundsbeamten der Geschäftsstelle abgegeben werden. Soweit Formulare eingeführt sind, werden dies ausgefüllt; der Urkundsbeamte vermerkt unter Angabe des Gerichts und des Datums, dass er den Antrag oder die Erklärung aufgenommen hat.

Neues Recht (FamFG)	Altes Recht
§ 258 Sonderregelungen für maschinelle Bearbeitung (1) In vereinfachten Verfahren ist eine maschinelle Bearbeitung zulässig. § 690 Abs. 3 der Zivilprozessordnung gilt entsprechend. (2) Bei maschineller Bearbeitung werden Beschlüsse, Verfügung und Ausfertigungen mit dem Gerichtssiegel versehen; einer Unterschrift bedarf es nicht.	**§ 658 ZPO [Sonderregelungen für maschinelle Bearbeitung]** (1) In vereinfachten Verfahren ist eine maschinelle Bearbeitung zulässig. § 690 Abs. 3 Satz 1 und 3 gilt entsprechend. (2) Bei maschineller Bearbeitung werden Beschlüsse, Verfügung und Ausfertigungen mit dem Gerichtssiegel versehen; einer Unterschrift bedarf es nicht.
§ 259 Formulare (1) Das Bundesministerium der Justiz wird ermächtigt, zur Vereinfachung und Vereinheitlichung der Verfahren durch Rechtsverordnung mit Zustimmung des Bundesrates Formulare für das vereinfachte Verfahren einzuführen. Für Gerichte, die die Verfahren maschinell bearbeiten, und für Gerichte, die die Verfahren nicht maschinell bearbeiten, können unterschiedliche Formulare eingeführt werden. (2) Soweit nach Absatz 1 Formulare für Anträge und Erklärungen der Beteiligten eingeführt sind, müssen sich die Beteiligten ihrer bedienen.	**§ 659 [Formulare]** (1) Das Bundesministerium der Justiz wird ermächtigt, zur Vereinfachung und Vereinheitlichung der Verfahren durch Rechtsverordnung mit Zustimmung des Bundesrates Formulare für das vereinfachte Verfahren einzuführen. Für Gerichte, die die Verfahren maschinell bearbeiten, und für Gerichte, die die Verfahren nicht maschinell bearbeiten, können unterschiedliche Formulare eingeführt werden. (2) Soweit nach Absatz 1 Formulare für Anträge und Erklärungen der Beteiligten eingeführt sind, müssen sich die Parteien ihrer bedienen.
§ 260 Bestimmung des Amtsgerichts (1) Die Landesregierungen werden ermächtigt, die vereinfachten Verfahren über den Unterhalt Minderjähriger durch Rechtsverordnung einem Amtsgericht für die Bezirke mehrerer Amtsgerichte zuzuweisen, wenn dies ihrer schnelleren und kostengünstigeren Erledigung dient. Die Landesregierungen können die Ermächtigung durch Rechtsverordnung auf die Landesjustizverwaltungen übertragen. (2) Bei dem Amtsgericht, das zuständig wäre, wenn die Landesregierung oder die Landesjustizverwaltung das Verfahren nach Absatz 1 nicht einem anderen Amtsgericht zugewiesen hätte, kann das Kind Anträge und Erklärungen mit der gleichen Wirkung einreichen oder anbringen wie bei dem anderen Amtsgericht.	**§ 660 ZPO [Bestimmung des Amtsgerichts]** (1) Die Landesregierungen werden ermächtigt, die vereinfachten Verfahren über den Unterhalt Minderjähriger durch Rechtsverordnung einem Amtsgericht für die Bezirke mehrerer Amtsgerichte zuzuweisen, wenn dies ihrer schnelleren und kostengünstigeren Erledigung dient. Die Landesregierungen können die Ermächtigung durch Rechtsverordnung auf die Landesjustizverwaltungen übertragen. (2) Bei dem Amtsgericht, das zuständig wäre, wenn die Landesregierung oder die Landesjustizverwaltung das Verfahren nach Absatz 1 nicht einem anderen Amtsgericht zugewiesen hätte, kann das Kind Anträge und Erklärungen mit der gleichen Wirkung einreichen oder anbringen wie bei dem anderen Amtsgericht.
Abschnitt 10. **Verfahren in Güterrechtssachen** **§ 261 Güterrechtssachen** (1) Güterrechtssachen sind Verfahren, die Ansprüche aus dem ehelichen Güterrecht betreffen, auch wenn Dritte an dem Verfahren beteiligt sind. (2) Güterrechtssachen sind auch Verfahren nach § 1365 Abs. 2, § 1369 Abs. 2 und den §§ 1382, 1383, 1426, 1430 und 1452 des Bürgerlichen Gesetzbuchs.	**§ 621 ZPO [Zuständigkeit des Familiengerichts; Verweisung oder Abgabe an Gericht der Ehesache]** (1) Für Familiensachen, die ... 8. Ansprüche aus dem ehelichen Güterrecht, auch wenn Dritte am Verfahren beteiligt sind, 9. Verfahren nach den §§ 1382 und 1383 des Bürgerlichen Gesetzbuchs, ... betreffen, ist das Familiengericht ausschließlich zuständig.

Neues Recht (FamFG)	Altes Recht
§ 262 Örtliche Zuständigkeit	**§ 621 ZPO [Zuständigkeit des Familienge-richts; Verweisung oder Abgabe an Gericht der Ehesache]**
	(1) …
(1) Während der Anhängigkeit einer Ehesa-che ist das Gericht ausschließlich zuständig, bei de die Ehesache im ersten Rechtszug anhängig ist oder war. Die Zuständigkeit geht der aus-schließlichen Zuständigkeit eines anderen Ge-richts vor.	(2) Während der Anhängigkeit einer Ehesa-che ist unter den deutschen Gerichten das Ge-richt, bei dem die Ehesache im ersten Rechtszug anhängig ist oder war, ausschließlich zuständig für Familiensachen nach Abs. 1 Nr. 5 bis 9;…
(2) Im Übrigen bestimmt sich die Zuständig-keit nach der Zivilprozessordnung mit der Maßgabe, dass in den Vorschriften über den allgemeinen Gerichtsstand an die Stelle des Wohnsitzes der gewöhnliche Aufenthalt tritt.	Ist eine Ehesache nicht anhängig, so richtet sich die örtliche Zuständigkeit nach den allge-meinen Vorschriften.
§ 263 Abgabe an das Gericht der Ehesache	**§ 621 ZPO [Zuständigkeit des Familienge-richts; Verweisung oder Abgabe an Gericht der Ehesache]**
Wird eine Ehesache rechtshängig, während eine Güterrechtssache bei einem anderen Ge-richt im ersten Rechtszug anhängig ist, ist diese von Amts wegen an das Gericht der Ehesache abzugeben. § 281 Abs. 2 und 3 Satz 1 der Zivil-prozessordnung gilt entsprechend.	(1) – (2) …
	(3) Wird eine Ehesache rechtshängig, wäh-rend eine Familiensache der in Absatz 2 Satz 1 genannten Art bei einem anderen Gericht im ersten Rechtszug anhängig ist, so ist dies von Amts wegen an das Gericht der Ehesache zu verweisen oder abzugeben. § 281 Abs. 2, 3 Satz 1 gilt entsprechend.
§ 264 Verfahren nach den §§ 1382 und 1383 des Bürgerlichen Gesetzbuchs	**§ 53a FGG [Verfahren über Zugewinnaus-gleich]**
(1) In den Verfahren nach den §§ 1382 und 1383 des Bürgerlichen Gesetzbuchs wird die Entscheidung des Gerichts erst mit der Rechts-kraft wirksam. Eine Abänderung oder Wieder-aufnahme ist ausgeschlossen.	(1) …
	(2) Die Verfügung des Gerichts wird erst mit der Rechtskraft wirksam.
	(3) – (4) …
(2) In dem Beschluss, in dem über den An-trag auf Stundung der Ausgleichsforderung ent-schieden wird, kann das Gericht auf Antrag des Gläubigers auch die Verpflichtung des Schuld-ners zur Zahlung der Ausgleichsforderung aus-sprechen.	(2) In der Verfügung, in der über den Antrag auf Stundung der Ausgleichsforderung ent-schieden wird, kann das Gericht auf Antrag des Gläubigers auch die Verpflichtung des Schuld-ners zur Zahlung der Ausgleichsforderung aus-sprechen.
§ 265 Einheitliche Entscheidung	**§ 621a ZPO [Anzuwendende Verfahrensvor-schriften]**
	(1) …
Wird in einem Verfahren über eine güter-rechtliche Ausgleichsforderung ein Antrag nach § 1382 Abs. 5 oder § 1383 Abs. 3 des Bürgerli-chen Gesetzbuchs gestellt, ergeht die Entschei-dung durch einheitlichen Beschluss.	(2) Wird in einem Rechtsstreit über eine gü-terrechtliche Ausgleichsforderung ein Antrag nach § 1382 Abs. 5 oder § 1383 Abs. 3 des Bürgerlichen Gesetzbuchs gestellt, so ergeht die Entscheidung einheitlichen durch Urteil. …

Neues Recht (FamFG)	Altes Recht
Abschnitt 11. **Verfahren in sonstigen Familiensachen** **§ 266 Sonstige Familiensachen** (1) Sonstige Familiensachen sind Verfahren, die 1. Ansprüche zwischen miteinander verlobten oder ehemals verlobten Personen im Zusammenhang mit der Beendigung des Verlöbnisses sowie in den Fällen der §§ 1298 und 1299 des Bürgerlichen Gesetzbuchs zwischen einer solchen und einer dritten Person, 2. aus der Ehe herrührende Ansprüche, 3. Ansprüche zwischen miteinander verheirateten oder ehemals miteinander verheirateten Personen oder zwischen einer solchen und einem Elternteil im Zusammenhang mit Trennung oder Scheidung oder Aufhebung der Ehe, 4. aus dem Eltern-Kind-Verhältnis herrührende Ansprüche oder 5. aus dem Umgangsrecht herrührende Ansprüche betreffen, sofern nicht die Zuständigkeit der Arbeitsgerichte gegeben ist oder das Verfahren eines der in § 348 Abs. 1 Satz 2 Nr. 2 Buchstabe a bis k der Zivilprozessordnung genannten Sachgebiete, das Wohnungseigentumsrecht oder das Erbrecht betrifft und sofern es sich nicht bereits nach anderen Vorschriften um eine Familiensache handelt. (2) Sonstige Familiensachen sind auch Verfahren über einen Antrag nach § 1357 Abs. 2 Satz 1 des Bürgerlichen Gesetzbuchs.	*Bisher keine Regelung.*
§ 267 Örtliche Zuständigkeit (1) Während der Anhängigkeit einer Ehesache ist das Gericht ausschließlich zuständig, bei dem die Ehesache im ersten Rechtszug anhängig ist oder war. Diese Zuständigkeit geht der ausschließlichen Zuständigkeit eines anderen Gerichts vor. (2) Im Übrigen bestimmt sich die Zuständigkeit nach der Zivilprozessordnung mit der Maßgabe, dass in den Vorschriften über den allgemeinen Gerichtsstand an die Stelle des Wohnsitzes der gewöhnliche Aufenthalt tritt.	**§ 621 ZPO [Zuständigkeit des Familiengerichts; Verweisung oder Abgabe an das Gericht der Ehesache]** (1) ... (2) Während der Anhängigkeit einer Ehesache ist unter den deutschen Gerichten das Gericht, bei dem die Ehesache im ersten Rechtszug anhängig ist oder war, ausschließlich für Familiensachen nach Absatz ...
§ 268 Abgabe an das Gericht der Ehesache Wird eine Ehesache rechtshängig, während eine sonstige Familiensache bei einem anderen Gericht im ersten Rechtszug anhängig ist, ist diese von Amts wegen an das Gericht der Ehe-	**§ 621 ZPO [Zuständigkeit des Familiengerichts; Verweisung oder Abgabe an das Gericht der Ehesache]** (1)–(2) ... (3) Wird eine Ehesache rechtshängig, während eine Familiensache der in Absatz 2 Satz 1 genannten Art bei einem anderen Gericht im

Neues Recht (FamFG)	Altes Recht
sache abzugeben. § 281 Abs. 2 und 3 Satz 1 der Zivilprozessordnung entsprechend.	ersten Rechtszug anhängig ist, so ist diese von Amts wegen an das Gericht der Ehesache zu verweisen oder abzugeben. § 281 Abs. 2, 3 Satz 1 gilt entsprechend.

§ 270 Anwendbare Vorschriften

(1) In Lebenspartnerschaftssachen nach § 269 Abs. 1 Nr. 1 sind die für Verfahren auf Scheidung geltenden Vorschriften, in Lebenspartnerschaftssachen nach § 269 Abs. 1 Nr. 2 die für Verfahren auf Feststellung des Bestehens oder Nichtbestehens einer Ehe zwischen den Beteiligten geltenden Vorschriften entsprechend anzuwenden. In den Lebenspartnerschaftssachen nach § 269 Abs. 1 Nr. 3 bis 11 sind die in Familiensachen nach § 111 Nr. 2, 4, 5 und 7 bis 9 jeweils geltenden Vorschriften anzuwenden.

(2) In sonstigen Lebenspartnerschaftssachen nach § 269 Abs. 2 und 3 sind die in sonstigen Familiensachen nach § 111 Nr. 10 geltenden Vorschriften entsprechend anzuwenden.

§ 661 ZPO [Lebenspartnerschaftssachen]

(1) ...

(2) In Lebenspartnerschaftssachen finden die für Verfahren auf Scheidung, auf Feststellung des Bestehens oder Nichtbestehens einer Ehe zwischen den Parteien oder auf Herstellung des ehelichen Lebens und für Verfahren in anderen Familiensachen nach § 621 Abs. 1 Nr. 1 bis 9 geltenden Vorschriften jeweils entsprechend Anwendung.

(3) § 606a gilt mit den folgenden Maßgaben entsprechend:

1. die deutschen Gerichte sind auch dann zuständig, wenn
   a) einer der Lebenspartner seinen gewöhnlichen Aufenthalt im Inland hat, die Voraussetzungen des Absatzes 1 Satz 1 Nr. 4 jedoch nicht erfüllt sind, oder
   b) die Lebenspartnerschaft vor einem deutschen Standesbeamten begründet worden ist.

2. Absatz 2 Satz 1 findet keine Anwendung.

3. In Absatz 2 Satz 2 tritt an die Stelle der Staaten, denen die Ehegatten angehören, der Register führende Staat.

6. Synopse: Änderung des FamFG durch das VAStrRefG

Geplante Änderungen des FamFG durch das geplante Gesetz zur Strukturreform des Versorgungsausgleichs

Die Wahrscheinlichkeit, dass die in der verabschiedeten Fassung des FamFG enthaltenen Regelungen für das Verfahren in Versorgungsausgleichssachen nie in Kraft treten werden, ist hoch, denn gleichzeitig mit dem FamFG soll das Gesetz zur Strukturreform des Versorgungsausgleichs (BT-Drucks. 16/10144) in Kraft treten.

Der Bundesrat hat der Reform des Versorgungsausgleichs am 6. 3. 2009 zugestimmt, so dass das Gesetz vermutlich am 1. 9. 2009 in Kraft treten wird. Es ist deshalb sinnvoll und notwendig, sich bereits jetzt mit dieser Reform vertraut zu machen. Die nachfolgende Synopse stellt die geplanten Änderungen gegenüber der bislang im FamFG enthaltenen Regelung dar.

FamFG	Änderungen durch VAStrRefG
§ 114 Vertretung durch einen Rechtsanwalt; Vollmacht	**§ 114 Vertretung durch einen Rechtsanwalt; Vollmacht**
(1)–(3)	(1)–(3) ... *Keine Veränderung.*
(4) Der Vertretung durch einen Rechtsanwalt bedarf es nicht,	(4) Der Vertretung durch einen Rechtsanwalt bedarf es nicht,
1. im Verfahren der einstweiligen Anordnung,	1. im Verfahren der einstweiligen Anordnung,
2. wenn ein Beteiligter durch das Jugendamt als Beistand vertreten ist,	2. wenn ein Beteiligter durch das Jugendamt als Beistand vertreten ist,
3. für die Zustimmung zur Scheidung und zur Rücknahme des Scheidungsantrags und für den Widerruf der Zustimmung zur Scheidung,	3. für die Zustimmung zur Scheidung und zur Rücknahme des Scheidungsantrags und für den Widerruf der Zustimmung zur Scheidung,
4. für einen Antrag auf Abtrennung einer Folgesache von der Scheidung,	4. für einen Antrag auf Abtrennung einer Folgesache von der Scheidung,
5. im Verfahren über die Verfahrenskostenhilfe sowie	5. im Verfahren über die Verfahrenskostenhilfe,
6. in den Fällen des § 78 Abs. 3 der Zivilprozessordnung.	6. in den Fällen des § 78 Abs. 3 der Zivilprozessordnung *sowie*
	7. *für die Ausübung des Wahlrechts nach § 15 Abs. 1 des Versorgungsausgleichsgesetzes.*
(5) Der Bevollmächtigte in Ehesachen bedarf einer besonderen auf das Verfahren gerichteten Vollmacht. Die Vollmacht für die Scheidungssache erstreckt sich auch auf die Folgesachen.	*Keine Veränderung.*
§ 137 Verbund von Scheidungs- und Folgesachen	**§ 137 Verbund von Scheidungs- und Folgesachen**
(1) Über Scheidung und Folgesachen ist zusammen zu verhandeln und zu entscheiden (Verbund).	*Keine Veränderung.*
(2) Folgesachen sind	(2) Folgesachen sind
1. Versorgungsausgleichssachen,	1. Versorgungsausgleichssachen,
2. Unterhaltssachen, sofern sie die Unterhaltspflicht gegenüber einem gemeinschaftlichen Kind oder die durch Ehe begründete Unterhaltspflicht betreffen mit Ausnahme des vereinfachten Verfahrens über den Unterhalt Minderjähriger,	2. Unterhaltssachen, sofern sie die Unterhaltspflicht gegenüber einem gemeinschaftlichen Kind oder die durch Ehe begründete Unterhaltspflicht betreffen mit Ausnahme des vereinfachten Verfahrens über den Unterhalt Minderjähriger,

FamFG	Änderungen durch VAStrRefG
3. Wohnungszuweisungs- und Hausratssachen und 4. Güterrechtssachen, wenn eine Entscheidung für den Fall der Scheidung zu treffen ist und die Familiensache spätestens zwei Wochen vor der mündlichen Verhandlung in ersten Rechtszug in der Scheidungssache von einem Ehegatten anhängig gemacht wird. Für die Durchführung des Versorgungsausgleichs in den Fällen des § 1587b des Bürgerlichen Gesetzbuchs und des § 1 des Gesetzes zur Regelung von Härten im Versorgungsausgleich bedarf es keines Antrags. (3)–(5) ...	3. Wohnungszuweisungs- und Hausratssachen und 4. Güterrechtssachen, wenn eine Entscheidung für den Fall der Scheidung zu treffen ist und die Familiensache spätestens zwei Wochen vor der mündlichen Verhandlung in ersten Rechtszug in der Scheidungssache von einem Ehegatten anhängig gemacht wird. *Für den Versorgungsausgleich ist in den Fällen der §§ 6 bis 19 und 28 des Versorgungsausgleichsgesetzes kein Antrag notwendig.* (3)–(5) *Keine Änderung.*
§ 142 Einheitliche Endentscheidung; Abweisung des Scheidungsantrags (1) Im Fall der Scheidung ist über sämtliche im Verbund stehende Familiensachen durch einheitlichen Beschluss zu entscheiden. Dies gilt auch, soweit eine Versäumnisentscheidung zu treffen ist. (2) Wird der Scheidungsantrag abgewiesen, werden die Folgesachen gegenstandslos. Dies gilt nicht für Folgesachen nach § 137 Abs. 3 sowie für Folgesachen, hinsichtlich derer ein Beteiligter vor der Entscheidung ausdrücklich erklärt hat, sie fortführen zu wollen. Diese werden als selbstständige Familiensachen fortgeführt.	**§ 142 Einheitliche Endentscheidung; Abweisung des Scheidungsantrags** (1) *Keine Änderung.* (2) *Keine Änderung.* (3) *Enthält der Beschluss nach Absatz 1 eine Entscheidung über den Versorgungsausgleich, so kann insoweit bei der Verkündung auf die Beschlussformel Bezug genommen werden.*

§ 219 Beteiligte
 	
Zu beteiligten sind neben den Ehegatten
 	
1. in den Fällen des Ausgleichs durch Übertragung oder Begründung von Anrechten der Versorgungsträger
  a) bei dem ein auszugleichendes oder nach § 3b Abs. 1 Nr. 1 des Gesetzes zur Regelung von Härten im Versorgungsausgleich zum Ausgleich heranzuziehendes Anrecht besteht,
  b) auf den ein Anrecht zu übertragen ist,
  c) bei dem ein Anrecht zu begründen ist oder
  d) an den Zahlungen zur Begründung von Anrechten zu leisten sind,
 	
2. in den Fällen des § 3a des Gesetzes zur Regelung von Härten im Versorgungsausgleich
  a) der Versorgungsträger, gegen den der Anspruch gerichtet ist sowie
  b) bei Anwendung dessen Absatz 1 auch die Witwe oder der Witwer des Verpflichteten,
 	
3. in den Fällen des § 10a des Gesetzes zur Regelung von Härten im Versorgungsausgleich
	§ 219 Beteiligte
	
	Zu beteiligen sind
	
	1. die Ehegatten,
	2. die Versorgungsträger, bei denen ein auszugleichendes Anrecht besteht,
	3. die Versorgungsträger, bei denen ein Anrecht zum Zweck des Ausgleichs begründet werden soll, und
	4. die Hinterbliebenen und die Erben der Ehegatten.

255

FamFG	Änderungen durch VAStrRefG
a) die Versorgungsträger nach Nummer 1 sowie b) die Hinterbliebenen der Ehegatten.	

§ 220 Verfahrensrechtliche Auskunftspflicht

(1) In Versorgungsausgleichssachen kann das Gericht über Grund und Höhe der Anrechte Auskünfte einholen bei

1. den Ehegatten und ihren Hinterbliebenen,
2. Versorgungsträgern und
3. sonstigen Stellen, die zur Erteilung der Auskünfte in der Lage sind.

Übersendet das Gericht zur Auskunftserteilung ein amtliches Formular, ist dieses zu verwenden.

(2) Das Gericht kann anordnen, dass die Ehegatten oder ihre Hinterbliebenen gegenüber dem Versorgungsträger bestimmte für die Feststellung der in den Versorgungsausgleich einzubeziehenden Anrechte erforderliche Mitwirkungshandlungen zu erbringen haben. Das Gericht kann insbesondere anordnen, dass alle erheblichen Tatsachen anzugeben, die notwendigen Urkunden und Beweismittel beizubringen, die für die Feststellung der einzubeziehenden Anrechte erforderlichen Anträge zu stellen und dass dabei die vorgesehenen Formulare zu verwenden sind.

(3) Die in dieser Vorschrift genannten Personen und Stellen sind verpflichtet, den gerichtlichen Ersuchen und Anordnungen Folge zu leisten.

§ 221 Aussetzung des Verfahrens über den Versorgungsausgleich

(1) Besteht Streit über den Bestand oder die Höhe eines in den Versorgungsausgleich einzubeziehenden Anrechts, kann das Gericht das Verfahren über den Versorgungsausgleich aussetzen und einem oder beiden Ehegatten eine Frist zur Erhebung der Klage bestimmen. Wird die Klage nicht vor Ablauf der bestimmten Frist erhoben, kann das Gericht im weiteren Verfahren das Vorbringen unberücksichtigt lassen, das mit der Klage hätte geltend gemacht werden können.

(2) Das Gericht hat das Verfahren auszusetzen, wenn ein Rechtsstreit über ein in den Versorgungsausgleich einzubeziehendes Anrecht anhängig ist. Ist die Klage erst nach Ablauf der nach Absatz 1 Satz 1 bestimmten Frist erhoben

---

§ 220 Verfahrensrechtliche Auskunftspflicht

(1) Das Gericht kann über Grund und Höhe der Anrechte Auskünfte einholen bei den Personen und Versorgungsträgers, die nach § 219 zu beteiligen sind, sowie bei sonstigen Stellen, die Auskünfte geben können.

(2) Übersendet das Gericht ein Formular, ist dieses bei der Auskunft zu verwenden. Satz 1 gilt nicht für eine automatisiert erstellte Auskunft eines Versorgungsträgers.

(3) Das Gericht kann anordnen, dass die Ehegatten oder ihre Hinterbliebene oder Erben gegenüber dem Versorgungsträger Mitwirkungshandlungen zu erbringen haben, die für die Feststellung der in den Versorgungsausgleich einzubeziehenden Anrechte erforderlich sind.

(4) Der Versorgungsträger ist verpflichtet, die nach § 5 der Versorgungsausgleichsgesetzes benötigten Werte einschließlich einer übersichtlichen und nachvollziehbaren Berechnung mitzuteilen. Das Gericht kann den Versorgungsträger von Amts wegen auffordern, die Einzelheiten der Wertermittlung zu erläutern.

(5) Die in dieser Vorschrift genannten Personen und Stellen sind verpflichtet, gerichtliche Ersuchen und Anordnungen zu befolgen.

§ 221 Erörterung, Aussetzung

(1) Das Gericht soll die Angelegenheit mit den Ehegatten in einem Termin erörtern.

(2) Das Gericht hat das Verfahren auszusetzen, wenn ein Rechtsstreit über Bestand oder Höhe eines in den Versorgungsausgleich einzubeziehenden Anrechts anhängig ist.

FamFG	Änderungen durch VAStrRefG
worden, kann das Gericht das Verfahren aussetzen.	
	(3) Besteht Streit über ein Anrecht, ohne dass die Voraussetzungen des Absatzes 2 erfüllt sind, kann das Gericht das Verfahren aussetzen und einem oder beiden Ehegatten eine Frist zu Erhebung der Klage setzen. Wird diese Klage nicht oder nicht rechtzeitig erhoben, kann das Gericht das Vorbringen unberücksichtigt lassen, das mit der Klage hätte geltend gemacht werden können.
§ 222 Erörterungstermin In den Verfahren nach den §§ 1587 b und 1587 f des Bürgerlichen Gesetzbuchs und in den Fällen des § 230 soll das Gericht die Angelegenheit mit den Ehegatten in einem Termin erörtern.	*§ 222 wird in der Fassung des Versorgungsausgleichsreformgesetzes einen anderen Inhalt als § 222 FamFG haben. Die Darstellung erfolgt deshalb zur Vermeidung von Irritationen versetzt.* **§ 222 Durchführung der externen Teilung** (1) Die Wahlrechte nach § 14 Abs. 2 und § 15 Abs. 1 des Versorgungsausgleichsgesetzes sind in den vom Gericht zu setzenden Fristen auszuüben. (2) Übt die ausgleichsberechtigte Person ihr Wahlrecht nach § 15 Abs. 1 des Versorgungsausgleichsgesetzes aus, so hat sie in der nach Absatz 1 gesetzten Frist zugleich nachzuweisen, dass der ausgewählte Versorgungsträger mit der vorgesehenen Teilung einverstanden ist. (3) Das Gericht setzt in der Endentscheidung den Betrag fest, den der Versorgungsträger der ausgleichspflichtigen Person an den Versorgungsträger der ausgleichsberechtigten Person zu zahlen hat.
§ 223 Vereinbarung über den Versorgungsausgleich (1) Ein Versorgungsausgleich durch Übertragung oder Begründung von Anrechten findet insoweit nicht statt, als die Ehegatten den Versorgungsausgleich nach § 1408 Abs. 2 des Bürgerlichen Gesetzbuchs ausgeschlossen oder nach § 1587 o des Bürgerlichen Gesetzbuchs einen Vereinbarung geschlossen haben und das Gericht die Vereinbarung genehmigt hat. (2) Die Verweigerung der Genehmigung ist nicht selbstständig anfechtbar.	*§ 223 wird in der Fassung des Versorgungsausgleichsreformgesetzes einen anderen Inhalt als § 223 FamFG haben. Die Darstellung erfolgt deshalb zur Vermeidung von Irritationen versetzt.* **§ 223 Antragserfordernis für Ausgleichsansprüche nach der Scheidung** Über Ausgleichsansprüche nach der Scheidung nach den §§ 20 bis 26 des Versorgungsausgleichsgesetzes entscheidet das Gericht nur auf Antrag.
§ 224 Zahlungen zur Begründung von Rentenanwartschaften (1) In der Entscheidung nach § 3 b Abs. 1 Nr. 2 des Gesetzes zur Regelung von Härten im Versorgungsausgleich ist der Träger der gesetz-	*§ 224 wird in der Fassung des Versorgungsausgleichsreformgesetzes einen anderen Inhalt uls § 224 FamFG haben. Die Darstellung erfolgt deshalb zur Vermeidung von Irritationen versetzt*

FamFG	Änderungen durch VAStrRefG
lichen Rentenversicherung, an die Zahlung zu leisten ist, zu bezeichnen. (2) Ist ein Ehegatte auf Grund einer Vereinbarung, die das Gericht nach § 1587 o Abs. 2 des Bürgerlichen Gesetzbuchs genehmigt hat, verpflichtet, für den anderen Zahlungen zur Begründung von Rentenanwartschaften in der gesetzlichen Rentenversicherung zu leisten, wird der für die Begründung dieser Rentenanwartschaften erforderliche Betrag gesondert festgesetzt. Absatz 1 gilt entsprechend. (3) Werden die Berechnungsgrößen geändert, nach denen sich der Betrag errechnet, den in den Fällen der Absätze 1 und 2 zu leisten ist, hat das Gericht den zu leistenden Betrag auf Antrag neu festzusetzen.	
	§ 224 Entscheidung über den Versorgungsausgleich (1) Endentscheidungen, die den Versorgungsausgleich betreffen, werden erst mit Rechtskraft wirksam. (2) Die Endentscheidung ist zu begründen. (3) Soweit ein Wertausgleich bei der Scheidung nach § 3 Abs. 3, § 6, § 18 Abs. 1 oder Abs. 2 oder § 27 des Versorgungsausgleichsgesetzes nicht stattfindet, stellt das Gericht dies in der Beschlussformel fest. (4) Verbleiben nach dem Wertausgleich bei der Scheidung noch Anrechte für Ausgleichsansprüche nach der Scheidung, benennt das Gericht diese Anrechte in der Begründung.
§ 225 Aufhebung der früheren Entscheidung bei schuldrechtlichem Versorgungsausgleich Soweit der Versorgungsausgleich nach § 1587 f Nr. 3 des Bürgerlichen Gesetzbuchs stattfindet, hat das Gericht die auf § 1587 b Abs. 3 des Bürgerlichen Gesetzbuchs oder auf § 3 b Abs. 1 Nr. 2 des Gesetzes zur Regelung von Härten Im Versorgungsausgleich gegründete Entscheidung aufzuheben.	*§ 225 wird in der Fassung des Versorgungsausgleichsreformgesetzes einen anderen Inhalt als § 225 FamFG haben, um Irritationen zu vermeiden, wird der Gesetzestext daher versetzt dargestellt.* **§ 225 Zulässigkeit einer Abänderung des Wertausgleichs bei der Scheidung** (1) Eine Abänderung des Wertausgleichs bei der Scheidung ist nur für Anrechte im Sinne des § 32 des Versorgungsausgleichsgesetzes zulässig. (2) Bei rechtlichen oder tatsächlichen Veränderungen nach dem Ende der Ehezeit, die auf den Ausgleichswert eines Anrechts zurückwirken und zu einer wesentlichen Wertänderung führen, ändert das Gericht auf Antrag die Entscheidung in Bezug auf dieses Anrecht ab. (3) Die Wertänderung nach Absatzes 2 ist wesentlich, wenn sie mindestens 5 Prozent des bisherigen Ausgleichswerts des Anrechts beträgt

FamFG	Änderungen durch VAStrRefG
	und bei einem Rentenbetrag als maßgeblicher Bezugsgröße 1 Prozent, in allen anderen Fällen als Kapitalwert 120 Prozent der am Ende der Ehezeit maßgeblichen monatlichen Bezugsgröße nach § 18 Abs. 1 des Vierten Buches Sozialgesetzbuch übersteigt.
	(4) Eine Abänderung ist auch dann zulässig, wenn durch sie eine für die Versorgung der ausgleichsberechtigten Person maßgebende Wartezeit erfüllt wird.
	(5) Die Abänderung muss sich zugunsten eines Ehegatten oder seiner Hinterbliebenen auswirken.
§ 226 Einstweilige Anordnung Das Gericht kann durch einstweilige Anordnung abweichend von § 49 auf Antrag des Berechtigten oder der Witwe oder des Witwers des Verpflichteten die Zahlung der Ausgleichsrente nach § 3a Abs. 1 und 5 des Gesetzes zur Regelung von Härten im Versorgungsausgleich und die an die Witwe oder den Witwer zu zahlende Hinterbliebenenversorgung regeln.	*§ 226 wird in der Fassung des Versorgungsausgleichsreformgesetzes einen anderen Inhalt als § 226 FamFG haben, um Irritationen zu vermeiden, wird der Gesetzestext daher versetzt dargestellt.*
	§ 226 Durchführung einer Abänderung des Wertausgleichs bei der Scheidung (1) Antragsberechtigt sind die Ehegatten, ihre Hinterbliebenen und die von der Abänderung betroffenen Versorgungsträger. (2) Der Antrag ist frühestens sechs Monate vor dem Zeitpunkt zulässig, ab dem ein Ehegatte voraussichtlich eine laufende Versorgung aus dem abzuändernden Anrecht bezieht oder dies aufgrund der Abänderung zu erwarten ist. (3) § 27 des Versorgungsausgleichsgesetzes gilt entsprechend. (4) Die Abänderung wirkt ab dem ersten Tag des Monats, der auf den Monat der Antragstellung folgt. (5) Stirbt der Ehegatte, der den Abänderungsantrag gestellt hat, vor Rechtskraft der Endentscheidung, hat das Gericht die übrigen antragsberechtigten Beteiligten darauf hinzuweisen, dass das Verfahren nur fortgesetzt wird, wenn ein antragsberechtigter Beteiligter innerhalb der Frist die Fortsetzung des Verfahrens, gilt dieses als in der Hauptsache erledigt. Stirbt der andere Ehegatte, wird das Verfahren gegen dessen Erben fortgesetzt.
§ 227 Entscheidung über den Versorgungsausgleich Endentscheidungen, die den Versorgungsausgleich betreffen, werden erst mit Rechtskraft wirksam. Die Entscheidung ist zu begründen.	*§ 227 wird in der Fassung des Versorgungsausgleichsreformgesetzes einen anderen Inhalt als § 227 FamFG haben, um Irritationen zu vermeiden, wird der Gesetzestext daher versetzt dargestellt.*

FamFG	Änderungen durch VAStrRefG
	§ 227 Sonstige Abänderungen (1) Für die Abänderung einer Entscheidung über Ausgleichsansprüche nach der Scheidung nach den §§ 20 bis 26 des Versorgungsausgleichsgesetzes ist § 48 Abs. 1 anzuwenden.
§ 228 Zulässigkeit der Beschwerde In Versorgungsausgleichssachen gilt § 61 nur im Fall der Anfechtung einer Kostenentscheidung.	**§ 228 Zulässigkeit der Beschwerde** In Versorgungsausgleichssachen gilt § 61 nur im Fall der Anfechtung einer Kostenentscheidung.
§ 229 Ausschluss der Rechtsbeschwerde Gegen Entscheidungen nach den §§ 1587 d, 1587 g Abs. 3, 1587 i Abs. 3 und 1587 l Abs. 3 Satz 3 des Bürgerlichen Gesetzbuchs sowie nach § 224 Abs. 2 und 3 ist die Rechtsbeschwerde ausgeschlossen.	**§ 229** *Regelung aufgehoben.*
§ 230 Abänderung von Entscheidungen und Vereinbarungen (1) Das Gericht ändert auf Auftrag eine Entscheidung zum Versorgungsausgleich, die nach § 1587 b des Bürgerlichen Gesetzbuchs oder nach §§ 1, 3 b des Gesetzes zur Regelung von Härten im Versorgungsausgleich getroffen wurde, oder eine Vereinbarung im Versorgungsausgleich nach Maßgabe des § 10 a des Gesetzes zur Regelung von Härten im Versorgungsausgleich ab. (2) Das Gericht ändert auf Antrag eine Entscheidung zum schuldrechtlichen Versorgungsausgleich nach Maßgabe von § 1587 g Abs. 3 und § 1587 d Abs. 2 des Bürgerlichen Gesetzbuchs und eine Entscheidung zum verlängerten schuldrechtlichen Versorgungsausgleich nach Maßgabe des § 3 a Abs. 6 des Gesetzes zur Regelung von Härten im Versorgungsausgleich in Verbindung mit § 1587 d Abs. 2 des Bürgerlichen Gesetzbuchs. (3) Das Gericht ändert auf Antrag eine Entscheidung nach § 1587 d Abs. 1, § 1587 i des Bürgerlichen Gesetzbuchs und § 3 b Abs. 1 Nr. 2 Satz 2 des Gesetzes zur Regelung von Härten im Versorgungsausgleich nach Maßgabe des § 1587 d Abs. 2 des Bürgerlichen Gesetzbuchs ab.	**§ 230** *Regelung aufgehoben.*

260

Sachverzeichnis

Fette Zahlen bezeichnen die §§, magere die Randnummern.

Sachverzeichnis

Sachverzeichnis

Sachverzeichnis